기독교 교육의 기초

Foundational Issues in
Christian Education

Robert W. Pazmiño

Copyright © 1997 by Robert W. Pazmiño
Originally published in English under the title

Foundational Issues in Christian Education

by Baker Academic,
a division of Baker Book House Company,
Grand Rapids, Michigan, 49516, U. S. A.
All rights reserved.

Korean translation copyright © 2002 by Timothy Publishing House
Kwan-Ak P.O.Box 16, Seoul, Korea

이 책의 한국어판 저작권은 Baker Book House Company와의 독점판권 계약에 의해
도서출판 디모데에 있습니다. 저작권법에 의하여 한국 내에서 보호를 받는 저작물이므로
무단 전재와 무단 복제를 금합니다.

복음주의적인 시각으로 바라본 기독교 교육 입문서
기독교 교육의 기초

로버트 W. 파즈미뇨 지음 | **박경순** 옮김

디모데

차 례

서론 ·· 6

1장 | 성경적 기초 ·· 17
구약 | 신약 | 통합적 모델 | 결론

2장 | 신학적 기초 ·· 69
네 개의 신학적 특성들 | 정통주의의 기초 | 교육에 대한 개혁적인 시각 | 파울로 프레이리의 통찰력

3장 | 철학적 기초 ·· 107
일반적인 정의 | 현대 교육 철학 | 철학의 선택 | 전체적 관점의 다섯 도시 이야기

4장 | 역사적 기초 ·· 165
역사와 역사적 방식 | 역사와 교육 | 역사와 기독교 교육 | 구약 | 그리스 전통 | 신약 | 초기 기독교 | 중세 | 르네상스 | 종교 개혁 | 미국 | 최근의 복음주의 교육자 | 연속성과 재확인

5장 | 사회학적 기초 ·· 215
실재의 사회적 구성 : 문화 | 문화의 상황화와 비상황화 | 지식 사회학 | 교육 사회학 | 사회학적 연구를 위한 한 가지 모델

6장 | 심리학적 기초 ·· 251
통합을 위한 네 가지 접근 방법 | 발달 심리학에 대한 의문들 | 인지 발달 : 진 피아제 | 사회 심리적 발달 : 에릭 에릭슨 | 도덕적 발달 : 로렌스 콜버그 | 신앙 발달 : 제임스 파울러 | 발달 심리학의 가정들 | 상호 작용하는 기독교적 모델

7장 | 교육 과정의 기초 ·· 297
기본적 질문들 | 교육 과정을 위해 제시된 비유들 | 교육 과정의 계획에 있어서 가치관의 역할 | 숨겨진 교육 과정 | 더 큰 비전

부록 ·· 327
편집 후기 ·· 341
참고 도서 ·· 345

■ 서론

    기독교의 신학자 앨리스터 맥그라스(Alister McGrath)는 기독교의 미래에 대한 언급에서 복음주의적인 기독교인이 공헌할 수 있는 가능성을 보았다. 이 공헌은 정통주의의 끊임없는 생명력과 포스트모던 세계를 위해 살아 있는 믿음을 선포하고 가르쳐야 하는 필요성과 관련되어 있다.[1] 이것을 이루기 위해서 기독교인은 살아 있는 믿음을 다음 세대에게 확실히 전하기 위한 기독교 교육의 이론과 실천에 충실해야 한다. 이 과업을 위해 기독교 교육자들은 기독교 교육의 기초적인 논점들과 관련해 그들의 사상과 실천을 재검토해야 할 것이다. 이 기초적인 논점들이란, 교회에서 교육 사역을 담당하고 있는 사람들이 만나게 되는 영구적이고도 반복되는 질문들이라고 말할 수 있다. 이 논점들은 자신들의 과거, 현재, 미래의 사역을 반영하는 교육 사역자들로부터 조심스런 평가를 받을 만한 가치가 있는 것들이다.

    이 책은 기본 원리와 실천의 지침을 이끌어낼 수 있는 기독교 교육의 통전적이고 종합적인 개념을 형성하는 데 사용된 학문들에 대해 다루고 있다. 복음주의 성향을 지닌 기독교 교육자들은 이론과 실천의 기초 근거를 제시하는 성경적 통찰력을 위해 공동의 노력을 하는 것이 필요하다.[2] 또한 기독교인들은 다른 학문 분야에서 얻은 통찰력을 종합하는 것이 필요하다. 그러나 이 모든 것들은 성경에 나타나 있듯이 하나님 말씀의 권위 아래에 놓여

---

1. 앨리스터 맥그라스(Alister McGrath), 「복음주의와 기독교의 미래(Evangelicalism and the Future of Christianity, Downers Grove, Ill.: InterVarsity Press, 1995)」, 포스트모던 세계에 대한 논의는 부록 "이방에서 주의 노래를 찬양하라: 포스트모던 세계에서 진리를 선포하라"를 참조하라.
2. 복음주의 교육자들은 이 분야에 많은 공헌을 했다. 예를 보려면, 다음의 저서들을 참조하라. Michael J. Anthony, 편집, 「사역의 기초: 신세대를 위한 기독교 교육 개론(Foundations of Ministry: An Introduction to Christian for a New Generation, Wheaton: Victor Books, 1992)」, Perry G. Downs, 「영적 성장을 위한 가르침: 기독교 교육 개론(Teaching for Spiritual Growth: An Introduction to Christian Education, Grand

있다. 기독교인들의 사상을 지배해온 다양한 기초들을 세밀하게 살펴봄으로써 교육자들은 현재의 필요와 미래의 도전에 대해 보다 나은 대처를 할 수 있게 될 것이다.

기독교 교육자들은 연속성(continuity)과 변화(change), 이 두 가지가 균형을 이루어야 할 필요성을 느껴왔다. 연속성은 수세기 동안 기독교 신앙과 교육 사역을 인도해온 성경의 핵심적인 진리들이 강조되는 것을 통해 그 필요성이 확인되었으며, 변화의 필요성은 신학적 진실을 구체적인 역사, 문화, 사회 그리고 개인적 변수들과 관련해 응용해야 할 것을 강조함으로 확인되어왔다. 이 노력은 성경적이고 신학적인 근원에 대한 조심스러운 재평가와 더불어 더 넓은 사회와 세계의 다양한 경향에 대한 평가를 필요로 한다.

이러한 분야를 연구할 때에는 기독교 교육에서 중요한 의의를 지니고 있는 질문들을 제기하는 것이 바람직하다. 한 유럽의 교육자가 미국의 교육자에게, "왜 미국 교육자들은 항상 질문을 하면서 그것에 대답은 하지 않습니까?"라고 물었다. 그러자 미국 교육자는 "정말 그런가요?"라는 또 다른 질문을 던졌다고 한다. 이러한 실제적 위험을 피하기 위해 우리는 고려해봐야 할 질문들에 대해 가능한 대답들을 제시해야 한다.

기독교 교육자들이 기독교 교육의 이론과 실천을 형성하기 전에 기초적인 질문들을 제기하는 것은 매우 중요하다. 이러한 질문을 제기할 때 기독교 교육자들은 새로운 가능성들을 연구할 수 있게 되고, 기독교 교육을 위한 '새로운 부대(new wineskins, 새로운 형식)'에 대한 생각을 할 수 있게 된다. 이러한 연구를 통해 다양한 현장에 속해 있는 교육에 관심을 가진 사

Rapids: Zondervan, 1994)」, Ronald Habermas and Klaus Issler, 「화목을 위한 가르침: 복음주의 기독교 교육의 기초와 실제(Teaching for Reconciliation: Foundations and Practice of Christian Education Ministry, 도서출판 디모데 간)」, Jim Wilhoit, 「기독교 교육과 그 의미(Christian Education and the Search for Meaning, 2nd ed, Grand Rapids: Baker, 1991)」.

람들은 실천을 위한 원칙과 암시들을 확인할 수 있게 된다.[3] 데니스 로톤(Denis Lawton)은 기초, 원리, 실천과 관련해 다양한 교육적 질문이 제기되는 과정을 아래와 같이 제시했다. 그는 시스템 도표로 이러한 분야의 개요를 설명했다(도표 1 참조).[4]

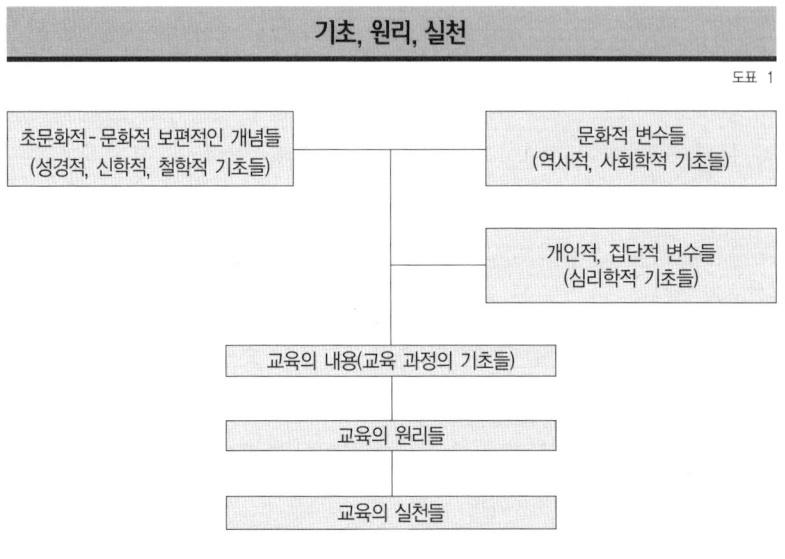

과정의 각 부분에서 사고와 실천은 하나님 말씀의 계속되는 권위의 영향 아래 놓인다. 성경은 교육자, 피교육자 그리고 교육하는 과정을 분별하고 판단하는 중요한 도구가 된다.[5] 성경적이고 신학적인 기초를 먼저 연구함으로써 기독교 교육자들은 모든 교육적 개념과 노력의 지침이 되는 초문화

---

3. 기초, 원리, 실천의 종류에 관해서는 에밀 더크하임(Emile Durkheim)의 「교육과 사회학(Education and Sociology, New York: Free Press, 1956)」을 참조하라.
4. 데니스 로톤(Denis Lawton), 「계급, 문화 그리고 교육 과정(Class, Culture, and Curriculum, London: Routledge & Kegan Paul, 1975)」, pp. 85-87.
5. 히브리서 4장 12절과 디모데후서 3장 16절에서 하나님 말씀의 중요함과 평가적인 기능을 확인할 수 있다.

적인 보편성을 확인할 수 있다. 또한 그것은 기독교인들이 교육의 이론과 실천에 대해 생각하는 그들의 독특한 가정들을 확인할 수 있게 한다. 철학적 기초에 대한 고찰도 지식의 본질과 교육 목적의 문화적 보편성을 상술하는 데 있어서 교육자를 도와준다. 초문화적인 것과 문화적 보편성은 연속성의 요소들이다. 그것들은 비록 각 교육 환경의 해석에 있어서 제외되지는 않지만 변화와 다양한 우연성에 영향을 덜 받는다.

교육 과정의 두번째 단계는 역사학, 사회학, 혹은 인류학을 통한 문화적 변수들에 대한 연구이다. 이 과정은 기독교 교육자에게 시간과 공간에 있어서 자신들의 위치에 대해 의미를 제시한다. 문화적 변수들은 비록 시간과 공간의 변화에 더 큰 영향을 받지만 교육자들에게는 상황에 대한 의미를 제공한다. 이러한 문화적 변수와 하위 문화적 변수들은 교육적 노력들을 상황화시키고자 하는 교육자들에게는 주된 관심거리가 된다. 따라서 교육자들은 하나님의 계시의 보편적이고 초문화적인 진리를 자신들의 경험을 바탕으로 교육 사역에 현실화시키려고 노력하게 된다. 교육자는 학생들의 필요와 관심에 유의하여 가르치기 위해 학생들을 더욱 잘 이해하고 사랑하고자 한다. 그렇다고 해도 중요한 문제를 제기하거나 학생들이 못 보는 시각을 제시하는 교육자로서의 역할이 제외된 것은 아니다. 충실한 교육을 위한 시간, 공간, 사회에서의 교육자의 위치는 매우 결정적이다.

문화적 보편성과 변수들에 대한 질문 외에 교육자는 그들이 책임져야 할 개인들과 마주해야 한다. 기독교 교육자는 교육에 영향을 끼치는 개인적, 집단적인 변수들을 분별하기 위해 심리학적인 기초에 대해 고찰해야 한다. 특히 자발적 또는 비자발적으로 연관되어 있는 학생이나 피교육자는 반드시 연구의 대상이다. 아울러서 교육자들은 사역의 현장에 있는 부모, 행정가, 위원회, 동료들, 목사 그리고 개인이나 그룹을 이끄는 사람들에 대해서도 관심을 가져야 한다. 심리학적 기초는 인간이 어떻게 발달하고, 배우며,

어떻게 다른 사람들과 교류하는지에 대한 통찰력을 제공한다. 이러한 통찰력은 교육자 자신이 어떠한 방법으로 가정, 학교, 교회 혹은 공동체에서 고유한 교육 환경을 지니고 있는 다른 사람들이나 집단들 그리고 조직체와 교류하고 관계를 맺는가를 알게 해주는 사회학적 기초를 통해서도 얻을 수 있다. 심리학적 기초에 더해진 사회학적 기초의 영향력은 교육 과정의 다양한 차원들과의 상호 작용 그리고 전체 교육을 파악하기 위한 매우 체계적이고 분석적인 시각의 잠재적 한계를 보여준다. 도표 1의 시스템과 과정의 도표화에서는 관계의 복잡성을 나타내기 위해 각 과정을 연결하는 몇 개의 직선들이 더 추가되어야 한다. 추가되는 선들은 다양한 기초들과 그것의 논점을 바탕으로 한 실제적인 교육 실천의 반응을 나타내기 위해 그려질 수도 있다.

제시된 모델에 추가되는 단계는 기독교 교육에서 공유하는 체계화된 지식의 교육 내용에 대한 질문을 포함한다. 이 단계에서는 개인들이나 한자리에 모인 집단에 전해질 기독교의 전통을 포함한다. 이 전통은 이미 모델에서 명시된 다양한 기초에서 교육 과정을 형성하기 위해 이끌어낸 것이다. 이 과정에서 다루어지는 교육 과정은 다음 세대로 전해질 기술과 가치의 확인과 지식의 조직화에 관한 것이다. 현재 우리 상황에서의 교육 과정에 대한 질문은, 급변하는 사회에서 필요로 하는 새로운 지식과 기술에 학생들이 노출되어 있다는 것이다. 초등학교와 중학교에서의 컴퓨터 교육은 기술의 영향을 받은 교육 과정의 한 예다. 또 다른 교육 과정의 관심사는 기독교 공동체 안에서의 성경적, 신학적 교육의 필요성이다.

마지막으로 기독교 교육자는 다양한 기초들로부터 선별해낸 교육적 원칙을 명시해야 할 필요가 있다. 그런 후에 실제 교육의 실천에 그 원칙을 응용해야 한다. 이 원칙과 실천을 위한 지침을 구체화하기 전에 해야 할 가장 중요한 일은 기초에 대해 주의 깊게 연구하는 일이다. 이제까지는 이러한 기초적인 질문들이 너무 무시되어왔다. 또한 교회, 가정, 학교 그리고 다른 사역 현장에서의 당면한 과제에 눌려 그 질문에 대한 대답이 회피되어 왔다. 이 책에서는 다섯번째와 여섯번째 단계들을 자세히 다루지 않았지만 독자들의 연구를 위해 이 분야에 여러 제안들을 제시해놓았다.[6]

비록 체계의 차원에서 논의되었지만, 전체적으로 교육하는 과정은 기독교 교육이 제시하는 예술과 과학 분야들의 결합 가능성에 많은 영향을 받는다. 기독교 교육자는 교육의 사상과 실천에 있어서 다양한 학문의 통찰력을 가지고 창조적으로 결합시키고 통합시킬 수 있어야 한다. 이 인위적인 통합은 이 책에서 확인된 기독교 교육의 기초들을 제외한 학문들을 포함하고 있다. 교육적인 사상과 실천은 미술, 응용 미술, 경제학, 정치학, 생명 과학, 자연 과학, 체계 이론, 경영 이론, 공학, 수학과 같은 다양한 학문들로부터 통찰력을 얻어냈다. 이 사실은 "모든 진리는 하나님의 진리이다(All Truth is God's Truth)"라는 주장을 뒷받침한다. 기독교 교육자는 하나님께로부터 창조성을 받은 인류가 만든 이 세상의 그 어떤 것에서도 하나님의 진리를 찾아낼 수 있다.

기독교 교육을 이야기할 때 혹자는 이미 '프리패러다임적(prepara-digmatic, 선 모범적)' 특성을 의식하게 된다.[7] 토마스 쿤(Thomas Khun)은 패러다임 - 모든 사상과 실천의 지침이 되는 지배적이고 널리 받아들여진 이해, 구조 혹은 개념 - 이 개발되지 않은 연구의 한 분야, 혹은 이론적 학문을 설명하기 위해 이 용어를 제시했다. 물리학과 생물학에서는 지배적인 패러

---

6. 다섯번째, 여섯번째 단계에 대해서는 이 책의 속편인 로버트 파즈미뇨(Robert W. Pazmiño), 「기독교 교육의 원리와 실천: 복음주의적 시각(Principles and Practices in Christian Education:An Evangelical Perspective, Grand Rapids: Baker, 1992)」을 참조하라.

7. 로버트 드로브달(Robert A. Drovdahl)이 프리패러다임적인 것으로서의 기독교 교육을 특징짓는 것에 대한 적절한 질문을 제기했다. "패러다임적인 기독교 교육을 향하여", 〈기독교 교육 저널 11호 (Christian Education Journal 11, 1991, 봄)〉, pp. 7-16. 내 관점에서 그의 영속적인 것과 패러다임에 대한 연구는 자유와 창조성의 공간을 제한할 수 있다고 생각한다. 그러나 기독교 교육을 위한 구성 체제에 대한 연구는 긍정한다. 구성 체제와 형식의 연구는 패러다임보다는 교육적 접근에서 드러난다.

다임을 구분하기가 쉽다.[8] 하지만 모든 사상과 실천을 인도하는 지배적인 패러다임을 사회과학과 교육학에서 찾아내기란 쉽지 않다. 왜냐하면 사회과학과 교육학의 주체가 인간이기 때문이다. 즉 인간은 물리, 화학, 생물학적 과정들과는 비교가 안 될 정도로 복잡한 존재이기 때문이다. 또한 기독교 유신론자의 관점에서 복잡성의 이유를 하나님의 형상대로 지음받은 인간의 모습 때문이라고 말할 수도 있을 것이다. 각 사람은 모두가 유일한 존재들로서 그 어떤 패러다임이나 모델에서 예외적일 수 있다.

기독교 교육에 대한 프리패러다임적인 단계는 인간이 지닌 영속성 때문에 어떤 교육적인 개념이나 실천이 불완전하며 갱신되고 변화되기 쉬운 상태로 있다는 것을 암시한다. 이것은 선과 악에 대한 끝없는 잠재력을 지닌 인간의 본질에서 기인한다. 이 잠재력을 인식하는 것은 기독교 교육자와 하나님과의 관계에 달려 있으며, 더 나아가 기독교 교육자가 교육적인 사상과 실천에서 어떻게 하나님을 따르고 있는지에 달려 있다. 그러므로 기독교 교육자들이 당면한 큰 도전은 그들이 사고와 실천에 있어서 얼마나 신실하고 순종적이며 창조적인가 하는 것이다. 다양한 자료들을 통해 기독교 교육자들은 실천의 지침이 될 기독교 교육의 통합된 이해를 개발하도록 도전을 받는다.

그러나 무성의한 노력은 이러한 도전을 무시하게 되고, 결국 하나님께 영광을 돌리지 못하게 만든다. 기독교 교육의 프리패러다임적 요소의 확신은 교육적인 접근이나 디자인에 있어서 성령의 놀랍고도 은혜로운 역사의 가능성을 깨닫게 한다.

기독교 교육의 프리패러다임적 단계는 각 세대마다 기독교 교육자들이 기초적인 질문을 재고해볼 것을 요구한다. 이러한 질문을 제기하지 않는다

---

8. 토마스 쿤(Thomas Khun), 「과학 혁명의 구조(The Structure of Scientific Revolutions, 2nd ed., Chicago; University of Chicago Press, 1970)」, pp. 10-51.

면 기독교 교육자들은 복음에 충실하지 못한, 즉 결정적인 영향력이 없는 문화의 속박에 영향을 받기 쉽고, 성령의 말씀에 둔감하여 여전히 옛날 방식의 개념으로 교육에 임하게 될 수 있다. 이 과업은 다양한 부분에서 기독교 교육자로 부름받은 전문 교육자들에게는 특별한 책임이므로, 모든 하나님의 사람은 교회, 가정, 학교, 공동체 그리고 사회에서 기독교적인 방향과 양질을 위한 그들의 의무를 반드시 인지해야 한다. 기초적 논점에 대한 관심이 부족하다면 현재와 미래의 세대들에게 제한된 가능성만을 기대할 수 있을 것이다.

이 책의 각 장은 둘씩 짝지어 나타나는 교육적 기초들의 관계를 제시하고 있다. 복음주의 전통에서는 교육의 이론과 실천의 규범적인 범주를 제시하는 성경적, 신학적 기초가 우선적으로 다루어진다. 이러한 기초는 1장과 2장에서 다루었다. 3장과 4장에서 다루어지는 철학적, 역사적 기초는 상호 의존성과 보완성을 가지고 있어서, 서로 다른 현장에서의 교육 실천을 평가하고 이해하는 통합 작업을 뒷받침하기 때문에 함께 다루어지는 경우가 많다. 이것은 철학과 역사가 시공을 초월하여 변화하며, 두 분야의 공동 연구가 연결의 발견을 촉진하기 때문이다. 5장과 6장의 주제인 사회학적, 심리학적 기초는 교육의 분야에서 도출된 사회과학과 관련해 설명했다. 이들의 상호 관계는 다양한 기초의 체계 분석을 논의하는 과정 가운데 언급된 바 있다. 마지막으로 7장의 교육 과정 기초는 기초적 논점의 연구에서 교육 실천을 위한 실제 원칙의 다리 역할을 한다. 여기서 다루어진 다양한 기초적 논점들을 엮기 위해 추가적인 관계가 제시될 수 있지만, 그것은 기독교 교육자들에 의한 교육적 접근과 이론적 설명에 따라 달라질 수 있으므로 여기서는 다루지 않았다.

이 책의 초판과 개정판의 이론적 설명은 유대인 교육자 아브라함 헤스첼(Abraham J. Heschel)이 말한 "뿌리 없는 사고는 꽃을 피울 것이나, 그 열매는 없을 것이다"⁹에 잘 나타나 있다. 기독교인들이 실천을 통해 충실한 열매를 맺기 원한다면 기독교 교육에 대해 깊이 생각해볼 필요가 있다. 기독교 교육의 뿌리에 대한 고찰은 우리가 접근하려고 하는 기초들에 대해 신중한 배려를 필요로 한다. 기초적인 논점들을 붙들고 씨름해서 얻어진 좋은 이론은 넓고 다양한 환경에서 기독교 교육을 실천하고 있는 이들에게 도움을 줄 것이다. 좋은 이론은 창조적이고 신뢰할 수 있는 방법으로 교육 사역을 바라보게 하고, 분석하게 하며, 수행하도록 도와준다.

이 책은 북미 히스패닉 계의 관점에서 쓰여진 것이다. 또한 나는 신학적 입장에서 에큐메니컬 복음주의 기독교인이다. 많은 사람들에게 이것은 서로 조화되지 않는 긴장감을 줄 수도 있다. 그 이유는 첫째, 히스패닉 계통은 일반적으로 북미보다는 중남미와 카리브 지역과 관련되어왔다.¹⁰ 둘째, 에큐메니컬 기독교인은 스스로를 복음주의자라 여기는 사람들과 다른 존재로 여겨져왔다는 것이다. 그럼에도 불구하고 나는 그것들이 나에게 유리한 점들이라고 생각했고, 그 위치에서 나는 기독교 교육의 현재와 영속적인 도전에 대한 글을 썼다. 나의 뚜렷한 정체성과 관점은 나로 하여금 사고와 실천의 다양한 원천과 근원으로부터 이 글을 이끌어내주었다.

이 책은 기독교 교육학을 위한 개론서로 쓰여졌다. 이 책으로 공부하는 학생들에게 폭넓은 정보를 제공하기 위해 2차 자료에 많은 부분을 의존했다. 나는 학생들이 좀더 폭넓은 연구를 위해 제시되어 있는 참고문헌들을 계속 참조하기를 바란다. 이 책의 주된 독자는 복음주의 계통의 사람들이지

---

9. 사무엘 드레스너 편집(Samuel H. Dresner, ed.), 「나는 기적을 요구한다: 영적 명시집, 아브라함 조슈아 헤스첼(I Asked for Wonder: A Spiritual Anthology, Abraham Joshua Heschel, New York: Crossword, 1995)」, p. 83.
10. 기독교 교육과 관련한 라틴 아메리카에서의 히스패닉 계통의 전통과 발전에 관한 논의를 위해서는 로버트 W. 파즈미뇨(Robert W. Pazmiño), 「라틴계 미국인의 여정: 북 아메리카에서의 기독교 교육의 통찰력(Latin American Journey: Insights for Christian Education in North America, Cleveland: United Church Press, 1994)」을 참조하라.

만, 나는 보다 넓은 에큐메니컬 계통의 종교 교육자들도 염두에 두고 이 글을 썼다.

이 책이 출판될 수 있도록 양육을 통해 도와준 공동체와 개인들 그리고 초판을 사용해준 사람들에게 감사 드린다. 내가 5년 동안 학생으로서 그리고 교수의 일원으로서 가르쳤던 고든 코넬(Gordon-Conwell) 신학교에 감사를 표한다. 내가 가르친 학생들은 내가 기독교 교육의 다양한 모습에 대해 생각하고 또 나의 사고를 개발하도록 도전을 주었다. 또한 지난 십 년 동안 다문화적이고 신학적으로 다양한 교회와 세계를 위해 봉사할 수 있도록 지원해준 앤도버 뉴튼(Andover Newton) 신학교에 감사한다. 그리고 내 사역을 지원해주고 인도해준 공동체와 모임에 고마움을 느낀다.

인내를 가지고 원고를 타이핑해주고 편집해준 친구들과 재검토와 조언을 해준 동료들에게 감사한다. 특히 버지니아 스테드맨(Virginia Steadman)과 데보라 퍼킨스(Deborah Perkins)에게 고마움을 전하고 싶다.

작업하는 내내 나를 사랑해주고 격려해준 가족에게 가장 큰 고마움을 전하고 싶다. 부모님인 로라(Laura)와 앨버트 파즈미뇨(Albert Pazmiño)는 항상 나를 신뢰하셨고, 기독교 신앙의 모범이 되어주셨다. 나의 자녀들인 데이빗(David)과 레베카(Rebekah)는 내가 가정에서 보다 나은 교사와 모범이 되도록 항상 목표를 제시해주었다. 마지막으로 내 생애의 기쁨과 슬픔을 함께 해온 반려자이며 친구인 아내 완다(Wanda)에게 고맙다는 말을 전하고 싶다.

1장
성경적 기초
BIBLICAL FOUNDATIONS

분명한 복음주의 신학적 입장에 서서 확실하게 사고하고 그것에 근거한 교육을 실천하려면 기독교인, 특히 기독교 교육자들은 반드시 성경적 기초에 대해 철저한 연구를 해야 한다. 교육에서 기독교의 특성들을 이해할 수 있는 가장 본질적인 원천은 성경이다. 그러므로 교육의 임무를 띠고 그리스도께 순종하려는 사람들의 생각과 행동은 반드시 하나님의 진리에 의해 인도되어야 한다. 기독교인은 현대 사회 교육 이론의 다양성에서 오는 혼란스러움에 영향을 받기 쉽다. 이때 성경적 기초는 올바른 교육을 판단하는 데 있어서 근본적인 기준을 제시한다. 이러한 성경적 기초는 다양성과 창조성이 결여된 단조롭고 고정된 이론과 실천에서 나오는 것이 아니다. 오히려 성경적 기초에 근거한 기독교 교육은 역동적이고 다양한 교육 경험을 제공할 것이다.

신구약에서 몇 가지 기초들을 발견할 수 있다. 이러한 성경적 원천은 일반적으로 단순히 읽는 과정에서도 모델이나 접근법으로 제시된다. 모든 교육자들에게는 그들의 생각과 실천을 이끌어갈 자신들만의 모델이나 접근법이 있다. 하지만 대부분의 경우 이러한 모델들은 확인되지 않은 채로 남아 있다. 여기서 기독교인이 해야 할 것은 교육을 위한 자신들의 모델을 확인하고 그것을 분명하게 하며 성경적 기초로 그것을 현실화시키는 것이다. 다양한 성경적 기초에 의해 제공된 모델은 과거와 현재 그리고 미래를 위한 교육적 노력들을 위한 지침을 제공해준다. 다음에 언급되는 것들은 다양한 환경 속에 있는 교육자들이 일반적이고, 비평적이며, 본문 중심적이고, 상황적인 연구에 사용할 수 있도록 반드시 다듬어져야 할 기초를 위해 선택한 것이다.[1]

구약

구약 성경은 믿음의 공동체 안에서 가르침과 학습의 본질을 탐구하기 위한 넓고도 다양하며 역사적이고 공동체적인 환경을 제공한다. 라틴 아메리카의 교육자 마티아스 프리스워크(Matias Preiswerk)의 연구는 특히 교육에 관련된 다양한 사람들을 확인하는 데 통찰력을 제공해준다. 예언자, 제사장, 레위인, 지혜자, 율법학자, 랍비, 국가로서의 사람들 등이 이 대상에 포함된다. 각각 교육을 실행하는 대행자들인 이들은 다음의 표에 요약된 것처럼 서로 다른 목적과 내용, 방법, 그리고 기관으로 표현할 수 있다.[2]

이 요약 외에 히브리 경전이나 구약의 주요한 부분에 대한 특정한 강조점을 고려해야 할 것이다. 신명기의 강조점은 신앙 공동체의 삶에 필수적인

---

1. 가브리엘 패커(Gabriel Fackre)의 「기독교 이야기: 목회를 위한 조직신학(The Christian Story: A Pastoral Systematics, Grand Rapids: Eerdmans, 1987)」, pp. 157-210. 그는 여기서 성경의 네 가지 의미-일반적, 비평적, 본문 중심적, 상황적-를 밝혔다. 복음주의 지지자들이 비평적, 본문 중심적, 상황적 통찰에 대한 다양한 사용을 한다는 것을 인정함에 있어서 이 논의는 크게 일반적 의미로 제한된다. 이 분야에 대한 구체적인 연구를 위해서는 메리 C. 보이스(Mary C. Boys)의 「종교 교육에 있어서 성경 해석(Biblical Interpretation in Religious Education, Birmingham, Ala.:Religious Education Press, 1980)」을 참조하라. 성경적 연구의 좋은 예는 월터 브루그먼(Walter Brueggemann)의 「창조적 단어: 성경 교육을 위한 모델로서의 정경(The Creative Word: Canon as a Model for Biblical Education, Philadelphia: Fortress, 1982)」을 참조하라.
2. 마티아스 프리스워크(Matias Preiswerk)의 「살아 있는 말씀의 교육: 기독교 교육의 이론적 구조(Educating in the Living Word: A Theoretical Framework for Christian Education, Maryknoll, N. Y.: Orbis, 1987)」, pp. 50-66를 참조하라.

기본적인 규범과 내용에 있다. 월터 브루그먼(Walter Brueggemann)은 신앙 공동체를 구속하는 모세오경의 윤리성(ethos)을 구약 정경의 구성 요소라고 말했다.[3] 기독교 신앙 공동체 안에서 복음주의적 전통은 이러한 기초들의 유전을 강조했다. 전통적으로 수용되어 온 교훈과 유산은 세대에 걸쳐서 특히 변화하고 변천하는 시간에 지속성을 제공한다.[4] 이 전통으로 인해 가능하게 된 변화는 시편 78편과 느헤미야서에 나타나 있다. 전체 민족이 그들의 믿음의 원천으로 돌아올 때 새로운 삶과 기쁨을 누리는 것을 볼 수 있다. 지혜 문학은 어떻게 믿음의 표준이 그 날의 특정한 질문이나 이슈와 연관되어지는지를 구체화한다. 지혜는 믿음의 요구를 특정한 상황에 연관짓기 위해 필요하다. 지혜자들의 조언은 삶과 믿음을 연결하는 데 길잡이가 된다. 브루그먼은 구약의 이 구성 요소를 삶의 의미와 질서를 제시하는 실질적 지혜의 통찰인 로고스(logos)라고 했다.[5]

구약에서의 교육

교육적 대행자

	사람 / 국가	선지자	제사장	지혜자	율법학자 랍비
목적	대중적 해방	해방의 실현	전통의 유전	더 나은 삶	진정한 성경의 해석 (스 7:6,10)
내용	역사적 사건	예측한 역사적 전망	종교적 실천 / 율법	일상을 위한 조언	신학적 주석
방법	기억 / 대중적 문화	구두 / 상징적 행동	모세오경 : 율법의 기념, 유전, 설명, 응용	대중적 지혜	교훈
기관	국가 자체 / 공동체	선지자 학교	성전	때때로 왕과 왕비의 궁전	유대교 회당

---

3. 브루그먼(Brueggemann), 「창조적 단어(The Creative Word)」, p. 13, 108. 그는 구약 정경 분석의 중요 주제로 예레미야 18장 18절을 사용한다.
4. 정통의 기준에 대한 강조는 복음주의 기독교인의 특성 가운데 하나다. 다른 차이점들은 제2장에서 다루어놓았다.
5. 같은 책, pp. 13, 108-109.

마지막으로, 선지자의 말은 믿음의 사회적 차원을 탐구하게 하고 신앙 공동체 안과 밖에서 믿음대로 행하지 않는 것을 비방하게 한다. 선지자들은 그 시대의 사회 교육자들이다. 그들은 국가와 지도자들과 맞서고, 소망을 가지고 그들을 치유할 수 있는 적절한 말로 하나님의 열정을 드러낸다. 브루그먼은 정경의 이 부분을 공의와 정의에 충실한 공동체나 국가의 믿음 생활에 분열을 가져오는 파토스(pathos)라고 했다.[6] 브루그먼이 강조하지는 않았지만 믿음을 형성하는 데 중요한 또 하나의 요소가 있다. 그것은 하나님을 경외하는 신자들의 찬양과 기쁨의 송영 역할이다.[7] 이러한 성경의 여러 구절들은 현대 교육의 사고와 실천에 교육적인 교훈을 보여주고 있다.

신명기

모세오경 중 하나인 신명기는 신앙 공동체에 다음 세대를 가르치고 따르도록 이끄는 기준의 토대를 제시한다. 신명기 6장 1-2절, 4-9절에서 모세는 이스라엘 민족에게 그들의 역사 속에서 행하신 하나님의 모습을 기억하고, 하나님의 명령을 알리고, 무엇보다도 하나님을 사랑하고 두려워하며 섬기라고 권고했다.

> "이는 곧 너희 하나님 여호와께서 너희에게 가르치라 명하신 바 명령과 규례와 법도라 너희가 건너가서 얻을 땅에서 행할 것이니 곧 너와 네 아들과 네 손자로 평생에 네 하나님 여호와를 경외하며 내가 너희에게 명한 그 모든 규례와 명령을 지키게 하기 위한 것이며 또 네 날을 장구케 하기 위한 것이라
>
> 이스라엘아 들으라 우리 하나님 여호와는 오직 하나인 여호와시니 너는 마음을 다하고 성품을 다하고 힘을 다하여 네 하나님 여호와를 사랑

---

6. 같은 책.
7. 같은 책, p. 117.

하라 오늘날 내가 네게 명하는 이 말씀을 너는 마음에 새기고 네 자녀에게 부지런히 가르치며 집에 앉았을 때에든지 길에 행할 때에든지 누웠을 때에든지 일어날 때에든지 이 말씀을 강론할 것이며 너는 또 그것을 네 손목에 매어 기호를 삼으며 네 미간에 붙여 표를 삼고 또 네 집 문설주와 바깥문에 기록할지니라."

모세의 가르침은 신앙 공동체로 하여금 삶의 모든 영역을 하나님에 대한 믿음과 관련짓도록 명령한다. 신명기의 이 구절은 목표, 교사, 학생, 내용 그리고 성경 교육을 위한 환경에 대한 통찰력을 제공한다.[8]

신명기 6장 4-9절의 교육적 명령은 다음 세대에게 하나님의 명령의 전수를 요구한다. 그것의 궁극적인 목적은 충성과 순종으로 나타난 하나님의 사랑을 양육하는 것이다. 하나님을 사랑한다는 것은 오직 하나이신 분께 응답하는 것이고(6:4), 순종하는 것이며(11:1-22, 30:20), 하나님의 명령을 지키고(10:12, 11:1, 22, 19:9), 명령을 마음에 두고 하나님의 음성을 들으며(11:13, 30:16), 봉사하는 것이다(10:12, 11:1, 13). 각 구절에서 '사랑'이라는 단어는 모든 이들의 마음에서 우러나오는 순종을 의미한다.[9] 예수님은 사랑과 순종 사이의 관계를 요한복음 14장 15절을 통해 이렇게 말씀하신다. "너희가 나를 사랑하면 나의 계명을 지키리라."

하나님의 사랑은 하나님의 명령에 대한 순종과 자신의 전부를(마음, 영혼, 정신, 힘) 드리는 것에서 나타난다. 진정한 헌신으로 특징지을 수 있는 하나님에 대한 완전한 삶의 반응과 같이, 가르침은 듣는 이들에게 도전을 줄 만큼 예리해야 한다. 이 가르침은 부모들의 몫이다. 또한 이 목표는 모든

---

8. 이러한 통찰력은 티모시 C. 테넌트(Timothy C. Tennent)의 연구인 "기독교 교육에 대한 개인의 철학(Personal Philosophy of Christian Education, Gordon-Conwell Theological Seminary, 1984)"에서 많은 도움을 입었다.
9. 같은 책.

형태의 교육에서 중요한 의미를 지닌다.

궁극적으로 하나님은 성경적 교육의 선생님이시다. 하나님은 모든 진리의 작가이자 발표자이시고, 학생과 교사는 모두 이 진리 앞에 서게 된다. 하나님은 교사와 학생들에게 하나님의 계시된 말씀을 이해하고 그 안에서 성장하며 그것에 순종하라고 요구하신다. 이 구절과 성경의 기록을 통해, 교사들은 하나님의 진리에 대한 청지기요 선포자와 같은 역할을 수행하게 됨을 알게 된다. 이 진리는 항상 상호 관계를 포함한 다양한 방법으로 전달될 수 있다. 사랑, 신뢰, 솔직함, 정직, 수용, 배려, 후원, 용서, 훈계, 용납과 같은 관계성들은 교사와 학생 사이의 상호 작용을 묘사하기 위해 있는 것이다.[10] 부모와 마찬가지로 교사들도 학생들에게 하나님을 따를 것을 권면할 수 있도록 하나님을 본받는 삶을 살아야 한다.

교사의 가르침과 본을 통해서 학생들은 하나님의 말씀을 이해하게 되고, 성장하게 되며, 순종하게 된다. 교사가 열심히 용기를 북돋워줄 때에 학생들은 그 가르침을 받아들이고, 닫혔던 마음을 열게 된다. 성경의 잠언에는 부모의 말에 순종하는 자녀에 대한 분명한 권고가 나타나 있다. 유대인의 삶에 있어서의 교사의 역할은 부모와도 같은 것이었다. 그래서 신명기 6장에서는 이 역할에 초점을 두었다. 하지만 이 시각은 유대인의 바빌론 유수 이후의 회당 학교의 경우처럼 가정을 넘어선 교육적인 관계를 내포한다.

신명기 6장에 나타난 성경적 교육의 본질적인 내용은 하나님께서 모세에게 백성들을 가르치라고 주신 하나님의 명령, 법도, 율법이다. 이 내용들은 삶 전체와 매우 중요하게 연관되어 있다. 하나님께서 계시하신 내용은 학생들에게 교육되어야 하고 감동을 주어야 한다. 이것은 언제든지 들을 수 있어야 하고, 몸에 지녀야 하며, 공공장소 등 어느 곳에서든지 기록할 수 있어

---

10. 로렌스 O. 리처드(Lawrence O. Richards), 「기독교 교육 신학(A Theology of Christian Education, Grand Rapids: Zondervan, 1975)」, p. 314.

야 한다. 진리는 하나님의 백성들의 매일매일, 순간순간의 삶 속에 영향을 주고 그 삶과 통합되는 것이다. 이 내용은 기초적이며 근본적인 것이다. 이것은 모든 것이 세워져야 할 기본적인 진리와 구조를 제공한다는 점에서 기초적이고, 모든 삶에 영향을 받고 그 삶을 살찌우게 하는 뿌리를 제공한다는 점에서 근본적이다. 이와 같이 안정과 성장은 둘 다 하나님의 계시에 기초한 교육 내용의 범위 안에서 보장되는 것이다.

이 구절에서 묘사된 가르침의 환경은 부모가 자녀에게 하나님의 율법을 전할 때의 모든 상황을 포함하고 있다. 이것이 행해지는 다양한 경우, 즉 집에 앉아 있을 때, 길을 걸을 때, 누워 있을 때, 일어날 때 등을 보여준다. 하나님의 율법은 현존하는 것이고, 그것은 마치 사람의 손과 이마의 상징이나 집과 울타리의 문틀과 같은 것이다. 하나님이 인류를 위한 궁극적인 교사라는 것을 깨달아 인간이 하나님의 다양한 방법들로 양육되고 제자화되는 상황들이 전체적인 삶 속에서 일어나는 것이다.

신명기 6장의 주된 초점은 교육에 있어서의 부모의 근본적인 역할에 맞추어져 있다. 오늘날의 다양한 교육적인 영향에도 불구하고, 여전히 부모들은 자녀들에게 어떤 영향을 줄 것인지를 능동적으로든 수동적으로든 결정하는 일차적인 교육자다. 교회가 할 일은 부모들이 가정에서 교육자와 사역자로서의 역할을 감당할 수 있도록 가르치고, 그들의 자녀들의 삶에 미치는 교육적 영향들을 적절히 선택할 수 있도록 도와주는 것이다. 부모들은 자신들이 속한 신앙 공동체 지도자의 지원과 지도를 필요로 한다.

신명기 6장에서 모세는 이스라엘 백성에게 기억하고 가르치라고 권고한다. 이 가르침의 환경은 가정이다. 가정에서 하나님을 향한 믿음을 전체 삶으로 연관시키는 법을 배우게 된다. 세상에서의 삶과 신앙을 구분하려는 현대의 경향 때문에, 신앙은 종종 주일 아침의 몇 시간으로 제한된 교회 활동으로 한정되어진다. 신명기는 하나님 안에서의 믿음이 모든 삶에 관련되어 있음을 보여준다. 신앙을 가진 사람들이 상호 작용을 하는 곳이라면 어디이든 그곳은 교육을 위한 장소다. 이러한 상호 작용은 신중하고 체계적이며 지속적이다.[11]

교육은 의식적인 계획, 이행 그리고 교육 경험의 평가를 필요로 한다. 기독교 교육의 계획성은 성경적 내용을 나누고, 삶에 대한 적용을 파악하고, 적합한 반응을 위한 방법을 제시하려는 노력을 포함한다. 이와 비슷한 방법이 야고보서 2장 14-17절에 나타난다. 최근에 로렌스 O. 리처드(Lawrence O. Richards)가 이 접근 방법을 주장해왔다. 그의 주장은 교육의 비공식적이고 비형식적인 면의 역할을 분명히 해주고 있다.[12] 리처드는 삶을 위한 교육에 초점을 둔 교육의 사회화 또는 문화화 모델에 크게 의존하고 있다.[13]

리처드는 형식적인 교육의 가치가 기독교 공동체에서 절대적으로 다루어질 것이라고 여겼다. 하지만 이러한 가치가 사람들을 공동체 규범을 넘어서 움직일 수 있게 하는 교육적 사역 안에서 계획되어야 하는 것은 명백한 사실이다. 그 가치는 또한 예언자적 관점으로 계획되어야 하고 특정한 공동체의 방법으로 양육되어야 한다. 예언자적 교육은 개인과 공동체의 죄와 불의와 고난이 분명한 가정이나 교육받는 공동체의 삶이 긍정되는 부분보다는 비판받는 부분에 대한 성경적 규범과 요구에 대해 책임을 지고 있다. 이러한 두 개의 초점, 즉 긍정과 비판은 전 인류에 대한 하나님의 언약(신명기 27-28 참조)의 축복과 경고에 따라 그 형태를 갖는다. 이것의 초점은 신명기

---

11. 교육을 묘사하는 이러한 용어는 제3장 교육의 정의에서 다루어진다. 또 로렌스 A. 크레민(Lawrence A. Cremin)의 「미국 교육의 전통(Traditions of American Education, New York: Basic Books, 1977)」, p. 134 이하를 참조하라.
12. 내용 - 이행 - 반응에 대한 일련의 과정에 대한 완전한 설명은 로렌스 O. 리처드(Lawrence O. Richards)의 「창조적 성경 교육(Creative Bible Teaching, Chicago; Moody 1970)」을 참조하라.
13. 리처드(Richards)의 생각은 그의 「기독교 교육 신학(A Theology of Christian Education)」에 상세히 설명되어 있다.

6장에 나타나 있다. 신명기 6장은 하나님의 명령과 아버지의 교훈에 대한 경청을 강조했다.

긍정과 비판은 오늘날에도 중요한 역할을 한다. 따라서 가정이나 공동체가 다음 세대에게 사회화와 문화화를 통해서 하나님의 진리를 전해줄 때, 중요한 부분들에 있어서는 수정과 재교육이 필요할 수도 있다. 형식적인 교육은 가정이나 공동체에서 종종 수정과 재교육의 도구로 쓰여지기도 한다. 마찬가지로 가정이나 공동체는 형식적 교육의 대행자로서 사역할 수도 있다. 부모들이 주일 학교, 사립 학교, 혹은 공립학교의 정책과 목표에 활발한 역할을 하는 것이 그러한 경우다.

신명기 30-32장은 또한 기독교 교육의 본질을 이해하는 데 근본적인 지식을 제공한다. 예수님도 광야에서 시험당할 때에 신명기를 계속적으로 언급하셨다.[14] 이와 마찬가지로 교육 철학의 다양성 속에 놓여 있는 현재 교육의 황량함 속에서, 기독교 교육자들은 신명기의 다음 세 구절(30:11-20, 31:9-13, 31:30-32:4)을 통해 힘과 명료성을 얻을 수 있을 것이다. 이들 구절에 묘사된 교육은 예수 그리스도의 삶과 사역을 통해 완전히 결실을 맺게 된다.

신명기 30장 11-20절은 현재 기독교 교육의 몇 가지 문제들을 분명하게 해준다. 이 구절은 이스라엘 백성들에게 주어진 새로운 언약에 대한 도전과 하나님에 대한 불순종에서 비롯되는 저주와 경고들을 기록하고 있다.

> "내가 오늘날 네게 명한 이 명령은 네게 어려운 것도 아니요 먼 것도 아니라 하늘에 있는 것이 아니니 네가 이르기를 누가 우리를 위하여 하늘에 올라가서 그 명령을 우리에게로 가지고 와서 우리에게 들려 행하게 할꼬 할 것이 아니요 이것이 바다 밖에 있는 것이 아니니 네가 이르기를

---

14. 마태복음 4장 1-11절, 누가복음 4장 1-13절을 참조하라.

누가 우리를 위하여 바다를 건너가서 그 명령을 우리에게로 가지고 와서 우리에게 들려 행하게 할꼬 할 것도 아니라 오직 그 말씀이 네게 심히 가까워서 네 입에 있으며 네 마음에 있은즉 네가 이를 행할 수 있느니라

보라 내가 오늘날 생명과 복과 사망과 화를 네 앞에 두었나니 곧 내가 오늘날 너를 명하여 네 하나님 여호와를 사랑하고 그 모든 길로 행하며 그 명령과 규례와 법도를 지키라 하는 것이라 그리하면 네가 생존하며 번성할 것이요 또 네 하나님 여호와께서 네가 가서 얻을 땅에서 네게 복을 주실 것임이니라

그러나 네가 만일 마음을 돌이켜 듣지 아니하고 유혹을 받아서 다른 신들에게 절하고 그를 섬기면 내가 오늘날 너희에게 선언하노니 너희가 반드시 망할 것이라 너희가 요단을 건너가서 얻을 땅에서 너희의 날이 장구치 못할 것이니라

내가 오늘날 천지를 불러서 너희에게 증거를 삼노라 내가 생명과 사망과 복과 저주를 네 앞에 두었은즉 너와 네 자손이 살기 위하여 생명을 택하고 네 하나님 여호와를 사랑하고 그 말씀을 순종하며 또 그에게 부종하라 그는 네 생명이시요 네 장수시니 여호와께서 네 열조 아브라함과 이삭과 야곱에게 주리라고 맹세하신 땅에 네가 거하리라."

기독교 교육자들은 하나님이 주시는 생명이나 죽음에 대해 명확히 알고 있어야 한다. 기독교 교육은 모든 연령의 사람들에게 예수 그리스도 안에서 발견된 영적인 삶을 선택하라고 권유하는 교회의 사역 가운데 하나다. 삶을 선택한다는 것은 하나님을 사랑하는 것, 하나님의 말씀을 듣는 것, 하나님께 온전히 의지하는 것이 요구된다. 이 선택은 피할 수 없는 것이다. 왜냐하면 "아들이 있는 자에게는 생명이 있고 하나님의 아들이 없는 자에게는 생

명이 없느니라"(요일 5:12)에 나타난 진리처럼 하나님은 생명의 근원이시기 때문이다. 기독교 교육은 하나님에 대한 지식의 공유 그리고 삶에서 나타나는 하나님께 대한 반응의 격려를 수반한다.

신명기 31장 9-13절은 하나님의 율법을 읽고 들을 것을 강조한다. 이 구절은 하나님의 백성들에게 하나님의 새로운 안식일에 관한 법을 기록하고 있다.

> "모세가 이 율법을 써서 여호와의 언약궤를 메는 레위 자손 제사장들과 이스라엘 모든 장로에게 주고 그들에게 명하여 이르기를 매 칠 년 끝 해 곧 정기 면제년의 초막절에 온 이스라엘이 네 하나님 여호와 앞 그 택하신 곳에 모일 때에 이 율법을 낭독하여 온 이스라엘로 듣게 할지니 곧 백성의 남녀와 유치와 네 성 안에 우거하는 타국인을 모으고 그들로 듣고 배우고 네 하나님 여호와를 경외하며 이 율법의 모든 말씀을 지켜 행하게 하고 또 너희가 요단을 건너가서 얻을 땅에 거할 동안에 이 말씀을 알지 못하는 그들의 자녀로 듣고 네 하나님 여호와 경외하기를 배우게 할지니라."

위에 언급된 말씀은 하나님의 말씀에 귀를 기울이고, 하나님을 공경하는 법을 배우며, 하나님의 법도를 주의 깊게 따라야 한다는 것을 말해주고 있다. 하나님의 율법은 신앙 공동체 안에서 어른들만이 공유하는 것이 아니라 아이들과 청년들에게까지 나누어야 하는 신뢰와 전통이었다. 이러한 공식적이고 합법적인 계획은 마침내 성취되어 새로운 언약으로 나타났다. 신약의 관점에서 하나님의 율법의 중요성은 모든 성경(딤후 3:14-17)으로 확대된다. 하나님의 말씀은 가르침을 위한 본질적인 내용을 담고 있다. 기독교 교육은 구약에 나타난 하나님의 계시에 초점을 둠으로써 더 쉽게 구별해낼 수 있다. 하나님의 말씀은 듣는 이들의 입장에서 믿음으로 반응하도록 양육하기 위한 의도를 가지고 한 세대에서 다음 세대로 전해져야 하는 것이다. 하나님 말씀의 권위는 '진리의 기둥과 터'(딤전 3:14-16)라고 묘사된 살아계신 하나님의 교회와 신앙의 공동체 안에서 이해할 수 있다. 이러한 이해와 더불어 교육자들은 성경의 어떠한 개인적인 해석이라도 반드시 역사적이고 현재적으로 표현된 교회의 공유된 지식을 따라야 한다.

신명기 31장 10절 - 32장 14절은 인간에게 자유함을 주고 예배를 촉진시킨다. 신명기 31장 30절 - 32장 4절은 구약 시대의 교육에 대한 설명을 하고 있다. 이 구절은 회복의 약속 뒤에 오는 백성에 대한 장편의 시적인 저주에 대한 색다른 서문이다.

> "하늘이여 귀를 기울이라 내가 말하리라 땅은 내 입의 말을 들을지어다 나의 교훈은 내리는 비요 나의 말은 맺히는 이슬이요 연한 풀 위에 가는 비요 채소 위에 단비로다 내가 여호와의 이름을 전파하리니 너희는 위엄을 우리 하나님께 돌릴지어다 그는 반석이시니 그 공덕이 완전하고 그 모든 길이 공평하며 진실무망하신 하나님이시니 공의로우시고 정직하시도다(신 32:1-4)."

이 구절은 하나님 안에서 사람들을 자유하게 하여 성장하게 만들고 새롭게 하는 교육에 대해 묘사하고 있다. 그것은 또한 사람들로 하여금 하나님을 찬양하게 하고 영광을 돌리게 하는 교육이다. 자유하게 한다는 의미는 하나님이 원하시는 하나님의 창조물로 그리고 언약 공동체의 일원으로 사람을 변화시킨다는 뜻이다. 축복에 대한 기대와 더불어 저주에 대한 징조는 모두 배움을 위한 기회였다. 그러한 자유하게 하는 교육은 비와 이슬이 사막에 있는 식물을 새롭게 하는 것처럼 사람과 무리를 새롭게 하는 하나님의 효과적인 역사를 필요로 한다. 해방이란 창조주 하나님의 지속적인 관심과 개인, 공동체, 사회의 변화에 의해 그분이 원하시는 사람이 되는 것이다.[15] 이 해방은 죄에 대한 경고와 더불어 용서와 화해에 대한 선포를 포함한다. 기독교 교육은 사람을 자유하게 하는 가르침 - 배움으로 특징지어질 수 있다. 예수님은 이 주장을 요한복음에서 확언해주신다. "그러므로 예수께서 자기를 믿은 유대인들에게 이르시되 너희가 내 말에 거하면 참 내 제자가 되고, 진리를 알지니 진리가 너희를 자유케 하리라"(8:31 하 - 32).

신명기 31장 30절 - 32장 4절에 설명된 교육은 또한 찬양을 수반한다. 여기에서의 찬양은 하나님께 영광을 돌리고 경배하고 찬미한다는 의미다. 하나님은 당신의 자비로우심, 보살핌, 섭리, 정의로우심, 공평하심, 공정하심, 공의로우심으로 인해 찬양을 받으신다. 이러한 교육에 관여한 사람들에게 모세는 하나님께 전적으로 의지하고 인간 활동의 모든 영역에서의 신성한 요구에 순종하라고 한다. 그러므로 성경적 의미의 찬양은 해방에 더하지는 교육의 결과인 것이다.

신명기의 이러한 구절들에 묘사된 예수님의 사역과 삶은 교육의 본질에 대한 가장 자세한 설명이라 할 수 있다. 그리스도는 생명이요, 성육신된 말씀이요, 해방과 찬양의 궁극적인 원천이시다. 예수 그리스도는 생명이요(요 14:6), 생명의 떡이요(요 6:35), 부활과 생명이시다(요 11:25). 예수님을 믿는 모든 사람들에게 영원한 생명을 주시기 원하신다(요 3:16, 36, 요일 5:12). 말씀이 성육신(요 1:1-18)됨으로써 예수 그리스도는 하나님의 율법(마 5:17-20)을 완성하신다. 예수님 안에서는 해방의 실현이 있다(요 8:31-36). 그리고 찬양의 기회가 있다(요 15:9-11). 열두 제자와의 제자화 사역은 참여자들의 전체 삶에 영향을 주는 그런 교육의 모델을 제시한다.[16] 드러난 진실을 단

---

15. 하나님이 이스라엘 백성의 삶 가운데 행하셨던 해방에 대한 설명은 출애굽기 6장 6-8절 참조하라.
16. 예수님의 교육 사역에 대한 통찰력 있는 설명을 위해서 A. M. 브루스(A. M. Bruce)의 「열두 제자 훈련(The Training of the Twelve, Grand Rapids: Kregel, 1971)」과 허만 H. 혼(Herman H. Horne)의 「예수의 교육 테크닉(The Teaching Techniques of Jesus, Grand Rapids: Kregel, 1920)」, 더욱 최근의 자료는 조셉 A. 그라시(Joseph A. Grassi)의 「진리를 가르침: 예수, 초대 교회 그리고 오늘(Teaching the

순히 제자들에게 전하는 것이 아니라, 예수님은 성육화된 말씀으로서 당신의 모든 삶을 제자들과 함께하셨다. 이러한 삶의 나눔은 하나님의 선포에 믿음으로 반응한 사람들의 삶에서 나타난다.

신명기에 나타난 이러한 성경적 기초들에서 교육적인 암시를 내포하는 어떠한 가능성을 이끌어낼 수 있는가?[17] 위에서 제시된 범주를 사용해서 개 교회 교육의 갱신과 관련해 다음과 같이 몇 가지를 제시할 수 있다. 다른 제안들은 교육의 다양한 환경과 관련되어 제시될 수 있다. 그러나 우리가 주목하고자 하는 제안들은 개 교회와 관련된 것들이다. 그러한 제안들은 뒷장에서 다루어질 다른 기초적인 고찰과 관련해 평가해야 할 필요가 있는 성경을 일반적으로 읽는 과정에서 비롯된다.

신명기 30장 11-20절의 '삶의 발견'에서는 다음과 같은 암시가 나타난다.

1. 주일 학교와 교회의 다른 교육 프로그램의 복음적 기능들을 재강조하라.
2. 복음 전도와 그 다음 과정인 양육 분야를 위하여 주일 학교 교사들과 성인 참여자들을 훈련하라.
3. 기독교 신앙에 대한 의문과 관련된 성경 공부 그룹이나 학급의 가능성을 모색하라.
4. 구세주이신 예수 그리스도를 위한 헌신의 결단을 기다리고 이를 위

Way: Jesus, the Early Church, and Today, Washington, D. C.; University Press of America, 1982)」을 참조하라.

17. 어떻게 우리가 성경의 본문을 교육적 또는 목회적인 암시를 내포하는 것으로 바뀌게 할 수 있는지에 대한 질문이 제기될 수 있다. 이것은 교육자들이 가르침의 권위와 상대하고 있다는 것을 보여준다. 그리고 이것은 로버트 W. 파즈미뇨(Robert W. Pazmiño)의 「권위 있는 가르침(By What Authority Do We Teach? Sources for Empowering Christian Educators, 도서출판 디모데 간)」의 주제이기도 하다. 하지만 기본적으로 성경의 본문에서 교육을 암시하는 것으로 바뀌게 될 때 혹자는 주제를 깨닫게 하는 성령의 역사를 통해 그의 경험과 반영을 토대로 바뀔 수 있게 된다. 이 과정에서 혹자는 다른 기독교인의 경험과 반응을 접하게 된다. 하지만 일생이 걸리는 지혜의 습득에 쉬운 방식은 존재하지 않는다.

해 기도하라.

신명기 31장 9-13절의 '하나님의 말씀과 인간의 반응'에서는 다음과 같은 암시가 나타난다.

1. 모든 연령층을 대상으로 한 성경 교육의 목표를 개발하고 이를 위해 사역하라.
2. 전체적 조언자로서의 하나님을 인식하는 포괄적이고 성경 중심적인 교육 과정을 선택하고 평가하라.
3. 성경적 주제들을 실생활과 연관짓고, 모든 교육 프로그램에서 학생들이 현대 세상에서의 반응을 위한 성경적 진리를 파악할 수 있도록 도와주라.

신명기 31장 30절 - 32장 4절의 '자유함을 주고 예배를 촉진함'은 다음과 같은 암시를 나타낸다.

1. 교육 프로그램에 모든 사람들의 적극적인 참여를 극대화하라. 다른 사람들과의 대화 중 진지한 사고와 반영을 위한 행동에 시간을 더 투자하라.
2. 다원론적 사회에서의 구별된 기독교인의 삶의 양식에 대해 다음과 같은 질문을 제기하라. "삶의 다양한 분야에서 하나님의 주권을 긍정한다는 것은 무슨 의미인가?"
3. 개인, 그룹, 조직의 삶에서 이루어지는 성령의 구원 사역을 의식적으로 의지하라.
4. 매주 공동예배의 주제와 강조점들에 맞춰 교육 프로그램을 진행하라.

5. 아이들과 청소년들을 예배에 참여하게 하고 예배할 수 있도록 그들을 준비시키라.
6. 교육적인 행사 중 자발적이고 계획된 기회로서의 예배를 마련하라.
7. 프로그램에 참여하는 사람들의 영적 성장에 대해 질문해보라.

시편 78편

시편 78편 1-8절은 언약 교육을 이해하기 위한 통찰력을 제공하는 구약의 또 다른 중요한 부분이다. 이 본문은 하나님의 창조와 하나님이 구속하신 공동체와 같은 역사 속에서 행하시는 하나님께 우리의 눈을 돌리는 것에 대해 말하고 있다.

"내 백성이여 내 교훈을 들으며
내 입의 말에 귀를 기울일지어다
내가 입을 열고 비유를 베풀어서
옛 비밀한 말을 발표하리니
이는 우리가 들은 바요 아는 바요
우리 열조가 우리에게 전한 바라
우리가 이를 그 자손에게 숨기지 아니하고
여호와의 영예와
그 능력과 기이한 사적을
후대에 전하리로다
여호와께서 증거를 야곱에게 세우시며
법도를 이스라엘에게 정하시고
우리 열조에게 명하사
저희 자손에게 알게 하라 하셨으니
이는 저희로 후대
곧 후생 자손에게 이를 알게 하고

그들은 일어나 그 자손에게 일러서
　　저희로 그 소망을 하나님께 두며
　　하나님의 행사를 잊지 아니하고
　　오직 그 계명을 지켜서
　　그 열조
　　곧 완고하고 패역하여
　　그 마음이 정직하지 못하며
　　그 심령은 하나님께 충성치 아니한
　　세대와 같지 않게 하려 하심이로다."

하나님의 말씀과 행위가 어디에 전해지든지 다음 세대는 기독교 교육의 상황을 형성하게 된다. 이를 위해서 세대 사이에 관계의 존재는 필연적이다. 구약과 신약의 공동체들은 모두 기억이나 역사를 공유했다. 역사 속에서 하나님의 역사하심에 대해 이야기할 때 하나님 안에서의 삶의 의미와 목적이 공유된다. 살아 계신 하나님을 따르는 사람들은 과거의 인물들을 잊지 말고, 그들의 실패와 승리를 통해서 가르침을 얻어야 한다. 하나님의 공동체는 하나님의 언약과 축복과 저주를 다 체험한 개인, 그룹 그리고 공동체의 반응을 반영해야 한다. 이러한 반영과 대화는 언약이 새로워지는 곳에서 촉진되어진다. 반영은 역사에 대한 신실한 열거에 의존하고 있고 이것은 역사적 기초에 대한 탐구의 필요성을 말해주고 있다.

구약 시대에 교육이 이루어지는 현장은 가정이었다. 가정에서의 노력은 가족과 가족이 모여 만든 언약 공동체의 가르침에 의해 보완되었다. 바빌론 유수 후의 시대에 접어들어서는 교육 기관에 회당과 학교가 포함될 정도로 그 규모가 커졌다.[18] 이러한 발전에도 불구하고 대가족은 교육에서 여전히

---

18. 구약 시대의 교육에 관한 전체적 정보를 위해서는 윌리엄 바클레이(William Barclay)의 「자녀를 양육하라: 고대 세계의 교육적 이상(Train Up a Chil: Educational Ideals in the Ancient World, Philadelphia: Westminster Press, 1959)」, pp. 11-48를 참조하라.

중요한 위치를 차지하고 있었다.

　신약 시대에 들어와서는 교회가 대가족의 역할을 담당하게 되었다. 재능 있고 경험 있는 사람들은 과거와 현재를 통해 드러난 하나님의 기적, 능력, 행위를 다음 세대에 전해야 할 책임을 지니고 있었다. 그들은 또한 신앙 공동체에 새로 들어온 사람들에게 이러한 삶의 메시지를 전해야 할 의무를 지고 있었다. 만약 한 개인이 신앙 공동체와의 관계를 통해 뿌리와 정체성에 대해 알기 원한다면 이 메시지의 전달은 매우 중요한 것이 된다. 해석이 필요한 신앙을 지속적으로 전해주기 위해서는 끊임없는 노력이 필요하다.

느헤미야 8장 1-18절

　이스라엘 백성들이 포로의 신분에서 벗어나게 된 후에 에스라는 율법을 그들에게 읽어주었다(느 8:1-18). 에스라의 사역은 공동체의 삶을 새롭게 해주었다. 그의 말을 이해할 수 있는 사람들은 하나님의 말씀을 듣기 위해 모여들었다.[19] 하나님의 말씀을 듣고 따르는 것은 삶과 예배의 회복에서 비롯된다. 이에 대한 독특한 교육의 모습이 백성에 대한 레위인들의 교육에서 나타난다. 그들은 백성들이 잘 이해할 수 있도록 하나님의 말씀을 분명하게 전했다. 백성들은 성경에서 가르치는 뜻을 이해한 다음에야 하나님을 기쁘시게 하는 길을 찾게 된다. 교육이 해야 할 일에는 사람들에게 하나님과 성경의 계시 그리고 개인이나 공동체 생활을 위한 기대에 대해 이해시키는 것도 포함된다.

　교육자나 교사의 책임에는 다음과 같은 것들이 포함된다.

　(1) 선언 - 하나님 말씀을 읽고 말하고 나누는 것. (2) 설명 - 하나님 말씀의 의미를 설명하고 번역하는 것. (3) 권고 - 듣는 이들에게 직접 적용하는 방법

---

19. 로마서 10장 14-18절 참조하라.

과 하나님에 대한 응답을 제시해주는 것이다.

듣는 사람들과 학생들의 책임에는 다음과 같은 것들이 있다.

(1) 아는 것 - 주의 깊게 하나님 말씀의 선포에 경청함으로 그 말씀을 아는 것이다. (2) 이해 - 말씀의 설명에 응답함으로 이해하는 것이다. (3) 순종 - 권고에 전심으로 응답함으로써 말씀에 순종하는 것이다. (4) 예배 - 말씀을 통해 만난 하나님께 예배하고 개인과 공동체의 삶에 나타나는 회복을 기뻐하는 것이다.

일반적으로 듣는 이들과 학생들은 하나님의 말씀 앞에 공손한 태도를 취해야 한다. 에스라가 율법을 읽을 때 백성들은 서서 경청했다. 아울러 개인의 생각과 결정을 포함하는 다양한 수준에서 응답을 해야 한다. 응답에는 이해의 차원에서의 지성, 순종의 차원에서의 의지, 회개와 경배의 차원에서의 감정이 포함된다. 소명은 하나님에 대한 개인의 마음, 의지, 감정, 애정을 바로잡아준다. 전체 공동체와 국가를 포함하기 위해 일차적인 가정에서의 상황 이상의 의미를 지닌 교육의 예를 소개한다.

지혜 문학

구약의 시각에서 교육을 이해할 때 결정적인 요소는 바로 지혜의 개념, 특히 지혜 문학에 나타난 개념이다. 히브리인의 세계관에서 지혜는 성공적인 삶을 낳게 하는 매우 실제적인 것이었고, 그들의 마음에 적용할 수 있는 것이었다. 특별한 그룹의 사람들이 지혜의 선물을 받았고, 그들은 그것을 남들과 나눌 책임이 있었다. 실행 가능한 계획을 개발하는 것과 성공적인 삶을 위해 조언하는 것이 그들의 과업이었다(렘 18:18). 하지만 전체적 의미의 지혜는 그 원천, 즉 하나님과의 관계를 통해서만 이해할 수 있는 것이다.[20] 데

---

20. 데이빗 H. 허버드(David H. Hubbard), "지혜 (Wisdom)", 「새 성경 사전(The New Bible Dictionary, ed., J. D. Douglas, Grand Rapids: Eerdmans, 1962)」, p. 1333.

이빗 H. 허버드(David H. Hubbard)는 지혜에 대한 설명에서 유용한 정보를 제공한다.

> 전체적인 지혜의 의미는 오직 하나님께만 속한 것이다(욥 12:13 하, 사 31:2, 단 2:20-30). 하나님의 지혜는 삶 전체에 퍼져 있는 지식의 완전함 뿐만 아니라(욥 10:4, 26:6, 잠 5:21, 15:3) 하나님이 계획하시고 있는 것의 강력한 충족을 또한 포함하고 있다[J. 패더슨(J. Pedersen), 「이스라엘의 삶과 문화 I-II(Israel: Its Life and Culture, I-II, p. 198)」]. 우주(잠 3:19 상, 8:22-31, 렘 10:12)와 인간(욥 10:8 하, 시 104:24, 잠 14:31, 22:2)은 그분의 창조적인 지혜의 산물이다. 자연적이고(사 28:23-29) 역사적인(사 31:2) 과정들이 그분의 지혜에 의해 다스려졌다. 그리고 그 지혜는 선과 악을 분별하는 확실한 판단력을 지녔고, 의인과 악인이 받을 상과 벌의 기초였다(시 1, 37, 73, 잠 10:3, 11:4, 12:2). 이러한 지혜를 우리는 측량할 수 없다(욥 28:23, 28). 심지어 자연적으로 얻은 지혜나 경험으로 얻은 지혜도 하나님의 은혜의 선물이다. 왜냐하면 하나님의 창조적 활동이 그러한 지혜를 가능하게 하기 때문이다.
>
> 성경적 지혜는 종교적인 동시에 실용적이다. 주님에 대한 두려움에 뿌리를 두고(욥 28:28, 시 111:10, 잠 1:7, 9:10) 삶의 모든 면에 가지를 친다. … 지혜는 하나님의 지식으로부터 통찰력을 얻고 그것을 일상의 삶에 적용한다. 통찰력과 순종의 조합은(모든 통찰력은 반드시 순종에서 비롯되어야 한다) 지혜를 하나님의 지식의(예를 들어 호 2:20, 4:1, 6, 6:6, 렘 4:22, 9:3, 6, 특히 잠 9:10)[21] 예언적 강조에 연관시킨다(즉 깊은 사랑과 순종).

교육에 대한 이러한 구약적 의미는 어떠한 의미들을 내포하는가? 첫째로, 하나님은 지혜와 사람이 은혜 가운데 상호의존적이라고 하신다. 그러므로

---

21. 같은 책.

하나님의 말씀과 관계없는 지혜는 의심을 해봐야 한다. 최상의 교육은 하나님을 그 원천으로 하는 '하나님 중심'의 교육이다. 교육자들은 하나님의 말씀으로 모든 분야를 통합해야 한다.

두번째로, 교육은 사람들의 삶에 영향을 주어야 하고, 그들로 하여금 연구되고 식별된 진실을 파악하도록 해야 한다. 그러므로 열정과 행동으로부터 멀어진 마음을 대하는 이론적이며 학술적인 엄격한 태도는 성경적 전통에 비추어볼 때 충실한 것이라 할 수 없다. 진실과 헌신이 삶의 모든 면에 어떻게 연관되는지를 살펴보고 더불어 인격, 윤리학, 생활 방식에 대한 질문을 해야 한다. 여기에 교사와 학생 모두의 머리, 마음, 손에 영향을 주는 성스럽고 통합된 관점의 교육이 필요한 것이다.

세번째로, 교사는 하나님께로부터 지혜의 선물을 받았는가를 평가받아야 한다. 그들은 하나님께 지혜를 사용할 책임을 받았고, 그들의 지식을 학생들과 나누어야 할 책임도 받았다. 오직 '학생 중심'의 교육에 대한 접근은 교사의 지혜를 충분히 나눌 시간을 부족하게 만들 수도 있다. 지혜 문학은 사람들이 살고 있는 곳에서 그들에게 전할 수 있는 기준을 상황화할 필요가 있음을 확언한다.

예언 문학

선지자들은 그들의 시대에 백성, 지도자, 국가를 이끌 책임이 있었던 사회적 교육자였다. 그들은 세상의 정의를 위한 하나님의 열정을 나타냈다. 신앙 공동체 안과 밖에 있는 자들은 선지자들이 믿고 있는 가치와 삶을 관찰했다. 믿음 생활을 하지 못하는 사람들을 위해 선지자들은, 북아프리카의 위대한 교육자 어거스틴(Augustine)이 다음과 같이 묘사한 대로 소망, 노여움, 용기에 대한 메시지를 전했다.

소망에게는 사랑스런 두 딸이 있다. 그들은 노여움과 용기다. 노여움은 자신의 현 상태에 대한 노여움이고 용기는 지금 상태를 유지할 필요가 없다는 것을 볼 수 있는 용기다.²²

선지자의 가르침은 억압받는 사람들에게 희망을 준다. 이것은 인간의 죄에 대한 하나님의 분노를 묘사한 이사야의 말에 나타나 있다. "주 여호와께서 학자의 혀를 내게 주사 나로 곤핍한 자를 말로 어떻게 도와줄 줄을 알게 하시고 아침마다 깨우치시되 나의 귀를 깨우치사 학자같이 알아 듣게 하시도다"(사 50:4). 하나님의 말씀을 들은 후에 선지자들은 용감하게 현재 상황에 대한 대안들을 선포했다.

에스겔서에 나타나 있듯이 레위인들에게는 하나님의 방법으로 백성들을 가르쳐야 할 구별된 역할이 있었다. "내 백성에게 거룩한 것과 속된 것의 구별을 가르치며 부정한 것과 정한 것을 분별하게 할 것이며"(44:23). 레위인들의 가르침이 개인적, 가정적, 신앙적 또는 종교적 차원에 적용될 수 있는 것이라면, 선지자의 가르침은 국가적 차원과 사회적 윤리의 목적을 제시하는 것이었다. 이 부분은 미가서에 언급되어 있다. "사람아 주께서 선한 것이 무엇임을 네게 보이셨나니 여호와께서 네게 구하시는 것이 오직 공의를 행하며 인자를 사랑하며 겸손히 네 하나님과 함께 행하는 것이 아니냐"(6:8). 정의와 자비의 일은 모든 삶을 둘러싸며 사회적, 경제적, 정치적 영역을 포함한다. 선지자들은 인간의 노력을 매일의 심판과 분열 아래 두는 모든 삶을 위해 하나님의 말씀을 전한다. 선지자들의 가르침에서 하나님이 원하시는 것은 뚜렷하게 나타난다. 선지자들은 모든 듣는 사람들,

---

22. 어거스틴의 구전 중 일부를 인용한 이 부분은 윌버트 J. 맥키치(Wilbert J. McKeachie), 「교육을 위한 비결: 대학 교수들을 위한 전략, 연구 그리고 이론(Teaching Tips: Strategies, Research, and Theory for College and University Teachers, 9th ed., Lexington, Mass.; D. C. Heath & Co., 1994)」, p. 384에 나와 있다. 이 책은 내가 대학에서 교육을 시작하기 전에 읽었으면 했던 책이다. 많은 유용한 제안들이 있다.

학생들에게 선택권을 제시한다.

예언적 전통은 기독교 교육자들이 믿음의 헌신의 사회적, 정치적, 경제적 의미를 파악해야 할 필요가 있음을 시사한다. 선지자들은 그 시대의 조언자들이었고, 하나님의 요구를 분명하게 나타내는 위험을 감수한 자들이었다. 예언적 가르침이 항상 환영을 받았던 것은 아니다. 선지자들을 죽이는 것도 그들의 가르침에 대한 반응 가운데 하나였다.

오늘날 예언자적인 선생은 죄스럽고 파괴적인 사람들을 대하기 위해 보호가 필요하다는 것을 깨달아, 대립하는 듣는 자들에게 사랑을 표현해야 한다는 데 그 중요성이 있다.

신약

신약은 구약이나 히브리 경전이 그랬듯이 믿음을 가르치는 것과 관련해 많은 지식을 제공한다. 복음서와 서간서들은 종종 이질적이고 적대적인 상황에 처해 있던 기독교의 믿음을 전파하기 위한 목표를 제시한다. 스승으로서의 예수님은 당신이 주장하는 것을 반대하는 사람들과 싸워야 하셨다. 성육신하신 사실, 베들레헴에서의 위협, 나사렛에서의 추방, 예루살렘에서의 십자가 고난은 그 시대에 진리를 전할 때 따르는 대가와 위험을 보여준다. 예수님의 이러한 경험은 부록에서 다룰 것이다.

처음 2세기 동안의 기독교인들도 복음을 전할 때 이와 비슷한 상황을 경험했다. 이러한 것들은 대부분 신약의 교육 방식을 조심스럽게 연구하는 과정에서 알 수 있다. 그 중 몇 가지는 다음에서 다루어진다. 케빈 가일스(Kevin Giles)는 신약을 예를 들며, 신앙 공동체의 모든 지도자는 선생이었다는 것을 지적했다. 그러한 지도자들 중에는 예수님의 가르침을 받은 사도들, 선지자들, 감독들, 집사들, 장로들, 여자들, 교회 성도들, 심지어 어린아이들까지도 포함되었다. 모든 사람이 교사가 될 수 있다는 비전이었다.[23] 그리고 이것은 특히 마태복음에 잘 나타나 있다.

마태복음: 비전, 선교, 기억의 공유

신약에서도 구약 형태의 교육은 지속된다. 하지만 예수님을 따르는 사람들에게 교육의 새로운 목표가 주어졌다. 이 목표는 마태복음 28장 16-20절에 가장 분명하게 나타난다. 제자들의 사역 목표는 다른 사람들로 하여금 예수 그리스도께 순종하는 제자가 되게 하는 것이었다. 이렇게 가르쳐야 할 책임은 예수님의 제자라면 누구나 다 갖고 있었다. 순종을 가르치는 것은 어려운 일이다. 다른 사람들을 가르쳐본 사람이라면 이 어려움을 잘 알고 있을 것이다. 하지만 그리스도의 살아 계심과 권위가 그분의 제자들에게 양육할 수 있는 능력을 줄 것이라고 약속하고 있다. 제자를 만드는 일의 목적은 삶을 위한 직접적인 의미와 함께 하나님이 선포하신 진리, 예수님의 가르침에 완전히 의존하고 있다. 현재 기독교 교육에 던져진 과제는 이것이다. "예수 그리스도께 순종하는 제자들이 그분의 가르침을 받고 있는가?" 만약 그렇다면, 하나님의 자비로운 보증에 대한 지속적인 의존과 확신의 기초 위에 서 있는 것이다. 만약 그렇지 않다면, 조심스런 평가와 새로운 노력의 과제가 주어진다.

이 교육적 임무에 더하여 마태복음에 나타난 전체적인 교육 방식은 초대 교회에서 교육이 어떻게 행해졌는지를 보여준다. 마태복음은 기독교인들을 양육하는 방법을 기록한 교육 지침서다. 예수님의 가르침은 몇 개의 부분으로 정리되어 있고, 그것은 교회들을 위한 교육적 지침을 제공해주고 있다. 교육에 대한 다섯 가지 주요한 가르침의 부분들은 다음과 같다. 5장 1절 - 7장 27절, 10장 1절 - 42절, 13장 1-52절, 18장 1-35절, 23장 1절 - 25장 46절이

---

23. 케빈 가일스(Kevin Giles), 「초대 기독교인들의 사역 방식(Patterns of Ministry Among the First Christians, Melbourne, Australia: Collins Dove, 1989)」, pp. 114-118.

다. 이것들은 기독교 삶의 중요한 분야들을 말해준다.[24] 그것은 기독교 공동체가 그 구성원들과 공유하고 있는 비전, 선교, 기억의 세 요소로 분류된다.

첫번째 부분은 산상설교다(마 5:1-7:27). 여기에서 예수님은 왕국 안에서의 개인적이고 사회적인 윤리를 가르쳤다. 이것은 하나님의 왕국에 대한 비전을 제공했다.

마태복음 10장 1-42절은 예수님이 열두 제자들에게 선교에 대해 가르치시는 내용이다. 예수님은 그들의 사역을 인도할 구체적인 지시를 하시면서 당신의 사역의 연장선상에서 제자들을 보내셨다.

세번째 부분에는 예수님의 왕국에 관한 비유가 포함된다(마 13:1-52). 예수님은 비유를 들어 구속사에 대해 가르치시고 왕국을 분별할 수 있는 통찰력을 주셨다. 왕국의 처음은 작았으나 악한 세상 한가운데서 성장하게 된다. 이 왕국의 역사는 과거, 현재, 미래의 왕국 선교를 이해하기 위한 틀을 제공한다.

마태복음 18장 1-35절에서 예수님은 교회 교육에 대한 설교를 하신다. 여기서 예수님은 제자들의 헌신의 본질을 사랑과 진실로 설명했다. 이 구절은 선교의 분야를 사랑, 치유, 화해, 정의의 공동체를 만들기 위해 부름받은 제자들의 몸의 한 부분이라고 했다.

마지막 부분은 예수님의 종말론에 대한 가르침이다(마 23:1-25:4). 하나님의 왕국이 지상에 실현되고 현재 시대가 막을 내리는 모습이 묘사되어 있다. 따라서 이 부분의 초점은 다시 비전으로 돌아간다.

기독교 가르침의 모델로서의 신약은 예수님을 따르는 사람들이 세상에서 하나님의 부르심에 충실하고자 하기에 기독교의 비전, 선교, 기억에 중심을 둔다.

---

24. 글렌 W. 바커(Glenn W. Barker), 윌리엄 L. 레인(William L. Lane), 램지 마이클스(Ramsey Michaels), 「신약은 말한다(The New Testament Speaks, New York: Harper & Row, 1969)」, pp. 264-266.

현재의 교육적 노력과 관련해 기독교인들은 자신들의 기독교적 비전, 선교, 기억이 과연 효과적으로 공유되고 있는지를 평가해야 한다. 이것은 오늘날의 기독교 교육을 평가하는 데 있어서 기준을 제시해준다. 신명기 30-32장에 나와 있듯이, 마태복음의 가르침의 모델을 기반으로 한 있음직한 교육적 의미가 개 교회의 교육적 노력을 위해 제시될 수 있다.

교육의 첫번째 요소 '비전의 공유'에서 다음과 같은 사항들이 확인된다.

1. 될 수 있으면 글의 형태로 그들의 비전을 자신들의 특정한 장소에서의 하나님의 역사를 위해 분명하게 나타내라.
2. 교육 사역에 참여한 사람들이 교육을 위해 성경적 지식을 연구하고 사역을 위해 자신들의 비전을 공유할 수 있는 준비가 되었을 때 수련회 형식과 같은 집중적인 시간을 준비하라.
3. 구체적인 사역과 노력들을 재교육하기 위해 주기적으로 비전의 수행을 평가하라.

교육의 두번째 요소 '선교의 공유'에서는 다음과 같은 사항들이 확인된다.

1. 교육 사역을 이끌기 위해 장단기적인 구체적인 목표를 확인하는 사명 선언서(mission statement)를 만들라.
2. 선교에 관하여 가까운 기독교 공동체 안과 밖의 필요와 성경적 요구를 고려하라. 현지 사정을 고려할 때 가정과 외국 선교에서의 도전은 간과될 수 없다.
3. 선교 수행의 다양한 구성 요소를 위해 구체적인 책임들을 위임하고 책임 수행 방법을 확립하라.

4. 사명 선언서에 기초하여 기존의 프로그램과 노력을 평가하라.
5. 새로운 도전과 변화하는 상황에 비추어 주기적으로 사명 선언서를 재고하라.

교육의 세번째 요소 '기억의 공유'에서는 다음과 같은 사항들이 확인된다.

1. 하나님의 사역의 역사가 지역 교회 공동체 또는 교단에서 언제 열거되고 세상에 알려지는지 그 시간을 계획하라.
2. 수세기에 걸쳐 발전해온 하나님의 왕국에 현지 역사를 접목하라.
3. 현지 교회의 현재, 미래와 관련해 과거의 연속성, 불연속성의 구체적인 부분들을 확인하라.
4. 역사적 뿌리를 연구하는 데 아동, 청소년, 성인들을 포함시키라.

위 사항들은 지역 교회 환경에서 실제적 교육을 실천하기 위한 기초 연구의 가치를 설명하는 것으로 시사하는 바가 크다. 다양한 다른 요소들도 반드시 고려되어야 한다. 하지만 성경적 모델은 기독교 교육을 이해하고 실천하는 데 유용한 틀을 제공하기 위해 재구성되고 재해석될 수 있다. 이 접근 방법은 현대 사회에 널리 퍼져 있는 지배적인 모델들, 그럼에도 불구하고 제2의 통찰력이 될 수 있는 모델들이 비판 없이 만연되고 있는 것에 대한 대안이다.

누가복음: 위대한 교사의 방식

교육에 대하여 논의된 구절 가운데 특별한 의미를 내포하는 중요한 본문은, 엠마오로 가는 길에 예수님이 두 제자와 말씀을 나누는 부분이 기록된 누가복음 24장 13-35절이다.

"그 날에 저희 중 둘이 예루살렘에서 이십오 리 되는 엠마오라 하는 촌으로 가면서 이 모든 된 일을 서로 이야기하더라 저희가 서로 이야기하며 문의할 때에 예수께서 가까이 이르러 저희와 동행하시나 저희의 눈이 가리워져서 그인 줄 알아보지 못하거늘

예수께서 이르시되 너희가 길가면서 서로 주고받고 하는 이야기가 무엇이냐 하시니

두 사람이 슬픈 빛을 띠고 머물러서더라 그 한 사람인 글로바라 하는 자가 대답하여 가로되 당신이 예루살렘에 우거하면서 근일 거기서 된 일을 홀로 알지 못하느뇨

가라사대 무슨 일이뇨

가로되 나사렛 예수의 일이니 그는 하나님과 모든 백성 앞에서 말과 일에 능하신 선지자여늘 우리 대제사장들과 관원들이 사형 판결에 넘겨주어 십자가에 못박았느니라 우리는 이 사람이 이스라엘을 구속할 자라고 바랐노라 이뿐 아니라 이 일이 된 지가 사흘째요 또한 우리 중에 어떤 여자들이 우리로 놀라게 하였으니 이는 저희가 새벽에 무덤에 갔다가 그의 시체는 보지 못하고 와서 그가 살으셨다 하는 천사들의 나타남을 보았다 함이라 또 우리와 함께 한 자 중에 두어 사람이 무덤에 가 과연 여자들의 말한 바와 같음을 보았으나 예수는 보지 못하였느니라 하거늘

가라사대 미련하고 선지자들의 말한 모든 것을 마음에 더디 믿는 자들이여 그리스도가 이런 고난을 받고 자기의 영광에 들어가야 할 것이 아니냐 하시고 이에 모세와 및 모든 선지자의 글로 시작하여 모든 성경에 쓴 바 자기에 관한 것을 자세히 설명하시니라

저희의 가는 촌에 가까이 가매 예수는 더 가려 하는 것같이 하시니 저희가 강권하여 가로되 우리와 함께 유하사이다 때가 저물어가고 날이 이미 기울었나이다 하니 이에 저희와 함께 유하러 들어가시니라

저희와 함께 음식 잡수실 때에 떡을 가지사 축사하시고 떼어 저희에

게 주시매 저희 눈이 밝아져 그인 줄 알아보더니 예수는 저희에게 보이지 아니하시는지라 저희가 서로 말하되 길에서 우리에게 말씀하시고 우리에게 성경을 풀어주실 때에 우리 속에서 마음이 뜨겁지 아니하더냐 하고

곧 그 시로 일어나 예루살렘에 돌아가 보니 열한 사도와 및 그와 함께 한 자들이 모여 있어 말하기를 주께서 과연 살아나시고 시몬에게 나타나셨다 하는지라 두 사람도 길에서 된 일과 예수께서 떡을 떼심으로 자기들에게 알려지신 것을 말하더라."

이 이야기에서 고려할 만한 주요 요소들은 토론(14절), 열린 질문(17절), 정정과 설명(25-27절), 역할 형성(30-31절), 응답의 필요(33-35절)다. 이 교육적 만남이 성경에서 나타난 예수님의 말씀으로 증명된 선포의 차원을 포함하기에 또한 제자들로 하여금 마음뿐만이 아니라 감동의 차원으로 일을 할 수 있게 하는 대화의 차원을 포함한다. 이것이 예수님이 선포한 복음에 머리, 마음, 손으로 응답해야 할 필요가 있는 교육적 만남인 것이다.

예수님과 엠마오로 가는 제자들과의 대화에서 세 가지 주목할 만한 요소를 찾을 수 있다. 첫째, 예수님은 그들에게 물어보셨다(17-19절). 예수님은 그 해답을 알지만 제자들 스스로 그 답을 찾길 바라신다. 둘째, 예수님은 들으셨다. 예수님이 한 질문에 대한 그들의 대답을 들으셨다. 교사들은 종종 학생들의 말을 잘 듣지 못하고 또 그들에게 충분히 생각할 시간을 주지 않는다. 셋째, 질문과 듣기가 모두 끝난 후에야 예수님은 제자들에게 권고하시고 성경으로 그 뜻을 풀어주셨다. 예수님은 성경을 풀이하실 때 모세와 예언자들이 얘기한 진리에 대해 설명하신다. 그 만남에서 예수님의 가르침에 응답한 제자들이 성경에 대해 눈이 열려졌다고 묘사되어 있다. 여기서 '열리다' 란 '아기가 자궁을 열고 태어나다' 라는 의미와 같은 것이다. 아기가 태어날 때의 기쁨과 뜨거움을 느낀 것이다. 이러한 일과 관련된 기쁨은

모든 기독교 교육의 노력에 매우 필요하다.

예수님의 가르침에 더하여 복음은 예수님이 당신의 사역에 사용하셨던 다양한 방법들을 제공한다.[25]

제임스 스튜어트(James Sterwart)는 예수님의 방법론의 몇몇 일반적인 원칙들과 특유한 특징들을 발견했다.

일반적인 원칙들 예수의 가르침은 권위가 있었다. 예수님은 사람들을 깨닫게 하는 진리의 힘을 신뢰하셨다. 예수님은 사람들이 스스로 생각하기를 바라셨다. 예수님은 당신이 가르치신 대로 사셨다. 예수님은 당신이 가르친 사람들을 사랑하셨다.

특유한 특징들 예수님의 가르침은 구두로 행해졌다. 그 가르침은 자연 환경에서 이따금씩 행해졌다. 예수님의 가르침은 꽤 우연한 일로 유도되었다. 예수님은 청중들이 적응할 수 있게 하셨다. 예수님의 가르침은 예화, 풍자, 패러독스, 비유와 같은 상징적 요소들을 포함했다.[26]

기독교 교육자들은 예수님이 사용하신 구두의 가르침에 제한받지는 않는다. 그들은 다양한 수단과 방법론을 사용할 수 있다. 그럼에도 불구하고 효과적이고 충실한 사역을 하기 위해서는 대스승으로서의 예수님을 연구할 필요가 있다. 그리고 그 연구에서는 예수님의 가르침의 고유한 역할과 사명을 반드시 인지해야 한다.

---

25. 로버트 H. 스타인(Robert H. Stein), 「예수님의 가르침의 방법과 메시지(The Method and Message of Jesus' Teachings, Philadelphia: Westminster Press, 1978)」. 이 책은 예수님의 가르침의 형태에 관한 유용한 분류를 제공한다. 저자는 예수님의 가르침에 다음과 같은 세 가지 중요한 항목이 있다고 말한다. '무엇을 가르치는가?' '누가 가르치는가?' '어떻게 가르치는가?'
26. 제임스 D. 스튜어트(James D. Stewart), 「예수 그리스도의 삶과 가르침(The Life and Teaching of Jesus Christ, Nashville: Abingdon Press, n.d.)」, pp. 64-71. 예수님의 가르침에 대한 자세한 내용은 파즈미뇨(Pazmiño)의 「기독교 교육의 원리와 실천(Principles and Practices of Christian Educationz)」, pp. 124-132를 참조하라.

고린도전서 2장 6-16절: 성령의 지혜

기독교 교육자들은 1세기 때의 바울의 광범위한 교육 사역에 주의를 기울여야 한다. 바울은 하나님의 지혜, 즉 성령이 지혜의 원천인 것에 초점을 두었다. 바울은 성령에 의해 가르침을 받은 말들로 가르쳤다. 영적인 언어들로 영적인 진리를 표현했다. 이것을 받아들이기 위해서는 듣는 사람들의 삶에 성령의 역사가 필요하다. 성령이 없는 사람은 성령으로부터 나온 것을 들을 수가 없다. 바울은 자신의 제자들에게 예수님의 말씀을 전해주었다. "보혜사 곧 아버지께서 내 이름으로 보내실 성령 그가 너희에게 모든 것을 가르치시고 내가 너희에게 말한 모든 것을 생각나게 하시리라"(요 14:26). "그러하나 진리의 성령이 오시면 그가 너희를 모든 진리 가운데로 인도하시리니 그가 자의로 말하지 않고 오직 듣는 것을 말하시며 장래 일을 너희에게 알리시리라"(요 16:13). 성령은 그리스도의 제자들에게 모든 것을 가르치고 예수님의 가르침을 깨닫게 하는 책임이 있다. 성령은 기독교 교육자가 효과적으로 사역할 수 있게 하고 기독교 진리를 올바로 이해하고 나눌 수 있도록 필요한 창조성을 부여한다.

효과적인 가르침과 배움은 성령의 계속적인 존재와 역사를 필요로 한다. 가르침 자체는 성령을 통해 그리스도께서 교회에 주신 선물로 묘사된다(롬 12:3-8, 고전 12:27-31, 엡 4:7-13, 벧전 4:10-11). 가르침은 성령으로부터 받은 단순한 선물이 아니다. 가르치는 사람도 자신이 가르칠 때 계속적으로 성령으로 충만해야 하고 성령의 인도하심을 받아야 한다(엡 4:29-32, 5:15-20). 교육의 영적 차원은 신약적 관점의 교육에서 기초적인 것이다.

성령의 지혜는 세상의 지식과 지혜와는 반대되는 것이다. 이 차이점은 야고보서 3장 13-18절에도 분명하게 나타난다. 고린도전서에서 바울은 '이 세상의 지혜'(2:6) 그리고 교만하게 하는 지식(8:1-3)이라고 묘사했다. 대조적으로 성령의 지혜와 지식은 덕을 세우는 사랑으로 나타난다. 지식은 교만을 낳고 그럴듯한 답을 내놓는다. 그것은 아무리 잘 보아주어도 불완전한 것이다. 그것보다 더 중요한 것은 영적 지혜다. 그것은 사랑으로 표현되어지고 다른 사람들의 좋은 점을 장려하고 하나님께 영광을 돌린다. 바울은 에베소 사람들이 지식을 능가하는 그리스도의 사랑을 알도록 기도했다(3:19). 바울은 지식을 매도하지는 않았으며, 그것이 성령을 통해 그리스도의 사랑을 실현하면서 초월해가는 모습을 보았다.

나는 뉴욕 시 할렘가 동쪽에서 열다섯 명 정도의 중학생들을 가르친 경험을 토대로 교실 안과 밖에서 나누어진 사랑의 본질적인 차원을 증명할 수 있었다. 학생들은 수업에서 배운 그 어떤 지식보다, 매일매일의 삶에 성경을 적용하게 해준 토요일의 야외 활동과 예배 프로젝트에서 경험한 하나님의 사랑에 대해 나누곤 했다.

에베소서: 양식과 목적

에베소서와 그 외의 다른 서신에서 나타난 바울의 사역의 일반적인 양식은 교육, 중보, 훈계와 같은 것이다.[27] 교육은 기독교 신앙에 대한 것과 하나님께서 행하신 사역에 대한 것으로 이루어져 있다. 중보는 첫째, 하나님께 대한 의식적인 의존이다. 둘째, 성령의 역사와 함께 교육받은 사람들을 위해 기도하는 것이다. 셋째 양식은 훈계다. 바울은 성도들이 어떻게 해야 하고 하나님의 역사하심과 그리스도의 말씀의 빛 가운데 무엇을 해야 하는지에 대해 자세히 언급한다.

이 일반적인 양식과 더불어 에베소서 4장 7-16절은 가르침, 즉 교회의 교육적 사역의 목적을 분별할 수 있는 구체적인 통찰력을 보여준다. 가르침은 영적인 선물이다. 가르침의 즉각적인 목적은 교회와 세상에서 하나님의

---

27. 존 스토트(John Stott), 「하나님의 새로운 사회: 에베소서의 메시지(God's New Society: The Message of Ephesians, Downers Grove, Ill.: InterVarsity Press, 1979)」, p. 146.

백성이 봉사할 수 있도록 하는 것이다. 20세기의 교회를 위하여 특별히 중요한 의미를 내포하는 진리는 모든 성도들이 사역에 참여하는 것에 있다. 16세기의 교회는 모든 신자들의 제사장적 지위와 때로는 예언자적 지위를 확언했다. 이것은 현재의 모든 신자들이 각각 사역에서 하나의 역할을 가지고 있다는 관점과 같은 것이다. 하나님의 모든 백성들은 그들의 다양한 사역을 위해 교육을 받아야 하고 훈련을 받아야 한다. 언약의 백성에게 허락하신 하나님의 선물을 사용할 수 있게 해야 하는 것이다.

사역의 준비를 위한 이 즉각적인 목적을 넘어서 교육과 가르침을 위한 궁극적인 목적이 있다. 그 궁극적인 목적은 교회의 교화(敎化, 덕을 세우는 일, edification)다. 가르침의 선물은 그리스도의 몸인 교회를 세울 수 있도록 주신 것이다. 성화(sanctification)가 개인적인 신앙의 성장에 초점을 둔다면, 교화는 공동체의 신앙 성장에 그 초점을 두고 있다. 교회는 그리스도의 몸이고, 교화를 하기 위해 그리스도의 머리되심과 주권은 필수적이다. 이 교회는 연합과 성숙의 범위 안에 속해 있다. 연합은 믿음과 하나님 아들의 지식 안에서의 연합이고 진리 안에서의 연합이다. 성숙은 그리스도 안에서의 충만함을 의미한다. 교회는 진리와 사랑으로 성숙한다. 사랑 안에서 진리를 말하는 것은 사랑의 관계 안에서 진리를 유지하는 것, 진리대로 사는 것 그리고 진리를 행하는 것이다.

교회는 성화에 상응하는 일들을 필요로 한다. 두 가지 과정 모두 서로 간에 도움이 필요한 것이다. 그러므로 교육의 목적에는 공동체와 개인 차원의 믿음의 성장이 포함되어져야 한다. 여기에 덧붙여서 봉사를 위한 준비의 직접적인 목적은 덕을 세우는 일의 궁극적인 목적과의 관계에서 찾아야 한다. 실제로 봉사하는 기회를 통해 그리스도의 몸이 세워지기 때문이다. 그러므로 봉사가 없는 기독교 신앙의 교육은, 야고보서에서 행위 없는 믿음을 의문시했듯이 그것만으로는 불충분하다는 의심을 해봐야 한다(약 2:14-26).

골로새서와 빌립보서: 그리스도 안에서의 지혜

골로새서 1장 9-14절에서 바울은 하나님께 골로새 교인들에게 모든 신령한 지혜와 총명으로 하나님의 뜻을 아는 지식을 채워달라고 기도한다. 그는 골로새 교인들이 주님을 믿는 성도다운 생활을 하며 모든 일에 하나님을 기쁘시게 하는 삶을 살게 해달라고 기도했다. 바울은 어떻게 하면 하나님께 칭찬받을 수 있는지를 다음과 같이 설명했다. "모든 선한 일에 열매를 맺고, 하나님을 아는 지식이 점점 자라나며, 하나님의 영광스러운 힘을 통해 오는 모든 능력으로 강해지고, 기쁨으로 하나님께 감사드리는 것이다." 다른 말로 하면 봉사, 영적 성장과 능력받음, 예배는 기독교의 지식과 지혜를 삶에 적용했음을 증거하는 것이다.

바울은 계속해서 서신서를 통해 창조에서의 그리스도의 주권과 기독교인들의 경험에 그리스도가 중심임을 강조했다. 기독교인들이 구속받은 것은 그리스도 안에서이고, 죄를 용서받은 것도 그리스도를 통해서다(골 1:14). 그러므로 기독교인들의 교육의 중심은 그리스도 안에 놓여 있어야 한다. 바울은 "이는 저희로 마음에 위안을 받고 사랑 안에서 연합하여 원만한 이해의 모든 부요에 이르러 하나님의 비밀인 그리스도를 깨닫게 하려 함이라 그 안에는 지혜와 지식의 모든 보화가 감추어 있느니라"(2:2-3)는 본문 말씀을 통해 자신의 사역 목적을 설명했다. 그리스도 안에 지혜와 지식의 보물이 있으므로 그 안에서 교육의 완성과 완전함을 찾을 수 있다. 현실 자체가 그리스도 안에 있는 것이다(2:17). 바울은 그리스도보다 세상의 원칙과 인간의 전통을 의지하는 공허하고 거짓된 철학을 경고했다(2:8). 그리스도가 중심이 되는 기독교 교육의 특징은 세상 교육의 뿌리로서 인정되고 확인되어야 한다. 그리스도는 기독교 세계관과 인생관을 가진 모든 삶의 중심 자리에 계시기 때문이다.

그리스도의 중심성 그리고 그 안에 있는 보물인 지혜와 지식과 관련해 기독교인들은 교육의 분야에서 엄격한 임무를 수행하도록 부름받았다. 이 임무는 바울이 빌립보인들을 권고하는 데서 잘 나타나 있다. 빌립보서 4장 8-9절에서 바울은 사회 모든 계층의 기독교 교육자들을 위한 광대한 의무를 말했다.

> "종말로 형제들아 무엇에든지 참되며 무엇에든지 경건하며 무엇에든지 옳으며 무엇에든지 정결하며 무엇에든지 사랑할 만하며 무엇에든지 칭찬할 만하며 무슨 덕이 있든지 무슨 기림이 있든지 이것들을 생각하라 너희는 내게 배우고 받고 듣고 본 바를 행하라 그리하면 평강의 하나님이 너희와 함께 계시리라."

이 의무는 인간의 지적 노력과 연구의 모든 분야를 포함한다. 이 분야들과 관련해 기독교인들은 의무들을 생각해야 한다. 그들은 자신의 태도와 삶의 형태를 바로잡기 위해 가치 있는 지식을 받아들여야 한다. 하지만 이 의무는 단순히 생각하는 것만으로는 완수되지 않는다. 빌립보인들이 바울로부터 무엇을 배우고, 받고, 듣고, 보았든 간에 그것을 실천해야 했다. 실천 없는 생각은 불완전한 것이다. 또한 배우고, 받고, 들은 것을 통한 바울의 영향이 직접적이고 의도적이었던 동시에 간접적이고 비의도적이었다는 사실을 알아야 한다. 바울 자신도 배운 것을 실천하는 삶을 살았던 것이다. 이것이야말로 학생들과의 관계를 통해 배운 것보다 더 대단한 가르침의 차원이라고 할 수 있다.

관계의 주권

지혜와 지식의 강조와 더불어 기독교 교육자들은 신약에 언급된 개인 간의 관계에 대해서도 반드시 의식하고 있어야 한다. 기독교 교육은 하나님, 다른 사람들, 모든 창조물들과의 관계에 기초하고 있다. 하나님과의 관계를 기초로 사람들과의 관계를 형성하는 것에 대해 많은 성경 구절이 인용될 수 있다. 그 가운데 하나가 요한복음 15장 12-17절이다. 예수님은 자신이 제자들을 사랑한 것같이 이웃을 사랑하라는 새로운 계명을 주신다. 이것은 기독교 교육의 모든 개인적인 교류에 있어서 매우 기초적인 것이다.

또 다른 중요성은 위대한 교사로서의 예수님과 그 제자 사이의 관계의 본질이다. 예수님은 그의 모든 것을 제자들 앞에 내놓음으로써 자신의 모든 삶을 그들과 공유했다. 제자들은 하인들이 아니라 그의 친구였다. 어디에서든지 교사는 학생들과 우정을 쌓아야 하고, 예수님을 본받아 희생적으로 자신을 주어야 한다. 희생적인 베풂을 위해 수업 전이나 후에 학생들과 활발한 대화를 하는 것도 그 방법 중 하나일 것이다.

바울은 데살로니가에 있는 제자들에게 그의 관계를 모성애적 차원과 부성애적 차원을 모두 포함하는 것으로 설명했다(살전 2:7-12). 8절에서 바울은 사역자들과 교사들이 하나님의 복음을 나누는 것만을 즐긴 것이 아니라 그들의 삶도 나누는 것을 즐겼다고 말한다.[28] 모성적인 차원은 보호와 양육을 포함하고, 부성적 차원은 하나님의 기쁨이 되는 삶을 살도록 격려하고, 위로하고, 재촉하는 것을 포함한다. 기독교 교사들이 해야 할 것은 학생들과 교류하고 그들을 사랑해줄 때 위험과 천대를 받는 종의 자리에서 열린 마음으로 받아들이는 것이다. 모든 삶을 나누는 것이 이 교류를 위해 필요하고, 다른 이들을 이끄는 자로서 모범이 되어 자진해서 봉사하는 정신이 필요하다. 모범이 된다 함은 교사가 완전하고 죄가 없다는 의미가 아니라, 용서를 바라는 다른 이들과 함께 신실하기를 바라는 것을 뜻한다.

관계성 속에서 사랑에 대한 초점을 보완하는 것이 진리의 차원이다. 에베소서 4장 15절, 베드로전서 1장 22절, 요한2서 1장은 기독교인들에게 진

---

28. 디모데전서 4장 16절도 참조하라.

리 안의 사랑이나 사랑 안의 진리를 말하거나 유지하도록 격려하면서 그 가치를 관련짓고 있다. 진리는 어떤 기준을 필요로 한다. 이것은 기독교 교육자들을 위해 성경을 통해 제공되고 예수 그리스도를 통해 완성된다. 모든 진리는 그 깨달음의 장소를 막론하고 하나님의 진리라는 확신이 있다. 왜냐하면 진리의 원천은 오직 한 분이신 하나님이시기 때문이다. 사랑이 없는 진리는 거칠고, 진리가 없는 사랑은 타협만을 낳게 된다. 기독교의 복음은 이 두 가치를 창조적인 상보성 안에 지니고 있다.[29] 모든 교육적 환경에서 제기되는 일정한 도전은 가르침을 통해 사랑과 진리를 균형 있게 다루는 것이다.

교사들을 위한 추가적인 의무는 디모데후서 2장 2절의 권고를 통해 제시되어 있다. 교사들은 교육 사역을 통해 그들의 노력을 배가시켜야 하는 의무를 갖고 있다(눅 6:40). 가르침을 받은 이들은 남을 가르칠 준비가 되어 있어야 하는 것이다. 그러므로 교사들은 제자를 양육할 때 더욱 주의를 기울여야 한다. 이 의무를 다하기 위해서 기독교 교사는 창조주이자 구세주, 후원자이신 하나님의 현존하심과 역사하심에 그 기초를 두어야 한다.

히브리서: 준비에 대한 질문

히브리서 5장 11절 - 6장 3절은 가르치기 이전과 가르치고 있는 중의 준비에 관한 중요한 질문과 지식을 제공한다.

> "멜기세덱에 관하여는 우리가 할 말이 많으나 너희의 듣는 것이 둔하므로 해석하기 어려우니라 때가 오래므로 너희가 마땅히 선생이 될 터인

---

29. 썸 호플러(Thom Hopler), 「차이의 세계: 우리의 문화의 벽을 넘어 예수를 뒤따르기(A World of Difference: Following Christ Beyond Our Cultural Walls, Downers Grove, Ill.: InterVarsity Press, 1981)」, pp. 185-195. 이러한 주제의 유용한 토론을 위해 이 책을 참조하라.

데 너희가 다시 하나님의 말씀의 초보가 무엇인지 누구에게 가르침을 받아야 할 것이니 젖이나 먹고 단단한 식물을 못 먹을 자가 되었도다 대저 젖을 먹는 자마다 어린아이니 의의 말씀을 경험하지 못한 자요 단단한 식물은 장성한 자의 것이니 저희는 지각을 사용하므로 연단을 받아 선악을 분변하는 자들이니라 그러므로 우리가 그리스도 도의 초보를 버리고 죽은 행실을 회개함과 하나님께 대한 신앙과 세례들과 안수와 죽은 자의 부활과 영원한 심판에 관한 교훈의 터를 다시 닦지 말고 완전한 데 나아갈지니라 하나님께서 허락하시면 우리가 이것을 하리라."

히브리서 저자는 믿음에서 멀어져가는 자들에게 경고를 했고, 그들이 다시 기초적인 하나님의 말씀을 배워야 한다고 했다. 그 이유는 그들이 진리를 이해하지 못하여 받아들이지 못했고, 그들의 삶에 적용하지 못했기 때문이다. 이러한 사람들은 더디게 배운다. 음식을 예로 든 저자는, 어떤 사람들은 발전하기 위해 가르침의 딱딱한 음식을 섭취하지 못하기 때문에 기초적 가르침의 우유가 필요하다고 했다. 다른 구절에서도 교육을 하는 데 있어서 평가되고 고려되어야 할 다양한 수준의 성숙에 대해 언급했다(고전 2:6-3:4, 9:19-23, 딛 2:1-15, 벧전 5:1-7). 교육자들은 학생들의 이해력과 준비한 수준에 맞는 적절한 수준으로 가르치기 위해 영적, 사회적, 문화적, 경제적, 정치적 특성에 맞게 조절하는 분별력을 지니고 있어야 한다.

개인적으로, 공동체적으로, 상황적으로 사람들에게 영향을 끼치는 매우 다양한 변수들을 고려해볼 때, 기독교 교육에서 참여자들이 어느 정도 준비되어졌는지를 충분히 평가하기란 매우 복잡하고 벅찬 일일 수 있다. 하지만 기독교 교육자들에게 도움을 줄 수 있는 분이 계신다. 바로 성령이시다. 그러나 교사들이 학생들의 준비성을 평가하고 그것을 위해 올바른 계획을 세우도록 돕는 성령에 대해 논하기 전에, 먼저 교사들의 준비성이 검토되어야 한다. 교육자들은 야고보서 3장 1절의 "내 형제들아 너희는 선생된 우리가 더 큰 심판받을 줄을 알고 많이 선생이 되지 말라"는 경고의 말씀을 기억해야 할 것이다. 이 경고에는 가르침이라는 선물을 받은 사람의 분별력을 포함하고 있다. 교사는 적극적으로 봉사해야 하고 다른 사람들의 의견을 진심으로 받아들일 줄 알고 개인의 능력 함양에 힘써야 한다.

통합적 모델

기독교 교육에 대한 성경적 기초에 근거하여 현재의 사고와 실천을 이끌 모델을 제시할 수 있다. E. V. 힐(E. V. Hill) 박사는 야구장의 다이아몬드 모양을 사용하여 교회의 임무를 설명했다.[30] 하지만 야구장 다이아몬드의 한계를 넘어서 교회의 임무를 위해 네트워크나 웹 모양의 교육이 제시될 수 있다. 이러한 임무는 기독교 교육의 목적을 위한 직접적인 함축점을 보여준다(도표 2 참조).

이 모델에서 선포(케리그마, kerigma)를 **위한** 교육을 나타내는 베이스는 사람으로 하여금 예수 그리스도를 위해 헌신을 하도록 한다. 선포의 임무는 복음 전도 사역과 함께 복음을 가르치는 것을 포함한다. 필연적으로 이것은 기독교 믿음의 기본적인 것을 나누는 것을 포함한다. 또한 개인적인 반응의 필요성을 가르치는 것과 예수 그리스도 안에서 누리는 새 삶에 대한 결단의 필요성을 가르치는 것을 포함한다. 개인은 하나님나라를 교육받는 것이 아니다. 하지만 교육적 사역은 복음에 대한 반응으로 개인이 그 믿음의 차원을 탐험해볼 수 있는 기회다. 기독교 교육에서 가장 강조되는 가치는 바로 믿음이다.[31]

믿음은 사람이 하나님의 역사와 예수 그리스도의 계시에 반응을 보이듯

---

30. 에드워드 V. 힐(Edward V. Hill), "회중의 반응"(A Congregation's Response), 1976년 1월 21일 Mass, South Hamilton, Gorden-Conwell Theological Seminary에서의 강연.
31. 기독교 교육에서 가치관이 중요한 자리를 차지하게 된 이유는 사람이 어떤 사람인지와 그 사람이

교회의 교육적 임무

도표 2

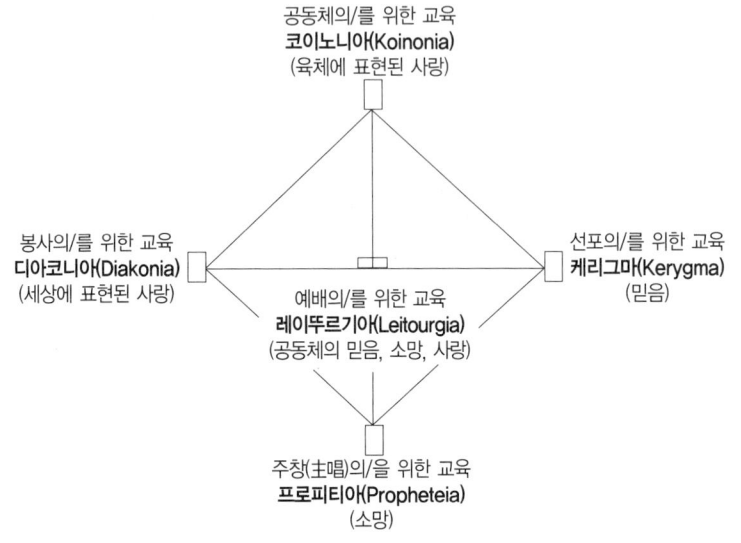

이, notitia(지적 확인), assensus(감정적 확인), fiducia(의도적 확인)의 차원을 포함하는 것으로 볼 수 있다. 선포와 전도를 위한 교육은 사람으로 하여금 믿음에 대해 알아보고 이해하는 것과 그것에 반응을 보이도록 격려하는 것에 중점을 둔다. 개인이 반응을 보이고 난 후에 믿음을 다른 사람들과 나누는 것이 이 반응에 포함된다. 케리그마의 선포는 이 과정에서 복음의 선포에 더해 믿음에 관한 의견에 대한 교육적 만남과 함께 매우 중요한 것이 된다. 이 기초는 역사 속에서 완성된 그리스도의 사역에 기초한 확신과 함께 과거의 일시적인 차원에 종종 연관이 되는 믿음에 중심을 두고 있다.

케리그마에 대한 분명하고 적극적인 강조와 함께 선포를 위한 교육에 더

예수 안에서 무엇이 되는지가 주요 관심사이기 때문이다. 예를 위해 디모데전서 4장 12-16절을 참조하라.

하여 이 기초 원리도 선포의 교육을 의미한다. 선포의 교육은 말과 행동으로 나타난 기독교 믿음의 증언을 통해 나타나는 수용적이고 절대적인 가르침을 보인다. 선포를 위한 교육에는 비기독교인들이 그리스도를 알게 되도록 권고하는 것과 다양한 환경에서 기독교인들이 증언할 수 있도록 그들을 가르치는 것이 포함된다. 선포의 교육은 기독교인들이 개인적으로 또 공동체적으로 그리스도께 헌신하고, 그러한 헌신을 세상 앞에서 다양하게 실행할 수 있는 방법을 소유하고 있음을 포함한다. 예를 들어, 지역 교회의 주장 그리고 홀로되신 부모에게로의 관심과 그들의 교회에서의 삶, 또는 경제적이고 정치적인 삶에서의 정직과 성실을 위한 교회의 헌신이 복음 선포의 예라 할 수 있다.

두번째 베이스는 공동체를 **위한** 교육(코이노니아, koinonia), 즉 하나님과의 교제와 다른 기독교인들과의 교제를 나타낸다. 사람들이 성장하고 그들의 믿음을 성숙하게 하는 훈련(training), 교육(instruction), 양육(nurture)의 과정이 이에 포함된다.[32] 기독교 공동체와 친교의 속성인 성숙과 성장에는 개인적 성화(sanctification)뿐만 아니라 단체 또는 공동의 교화(edification)가 포함된다. 이것을 분석할 때는 훈련, 교육, 양육을 구분할 수 있고, 개인적 차원과 공동체적 차원 모두를 포함할 수 있다. 하지만 현실에서 이러한 다양한 요소들은 상호 보완이 되어야 하고 믿음과 삶에서의 개인적 경험과 성경적 내용의 통합이 육성되어야 한다. 공동체를 **위한** 교육에는 동일성의 추구 또는 개인과 다른 사람들의 공통점이 무엇인가에 관한 탐구를 포함한다. 목사와 지도자의 책임 중 하나가 단체성이나 공동체성을 형성하는 데 도움

---

32. 훈련(training)은 예측 가능하고 반복 가능한 상황의 교육으로 정의될 수 있다. 훈련은 교육의 보존적인 요소인데 그것은 변하지 않는 전통의 전승과 과거의 연속성을 강조하고 있다. 교육(instruction)은 예측 불가능한 상황의 교육으로 정의될 수 있다. 변화하는 사회에 대한 반응과 과거와의 단절에 대한 고려에서 회복과 변화를 강조하는 교육의 변화 요소가 교육(instruction)이다. 이것은 새로운 가능성을 모색하고 기독교인들의 개인적이고 공동체적인 반응을 요구한다. 양육(nurture)에는 사랑, 격려, 영적 지도가 포함된다. 양육은 그 본질에 의해 다른 사람들과의 깊고 친밀한 관계와 교류를 필요로 한다.

이 되는 공통점을 찾아보는 것이다. 공통성의 추구는 차이점의 현실과 구별된 개인과 공동체의 장소를 부인하지 않는다. 유일한 것은 아니지만 공동체를 위한 교육과 가장 밀접한 관련이 있는 것은 다른 사람들을 통해 나타나는 사랑이다. 가치로서의 사랑은 각각의 현재 상황과 교류의 잠재성을 극대화하는 것과 함께 일시적인 차원에 밀접하게 연관이 되어 있다.

첫번째 베이스에 설명된 적극적이고 수용적인 모델과 비교하여 두번째 베이스 또한 두 가지 양상을 보인다. 공동체**의** 교육에는 하나님과의 친교를 반영하는 신앙 공동체와의 공유된 삶에서 전해지는 배움과 적용된 지식과 가치들을 포함한다. 예를 들어, 모든 사람들과 함께하며, 다양한 민족적, 문화적, 인종적인 음식을 나누려는 교회에서의 저녁 식사 시간에는 형식적인 훈련과 교육에서는 볼 수 없는 가치와 태도를 배울 수 있다. 직접 몸에 와 닿는 수업은 교육적 요소로서의 친교를 의미한다. 그리고 각 신앙 공동체, 단체, 가족 또는 학교는 반드시 그들 자신에게 시간의 흐름에 따라 무엇이 양육되어지는지를 물어봐야 한다.

세번째 베이스는 봉사를 **위한** 교육(디아코니아, diakonia), 즉 하나님과 다른 사람들과 세상을 위한 봉사를 나타낸다. 기독교 교육자들은 기독교인들이 지역 교회에서 봉사할 수 있도록 그리고 그들이 삶 속에서 자신들의 믿음을 실현시킬 수 있도록 그들을 교육해야 한다. 더 넓은 사회의 차원에서 기독교인들은 다양한 수준의 효과를 나타내는, 그리스도의 변화시키는 능력을 위한 도구로 사용되어져야 한다. 다양한 조직과 기관에서 기독교인들은 빛과 소금이 되어야 한다. 다양한 경제, 정치, 사회, 교육, 교회의 구조 안에서 정의와 공정함을 위해 일해야 하는 것이다. 에베소서 4장 7-13절에서 말하고 있는 교회의 체제에서 본문은 모든 신앙인들의 가정, 직장, 공동체, 사회, 세상에서 일어나는 사역을 위해 일해야 한다는 필요성을 언급하고 있다.

그리스도의 변화시키는 힘은 지식과 의미가 생산되고 퍼져나가는 계획적이고 관념적인 영역에도 효과가 있다. 기독교 세계관과 인생관은 삶의 의미와 목적, 완성을 깨닫는 데 매우 중요하다. 이에 우리가 해야 할 일은, 지혜를 주시는 분이 주님이시고 그분의 입에서 지식과 지혜가 비롯된다는 것을(잠 2:6) 깨달아 우리의 사고를 그리스도를 향한 순종 안에 두는 것이다(고후 10:5).

그리스도의 이러한 변화시키는 힘은 다양한 가치, 신념, 태도와 같은 문화의 영역에서도 필요하다. 그리스도는 문화를 보호하고, 회복하며, 바꾸기 원하신다. 기독교인은 기독교 믿음이 어떻게 주변 문화와 교류하는지에 대한 영적 분별력을 가져야 한다. 세번째 베이스와 밀접한 가치는 두번째 베이스와 같은 사랑이다. 하지만 이 경우에서의 사랑은 주로 세상에 초점을 두고 있으며, 봉사를 통해 말과 행동으로 표현된다. 하지만 두번째 베이스와 마찬가지로 현재에 일시적인 초점을 두고 있다.

세번째 베이스는 봉사를 **위한** 교육의 적극적인 자세를 보완하기 위한 수용적인 양식을 포함한다. 다른 사람들이 기독교인과 비기독교인의 시각에서 배울 수 있을 때 다양한 사람, 단체 그리고 근거를 위한 봉사의 실제적 행동은 이러한 기회를 제공하게 된다. 예를 들어, 기독교인은 가난한 사람들을 위한 사역과 곤경에 처한 기독교인을 도우면서 채워지게 되는 영적 충만함을 통해 정치, 사회, 경제적인 면에 있어서의 진정한 인간의 가치를 배울 수 있다. 이와 반대로 비기독교인들은 예수 그리스도의 변화시키는 능력이 있는, 살아 있는 편지인 기독교인들의 희생적인 믿음을 통해 지식을 얻게 된다.

네번째 베이스는 주창(主唱)을 **위한** 교육을 뜻한다(프로피티아, propheteia). 기독교인들은 소망이 하나님 안에 있음과 역사 속의 하나님의 주권을 깨달아야 한다. 이와 같은 관점에 서 있을 때 그들은 세상에서 하나님의 목적을 이루는 데 필요한 것들을 주창할 수 있게 된다. 이 주창은 더 넓은 범위의 공동체와 사회에서 소망을 회복하는 데 쓰여진다. 교회의 대 스승 어거스틴(Augustine)은 이렇게 말했다. "소망에게는 사랑스런 두 딸이 있는데, 그들은 노여움과 용기다. 노여움은 자신의 현 상태에 대한 노여움이고 용기는 지금 상태를 유지할 필요가 없다는 것을 볼 수 있는 용기다."[33] 삶과 사역의 다양한 영역에서 인간의 노력은 반드시 하나님나라의 가치와 관련해서 평가받아야 한다. 그리고 그 결과물들은 반드시 인간을 위한 하나님의 창조적이고 구속적인 목적과 관련해서 평가받아야 한다. 그 목적에는 창조물 전체의 정의, 평화, 공의에 대한 것들을 포함한다. 하나님의 목적은 에베소서 1장 10절에 잘 나타나 있다. "하늘에 있는 것이나 땅에 있는 것이 다 그리스도 안에서 통일되게 하려 하심이라." 모든 창조물은 하나님의 자녀들이 완성된 자녀로 회복될 것과 그들 육체가 구속(救贖)되는 결실을 통해 하나님이 가져오실 미래의 영광을 기다리고 있다(롬 8:18-27). 하나님이 약속하신 것처럼 정의의 보금자리가 될 새 하늘과 새 땅이 열릴 것이다(벧후 3:13). 요한계시록 21장 1-5절에서 요한은 다음과 같이 말했다.

> "또 내가 새 하늘과 새 땅을 보니 처음 하늘과 처음 땅이 없어졌고 바다도 다시 있지 않더라 또 내가 보매 거룩한 성 새 예루살렘이 하나님께로부터 하늘에서 내려오니 그 예비한 것이 신부가 남편을 위하여 단장한 것 같더라 내가 들으니 보좌에서 큰 음성이 나서 가로되 보라 하나님의 장막이 사람들과 함께 있으매 하나님이 저희와 함께 거하시리니 저희는 하나님의 백성이 되고 하나님은 친히 저희와 함께 계셔서 모든 눈물을

---

33. 어거스틴(Augustine)의 것으로 추정되는 일부를 인용한 이 부분은 윌버트 J. 맥키치(Wilbert J. McKeachie), 「교육을 위한 비결들: 대학 교수들을 위한 전략, 연구 그리고 이론(Teaching Tips: Strategies, Research, and Theory for College and University Teachers, 9th ed., Lexington, Mass.: D. C. Heath & Co., 1994)」, p. 384에 나와 있다.

그 눈에서 씻기시매 다시 사망이 없고 애통하는 것이나 곡하는 것이나 아픈 것이 다시 있지 아니하리니 처음 것들이 다 지나갔음이러라 보좌에 앉으신 이가 가라사대 보라 내가 만물을 새롭게 하노라 하시고 또 가라사대 이 말은 신실하고 참되니 기록하라 하시고."

하나님의 미래의 왕국에 대한 이 시각은 과거의 판단이나 교회 안과 세상 속에서 하나님의 목적을 달성하는 데 노력하는 적극적인 자세를 부인하지 않는다. 주창을 위한 교육은 미래에 대한 이 시각을 얻고, 현재의 상황에 대한 하나님의 목적을 알도록 권고한다. 모세는 구약에서 그의 백성을 위해 대언했다. 그는 그의 백성을 이집트로부터 정치, 경제, 사회, 영적인 면에서 모두 해방시키기 위해 노력했다. 그는 하나님의 계획을 성취하기 위해 그의 백성이 능력받기를 원했다. 신약에서 예수님은 이 대언자의 역할을 완수하셨고, 예수님이 세상을 떠나실 때 사람들을 위한 중재의 역할을 담당하는 또 다른 대언자인 성령을 보내주셨다. 이러한 주창에 응하여 기독교인들은 하나님의 마음과 가까운 사람들을 위해 대언해야 한다. 이 네번째 베이스에 필연적으로 연관된 기독교 가치는 소망이다. 이 소망은 예전의 선지자가 그랬듯이 개인, 공동체, 사회를 부름으로써 인간을 미래에로 참여시키고 하나님의 미래를 계획한다. 노년기 성인에 대한 대언해주는 것에 대해 아더 베커(Arthur Becker)는 다음과 같은 세 가지 측면으로 보았다. 이것은 불의의 징계, 정의의 긍정적 추구, 불의의 방지이다.[34] 이 세 가지 측면은 하나님의 백성들에게 있어서 예언적 소명의 구성 요소다.

교회의 예언적 임무에 대한 본래의 도전은 구약의 선지자들이 보여준 것

---

34. 아더 베커(Arthur Becker), 「노인들을 위한 사역(Ministry with Older Persons, Minneapolis: Augsburg, 1986)」, p. 196. 해리어트 커 스웬슨(Harriet Kerr Swenson), 「명백하고 중요한 것: 노년기 회중을 위한 핸드북(Visible and Vital: A Handbook for the Aging Congregation, New York: Paulist, 1994)」, p. 108, 129에 인용됨.

처럼 위험과 비난을 수반한다. 이러한 위험을 피하고자 하는 것은 교회에 주어진 화해의 사역을 무시하는 것과 같다(고후 5:16-21). 예전의 선지자들은 하나님 앞에 책임을 다하는 모습으로 사람들과 나라에 대한 예언의 임무를 수행했다. 각 연령층의 기독교인들은 이러한 요구에 위축되어서는 안 된다. 이를 위해 공동체 삶에서 예언적인 말들이 존중받아야 하고, 그리스도 복음의 요구에 응답하기 위해 자원하는 마음을 나타내야 한다.

주창을 **위한/의** 교육에는 문화 변용(acculturation)과 비문화화(disenculturation) 두 가지 모두가 포함된다. 문화 변용이란 특정한 기독교 문화의 역할을 긍정하고, 그 문화가 인정된 곳에서 사회의 책임 있는 일원이 되는 과정을 말한다. 문화 변용과는 반대로 비문화화란 어떠한 문화적 표현이나 기독교 신앙의 공동체보다도 하나님나라의 가치를 우선시하는 과정을 말한다. 두 과정 모두 상호 의존적이고 필요한 것이다. 레슬리 뉴비긴(Leslie Newbigin)은 그 과정을 다음과 같이 관찰했다. "복음은 모든 문화를 평가할 수 있는 자세를 제공한다. 하지만 복음은 … 어떠한 문화적 형태에 구체화되어 있다."[35]

주창을 **위한** 교육은 하나님의 통치를 위한 목적과 함께 특정한 공동체에 표현되고 유형화된, 미래에 대한 하나님의 비전으로의 문화 변용으로 여겨질 수 있다. 주창의 교육은 하나님의 통치하심의 궁극적인 목적에서 볼 때 바로 다음 목표의 비판적인 의식을 가능하게 하는 수용적인 자세를 포함하고 있다. 예를 들어, 특정한 기독교 공동체는 그 참여자들에게 영향력 있는 서양 문화의 도전에 대해 아이들과 청소년들을 준비시키기 위해 가장 최신의 매체와 기술적 자원들을 사용해야 함을 강조할 수도 있다. 이것은 바로 다음의 적절한 목적으로 여겨질 수 있다. 하지만 모든 사람들을 위한 샬롬

---

35. 레슬리 뉴비긴(Leslie Newbigin), 「그리스 인의 어리석음: 복음과 서양 문화(Foolishness to the Greeks: The Gospel and Western Culture, Grand Rapids: Eerdmans, 1986)」, p. 21.

의 왕국의 가치와 전 세계 자원을 보살핀다는 관점에서는 궁극적인 목표와 관련해 그러한 매체와 기술을 확보하는 데 필요한 막대한 자금에 의문을 제기할 수 있다.

네 개의 베이스를 통합하고 그 중심을 강조하는 것이 다이아몬드의 중앙에 위치한 예배를 **위한** 교육(레이뚜르기아, leitourgia)이다. 교육적 사역에서 사람들은 하나님을 예배하고, 영광을 돌리며, 찬양 받으시기에 합당한 모든 것의 주인으로 섬기도록 권고받아야 한다. 예배를 위한 교육은 삶의 모든 영역에서 하나님의 현존하심을 찬양하고 자신들을 희생함으로써 응답하도록 권고하고 있다(롬 12:1-2). 아브라함 헤스첼(Abraham Heschel)은 그 필요성을 직접적으로 말한 종교 교육자였다. 그리스 인들은 이해하기 위해 배웠고 현대인은 사용하기 위해 배웠지만 히브리인들은 경배하기 위해 배웠다고 헤스첼은 말했다. 그는 기독교 교육자에게 말하기를 학생들이 주님을 경배하고 하나님과 다양한 피조물에 응답하여 경이로움과 경외를 느끼도록 격려하라고 했다.[36]

필자가 제시한 모델에서 왜 예배가 그 중심인지에 대한 논리적인 질문이 제기될 수 있다. 모든 피조물과 사람의 통일을 이루는 것은 하나님께 대한 예배와 찬양이다.[37] 만약 우리가 늘어만 가는 분열과 다투며 그에 부합하는 삶의 의미가 상실된 세상에서 하나님께 예배하고 찬양하는 것에 중심을 둔다면, 기독교 교육 안에서의 연결과 통합의 잠재성이 향상될 것이다. 하지만 기독교 교육자들은 예배를 위한 교육을 충분히 하지 못했다. 대신에 생

---

36. 아브라함 J. 헤스첼(Abraham J. Heschel), 「하나님과 인간 사이: 아브라함 헤스첼의 작품에 대한 유대교의 해석(Between God and Man: An Interpretation of Judaism from the Writings of Abraham Heschel, ed Fritz A. Rothchild, New York: Free Press, 1959)」, pp. 35-54.
37. "아프리카로의 탈출(Escape into Africa)", 「하나님의 완전한 사람 성인 커리큘럼(Whole People of God Adult Curriculum, December 31, 1995, Inver Grove Heights, Minn.: Logos Productions, 1995)」, A pp. 111-121.

산과 효율성을 강조하는 교육의 모델이 계속되었다. 성경에 기초한 대안적인 모델은 개인들에게 놀라우신 하나님의 역사하심과 그분의 위엄을 찬양하게 한다. 그것은 하나님을 찬양하는 가운데 그 표현을 찾아내는 개인의 창조적 잠재성을 드러내게 한다. 삶과 마찬가지로 교육의 주된 결과와 목적은 하나님을 찬양하는 것과 주 안에서 기뻐하는 것이라 볼 수 있다. 대주교인 윌리엄 템플(William Temple)은 이렇게 말했다. "예배를 드리는 것은 하나님의 신성에 의한 의식을 자극하는 것이고, 하나님의 진리로 마음의 양식을 삼는 것이며, 하나님의 아름다움으로 상상력을 깨끗케 하는 것이고, 하나님의 사랑에 마음을 여는 것이며, 하나님의 목적을 위해 헌신하는 것이다."[38] 최상의 기독교 교육은 사람들로 하여금 오직 한 분이시고 진실하신 하나님의 충만하심과 위대하심을 찬양하게 하는 것이다.

예배를 **위한** 교육에 더하여 예배**의** 교육이 반드시 언급되어야 한다. 예배는 하나님께 영광을 돌리고 찬양을 드리는 신앙 공동체의 예전(liturgy)에 적극적으로 참여하는 것이다. '예전'이라는 말은 '레이뚜르기아'라는 단어에서 파생된 것으로, 신앙 공동체의 예전적 삶에 교육을 연결할 필요가 있음을 강조한다. 적극적인 예전의 참여는 하나님, 자신, 다른 사람들 또는 세상과 관련된 새로운 통찰력을 잘 받아들이는 결과를 낳는다. 이러한 수용성에는 인지적, 심미적, 감성적, 직관적, 의지적, 영적 통찰력이 포함되고, 삶에 더 큰 의미의 완전함과 통합을 가져온다. 예전적 삶을 이행하는 것은 자유로운 방법으로 모든 삶에 영향을 준다.

각 베이스의 특성을 넘어서, 교육자는 네트워크를 형성하기 위해 베이스 상호 간의 연결성을 반드시 알아야 한다. 첫번째 베이스의 케리그마(kerygma)는 주로 지식과 행함을 강조하는 세번째 베이스의 디아코니아

---

38. 윌리엄 템플(William Temple), 「새로운 세상의 희망(The Hope of A New World, London: Student Christian Movement Press, 1941)」, p. 30.

(diakonia)를 보완해야 함을 역설한다. 효과적인 교육 사역을 위해 믿음의 지식과 행함은 첫번째 축과 함께 반드시 행해져야 한다. 두번째 베이스의 코이노니아(koinonia)는 세상의 모든 피조물에 대한 느낌 또는 하나님과 화해하는 것을 강조한다. 이것을 보완하는 것이 네번째 베이스의 하나님나라의 가치와 관련해 세상에 속해 있지 않거나 구별되어 있다는 느낌을 받는 것에 그다지 큰 강조를 하지 않는 프로피티아(propheteia)이다. 첫번째 축과 함께 두번째 축의 교육 사역을 이해하기 위해서는 세상에 있으나 세상에 속하지 않은 존재로서의 그리스도인들의 소명감을 조화시키고, '아직 도래하지 않은' 기대되는 축복과 함께 하나님이 이미 주신 현재 축복과의 조화를 균형 잡아주는 것이 요구된다. 다섯번째이자 중심 베이스인 레이뚜르기아(leigourgia)는 두 축의 연결점 역할을 한다. 이 연결점에서 하나님의 영원한 목적을 구별하는 것과 하나님께 영광 돌리고 찬양을 드리기 위해 모든 삶을 그분께 향하게 하는 지식, 감정, 행함의 관점이 형성된다. 교회의 교육 사역이 세워져야 할 곳이 바로 이들 베이스인 것이다.

결론

기독교 교육을 위한 성경적 기초에는 여러 가지가 있다. 하지만 이것들은 예수 그리스도의 사역 안에서 기독교 교육의 중요한 바탕을 제공하기 위해 서로 엮일 수 있는 것들이다. 이것의 날실과 씨줄은 삼위일체 하나님의 일하심과 기독교 교육 사역을 위해 하나님으로부터 은사를 받은 하나님의 자녀가 된 가족의 노력에 의해 이루어진다.

성경의 관점은 교육 사역을 위한 근본적인 토대를 제공한다. 교육자들의 다양한 노력 가운데 그들은 또한 베드로의 권고를 마음에 새길 필요가 있을 것이다.

"각각 은사를 받은 대로 하나님의 각양 은혜를 맡은 선한 청지기같이 서로 봉사하라 만일 누가 말하려면 하나님의 말씀을 하는 것같이 하고 누가 봉사하려면 하나님의 공급하시는 힘으로 하는 것같이 하라 이는 범사에 예수 그리스도로 말미암아 하나님이 영광을 받으시게 하려 함이니 그에게 영광과 권능이 세세에 무궁토록 있느니라 아멘"(벧전 4:10-11).

표 1은 이 장에서 언급된 기초적인 본문과 주요 통찰력을 요약해놓은 것이다. 추가적인 통찰력과 잠재적 모델을 제공하는 성경의 다른 부분도 언급될 수 있다. 성경적 기초를 이해할 때의 토론을 위한 초기의 기초를 제공하기 위해 언급해놓았다. 이러한 기초를 고려할 때 교육자들은 다음 장에서 다루게 될 신학적 기초에서 제기되는 문제들인 신학적인 실행에 대하여 평가하는 것이 필요하다.

기독교 교육을 위한 성경적 기초

표 1

본문	대상 / 초점	통찰력	함축점 / 질문
신 6:1-9	가족 / 부모	하나님의 명령은 사랑의 순종을 양육한다	형식적, 비형식적인 교육이 반드시 고려되어야 한다
신 30:11-20	민족	하나님이 주신 삶의 판단은 매우 중요하다	개인적 반응을 강조하는 교육의 우선순위를 반드시 알아야 한다
신 31:9-13	신앙 공동체	하나님의 말씀은 반드시 공유되어야 한다	하나님의 말씀에 대한 초점은 반드시 그 응답하는 것을 포함해야 한다
신 31:30-32:4	민족	해방과 축하는 가르침을 위한 목적이다	우리의 가르침은 예배와 기쁨을 더해주는가?
시 78	세대간	하나님의 역사는 반드시 전해져야 한다	세대 간의 공유는 절대 필요한 것이다
느 8:1-18	민족	교사는 반드시 이해와 순종을 가르쳐야 한다	하나님의 말씀에 대한 전체적인 응답은 개인적이고 공동체적인 회복을 가져온다
지혜문학	가르침의 관계	지혜는 반드시 공유되어야 한다	성경적 지혜는 실용적이다
예언문학	민족	우리는 하나님 앞에 책임을 지고 있다	주권은 삶의 모든 면에 적용된다
마태복음	예수님의 제자	예수님은 새로운 교육적 목표를 제시하셨다	순종적인 제자들은 비전, 기억, 선교의 나눔으로 양육되었다
눅 24:13-35	제자	교사는 반드시 학생들에게 주의를 기울여야 한다	대화와 경청은 선포를 위해 가치가 있는 것이다
고전 2:6-16	신앙 공동체	영적 지혜는 별개의 것이다	어떻게 가르칠 때 성령의 메시지와 역사를 전할 수 있는가?
에베소서	교회	사역을 위해 준비하고 훈련받는 것이 교육의 목적이다	상호 덕을 세우는 일은 적극적인 의무와 봉사를 요구한다
골로새서 / 빌립보서	기독교인의 지혜	반드시 우리는 그리스도를 위해 우리 마음을 써야 한다	진리의 추구는 부지런한 사고와 실천을 요구한다
요 15:12-17	기독교인의 관계	사랑과 진리 모두가 필요하다	개인간의 관계는 주의력을 요구한다
살전 2:7-12	제자 양육 관계	교사는 가르칠 때 그들의 삶과 메시지를 나눈다	양육에 있어서 모성적, 부성적 차원을 반드시 확신해야 한다
히 5:11-6:3	가르침의 관계	다양한 음식이 필요할 수도 있다	가르침의 준비성을 고려하라

2장
신학적 기초
THEOLOGICAL FOUNDATIONS

하나님의 계시로서 성경의 최종적 권위를 강조할 때, 복음주의 기독교인들은 그들의 믿음과 실천의 모든 영역에서 성경적 원천을 파악해야 한다. 따라서 이론적이고 실천적 노력으로서 교육을 논할 때, 복음주의자들은 다양한 원리들을 연구하면서 그들의 눈을 성경과 성경 신학으로 돌렸다. 일반적으로 오직 사회과학만을 강조하는 사람들의 입장에 반해서 복음주의자들은 교육의 신학적 접근을 강조하려는 경향이 있었다. 구체적으로 말하면 복음주의자들은 그들의 교육적 노력에 있어서 명제화된 신학을 과정신학, 해방 신학, 실존주의, 신정통주의, 자연 신학 또는 그 외의 다른 신학보다 더 강조하려 했다. 따라서 복음주의자들은 사고와 실천의 지침이 되는 신학의 기독교적 특성들을 강조하기 위해 '종교 교육(religious education)'과 비교하여 '기독교 교육(Christian education)'이라는 용어를 선호했다. 기독교적 특성의 선호는 때때로 다원론적이고 다양한 노력을 기울이는 종교 교육자들의 학문적 공동체 사람들과 함께 대화를 나누는 데 제한을 가져왔다.

네 개의 신학적 특성들

종교 교육에 대한 복음주의적 접근은 속성에 있어서 신학적인 네 가지의 특징을 강조한다. 그것은 성경적 권위, 회심의 필요성, 예수 그리스도의 구속 사역, 개인적 경건이다. 이 각각의 특징들은 복음주의 전통의 은혜로 여겨도 되고, 세상에서의 하나님의 사역 이전에 교회에 주신 은혜의 선물로 보아도 된다.[1] 하지만 각 특징 또는 선물에 관해 논할 때 잠재적인 위험성이 존재한다. 각 특징은 반드시 각 은혜와 다른 은혜를 바르게 균형 잡은 하나님의 더 큰 계시와 관련되어야 한다. 이것은 복음주의의 공동체적 경험과 더불어 개인적인 경험의 경우에도 속한다.

개인의 힘은 만약 그 개인이 삶, 진리 또는 관계의 다른 차원에 대한 자신의 의식을 제한한다면 도리어 약점이 될 수도 있다. 예를 들어, 어떤 사람은 정신적, 사회적, 심리적, 영적 개발이 무시되었음에도 불구하고 그의 육체적 발달만을 강조할 수 있다. 마찬가지로 다른 분야의 책임은 수행하려 하지 않고 오직 영적 성장의 특정한 부분에만 열중하기도 한다. 기독교 삶에서의 전체적인 균형을 위해 교육자들은 그들의 특징을 평가하고, 지나친 강조, 불균형, 불감증에서 비롯되는 잠재된 위험을 의식하고 있어야 한다.

성경적 권위

복음주의 교육자는 성경의 계시를 의식적으로 파악하고 '하나님의 말씀 아래'에 있으려고 한다. 기록된 하나님의 말씀은 전체성과 다양성이 있는 성경으로, 복음주의자들은 하나님의 전체적인 계획을 가르치기를 추구한다. 이런 방법으로 신자들은 기독교 믿음을 분별하기 위한 주요 원천 또는 권위를 접하게 되는데, 이 자세는 분별 없는 문자주의를 의미하는 것이 아

---

1. 복음주의 공헌에 대해 살펴보려면, 앨리스터 맥그래스(Alister McGrath), 「복음주의와 미래의 기독교(Evangelicalism and the Future of Christianity, Downers Grov-e, Ill.: InterVarsity Press, 1995)」를 참조하라.

니다. 도리어 사고와 실천을 위한 표준으로서 성경을 평범하거나 상식적인 관점에서의 의미로 받아들이는 것을 내포한다. 성경은 영감으로 기록된 것으로, 신자들은 사고와 실천의 모든 영역에서처럼 기독교 교육의 영역에서도 성경적 의미를 분별해야 한다. 성경은 최종적 권위로서의 기능을 담당하고, 기독교 세계관과 인생관에 나타나는 진리를 관찰하기 위한 잣대가 된다.[2]

사람들이 자신들의 경험과 관련된 진리를 분별하기 위해 성경을 읽는 다른 전통의 상대적인 더 큰 강조와 비교할 때, 복음주의자들은 성경 자체가 사람들이 '읽거나' 마주 대하고 적용할 수 있는 세계관과 인생관을 제시한다고 강조한다. 분명히 복음주의 교육자들은 성경 읽기의 실천을 배제하지는 않았지만, 교육적인 실천에 있어서 중요하게 여기고 또 그것을 이해하는 데 있어서의 이차적 원천인 판단력, 전통, 경험에 권위를 두기보다는 성경의 계시, 그 안에 존재하는 최종적 권위를 강조한다. 성경은 하나님의 말씀으로서의 기능을 한다. 따라서 복음주의 기독교인은 그들의 교육적 프로그램을 이끌어 나가기 위해 1장에서 언급된 성경적 기초들에 주의를 기울여야 한다.

이러한 특징의 위험 요소는 바로 삶과 분리된 성경적 명제를 강조하는 죽은 정통주의나 문자주의 또는 성경주의로 빠져들 수 있다는 것이다. 또한 사람들로 하여금 진리에 대해 진지하게 생각하지 않게 하고 또 그 진리를 받아들이고 이해하지도 못한 상황에서 진리를 강요하는 교육적인 실천에서도 위험 요소가 나타난다. 이러한 강요는 조작된 신앙의 주입으로 개인적 전유, 내면화, 다른 상황으로의 배움의 변화에서는 나타나지 않는 것들이

---

2. 교육 사역의 권위에 대한 토론을 위해서는 로버트 W. 파즈미뇨(Robert W. Pazmiño), 「권위 있는 가르침(By What Authority Do We Teach? Sources for Empowering Christian Educators, 도서출판 디모데 간)」을 참조하라.

다. 교육에서의 이러한 권위주의적 자세는 개인의 성실과 합리성을 상실했을 때 분별 없는 맹종과 순종을 요구하게 된다. 그것은 사람의 성경적 이해와는 상반되며 하나님을 향한 사랑의 순종을 감소하게 한다. 분별 없고 생기 없이 성경에 초점을 둔다면 살아 있는 말씀인 예수 그리스도를 만나지 못할 것이다. 성경의 문자적인 것에 얽매여 옥신각신한다면 말씀의 영을 잃을 것이고 계속해서 생명력과 기쁨을 잃을 것이다.

회심의 필요성

복음주의와 회심은 양육과 교리 문답에 대한 초점을 보완해줄 수 있는 복음주의 교육에 있어서 시급한 문제다. 교리 문답이란 삶에 기독교 진리를 통합하는 것을 양육하는 교육을 말한다. 또한 양육은 교회 안에서 교화(敎化, edification)의 결과로 나타나는 영적 양육과 사랑이 특징인 기독교인들 사이의 나눔을 의미한다. 교리 문답과 양육 모두는 교사, 부모, 모범이 되는 사람, 양육자가 헌신적인 기독교인이어야 함을 전제로 하며, 학생들은 기독교인이거나 평생 동안 예수 그리스도를 구주로 모시는 것을 진지하게 고려 중인 것으로 가정한다.

교육적인 노력을 통해 성경적 믿음의 기본 진리들, 특히 예수 그리스도의 탄생, 생애, 죽음, 부활을 통한 하나님의 구원하심이 공유된다. 하지만 이러한 기본적인 진리들을 나눌 때에 개인적인 반응과 헌신의 필요가 지속적으로 강조된다. 바울은 데살로니가 사람들에게 보낸 편지에서 그의 사역을 통해 그들의 믿음의 응답을 보인 것에 대해 하나님께 감사를 드린다. 그들의 응답은 살아 계시고 진실하신 하나님께로 회개했을 때 그들에게서 발견되는 새로운 삶을 증거로 보여준다.

"하나님의 사랑하심을 받은 형제들아 너희를 택하심을 아노라 이는 우리 복음이 말로만 너희에게 이른 것이 아니라 오직 능력과 성령과 큰 확신으로 된 것이니 우리가 너희 가운데서 너희를 위하여 어떠한 사람이 된 것은 너희 아는 바와 같으니라 또 너희는 많은 환난 가운데서 성령의 기쁨으로 도를 받아 우리와 주를 본받은 자가 되었으니 그러므로 너희가 마게도냐와 아가야 모든 믿는 자의 본이 되었는지라 주의 말씀이 너희에게로부터 마게도냐와 아가야에만 들릴 뿐 아니라 하나님을 향하는 너희 믿음의 소문이 각처에 퍼진고로 우리는 아무 말도 할 것이 없노라 저희가 우리에 대하여 스스로 고하기를 우리가 어떻게 너희 가운데 들어간 것과 너희가 어떻게 우상을 버리고 하나님께로 돌아와서 사시고 참되신 하나님을 섬기며 또 죽은 자들 가운데서 다시 살리신 그의 아들이 하늘로부터 강림하심을 기다린다고 말하니 이는 장래 노하심에서 우리를 건지시는 예수시니라"(살전 1:4-10).

바울은 에베소서 2장 1-9절에서도 그리스도 안에서 다시 살아난 존재가 되어 구원을 받은 경험에 대해 비슷한 설명을 하고 있다.

"너희의 허물과 죄로 죽었던 너희를 살리셨도다 그 때에 너희가 그 가운데서 행하여 이 세상 풍속을 좇고 공중의 권세 잡은 자를 따랐으니 곧 지금 불순종의 아들들 가운데서 역사하는 영이라 전에는 우리도 다 그 가운데서 우리 육체의 욕심을 따라 지내며 육체와 마음의 원하는 것을 하여 다른 이들과 같이 본질상 진노의 자녀이었더니 긍휼에 풍성하신 하나님이 우리를 사랑하신 그 큰 사랑을 인하여 허물로 죽은 우리를 그리스도와 함께 살리셨고(너희가 은혜로 구원을 얻은 것이라) 또 함께 일으키사 그리스도 예수 안에서 함께 하늘에 앉히시니 이는 그리스도 예수 안에서 우리에게 자비하심으로써 그 은혜의 지극히 풍성함을 오는 여러 세대에 나타내려 하심이니라 너희가 그 은혜를 인하여 믿음으로 말미암아 구원을 얻었나니 이것이 너희에게서 난 것이 아니요 하나님의 선물이라 행위에서 난 것이 아니니 이는 누구든지 자랑치 못하게 함이니라."

이와 같은 회심은 요한에 의해 요한일서 5장 9-12절에도 분명히 표현되어 있다. 하나님과 동행하려면 하나님의 아들을 믿어야 함을 얘기하고 있다.

> "만일 우리가 사람들의 증거를 받을진대 하나님의 증거는 더욱 크도다 하나님의 증거는 이것이니 그 아들에 관하여 증거하신 것이니라 하나님의 아들을 믿는 자는 자기 안에 증거가 있고 하나님을 믿지 아니하는 자는 하나님을 거짓말하는 자로 만드나니 이는 하나님께서 그 아들에 관하여 증거하신 증거를 믿지 아니하였음이라 또 증거는 이것이니 하나님이 우리에게 영생을 주신 것과 이 생명이 그의 아들 안에 있는 그것이니라 아들이 있는 자에게는 생명이 있고 하나님의 아들이 없는 자에게는 생명이 없느니라."

복음주의가 교회의 교육 사역의 한 목적이 되는 것이 절대적으로 필요하다. 복음주의는 사람들로 하여금 그리스도를 통해서 하나님을 믿고, 그리스도께 봉사하며, 그리스도를 그들의 구주로 영접하고, 그들의 교회 모임에서 그들의 왕께 봉사하도록 하는 성령의 능력을 통한 예수 그리스도의 선물로 정의될 수 있다.[3] 복음주의는 단순한 '영적 승리'가 아니다. 왜냐하면 해롤드 칼턴 메이슨(Harold Carlton Mason)이 지적했듯이 기독교 믿음은 기독교 지식, 기독교 양육, 기독교 문화 그리고 개인적 선택과 헌신에 관련된 것이기 때문이다.[4] 그렇다면 복음주의 교육은 사람들이 그리스도를 구주로 영접하도록 그들을 이끌어주는 교육으로 정의될 수 있다. 이 노력은 교육이 복음에 반응하는 사람들의 사고 과정을 강조하는 경향에 반해, 인간의 의지에

---

3. 이 정의는 마이클 그린(Michael Green)의 「복음주의의 현재와 미래(Evangelism Now and Then, Leicester, England: InterVarsity, 1979)」, pp. 13-14에서 언급된 윌리엄 템플(William Temple)의 말을 인용한 것이다.
4. 해롤드 메이슨(Harold Mason), 「지역 교회의 교육 과제(The Teaching Task of the Local Church, Winona Lake, Ind.: Light & Life Press, 1960)」, p. 173.

더 크게 호소하는 개인적 또는 집단 복음주의를 대신하지는 않는다.⁵

1장에서 언급되었던 구원받는 믿음의 세 가지 차원(notitia, assensus, fiducia)과 관련해서, 교육적 복음주의는 주로 믿음의 지적인 면인 'notitia(지적 확인)'에 초점을 두고 있다. 교육은 일반적으로 이성에 호소를 하며 지적인 내용을 다루게 된다. 하지만 믿음의 감성적이고 의지적인 면을 강조하는 'assensus(감성적 확인)'와 'fiducia(의도적 확인)'를 제외하지는 않는다. 이러한 근본적인 특징으로 인해 교육은 사람과 예수 그리스도의 사역을 지적으로 이해하는 데 도움을 주는 믿음에 관한 사실 혹은 'indicia'를 공유하게 된다.

이 특징이 실천에 어떠한 영향을 주는가? 메이슨은 교육적 복음주의를 강조하기 위해 몇 가지 유용한 추론을 제시했다.

1. 학생은 도덕적으로 책임이 있는 사람들을 위해 도덕법과 기독교 윤리의 의미를 반드시 알아야 한다.
2. 교사-전도자는 그가 가르치는 학생이 기독교인임을 반드시 경험해야 한다.
3. 교사는 믿음 안에서 양육되고 은혜 안에서 자라야 할 학생들에게 반드시 특별한 관심을 쏟고 시간을 투자해야 한다.
4. 교육적 복음주의는 기독교 신학의 기본 원리에 대한 지식을 포함한다.
5. 교회의 교육 사역의 역할 중 하나는 새로운 참여자를 모집하는 일이다.
6. 주일 학교와 같은 기독교 교육 프로그램의 복음주의적 기능 중 하나

---

5. 같은 책.

가 하나님의 말씀을 듣도록 학생들을 권고하는 일이다.
7. 헌신하려는 기독교인들을 위한 연합 기도는 정기적인 교육의 구성 요소가 되어야 한다.
8. 기독교 가정의 부모는 자신들의 삶과 자녀들의 삶에 확실한 기독교 믿음을 심어주기 위해 반드시 지원을 받아야 한다.[6]

이것은 쉬운 믿음주의나 가벼운 제자 양육 그리고 예수 그리스도에 대한 개인적인 믿음의 반응을 권고하는 노력 없이 '영적 승리'의 결과를 낳을 수 있다는 위험 요소를 가지고 있다. 디트리히 본회퍼(Deitrich Bonhoeffer)는 제자로서의 대가와 그리스도를 구주로 영접하는 것의 의미를 무시하는 값싼 은혜에 대해 날카롭게 경고했다.[7] 그러므로 교육적 복음주의는 반드시 그리스도 안에서의 믿음의 책임과 대가를 분명히 해야 한다. 이 복음주의는 단지 그들의 영혼뿐만이 아닌 인간 전체에 대한 관심의 중요성을 입증해야 한다. 육체적이고 사회적인 필요들 그리고 제자로의 양육을 무시한 채 영적 복음만을 가르치는 교육 프로그램은 피상적인 것으로 곧 실패하고 만다.

전체 복음을 대표하지 못하는 교육적 복음주의에는 참으로 위험한 요소가 있다. 이 위험은 더 넓은 믿음의 도전을 제시하는 다음의 시에 함축되어 있다.

당신의 거룩함과 나의 외로움

나는 배가 고팠고
당신은 나의 굶주림을 의논하기 위해 회의에 참석했습니다.

---

6. 같은 책, pp. 173-183.
7. 디트리히 본회퍼(Deitrich Bonhoeffer), 「제자됨의 대가(The Cost of Discipleship, New York: Macmillan, 1959)」를 참조하라.

나는 갇혀 있었고
당신은 나의 해방을 위해 기도하려고 몰래 빠져나갔습니다.
나는 박해를 받았고
당신은 내게 예수님이 어떻게 박해받으셨는지 설명해주었습니다.
나는 아팠고
당신은 당신의 건강함에 대해 하나님께 무릎 꿇어 감사드렸습니다.
나는 집이 없었고
당신은 내게 하나님의 사랑의 영적인 보금자리에 대해 설교했습니다.
나는 외로웠고
당신은 나를 위해 기도하려고 나를 떠났습니다.
당신은 너무나 성스러워 보입니다. 그리고 나는 여전히 외롭습니다.*

복음주의자들은 이와 마찬가지로 복음의 선포와 복음주의에 절대적으로 필요한 장소를 무시하는 사회적인 참여나 사역에 주의해야 한다. 하지만 교육적 복음주의에 대한 관심은 예수 그리스도를 따르는 것과 제자 양육의 대가에 대한 충분한 의미를 제시하는 데 있다.

예수 그리스도의 구속 사역

칼 F. H. 헨리(Carl F. H. Henry)는 복음주의 기독교인들에 대해 다음과 같이 언급했다. 복음주의 기독교인들은 "그리스도의 성육신과 동정녀로부터의 탄생, 죄 없는 삶, 속죄, 하나님의 죄인에 대한 용서를 의미하는 육체적 부활, 오직 믿음만으로의 칭의 그리고 예수 그리스도의 구속 사역을 믿는

---

* 아프리카 어느 병원의 목사 사무실 문 앞에 이 시가 붙여져 있는 것을 마이클 그린(Michael Green)이 발견했다. 이 시는 그의 강연 시리즈, "신약 교회로부터 온 복음주의 기초(Foundations for Evangelism from the New Testament Churches, Miami, Fla.: Mobile Media,1978)"에 언급 되었다.

모든 이들의 영적 중생을 포함하는 복음의 기본적인 교리를 긍정한다."[8] 이러한 교리는 기독교 교육자들이 그 역할을 발휘할 수 있는 신학적인 기초를 제공한다.

복음주의 교육자들은 이 기본적인 교리들이 역사적으로 정의된 기독교 믿음 안에서 기초적인 틀을 제시하기 때문에 그 교리를 받아들인다. 프랭크 개블린(Frank Gaebelein)은 이들 교리가 어떻게 복음주의를 위해 기능을 발휘하는지 다음과 같이 밝히고 있다.

> 이들이 우리의 기독교 세계관의 틀을 만드는 것이다. 그렇다면 그것은 무엇인가? 그것을 기초로 기독교가 확립된다. 하늘과 땅을 만드신 살아 계신 하나님의 존재하심, 하나님의 형상을 따라 지음받은 인간, 인간의 힘으로 회복하려는 것을 넘어서지만 회복하기 위해 하나님의 권능은 넘어가지 못하는, 타락으로 인해 훼손된 형상과 하나님 아들의 성육신과 잃어버린 인간성을 위한 그분의 구속, 현재 세계에서 그리스도의 몸인 교회, 신자들의 공동체를 부르는 성령의 역사, 마지막으로 '위대하신 하나님과 구주 예수 그리스도의 영광스런 임재'를 통한 지구 역사의 종말이 그것에 포함된다.
>
> 이들 진리에 편협함이 없음을 믿자. 이것은 모든 기독교 교파에 공통적인 것이다. 많은 기간 동안 양보와 보류를 통해 전해져 내려왔거나 또는 인간이 만든 전통과 교리에 의해 가려져왔을지라도, 이러한 입장과 같이 기독교 세계관을 위한 참고의 틀과 기초에 대한 진리의 사실이 아직 남아 있다는 것이다. 바로 이들 위에 기독교 교육이 세워져야 한다. 그리고 그 안에서 반드시 행해져야 한다.[9]

---

8. 칼 F. H. 헨리(Carl F. H. Henry), "복음주의(Evangelical)," 「기독교 교회 새 국제 사전(The New International Dictionary of the Christian Church, ed J. D. Douglas, rev. ed., Grand Rapids: Zondervan, 1978)」, pp. 358-359.
9. 프랭크 E. 개블린(Frank E. Gaebelein), 「하나님의 진리의 형태: 기독교 교육 통합의 문제점들(The Pattern of God's Truth: Problems of Intergreation in Christian Education, New York: Oxford University Press, 1954)」, pp. 34-35.

교육의 사고와 실천에 있어서 이러한 신념의 실제적인 영향을 다루게 될 때 교육자는 몇 가지 가능한 의미들을 고려해야 한다. 예를 들면 이런 질문이 될 것이다. "어떤 사람이 하나님을 창조주로 받아들인다면 생태학적 책임을 수행하는 의미에서의 올바른 땅과 자원의 사용은 무엇인가?"

이 특징이 신념을 명확하게 하고 성경적 계시의 연속성을 가능하게 하는 반면에, 그것은 정적이고 맹종하는 자세로 빠져들어 상황화시키는 데 실패할 수 있다. 상황화란 구체적인 역사적 상황에 진리가 적용되고, 그로부터 다시 진리가 비롯되는 연속적인 과정을 말한다. 이 과정은 현실의 실제적인 변화와 그 변화를 위해 헌신하는 복음적 가치의 의미와 관련되어 있다.[10] 이 과정 역시 신약의 근본적인 요구를 왜곡하는 문화적 속임에 대한 질문을 제기한다.

그리스도를 향한 신실함은 다양한 개인적, 문화적, 정치적, 경제적, 사회적 현실들과 관련해 면밀히 조사하는 것을 필요로 한다. 이러한 현실들은 그리스도를 주님으로 영접하는 요구와 세상에 임할 그의 왕국을 위해 일하는 것과 관련해 받아들여질 수도 있고 거부될 수도 있고 변형되어질 수도 있다. 예수 그리스도의 사람으로서 하나님의 주권을 인정하고 예수 그리스도께 충성하는 것은 복음대로 사는 것과 그것을 믿는 것을 필요로 한다. 복음주의자들은 그리스도가 다양한 문화와 사회 문제에 어떻게 연관되는지 알아보려는 노력을 실패하게 만드는 '게토(ghetto)화' 된 존재를 선택하는 것이나 그러한 현실들에 대해 언급하기를 꺼려할 수도 있다. 기독교 믿음과 그 능력을 부인할 때의 위험에서 이러한 일들이 일어난다. 상황화의 필요를 배제하는 신학적 확실성은 역사와 현재 세상 속에서 운행하시는 하나님의

---

10. 기독교 교육 변화의 장소에 대한 정보를 위해서는 로버트 W. 파즈미뇨(Robert W. Pazmiño), 「라틴계 미국인의 여정: 북미 기독교 교육을 위한 지식(Latin America Journey: Insights for Christian Education in North America, Cleveland: United Church Press, 1994)」, pp. 55-75를 참조하라.

창조적이고 섭리적인 역사를 부인한다.

여기서의 중요한 논점은 기독교 교육과 신학과의 관계다. 사라 리틀(Sara Little)은 다음과 같은 가능성을 제시했다.

1. 기독교 교육에서 가르쳐야 할 내용 중 하나가 신학이다.
2. 신학은 무엇을 가르쳐야 하는지와 방법론을 위한 평가의 기준이다. 그리고 분석을 위한 비판적 작업과 모든 기독교 교육을 평가하는 기준이 된다.
3. 신학은 기독교 교육의 임무와는 무관하다. 그러므로 기독교 교육은 독립적이다.
4. 기독교 교육에서 '신학을 하는 것' 과 또는 신학을 연구한다는 것은 사람으로 하여금 기독교 믿음과 계시에 비추어 그들의 현재 경험과 관점을 반영하도록 한다는 의미다.
5. 신학과 기독교 교육은 하나님의 왕국의 도래를 위해 상호적으로 그리고 집단적으로 관련된 독립적인 분야다.

리틀은 또한 어떠한 대안도 기독교 교육과 신학을 연관지을 수 없다고 지적했다.[11]

결정적인 관계를 단정하는 위험을 의식하면서 복음주의 교육자는 이 논점을 해결할 수 있는 신학이 내포하고 있는 의미를 탐구할 수 있다. 복음주의 신학의 기본 관점은 서로 배타적이지 않은 처음의 두 가지 대안을 수용한다. 신학은 양쪽의 내용과 기준으로 살펴볼 수 있다. 아직 전달이 권위주

---

11. 사라 리틀(Sara Little), "신학과 종교적 교육(Theology and Religious Education)," 「변화의 시대에서의 기독교 교육을 위한 기초(Foundations for Christian Education in an Era of Change, ed. Marvin J. Taylor Nashville: Abingdon, 1983)」, pp. 31-33.

의적인 방식으로 전해지거나 강요되어서는 안되겠지만 그러나 그들의 필요와 개인에 대한 민감함으로 행해질 수는 있다. 그럼에도 불구하고 믿음과 실천에 기초가 되는 진리는 가르쳐져야 한다. 확실한 기본적 진리의 전달이 없이는 기독교라 주장하는 가르침은 정설이 될 수 없다.

리틀이 언급한 "신학과 기독교 교육의 임무와는 무관하다"는 세번째 가능성은 믿음을 견지하려는 복음주의 교육자들에게는 선택할 수 있는 사항이 아니다. 그리스도를 주님으로 받아들이는 것은 하나님에 대한 연구에서처럼 가장 간단하게 정의된, 모든 삶을 위한 신학의 중요성을 가정하는 것이다. 신학은 하나님의 계시의 경험을 통해 고려되었듯이 믿음의 의미 파악과 연관되어 있다. 이러한 의미는 반드시 교육의 사고와 실천을 다루어야 한다. 따라서 신학은 기독교 교육의 임무에 있어서 매우 중요한 것이 된다.

리틀의 네번째 가능성은 복음주의 교육자를 위한 독특한 도전을 제시한다. 몇몇 종교 교육자들은 사람들이 현대의 경험에 그들의 믿음을 더욱 잘 사용하도록 그리고 그들의 경험을 다시 믿음에 반영하도록 권고하는 과정의 필요성을 강조했다. 이 반영은 현재 기록되어지고 있듯이 역사 속에서 하나님이 행하신 일을 분별하려 하고, 전체적 현실과 문제점들 속에서 충분히 전해받은 종교적 개념을 검토하려 한다. '신학을 연구하는 것' 과 '신학을 하는 것'은 이 반영의 과정에 적용된 용어다.[12] 복음주의자들은 일반적으로 비판적인 반영과 현실의 전체적인 설명의 필요성을 인정한다. 그러나 복음주의자들은 현재의 경험을 믿음에 반영할 때 극도의 주의를 기울인다. 성경의 권위에 대한 그들의 강조는 성경보다 경험을 더 우위에 두려는 경향에 저항하고 있다. 복음주의자들은 개인적인 경험에 대해 얘기하고 그

---

12. 신학 토론을 위해 노마 톰슨(Norma Thompson)의 "종교 교육의 현재 논제들(Current Issues in Religious Education)", 〈종교 교육 73호(Religious Education 73, November-December 1978)〉, p. 617을 참조하라.

것을 사용하기를 꺼려하지 않는다. 하지만 경험은 믿음을 증거하는 기능을 하지 복음주의자를 위해 믿음을 판단해주는 기능을 하지는 않는다.

리틀의 다섯번째 가능성인 신학과 기독교 교육과의 대화는 추가적인 도전을 제시한다. 기독교 교육자는 근본적인 질문을 제기함으로써 하나님에 대한 연구를 특징짓는 신학의 반영 형태를 잡을 수 있다. 이러한 질문은 최근에 토마스 H. 그룸(Thomas H. Groome)의 「기독교 종교 교육(Christian Religious Education)」에 제시된 바 있다. 하지만 그룹의 설명에 앞서 D. 캠벨 와이코프(D. Campbell Wyckoff)가 모든 교육적 요소들을 함께 다루는 정리된 원칙을 위한 추가적인 사항들과 함께 이런 질문에 대해 제기했었다.[13] 그룸은 '무엇이, 왜, 어디서, 어떻게, 언제, 누가'와 같은 의문 대명사로 확인할 수 있는 여섯 개의 질문을 했다.

1. 무엇이 기독교 교육의 본질인가?(본질과 내용)
2. 왜 기독교 교육이 필요한가?(목적)
3. 어디서 기독교 교육이 이루어지는가?(상황)
4. 어떻게 기독교 교육이 진행되는가?(방법)
5. 언제 특정한 기독교 진리와 경험을 나누는 것이 좋은가?(준비성)
6. 누가 기독교 교육에 영향을 주는가?(관계)[14]

이러한 여섯 가지 질문을 제기함으로써 기독교 교육자들은 교육에 영향을 주는 교회론, 구원론, 종말론, 인간론, 기독론, 성경과 하나님의 교리의 신학적인 논점들을 대하게 된다. 최상의 기독교 교육은 실용적인 신학의 영

---

13. D. 캠벨 와이코프(D. Campbell Wyckoff), 「기독교 교육 과정의 이론과 설계(Theory and Design of Christian Education Curriculum, Philadelphia: Westminster, 1961)」를 참조하라.
14. 토마스 H. 그룸(Thomas H. Groome), 「기독교 종교 교육: 우리의 이야기와 비전 나누기(Christian Religious Education: Sharing Our Story and Vision, San Francisco: Harper & Row, 1980)」, xiv.

역에서 이루어진다. 그것은 또한 기독교 믿음 안에서 성숙하는 개인의 형태로 신학을 탐구한다.

기독교 교육이 신학의 임무에 공헌하는 것처럼 신학도 기독교 교육에 공헌을 한다. 신학은 기독교 교육의 사고와 실천에 반영을 하기 위한 도구로 사용되어질 수 있다. 신학은 또한 성경적 가치와 관련된 일관성에 대한 질문을 함으로써 교육에 있어서의 진실한 실천에 대해 알릴 수 있다. 분리된 훈련 방식으로서의 신학과 기독교 교육의 변증법적 상호 작용이 성립될 수 있고, 이것은 교회와 세상에서 살아가고 있는 신실한 기독교인의 현실화를 가능하게 한다. 따라서 신학과 기독교 교육의 협동적인 의견 교환은 각 훈련의 창조적이고 효과적인 작업을 향상시킬 수 있다.

경건

두번째 특징과 마찬가지로 복음주의자들은 기독교 믿음의 개인적 사유와 하나님과의 동행 그리고 개인의 헌신 안에서 성장할 필요가 있음을 강조한다. 존 칼빈(John Calvin)은 경건을 "하나님의 은혜의 지식이 영감을 주는 하나님에 대한 사랑과 경외심의 연합"이라고 정의했다.[15] 기독교에 있어서 예수 그리스도를 위한 헌신과 믿음은 진정한 영적인 삶에 나타난다. 회개에서 비롯된 이 삶은 마음과 정신에 관여하신 하나님과 사람의 연결을 통해 지속된다. 이러한 특징 때문에 복음주의자들은 역사적으로 영적 감동과 훈련을 양육해올 수 있었다. 이것은 이성에 근거한 믿음의 필연적인 배제에 의해 행해진 것이 아니라 오히려 그리스도를 위한 개인의 헌신을 보완하는 것으로써 행해졌다. 몇몇의 경우에는 정신의 종교가 없는 마음의 종교가 되기도 했지만, 믿음에는 감정적인 면과 지적인 면이 균형을 이루는 것이 이상적이

---

15. 존 칼빈(John Calvin), 「기독교 강요 제1권(Institutes of the Christian Religion, vol. 1, trans. Henry Beverage, Grand Rapids: Eerdmans, 1975)」, p. 41.

고, 그것이 영적인 삶과 성장을 가져오는 복음주의적 교육 목표의 요소다. 이 특징은 공개적으로 드러나기보다는 다소 은밀한 면이 있다.

이 특징의 위험 요소는 이것이 사회적인 의식이 빠진, 개인적이고 내성적이며 선입견의 경향을 가진 경건이 될 수 있다는 것이다. 또한 사회적인 죄를 경시하는 뻔뻔함과 이에 상응하여 그 죄를 용서하는 사회적 수동주의가 나타날 수 있다. 보수적인 신학은 역사적인 과정에서 하나님의 계속적인 역사하심과 앞으로 다가올 하나님의 왕국을 위해 하나님이 교회에 주시는 새 가죽 부대에 대해 미리 민감해야 하는 것에 실패한 모든 삶에 대한 자세를 내포하고 있다. 피상적인 경건은 복잡한 사회 문제에 대한 단순한 해결책과 문화적 관심사로부터 기독교인을 분리하는 둔감함의 결과를 가져올 수 있다.

문화에 대한 문제는 기독교 믿음과 기독교 교육의 입장에서 문화의 장소와 관련된 중요한 질문을 제기한다. H. 리처드 니버(H. Richard Niebuhr)는 그리스도와 문화 사이에 일어날 수 있는 다섯 가지 가능한 관계를 제시했다[16] (도표 3 참조).

- 문화에 반하는 그리스도 - 그리스도는 오직 하나의 권위이다. 문화의 주장은 거절되어야 한다.
- 문화의 그리스도 - 기독교 시스템과 문화 사이에는 질적인 차이만 있을 뿐이다. 최상의 문화는 그리스도를 따르기 위해 선택되어야 한다.
- 문화 위의 그리스도 - 비록 은혜와 문화 사이에 '부드러운 곡선과 연속되는 선'이 없어도 은혜의 수용은 문화를 완전하게 한다.
- 역설적 관계의 그리스도와 문화 - 두 가지 모두 따라야 할 권위이다. 그러므로 신자는 이 긴장감 사이에서 살아야 한다.

---

16. H. 리처드 니버(H. Richard Niebuhr), 「그리스도와 문화(Christ and Culture, New York: Harper & Row, 1956)」.

- 문화를 변화시키는 그리스도 - 문화는 실패한 사람을 받아들이지 않는다. 하나님께 영광을 돌리고 하나님의 목적을 이루기 위해 그리스도 안에서 사람은 구원을 얻고 문화는 회복된다.[17]

데이빗 J. 헤셀그레이브(David J. Hasselgrave)는 성경적 관점에서 볼 때 1, 4, 5번 그리고 어쩌면 3번 형태의 강조가 어떤 가치를 가질 수 있다고 보았다.[18] 개인적 신앙심 - 경건의 강조에 대한 위험은 복음주의 기독교인들이 오직 1번이나 2번 형태만을 선택할 수 있고, 그로 인해 문화가 기독교인에게 끼치는 영향이나 기독교인이 문화에 끼치는 영향의 잠재성에 대해 무감각해질 수 있다는 것이다. 복음주의 기독교인들은 일반적으로 다양한 시간과 상황 속의 그들의 교육적 사고와 실천에서 1, 4, 5번 형태를 선택했다.[19] 1번 형태의 반응은 적대적으로 비춰지는 넓은 문화 속 기독교 공동체의 고립화와 함께 대항 문화의 자세에서 나타난다. 4번 형태의 반응은 교회와 넓은 사회가 상호 보완적이고 현상이 유지되는 자세를 선택한다. 5번 형태의 반응은 사회 모든 면에서의 개혁과 회복을 위한 작업에 있어서 사전 행동의 자세를 가정한다.

정통주의의 기초

네 개의 특징 외에 사도신경에 나타난 복음주의 교육의 신학적 기초를 말하는 것이 가능하다. 사도신경은 성경과 관련된 주장으로, 신학의 질문들을 탐구하는 데 유용한 뼈대를 제공한다.[20]

---

17. 데이빗 J. 헤셀그레이브(David J. Hasselgrave), 「초문화적으로 그리스도를 전달함(Communicating Christ Cross-Culturally, Grand Rapids: Zondervan, 1979)」, pp. 79-80.
18. 같은 책, p. 80.
19. 문화에 대한 추가적인 논의는 5장에서 다루어진다.
20. 사도신경에 대해서는 제임스 D. 스마트(James D. Smart), 「기독교 교육에 있어서 사도신경(The Creed

그리스도와 문화

도표 3

형태 I 문화에 반하는 그리스도인	형태 IV 역설적 관계의 그리스도와 문화	형태 V 문화를 변화시키는 그리스도	형태 III 문화 위의 그리스도	형태 II 문화의 그리스도	(비기독교 세계: 그리스도를 배척)
요한(요한 1서) 터툴리안 톨스토이	루터 바울	F. D. 모리스 어거스틴 복음서의 요한	아퀴나스 알렉산드리아의 클레멘트	리츨 아벨라드 영지주의자	
급진적 기독교인	이원론자	회개주의자	종합주의자	문화적 기독교인	

"중심으로서의 교회"

*데이빗 J. 헤셀그레이브(David J. Hesselgrave)의 「초문화적으로 그리스도를 전달함(Communicating Christ Cross-Culturally, Grand Rapids: Zondervan, 1978)」, p. 81. 저자의 승인을 받고 사용함.

각 주장은 기독교 교육을 위한 의미를 갖고 있다. 정통주의의 주요한 신학적 교리 또는 복음주의적 신앙과 관련해 1장에서 다룬 성경적 기초와 직접적인 관계가 있는 의미가 제시된다.

창조주 하나님

하나님은 세계와 인류의 창조자이시기 때문에 생명의 근원이 되시고, 사람은 하나님께 대한 책임을 가지고 있다. 실제로 하나님은 사람과 창조적인 언약을 맺으셨다. 신성한 계시에 근거한 하나님 중심의 교육적 접근과 하나님 안에서 삶의 의미를 찾도록 권하는 교육은 매우 중요하다. 사람은 하나님의 피조물로서 그들의 책임을 다하도록 교육받아야 한다. 피조물로서의 위치는

---

in Christian Teaching, Philadelphia: Westminster, 1962)」과 버나드 L. 마샬러(Bernard L. Marthaler), 「사도신경(The Creed, Mystic, Conn.: Twenty-Third Publications, 1987)」을 참조하라.

인간의 자율성에 대한 강조의 기반을 침식하고 있다. 인간의 자율성에 대한 강조는 하나님에 대한 의지를 무시하고, 다른 사람들과 창조된 세계 간의 상호 의존성을 무시한다. 하나님은 사람들과 교회에서 함께하시기 위한 노력을 시작하셨다. 그러므로 사람들로 하여금 하나님께 응답하도록 그들을 양육해야 하는 교육적인 노력이 있어야 한다. 사람은 하나님의 가족으로서 누릴 수 있는 특권과 책임을 지는 것을 전제로 그 구성원으로 입양된 것이다.

하나님은 사람, 단체, 사회의 구속자이자 해방자이기 때문에 정의, 공의, 자유의 원천이 되신다. 성취를 위해 사람이 의지해야 할 분이시다. 구속적인 언약을 시작하신 분이시다. 그러므로 정의, 공의, 자유의 영역에서 인간의 이해와 노력은 반드시 실현의 신성한 목표 아래 있어야 한다. 이는 인간의 책임을 덜어주는 것이기보다는 하나님의 주권에 복종하는 것이다.

기독교 교육자들은 이 세상에서 하나님의 지속적인 행위의 구성 요소로서의 정의, 공의, 자유와 관련된 문제를 갖고 있는 사람들의 의식을 불러일으킬 책임을 지고 있다. 개인 또는 집단의 삶에서 죄의 현실과 그 영향을 느꼈을 때, 사람들은 완성과 자유를 깨닫기 위해 하나님의 구속하심에 의지한다. 죄의 현실과 인간의 타락은 반드시 기독교 교육에서 다루어져야 한다. 조직, 훈련, 용서, 화해의 필요성은 사람들이 서로 마주치게 되는 교육적 상호 교류에 적용된다. 기독교 교육에서 복음주의의 위치는 인정되어야 한다. 모든 인간의 노력에서 나타나는 하나님의 구속 사역은 반드시 탐구되어야 한다. 그리고 이것은 평생의 과제가 된다.

예수 그리스도

예수 그리스도는 하나님의 아들이자, 구세주, 인자 그리고 왕이시다. 예수 그리스도는 생명을 주는 분이시므로, 기독교 교육은 사람들에게 살아 있는 말씀을 가르치고 그들이 그리스도 안에서 성숙해질 수 있도록 하기 위해 그리스도 중심이 되도록 노력해야 한다. 교육자들은 사람들이 개인, 집단의 주인되시는 예수 그리스도의 말씀을 이해할 수 있도록 도와줘야 할 책임이 있다. 그리스도 안에서 새로운 피조물이 된다는 사실은 교육자와 학생의 공동의 노력에 희망을 준다. 예수 그리스도가 자신을 표현하는 말로 선호하셨던 '인자'로서 그분은 궁핍한 자들과 인간 존재의 딜레마에 주의를 기울이셨고, 당신에게 헌신한 사람들을 위해 적극적으로 중재하셨다. 지상에서의 예수 그리스도의 삶과 가르침 사역의 모델 또는 본보기는 교사나 학생 모두에게 유익하다. 그리스도와 그분의 왕국을 발견한 이들은 그 왕국과 관련된 책임이 있다. 가르치는 것과 배우는 것은 그리스도의 이름을 영광스럽게 하고 세상에서 그분의 왕국을 확장하는 것이 된다.

성령

성령은 삶을 활성화하고 뒷받침하는 분이시다. 진리의 영이시고, 사람을 변화시키신다. 기독교인들은 교사이든, 부모이든, 지도자이든, 학생이든 간에 사람들을 움직이고 그들의 삶에서 성령의 역사를 위해 기도할 때, 성령의 역사에 민감해야 한다. 성령은 인간의 가르침을 보완하시고, 적용하시고, 수정하신다. 교육에서의 진리를 위한 인간의 탐구는 반드시 모든 진리의 원천이 되시는 하나님 안에서 이루어져야 한다. 성령은 특별하고 일반적인 계시의 진리를 분별할 수 있도록 사람들의 마음을 감동시킨다. 성령은 또 드러난 진리와 사람이 함께 조화를 이루며 살아갈 수 있게 한다. 세상 사람들 사이의 개인적, 사회적 변화를 위해 일하는 대리인도 바로 성령이시다. 그러므로 반드시 기독교 교육자는 모든 변화와 회복의 영역에서 성령의 역사에 주의를 기울여야 한다. 교육적 만남의 안과 밖에서 성령과 협동할 수 있는 방법은 반드시 탐구되어야 한다. 변화와 회복의 인지는 감사와 찬양의 기본이 된다.

기록된 하나님의 말씀

성경은 권위의 기초가 되고 하나님의 계시이며, 모든 삶에 있어서 진리의 원천이다. 성경은 모든 진리를 평가하는 최종적인 권위로서의 기능을 담당한다. 교사나 가르치는 사람들의 권위는 이차적인 것이다. 그것은 반드시 하나님이 드러내신 진리의 일관성에 근거하여 판단받아야 한다. 성경은 기독교 교육에 있어서 전적인 것은 아니지만 필수적인 것이다. 성경은 삶과 믿음을 위하여 철저하지는 않지만 충분한 지침을 제공한다. 성경의 진리는 교육의 모든 주제와 훈련, 사고와 실천의 모든 영역과 함께 통합되어야 한다.

거룩한 보편적 교회

교회는 그리스도의 몸이다. 교회는 그리스도의 정의로운 가치로 인해 거룩하다. 그리고 세대를 초월한 모든 문화, 국가, 민족의 사람들을 포함하고 있기 때문에 보편적이다. 교회에서의 다양한 사역은 신약에 다양한 설명으로 유사하게 설명되어 있다. 교회의 교육 사역은 다양한 표현으로 기록되어 있다. 교회는 가르침을 위한 다양한 은사와 학습에 대한 다양한 통찰력을 세상에 알려야 한다. 교회는 조직이면서 동시에 유기체로서, 두 구조의 관계가 올바른지를 염려해야 한다. 기독교의 교육적인 노력은 교회의 선교, 임무, 목적과 반드시 관련되어 행해져야 한다.[21]

성도들의 교제

기독교인은 확장된 기독교 가정이나 신앙 공동체를 형성한다. 교육에 관여하고 있는 사람은 진리와 사랑에 대한 관심에서 균형을 잡고 긍정적인 관

---

21. 이 주제에 관해서는 「기독교 교육의 원리와 실천(Principles and Practices of Christian Education)」, pp. 45-55에서 자세히 다루었다.

계를 유지해야 한다. 이러한 관계는 그리스도께 영광을 돌리는 것이어야 한다. 교회가 된다는 것은 기독교인 상호 간에, 교회를 떠받치고 있는 하나님과의 긍정적인 관계를 유지하는 것을 의미한다.

죄의 용서

기독교인들에게는 하나님과의 관계와 다른 사람들과의 관계에서의 화해와 치유가 필요하다. 교육적 만남의 목표 가운데 하나로써 개인적이고 단체적인 죄가 고백되어져야 한다. 이 화해의 사역은 기독교 교육의 모든 개인적, 개인 상호 간, 단체 간의 상호 교류의 면에서 분명한 효과를 보인다.

육체의 부활

인간에 대한 성경의 시각은 통전적이다. 기독교 교육자는 육체와 영혼의 이원론에 대한 지나친 강조와 교육적인 노력을 가로막는 이론과 실천의 이원주의를 수정하고 그것들의 통합을 위해 노력해야 한다. 서양의 기독교인은 동양의 기독교인들에게서 그들의 삶에 대해 배워야 한다. 서양 문화는 지적인 분석을 강조하면서 인간 개성의 분열과 생명에 있어서의 영혼과 육체의 분리를 가져왔다.

영생

기독교 교육에 종사하고 있는 사람들의 다양한 노력은 하나님의 피조물과 구속받은 공동체를 위한 궁극적인 계획과 관련해 평가받아야 한다. 교사와 학생의 노력은 역사 속의 하나님의 목적으로 인해 조건지어지고 또한 조심스럽게 분별되어야 한다.

정통주의 기초를 포함하는 통찰력에 대한 간단한 관찰은 역사적으로 기독교인들이 의논해왔던 추가적인 신학적 질문들에 대해 논함으로써 자세히 설명되어질 수 있다.

교육에 대한 개혁적인 시각(Reforming view)

이 정통주의의 기초 외에도 단 하나의 전통을 대표하고 있는 기독교 교회의 개혁파(Reformed)라는 하나의 특정한 예를 생각해봄으로써 신학적 기초를 탐구해볼 수 있다. 다른 공동체들에게도 통찰력을 제공하는 이 전통을 저자는 익히 잘 알고 있다. 일반적으로 개혁파 교육자들은 그들의 교육관을 이끌 수 있는 창조의 언약, 타락, 구속의 언약 등 세 가지 신학적 교리의 특징을 강조한다.

창조의 언약에서 개혁파 교육자들은, 모든 사람들은 하나님의 형상을 지녔으므로 하나님께 영광을 돌리도록 교육을 받아야 한다고 강조했다. 하나님의 형상을 지닌 사람들은 하나님의 왕국을 세워야 할 책임을 가지고 있으며, 그것을 위해 준비해야 한다.[22] 교육자들은 반드시 자연에 대한 생태학적 책임을 마음에 두고 있어야 하고, 하나님께 대한 존경하는 마음에서의 종교적 책임과 자신과 다른 사람들에 대한 정치적, 미학적, 지적 책임에 주의를 기울여야 한다.[23] 교육자의 임무는 궁극적으로는 창조주 하나님과 관련해 사람들이 책임을 완수하도록 그들을 격려하는 일이다. 하나님께 예배하고 봉사하면서 기독교인들은 세상과 사회에 감성을 부여하는 문화와 인류의 통일을 인지해야 한다.[24] 이 관점에서의 하나님의 왕국은 창조된 세계와 인간 사회를 포함하기 위해 영적이고 초세속적인 영역을 넘어 확장되는 하나

---

22. 코넬리우스 반 틸(Cornelius Van Til), 「기독교 교육 에세이(Essays on Christian Education, Nutley, N. J.: Presbyterian & Reformed, 1977)」, pp. 78-80.
23. 니콜라스 월터스토프(Nicholas Wolterstoff), 「책임 있는 행동을 위한 교육(Educating for Responsible Action, Grand Rapids: Eerdmans, 1980)」, p. 9, 33.
24. 반 틸(Van Til), 「에세이(Essays)」, pp. 83-85.

님의 통치로 정의된다. 따라서 최상의 개혁파 교육은 삶 전체를 위해 기독교적 견해의 의미를 학생들이 파악할 수 있도록 하는 것이다.

개혁파 교육관의 두번째 교리는 타락에 관한 것이다. 하나님께 거리낌없이 반항했던 사람은 마치 그들 자신이 기준이 되는 것처럼 행동하며, 신뢰하고, 순종하는 삶을 거부한다. 결과적으로 그들은 자신들의 책임에 대해 혼란스러워했고 그것을 부인했다. 그들은 땅을 훼손했고, 다른 사람을 고통스럽게 했으며, 능력을 낭비하고 우상을 섬겼다.[25] 이 교리는 어떠한 근본적인 의미에서든지 인간을 자유 의지와 자율성이 있는 존재로 보려는 시각을 배제한다. 따라서 어떠한 교육 전략이든지 자율성을 가장 높은 발전적 단계나 목표로 본다면 그것에 대해 의심해볼 필요가 있다. 개혁파 교육자들은 현실과 죄의 범위를 인지하면서, 하나님에 대한 반항에서 비롯되는 신성한 기준과 경고의 요구를 강조했다.[26]

세번째 교리인 구속의 언약은 예수 그리스도 안에서의 회복과 재창조를 위한 하나님의 준비 안에서의 인류와 피조물들을 위한 소망을 보여준다. 하나님은 사람들이 다시금 그들 자신, 이웃, 자연, 하나님과 환희에 찬 성취감 속에서 다시 살 수 있도록 사랑을 베풀어주셨다.[27] 사람들은 성령의 새 생명을 얻게 하는 능력을 통해 그리스도 안에서 다시 그들의 문화적인 의무와 기회를 받아들여야 한다. 기독교인들은 죄를 뉘우치고 은혜를 받고 문화적인 노력을 통해 하나님나라가 임하도록 해야 한다.[28] 그리스도에 대해 가르치고 모든 것의 구주가 되시는 그리스도께 응답하도록 권고함으로써 회복의 중요한 영역을 준비하게 하는 것은 기독교 교육이 해야 하는 일이다. 실

---

25. 월터스토프(Wolterstoff), 「책임 있는 행동을 위한 교육(Educating for Responsible Action)」, pp. 9-10.
26. 반 틸, 「에세이」, pp. 87-91.
27. 월터 스토프, 「책임 있는 행동을 위한 교육」, p. 10.
28. 반 틸, 「에세이」, pp. 87-91.

제로 하나님의 창조와 관련해 다양한 면의 문화적인 임무를 받은 기독교 교육은 모든 삶을 그 대상으로 한다.

이러한 세 가지 교리가 철저하게 교육에 대한 기독교적 견해를 위한 것임에 반하여, 오늘날 예수 그리스도의 교회가 직면하고 있는 몇 가지 도전들을 상대하기에는 충분하지 못할 수도 있다. 교육에 대한 개혁파의 시각은 일반적으로 종교 개혁 기간 중에 발생한 신학적인 특징들을 강조했다. 이 초점을 택할 때 개혁파 교육자들은 종종 종교 개혁 전과 후의 역사적 발전에 충분한 주의를 기울이는 데 실패했었다. 교육에 대한 개혁파의 시각보다 더 필요한 것은, 성경적인 시각의 신학적 특징을 수용하는 개혁적 시각이다. 하지만 그것도 현재의 역사적인 상황을 언급할 때 성경적인 시각에 대한 신학적 특징 위에 확립되게 된다.

개혁적인 시각은, 하나님은 여전히 역사의 주체이시고 교회가 성경과 예수 그리스도를 통해 나타난 하나님의 계시의 의미에 대한 더 큰 이해를 얻고 있다는 사실을 지키고 있다. 게다가 개혁적인 시각이나 관점은 종교 개혁 시기에 완전히 정해진 임무보다는 지속적이며, 진행되어지고 있는 임무인 신학의 상황화된 본질을 인지하고 있다. 하나님은 계속적인 회복을 수반하는 기독교인들 시대의 종류별 필요성을 위해 기독교인들을 선택하셨다. 이 회복은 현대 세상에서 복음의 새 가죽 부대를 나누고 있는 교회를 축복하시는 하나님의 새 가죽 부대에 대한 주의를 수반하고 있다.

교육의 개혁적인 시각을 제시할 때 복음의 불순품의 위험은 분명히 존재한다. 그럼에도 불구하고 기독교 교육자들은 정통주의에 대한 믿음을 지키면서도 성경의 계시에 충실한 다른 신학에서 통찰력을 얻을 수 있다. 게다가 성령이 살아 역사하시며 세상을 위한 하나님의 진리의 적용과 관련해 지속적으로 계몽을 하고 있다.

개혁적인 시각을 개발할 때 교육의 임무와 관련된 해방 신학이 많은 도움

을 준다.[29]

개혁적인 시각은 개혁된 공동체 외에 기독교 교회의 모든 전통에 대한 의미를 지니고 있다. 교육의 개혁적 시각은 표준 관점으로, 해방 신학의 시각은 반성적인 관점으로 여겨질 수 있다(표 2 참조).

개혁파, 개혁적 그리고 해방 신학의 관점

표 2

수용된 개혁파 관점	재구성 중인 개혁적 관점	반성적 해방 신학 관점
닫힘	둘 다 수용	열림
전통적 문화 수용	둘 다 수용	미래적 문화 지향
확정	둘 다 수용	혁신적
보호	둘 다 수용	변화
전제주의	둘 다 수용	상대주의
결정론	둘 다 수용	주의설

개혁파 시각은 비교적 닫혀 있는 신학의 첫번째이자 기본적인 것과 관련된 사고를 강조한다. 종교 개혁 시기에 개발되었고 다음 세대로 전해졌던 종교적 문화와 사고 체계를 받아들였다는 점에서 전통적이라고 할 수 있다. 그리고 유전하는 전달 형태를 지니고 있다. 개혁파 신학의 기본 구조는 충분히 받아들여졌고, 그 구조 안에서 많은 노력이 이루어졌다. 덧붙이자면 이 시각은 교리와 삶의 보호, 전제주의, 결정론에 의해 특징지어졌다. 개혁파 시각의 극단의 형태, 즉 수용된 관점으로서의 개혁파 시각은 하나님과 사람, 사람과 사람, 사람과 피조물 사이의 관계에 있어 기존 형태의 차이점을 충분히 설명하는 데 실패했다.

이와 비교하여 해방주의 시각은 신학의 기본적인 원칙과 관련해 사고와

---

29. 해방 신학에 관해서는 파즈미뇨(Pazmiño), 「라틴계 미국인의 여정(Latin America Journey)」을 참조하라.

이해에 있어서 비교적 열린 체계를 가지고 있다. 종교적 문화의 발전을 위한 책임과 현재와 미래의 세대를 위해 사고 체계에 대한 책임을 사람이 반드시 져야 하는 열린 미래를 강조한다는 점에서 미래적이라고 할 수 있다. 이것은 대화체와 상호 작용적인 전달 형태를 가지고 있다. 해방 신학의 기본 구조는 변화하는 상황에 맞추기 위한 새로운 범주를 개발하기에 혁신적이다. 덧붙여 설명하면 이 시각은 교리와 삶의 변화, 상대주의, 자유지원제도(voluntarism)의 강조 등의 특징을 들 수 있다. 상황이 보장되면 변화는 급진적 개혁의 한계까지 수용한다. 반성적 관점으로서의 극단적 형태를 보이는 해방 신학의 시각은 규칙성, 유사성, 지속성, 순수성을 설명하는 데 실패한다.[30]

개혁적인 시각 혹은 재구성 중인 관점은 성경의 신학적 진리의 이해와 그 진리를 다른 문화나 역사적 상황과 관련해 변화시키는 가능성을 이해하는 표준적이고 반성적인 관점 두 개가 연관된 것을 포함한다.[31] 이 시각은 엄격한 개혁파 시각과 해방 신학 시각의 양극을 반영하고 있다. 이러한 시각은 필요, 형태, 구조를 바꾸기 위한 필요성과 관련된 혁신의 필요를 인지하는 동시에 기독교 신앙의 성경적, 신학적 중요성을 보존해야 할 필요성을 인정하고 있다. 개혁적인 시각은 안정성, 권위, 신빙성의 필요와 신학적 반영의 영역에서의 비판적 질문과 창조성의 필요를 강조한다.

남아 있는 질문은 어떻게 해방 신학이 교육의 개혁적인 시각에 영향을 주는가 하는 점이다. 복음주의적 접근 방식에서 각 신학적 특징의 위험과 어떻게 해방 신학이 이러한 잠재적 약점에 도움이 되는지를 고려하면 이 질문의 해답을 구할 수 있을 것이다.

---

30. 존 에글스턴(John Eggleston), 「학교 교육 과정의 사회학(The Sociology of the School Curriculum, London: Routledge & Kegan Paul, 1977)」, pp. 52-92. 표준, 반성적 관점을 위해 참조하라.
31. 같은 책, p. 71.

해방 신학은 삶의 반영과 행동 사이에 활발한 상호 작용을 하는 응용을 강조한다. 기독교 교육의 이러한 강조는 삶을 위한 성경적인 진리를 경시하는 단순한 언어적 표현의 위험을 초래할 수 있다. 해방 신학적인 관점을 지지하는 사람들에게 필요한 것은 세상에 대한 적극적인 관여다. 성경적인 목표와 관련해 그 관여의 본질에 대한 심각한 질문이 제기될 수 있다. 그럼에도 불구하고 관찰자의 회피와 기독교 헌신과 관련된 수동적인 자세는 온전히 받아들여질 수 있다. 적극적인 참여에 대한 것은 또한 죽은 정통주의를 바로잡기 위해 필요한 해방 신학의 특징이다. 해방 신학적인 관점의 위험 요소는 현재의 역사적 상황의 배타적 선입견에 편향하여 기독교 믿음의 성경적 원천을 충분히 언급하지 못하는 행동주의에 있다.

해방 신학은 또한 그리스도를 따른다는 것이 무엇이며, 구체적인 역사적 정황 속에서 하나님의 목표 달성을 위해 이행한다는 것이 무엇인가에 대해 심각하게 고심한다. 해방 신학자들은 복음을 나눌 때 사람들의 육체적인 필요와 사회적인 필요를 무시하지 않는다. 그들은 다양한 형태의 탄압을 받은 사람들과 함께 분명한 입장을 취했다. 해방 신학자들은 제자 양육의 대가만을 강조한 것이 아니라 그들의 주장을 위해 희생하는 모범도 보였다. 불행하게도 몇몇 경우에는 하나님의 백성이 예수 그리스도를 구주로 여기지 않는, 억압받은 자의 모습을 포함하기도 했다.

해방 신학적인 시각의 특징 가운데 하나는 신학의 가장 본질적인 것을 강조한 것에 있다. 이것은 구체적인 역사 안에서의 현실에 대한 분명한 헌신을 요구했다. 이 구체적인 뿌리는 특정한 상황의 세상에 대한 미미한 반영에 그치지 않고, 변한 세상 과정의 일부가 되려고 하는 신학을 상황화하는 것에서 비롯된다. 복음적 요구의 관점에서 다양한 문화를 해방하고 이해하려는 노력은 역사적 과정에서 믿음으로 구체화된다. 이러한 관점은 복음에 반하는 사상을 구체화하는 관점과 실천에 대한 조심스런 경청과 적극적이고 날카로운 비판을 요구한다. 해방 신학적인 시각의 위험 요소는 성경적 믿음에 반대하는 목표를 설정하기 위해 역사적 상황을 허용하는 것과 대안적인 복음으로서 혁명적인 목표를 구체화하는 것에 있다.

해방 신학은 또한 사회적인 논점에 전념하는 자세를 유지하고 있고 또 개인적인 경건과 연속성에 대한 올바른 확인과 관련된 행동주의를 무시할 수 있다. 해방 신학자들은 사회적 죄의 정도와 바로잡는 행동의 필요성과 관련해 개인의 의식을 일으키려고 했다.

이미 제시되었듯이 교육의 개혁적인 시각은 복음주의 교육자로 하여금 충실한 해방 시각의 통찰력과 기독교 믿음의 성경적이고 신학적인 특징을 통합하게 한다. 종교적 교육에 대한 복음주의적 접근 방법이 가지고 있는 태생적인 위험은, 기독교 교육을 위한 해방 신학의 의미를 파악하려는 이들과의 적극적인 대화와 상호 작용을 통해 확인할 수 있다. 성경의 하나님은 해방의 하나님이시다. 그분은 예수 그리스도와 사람의 사역을 통해 완전한 해방을 갖고 오신다. 이미 그리스도의 복음은 개인과 집단의 삶의 모든 영역에 광범위하게 퍼져 있다. 하나님은 이스라엘 백성을 이집트 노예의 신분에서 해방시켜 줄 것이라는 약속을 모세를 통해 말씀하셨다.

> "그러므로 이스라엘 자손에게 말하기를 나는 여호와라 내가 애굽 사람의 무거운 짐 밑에서 너희를 빼어내며 그 고역에서 너희를 건지며 편 팔과 큰 재앙으로 너희를 구속하여 너희로 내 백성을 삼고 나는 너희 하나님이 되리니 나는 애굽 사람의 무거운 짐 밑에서 너희를 빼어낸 너희 하나님 여호와인 줄 너희가 알지라 내가 아브라함과 이삭과 야곱에게 주기로 맹세한 땅으로 너희를 인도하고 그 땅을 너희에게 주어 기업을 삼게 하리라 나는 여호와로라 하셨다 하라" (출 6:6-8).

우리의 하나님은 여전히 영적인 속박에서 우리를 해방시켜주고 계신다.

하나님의 통치는 현재 세계와 곧 다가올 세계에 있는 사람들의 전체적인 구속을 실현한다.

파울로 프레이리의 통찰력

교육의 개혁적인 시각의 의미는 해방 신학 교육의 주창자이며 브라질의 교육 철학자이자 사회 교육자인 파울로 프레이리(Paulo Freire)의 연구를 다룸으로써 더 깊이 알 수 있다.

파울로 프레이리는 1921년 브라질의 중산층 가정에서 태어났다. 1929년 미국의 대공황으로 인해 그는 가난을 겪게 되었다. 그는 브라질의 교육과 가난하고 억압받는 사람들 그리고 사회 변화에 헌신적이었다. 그의 혁명적인 노력의 대가로 그는 투옥되었고, 1964년 군사 쿠데타 후 브라질 정부에 의해 추방되었다. 추방된 후에 그는 먼저 칠레로 갔고, 거기서 미국으로 옮겨갔다. 미국에서는 하버드 대학에서 교육 컨설턴트로 일했다. 1970년대부터 그는 스위스 제네바에 위치한 세계교회협의회의 교육국(Office of Education of the World Council of Churches)과 일하게 되었다. 그 뒤에 그는 자신이 교수로 일하고 있는 브라질로 돌아갔다.

프레이리의 종교적 배경은 로마 가톨릭이다. 그는 또한 현상학, 개성주의, 실존주의, 마르크스주의를 포함한 다양한 철학의 영향을 받았다. 프레이리는 자신을 크리스천 인본주의자라 했고, 자신의 교육 철학이 인본주의적이라고 말했다. 프레이리에게 있어서 인간화는 모든 소중한 교육적, 사회적 활동의 목표였다. 비인간화는 진정한 인간의 본성과 존엄성을 파괴하는 것이었다.[32]

---

32. 존 엘리아스(John Elias)는 "파울로 프레이리: 종교적 교육자(Paulo Freire: Religious Educator)", 〈종교교육 71호(Religious Education 71, January-February, 1976), pp. 40-56에서 파울로의 연구에 대한 상세한 설명을 제공한다.

프레이리는 「자유를 위한 문화 행위(Cultural Action for Freedom)」에서 그의 교육 이론을 다음과 같이 설명했다.

> 우리의 교육(peadagogy)은 인간과 세상에 대한 비전 없이는 이루어질 수 없다. 교사와 학생이 함께 비인간화의 현실을 분석하며, 그들이 인간 해방의 이름으로 그 변화를 선언할 때, 비인간화를 비난할 때의 대화적인 실천에서 찾을 수 있는 과학적인 인본주의자의 개념을 공식화한다.[33]

프레이리는 사람을 반성적이고, 자유하며, 하나님과 다른 사람과의 관계를 통해서 그들 존재의 잠재성을 계속 확장시켜 나가는 하나님에 의해 창조된 존재로 여긴다. 이것이 완전한 인간성이고 또한 교육의 목표이기도 하다.

프레이리는 학생의 능력과 활동을 제한하는 전통적인 교사들로부터 학생들이 해방되어야 한다고 주장했다. 그의 해답은 사람들이 그들 자신과 세상에 대해 더 의식하고 책임을 지게 하는 의미로 본질적인 해방을 하는 가르침의 스타일을 개발하는 것이었다. 이것은 행동과 추가적인 반영의 과정을 통해 일어난다(Praxis, 프락시스).

프레이리의 교육에 대한 주요 기여는 그가 제시한 개념인 '양심화(conscientization)'에 있다. 이 단어는 원래 환경과 사회에 대한 개인의 긍정적 자아 개념을 설명하기 위해 만들어진 것이다. 프레이리가 더 이상 이 단어를 사용하지 않고, 지식에서 행위를 분리하는 서양 사람들이 이 단어를 오용하는 것을 감안하여 여기서는 '변화(transformation)'라는 단어로 사용하겠다. 변화는 해방시키는 교육으로서, 학습자를 지혜를 나눌 때의

---

33. 파울로 프레이리, 「자유를 위한 문화 행위(Cultural Action for Freedom, Cambridge: Harvard Educational Review and the Center for the Study of Development and Social Change, 1970)」, p. 20.

목표나 수동적인 수용자로 보지 않고 그들을 주체로, 능동적인 대리인으로 본다. 따라서 학생들은 그들의 세계를 바꾸고, 비판적으로 관찰하며, 세상과 상호 작용하는 능력을 지닌 능동적이고 창조적인 주체인 것이다. 변화는 또한 교사나 다른 학생들과의 협동적인 대화를 하는 학생을 위한 자유를 장려하고 문제를 제기하는 교육으로 묘사되기도 한다.[34] 변화와 대비되는 것이 수동적인 학생에게 지식을 강요하는 문제 해결 방식의 교육 또는 저축식(banking) 교육이다. 저축식 교육에서의 교사는 권위적이며 학생들에게 무엇을 배워야 하고, 어떻게 생각하고 행동해야 하는지를 명령한다.[35]

프레이리의 이론은 다양한 해방 신학의 통찰력과 함께 전통 신학적 이해에 대한 재정의를 보여주고 있다. 하나님은 인간과 함께 해방의 관계를 갖고자 하는 창조주로 묘사된다. 하나님은 히브리인들의 하나님으로서 능동적이고 역동적이다. 그리고 인간으로 오신 예수님은 인간을 구원하고자 하신다. 하나님은 사람들과 협동하여 세상과 인간을 계속해서 창조하는 과정에 관여하고 계신다. 이 협동적이고 상호 작용적인 관계, 교사와 학생이 함께하는 이 과정이 프레이리가 교육에 적용하고자 하는 것이다.

구속과 구원의 가능성을 주시는 예수님은 포악한 기관과 경험에 대해서는 철저한 비평가이셨다. 구속은 억압받은 사람들이 새로운 삶과 자유를 위해 몸부림치며 죽음을 당하고 정치적 노력에서 중립을 유지하지 않으려는

---

34. 라이라 스리니바산(Lyra Srinivasan), 「비형식적 성인 학습의 관점(Perspectives on Nonformal Adult Learning, New York: World Education, 1977)」, pp. 2-7. 양심화(conscientization)에 관하여는 파울로 프레이리의 「자유를 위한 문화 행위(Cultural Action for Freedom)」, pp. 27-52와 「비판적 의식을 위한 교육(Education for Critical Consciousness, New York: Seabury, 1973)」을 참조하라. 프레이리는 '양심화'라는 단어를 사람들이 그들의 배움에서 없어서는 안 될 행동을 지칭하기 위해 사용하지 않음을 깨닫고 이 단어의 사용을 멈췄다. 비판적 의식은 그에게 새로운 이해에 대한 전체적인 삶의 반응과 교육을 통해 얻은 관점을 의미한다. 이 관점은 우리가 알고 있는 삶의 전체적인 반응에 대한 히브리인들의 이해에서도 볼 수 있다.

35. 파울로 프레이리, 「눌린 자의 교육(Pedagogy of the Oppressed, New York: Seabury, 1970)」, pp. 58-74.

기독교인들의 의지로 재정의되었다. 따라서 하나님에 반하고 인간에 반하는 죄는 억압으로 여겨졌다. 구원은 개인적인 차원으로 여겨지지 않았다. 대신에 사람과 사회를 진정한 자유로 인도하는 과정으로 여겨졌다(인간화). 기독교 복음은 사람들이 억압받는 사회의 급진적인 재정리에 대한 선포다.[36]

파울로 프레이리의 신학은 다음과 같은 문제가 있다.

1. 그의 상황적인 해석의 사용은 성경의 왜곡된 해석을 가져올 수 있다. 정치적인 분석이 성경적인 신학보다 우선시된다. 프레이리는 성경을 가장 주된 자료로 보지 않았다.
2. 프레이리의 기독론에서 성령의 교리가 빠져 있음이 분명하게 드러난다. 우리는 우리의 이웃에서, 억압받은 자들 가운데서 적그리스도를 만날 수 있다. 그리스도는 개인 혼자를 통해서만 섬김을 받지 않으신다.
3. 프레이리의 인간론 신학은 죄의 범위를 다루지 않았다. 그는 잠재적인 것이 아니라 실제로 억압받은 사람들을 하나님의 백성으로 보았다. 따라서 하나님은 인간에게 의존적이고 초월성을 잃게 된다. 성경의 하나님은 인간에 대한 요구를 하시며 살아 있고 창조된 말씀을 통해 드러나신다.
4. 프레이리는 질적으로 정의내린 구원을 지지함으로 구원에 대해 잘려져나간 시각을 보인다. 프레이리는 구원이 자동적으로 해방을 위한 몸부림에 참여하는 것이 아니라 믿음의 역사를 나타내시는 구주 예수 그리스도와 하나님 안에서의 믿음의 행위를 통해 나타난다는 것

---

36. 엘리아스(Elias), 「파울로 프레이리(Paulo Freire)」, pp. 42-46.

을 잊고 있다.
5. 프레이리의 신학에서는 예수 그리스도의 복음의 선포자인 교회의 역할에 대한 평가가 거의 없다. 선교가 말과 행동으로 선포되어진다. 그리스도 안에서 개인의 믿음을 걸게 하는 교회의 선교에 대한 평가가 거의 없다. 역사적으로 이해된 복음주의가 프레이리에게는 없다.
6. 마지막으로, 부적합한 열려 있는 미래에 대한 모호함이 있다. 희망은 오직 현재에서만 비롯되고 성경에 나타나 있듯이 창조물을 위한 하나님의 계획의 차원으로 정의된다.[37]

프레이리의 이론의 완성과 관련해 베니 굳윈(Bennie Goodwin)의 비평은 또 하나의 통찰력을 제공한다. 굳윈의 비평은 그가 미국에서 억압받고 있는 공동체인 흑인 교회를 대표한다는 점에서 특히 유용하다.

1. 신이 없는 신학의 선택은 인본주의와 개인주의에 의존해서 나타난 결과다. 교육적인 노력을 위한 성경적 또는 신학적인 기초의 부재가 명백하고, 그것은 기독교 교육에 대한 프레이리 이론의 가치를 제한하고 있다.
2. 공인된 혁명적인 전략의 열린 성취는 모든 상황의 회복을 깨닫는 데 꼭 필요한 것이라고 할 수 없는 엄청난 저항과 적개심에서 비롯된 것이다.
3. 사회적, 정치적, 경제적 분야의 해방과 비폭력의 혁명은 적어도 힘이 있는 자의 보조나 협조를 받아야 한다. 억압하는 자와 억압받는 자의

---

37. 이 비판에 대해서는 올랜도 코스타스(Orlando Costas), 「교회와 교회의 선교: 제3세계로부터의 흩어진 비판(The Church and its Mission: A Shattering Critique from the Third World, Wheaton, Ill.: Tyndale, 1974)」, pp. 219-264와 클라크 H. 피녹(Clark H. Pinnock), "해방 신학: 획득과 간극(Liberation Theology: The Gains and Gaps)", 〈Christianity Today (January 16, 1976)〉, pp. 13-15을 참조하라.

양심화(conscientization)를 위한 노력이 필요하다. 프레이리는 억압받은 자들에게 호소하기 위해 생각과 가치의 수준을 선택하지만 억압하는 자들에 대해서 언급할 필요는 무시한다. 예수님의 복음은 피조물, 다른 사람, 하나님과 억압받는 자, 억압한 자 모두를 화해하게 하는 것이다.
4. 프레이리의 이론, 인식론, 가치론은 아직 완전하게 개발된 것이 아니다.[38]

이러한 비평에도 불구하고 프레이리의 연구는 다음과 같은 몇 가지의 훌륭한 시사점이 있다.

1. 인간의 구체적, 역사적 상황을 언급했다. 우리의 믿음과 응답을 위한 필요의 의미를 끌어내는 것을 통해서 신학과 교육을 상황화하는 것과 관련되어 있다.
2. 봉사 지향적인 구원과 교육을 강조한다.
3. 기독교 교육자들에게 사회적 행동의 교육을 어떻게 하고, 기독교인들의 현실을 어떻게 깨닫고, 다른 문화에 있는 사람의 필요를 어떻게 의식하는지에 대한 통찰력을 제공한다.
4. 이것은 계속 적용되고 있는 구체화된 신학을 증명할 필요를 진지하게 받아들인다. 믿음을 삶과 연관지으려 한다.
5. 마르크스주의자의 사상의 도전을 인지하며, 그리스도의 사역(눅 4:18-19)에서 억압받고 가난한 자들을 위한 성경적 강조를 긍정한다.
6. 그리스도의 신성에 반응하여 그의 인성에 초점을 둔다.

---

38. 베니 굳윈(Bennie Goodwin), 「교육에 대한 반영(Reflections on Education, Atlanta: Goodpatrick Publishers, 1978)」, pp. 86-92.

7. 서양 세계가 억압과 불의의 전 세계적 문제를 일으키는 한 부분이라는 것에 대한 비판적인 의식을 장려한다.
8. 기독교 교육이 예언적 교육임을 강조한다. 또한 복음의 사회적이고 공동체적인 의미와 그 현상에 의문을 품지 않는 교육의 프로그램과 기술에 의문을 제기하고, 새롭고 신실한 생활양식으로 기독교인들을 인도하며 억압의 전 세계적 상황에 대해 기독교 의식을 개발하는 것을 통해 억압적인 사회 구조에 기독교 교육이 도전을 주고 있다는 사실을 강조한다.
9. 복음에 나타난 개인의 변화-구속 그리고 구조적, 사회적 변화의 필요성을 강조한다.
10. 더 '좋은' 삶의 신화에 맞서고, 전문적이고 일정한 의도와 가치(관념과 이상) 그리고 밝혀진 우선권(현실) 사이의 긴장을 관찰하는 것을 돕는다.

프레이리처럼 교육에 대한 비판적 상호 작용을 통해 많은 것들을 얻을 수 있다. 왜냐하면 그의 통찰력이 기독교 교육자들을 귀찮게 했던 약점의 범위를 언급했기 때문이다. 기독교 교육자들에게 있어서 그들이 수용한 전통과 개념을 비판적으로 관찰하고 현재 하나님이 예수 그리스도의 교회에 무슨 말씀을 하고 계시는지를 파악하는 것은 필수 불가결한 것이다.[39]

이 장에서 다루어진 신학적인 기초는 현대의 기독교 교육이 성경적 명령과 원칙을 연관짓는 데 필요한 근거를 제공한다. 개혁적인 시각은 기독교

---

39. 해방 신학에 관한 필자의 견해는 「라틴계 미국인의 여정: 북미 기독교 교육을 위한 통찰력(Latin America Journey: Insights for Christian Education in North America, Cleveland: Inited Church Press, 1994)」를 참조하라.

교육과 신학의 개혁파 전통과 해방 신학 위에 확립될 수 있는 한 가지의 가능한 현대 형식이다. 루터교, 성공회, 경건주의, 알미니안주의, 오순절파와 다른 교파들도 동일한 복음주의 전통 위에 세워졌고 성경적인 믿음에 충실하다. 현대의 교육적인 사고와 실천의 파도치는 물결 위에 한 줄기 빛이 되는 신학적인 원천을 탐구하고 재발견하여, 삶의 모든 면을 통해 예수 그리스도께 영광을 돌리는 것은 기독교 교육자들에게 있어서 매우 중요한 것이다.

신학의 통찰력 외에도 기독교 교육자들은 자신들의 사고와 실천을 뒷받침하고 있는 일반 개념을 더욱 명확하게 해주는 철학 사상에 대해서도 고려해야 한다. 이러한 일반 개념은 곧 추정, 이상, 가치이고, 사람들은 이것으로 자신들의 삶에서 책임을 다하게 된다. 철학과 함께 병행하기 위한 성향이 개인의 신학을 위해 존재한다. 하지만 기독교 교육의 철학적 기초는 그 자체와 관련해 탐구되어지는 것이 중요하다.[40]

---

40. 신학과 철학 사이의 관계를 위해서는 갈랜드 놋(Garland Knott), "종교 교육을 위한 초기 가르침(Undergraduate Teaching of Religious Education)", 〈종교 교육 85호(Religious Education 85(Winter 1990)〉, pp. 105-118을 참조하라.

3장
철학적 기초
PHILOSOPHICAL FOUNDATIONS

기독교 교육을 위한 세번째 기초는 철학이다. 철학은 성경적, 신학적 기초와 함께 사고와 실천을 이끄는 초문화적이고 문화적인 보편적 개념들을 제공한다. 19-20세기 초기의 영국의 기독교 교육자이자 학교 개혁가인 샬럿 메이슨(Charlotte Mason, 1842-1923)은 다음과 같이 기록했다. "냇물이 그 원천보다 높이 솟을 수 없듯이 교육적인 노력도 그 근원이 된 사고의 전체적 계획을 넘을 수 없을 것이다."[1] 교육 철학은 실천을 이끌 수 있는 사고의 체계적인 계획 형성을 시도한다. 이것은 메이슨이 예리하게 강조했듯이, 철학적 뿌리의 열매가 교육이기 때문에 더욱 중요하다. 기독교 교육자가 해야 할 일은 바로 그 교육 철학을 기독교 세계관으로 더욱 분명하게 하며 일관성 있게 하는 것이다.

일반적인 정의

철학적 기초에 대해 탐구할 때 혹자의 질문을 위해 기본적인 정의에 대해

---

1. 샬럿 메이슨, 「가정 학교 교육, 가정 교육 시리즈 8권(Home School Education, vol.8 of the Home Education Series, 6th ed, Oxford: Scrivener, 1953)」, ix.

알아보는 것이 필요하다. 세계관은 혹자의 사고와 행동의 줄기가 되는 근원적인 가설의 집합체라고 정의할 수 있다. 기독교 세계관은 하나님과 창조물 사이의 관계를 가장 충분히 설명한 근본적인 기독교 신념으로 구성되어 있다.[2] 기독교 철학자인 아더 홈스(Arthur Holmes)는 전체적인 세계관은 다음과 같은 특징이 있다고 말했다. (1) 삶과 사고의 모든 면을 통합된 형식으로 보려는 통전적인(holistic) 목표가 있다. (2) 현재 통합된 틀을 제공하고, 사전에 채택된 시각을 사용하는 시각적인(perspectival) 접근 방법을 취한다. (3) 통일화된 관점을 면밀히 조사하는 탐구적인(exploratory) 과정이다. (4) 같은 기본적인 관점이 다른 형태로 나타날 수 있다는 점에서 다원론적(pluralistic)이다. (5) 우리가 생각하는 것, 가치를 매기는 것, 우리가 할 것에 대한 행위의 결과(action outcomes)가 있다.[3]

따라서 기독교 교육자가 준비해야 할 것은 교육을 위한 직접적인 의미와 행위의 결과를 가져오는 기독교 세계관을 확립하는 일이다. 이러한 전체적인 세계관을 개발하는 방법이 철학의 훈련 방법이다.

철학은 문자적으로 '지혜에 대한 사랑(the love of wisdom)'이라고 정의할 수 있다. 기독교인은 성경을 통해 지혜를 주시는 분이 주님이시고 그분의 입에서 지식과 명철이 비롯되며(잠 2:6), 주님을 경외하는 것이 지혜와 지식의 근본(잠 1:7, 9:10)이라는 것을 알고 있다. 또한 모든 지혜와 지식의 보화가 그리스도 안에 숨겨져 있다고 말할 수 있다(골 2:3). 학술적인 훈련으로서의 철학은 모든 지식의 통일된 조직을 구하고, 진실되며, 올바르고, 실질적이며, 가치가 있는 것을 분별하기 위해 인간의 관심사에 역점을 둔

---

2. 이 관점에 관해서는 아더 F. 홈스(Arthur F. Holmes), 「세계관의 윤곽(Contours of a World View, Grand Rapids: Eerdmans, 1983)」을 참조하라.
3. 아더 F. 홈스 편집, 「기독교 정신 만들기: 기독교 세계관과 학술적 계획(The Making of a Christian Mind: A Christian World View and the Academic Enterprise, Downers Grove Ill.: InterVarsity, 1985)」, p. 17.

다. 바울은 바로 이러한 관심사를 빌립보에 있는 사람들에게 생각해보고 실천하라고 격려했었다(빌 4:8-9).

일반적인 의미의 철학이 현실의 본질과 지식, 존재, 진리의 보편적 원칙에 대한 관찰과 관련된 지적인 훈련이었다면 기독교 철학은 하나님의 진리와 현실성에 대한 것이다. 마지막 분석에서 기독교 철학에 대한 주된 문제는 창조주이자 구속자이신 하나님과 인간의 관계에 대한 것이다.[4] 따라서 기독교인들에게 주어진 과제는 인간이 노력할 수 있는 모든 영역에서 그들이 올바르고 '기독교인답게' 생각하는 것이다. 이러한 노력을 해야 하는 하나의 영역이 교육이다. 기독교인은 실제로는 기독교적인 교육에 대해 생각해야 하고 그것을 현실화해야 한다.

따라서 기독교 교육 철학이나 교육에 대한 기독교 철학은 '정통적 기독교 신앙을 구성하는 성경적인 가르침에 의해 의미를 갖는 교육에 몇 가지 사고를 체계적으로 조정하려는 시도'로 정의될 수 있다.[5] 이것은 복음주의 교육자에게 있어서 그 권위에 대한 사전적 의무를 띤 교육에 대해 성경적으로 다시 생각해보게 해준다.

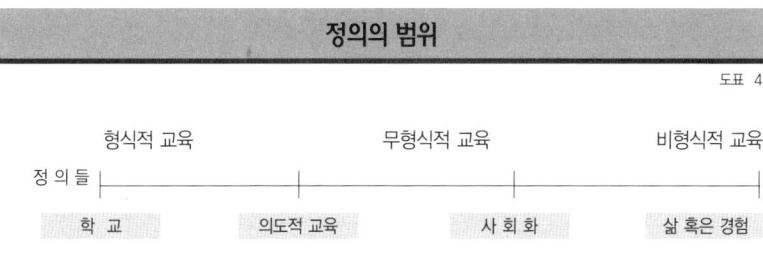

도표 4

---

4. 콜린 브라운(Colin Brown), 「기독교 신앙과 철학(Philosophy and the Christian Faith, London: InterVarsity, (1969) 1973)」, p. 288.
5. 노만 드종(Norman DeJong), 「진리의 교육(Education in the Truth, Nutley, N. J.: Presbyterian & Reformed, 1974)」, p. 16.

교육의 정의

현대 교육의 다원성과 '선 모범적 본질'을 갖는 교육과 기독교 교육이라는 용어를 정의할 때 독특한 목표가 교육의 다양한 정의들로 제시되었다.[6] 그 정의들은 형식적이고 비형식적인 교육, 양극을 지니고 있는 연속체 위에서 다루어질 수 있다.[7]

형식적인 교육은 '순차적, 논리적, 계획적, 체계적인 방식을 갖는 전통적'인 교육으로 정의될 수 있다.[8] 형식적인 교육은 학교 기관과 실제 학교 수업 경험과 가장 밀접한 관계가 있다. 일반적으로 형식적인 이해는 교실 밖에서 학생들의 부차적이고 다양한 경험들에 대한 참고 없이 교실 안의 경험만으로 그 교육을 제한하고 있다.[9] 이것은 성경에서 묘사된 교육의 다양한 가르침의 사역과 비교할 때 제한된 교육의 정의임을 볼 수 있다. 이 정의는 믿음을 전하는 역할로써의 학교의 근본적인 위치를 부여하지 않았다.

연속체의 또 다른 끝에 있는 비형식적인 교육은 삶의 관점으로 정의될 수 있다. 비형식적인 교육은 공유된 정체성과 경험을 통해 이루어진다. 그리고 학교와 교실 밖의 상황에서 교육이 이루어진다.[10] 이 때의 정의는 모든 삶과 경험을 교육으로 간주한다. 비형식적이며 우연한 상호 작용이 배움의 기회를 제공하는 것으로 본다. 이 정의는 어쩌면 모든 경험이 전부 교육은 아니라는 점에서 너무 범위가 클지도 모른다. 하지만 만약 가치에 대한 질문을

---

6. 교육의 '선 모범적'인 상태에 관해 서문을 참조하라. 기독교 세계관은 확실히 다원론적이고, 쿤(Kuhn)의 말로는 마지막 분석에서 '선 모범적'인 기독교인들에게 패러다임의 외형을 제공하고 있다.
7. 페이트 베베르카(Fayette Veverka)는 아직은 출판되지 않은 저서 「정의와 관점의 문제(Matters of Definition and Perspective, Boston College, Chestnut Hill, Mass., 1983)」에서 다양한 정의를 다루고 있다.
8. 카터 V. 굳(Carter V. Good) 편집, 「교육 사전(Dictionary of Education, New York: McGraw-Hill, 1945)」, p. 175. Columbia University, Teachers College의 역사와 교육학 교수인 더글러스 M. 슬로운(Douglas M. Sloan)의 분석으로 많은 도움을 받았다.
9. 같은 책.
10. 교육의 형식적, 무형식적, 비형식적 면에 대해서는 로렌스 O. 리처드(Lawrence O. Richards), 「기독교 교육 신학(A Theology of Christian Education, Grand Rapids: Zondervan, 1975)」, pp. 144, 236-239, 317-319를 참조하라.

고려한다면 비교육이 될 수도 있다.

  이 정의에 관련한 경고가 다음 속담의 진리에 의해 정당화되고 있다. "경험은 최고의 선생이다. 하지만 어리석은 자의 학교다." "경험은 소중한 학교다. 하지만 어리석은 자들은 다른 어떤 것을 통해서도 배울 수 없을 것이다." 경험만으로는 교육을 할 수 없다. 학교나 다른 상황에서 진지하게 반영해볼 기회가 없는 경험에 대한 경고를 깨달았을 때, 기독교 교육자는 선생으로서의 하나님은 사람을 가르치기 위해 삶의 모든 경험을 사용하신다는 것을 알게 될 것이다. 하지만 용어를 정의하는 차원에서 모든 삶과 경험을 포함하고 있는 교육은 어떠한 방법으로든지 삶의 다른 행위들과 반드시 구별되어야 한다.

  하나는 너무 좁고 다른 하나는 너무 넓은 두 개의 극단적인 정의를 접했을 때, 이것에 대한 대안이 반드시 탐구되어야 한다. 교육 역사학자인 버나드 베일린(Bernard Bailyn)은 이 딜레마를 해결하기 위해 다음과 같이 정의를 제시했다. 베일린은 식민지 시대의 미국과 관련해 교육을 '세대에 걸쳐서 전달되는 문화의 전체적 과정'이라고 정의했다.[11] 그는 다음 세대까지 지식을 전해주었던 다양한 교육 기관과 교육자들을 연구했고, 역사는 사회의 네 가지 큰 축 혹은 대행자가 교육에 관여했다고 제시했다. 그것은 가족, 교회, 공동체 그리고 경제였다.[12] 베일린의 정의는 형식적인 교육에 맞춰져 있던 초점을 사회과학의 교육을 위한 용어와 비교되는 문화화(enculturation)와 사회화(socialization)의 거대한 과정으로 돌리게 했다. 그는 개인의 삶의 형식적이고 비형식적인 교육을 보완하기 위한 무형식적(nonformal) 교육의 중요성을 인정했다. 가족, 교회, 공동체, 경제와 같은 대행자들은 항상 인정

---

11. 버나드 베일린, 「미국 사회 형성기의 교육(Education in the Forming of American Society, New York: W. W. Norton, 1960)」, p. 14.
12. 이러한 축이나 교육 체계에 대해서는 파즈미뇨, 「기독교 교육의 원리와 실천(Principles and Practices of Christian Education)」, pp. 59-90를 참조하라.

되지 않을 수도 있는 중요한 교육적 역할을 지니고 있다.

성경은 이러한 기관들의 영향을 성경적인 믿음과 유대 문화를 전하는 개인의 형태로 보여주고 있다. 성경에 나타난 많은 교육의 책임은 부모가 신앙 공동체의 대표자임을 언급하고 있다. 그들은 다음 세대에게 하나님에 대한 믿음을 전할 책임이 있었다(신 6:4-9, 시 78:1-8, 엡 6:1-4). 사회화란 개인이 공동체에 대한 책임을 지고 공동체에 기여하는 일원이 되는 과정을 말한다. 신약 교회와 이스라엘에게 있어서 사회화는 신앙 공동체에 대해 개인이 책임을 지고 기여하는 일원이 되게 하는 것이었다. 이 관점으로 보면 교육은 사회화, 문화화와 동일한 것으로 여겨진다. 하지만 삶으로서의 교육에 대한 정의와 마찬가지로 구조의 계속되는 과정과 비교할 때 교육의 특징들을 이해하기 위한 이 초점은 여전히 광범위하다.

교육은 개인이 공동체나 가족 안에서 성장하면서 겪게 되는 경험의 일부 또는 대부분은 어쩌면 의도적으로 계획된 것이 아니다. 그러면 무엇이 교육을 구별되고 독특하게 하는가에 대해 다시 딜레마에 빠지게 된다. 교육이 사회화와 동일시되면 추가적으로 또 하나의 문제가 제기된다. 이것은 공동체 안에서의 회복이나 개혁의 제한을 의미한다. 왜냐하면 오직 공동체만이 개인을 교육하는 것이 아니고 개인 또한 공동체를 교육할 수 있기 때문이다. 역사가 이 사실을 증명하고 있다. 덧붙여서, 성경적인 믿음에는 예언적인 교육이나 비문화화가 포함된다. 예언적인 교육이나 비문화화를 통해서 공동체나 규범이나 기준에 대해 하나님의 가치에 비추어 진지한 질문과 비판이 제기되기도 한다. 이러한 가치의 현실화는 종종 사회화와 문화화의 과정을 초월하기도 한다. 언약적인 믿음의 진정한 구조는 교육과 사회화의 연합을 제한할 수 있는 비판, 주장을 위한 경고, 축복을 받아들이고 있다. 신약의 관점은 예수 그리스도의 모델을 따라가는 정도까지의 사회화를 긍정하고 있다(고전 11:1). 성경은 열심히 배우려고 하기보다 오히려 정의로운 삶을 피하려고 했던, 부모들이 속한 공동체의 불순종과 불성실함에 대한 많은 예를 보여주고 있다.

보다 분명한 것은 바로 교육이 형식적인 학교 교육, 삶의 경험 그리고 사회화를 포함한다는 것이다. 하지만 어떤 독특한 특징이 이런 다양한 양상을 포함하는가? 교육 역사학자인 로렌스 크레민(Lawrence Cremin)은 "교육은 전하고 환기하고 또는 지식, 태도, 가치, 기술, 지각을 습득하기 위한 계획적이고 체계적인 일련의 노력으로, 이 노력의 다른 결과물도 습득 대상에 포함된다"라고 정의했다.[13] 크레민의 정의는 학교 외에도 교육의 계획적이고 체계적이며 지속적인 특징을 유지하는 다른 교육 기관들을 포함하고 있다. 교육이 의도적이고 준비되었다는 의미에서 계획적이라는 것이고, 참여자들의 준비성과 감응성 그리고 일련의 공개라는 차원에서 교육은 체계적이라고 할 수 있다. 아울러서 교사와 학생 사이의 연속적인 관계 유지와 상호 작용과 공개의 연속성을 의미한다는 점에서 교육은 지속적이라고 할 수 있다. 이 정의에 전달, 발견, 자기 교육이 포함되고, 학교의 교육적 노력을 특징지었던 지식에 대해 제한된 초점을 확대시킨다. 책임을 의미하는 교육의 의도적인 차원을 강조하면서 크레민은 그의 정의에 '노력의 다른 결과물'도 포함시킴으로써 교육의 비의도적인 면도 인지했다.

크레민의 정의의 강점을 인지하면서 기독교 교육자는 반드시 그 뒤에 잠재되어 있는 약점 또한 확인해야 한다. 크레민의 정의는 너무 의미가 넓고 포괄적이어서 교육의 규범적인 면을 충분히 다루지는 못한다. 학생들에게 유용하고 적합한 교육으로부터 비교육을 구별해내는 방법은 없다. 교육자들은 반드시 판단의 기초적인 가치를 알고 교육해야 한다. 기독교 교육자에게 있어서는 기독교 세계관과 일치하는 교육이 적합한 교육이고 그렇지 않

---

13. 로렌스 A. 크레민, 「미국 교육의 전통(Traditions of American Education, New York: Basic Books, 1977)」, p. 134 하.

은 교육은 비교육이 된다.[14]

충분히 교육을 정의하고 교육에 대해 고려하기 위해 기독교 교육자는 전체 과정을 이끌 요구된 목표와 기초들을 반드시 고려해야 한다. 이러한 가치와 목표는 근본적인 기초의 명확한 확인을 요구한다. 이러한 근본적인 기초와 관련해 C. S. 루이스(C. S. Lewis)의 다음과 같은 말이 다원론적인 사회에 특별히 도움이 된다. "근본적인 것을 따지지 않을 때 열린 마음은 도움이 된다. 하지만 신학적 또는 실용적 이성의 근본적 기초에 대한 열린 마음은 어리석음을 나타낸다."[15] 기독교의 믿음은 다양한 형태의 교육과 삶을 인도하기 위해 구체적으로 근본적인 기초를 보여주고 있다.

기독교 교육의 정의

기독교인들은 교육을 정의하는 규범적 차원의 중요성을 알 때 그들의 노력을 인도할 수 있는 기독교 교육에 대한 정의를 내려야 한다. 다음과 같은 몇 가지 가능성들이 있다.

1. 기독교 교육은 성경에 기초해, 성령의 능력을 받는 그리스도 중심의 가르침과 배움의 과정이다. 삶의 모든 면에서 하나님의 목적과 계획을 경험하고 알게 하기 위한 현대의 교육 수단을 통해 성장의 모든 수준에서 각 개인들을 가르치고자 하는 것이 기독교 교육이다. 이는 위대한 교사로서의 그리스도를 본받고, 성숙한 제자를 기르라는 그분의 명령을 따라 그들에게 효과적인 사역을 준비하게 한다.[16]

---

14. 코넬리우스 반 틸(Cornelius Van Til), 「기독교 교육 에세이(Essays on Christian Education, Nutley, N. H.: Presbyterian & Reformed, 1977)」, p. 81.
15. C. S. 루이스, 「인간의 철폐(The Abolition of Man, New York: Macmillan, 1947)」, p. 60.
16. 워너 C. 그랜도프(Werner C. Graendorf) 편집, 「성경적 기독교 교육 개론(Introduction to Biblical Christian Education, Chicago: Moody, 1981)」, p. 16.

2. 기독교 교육은 다른 사람들을 그리스도에게로 인도하고 그 안에서 그들을 세우기 위해서 성령의 권능을 통해 하나님의 말씀을 나누는 그리스도 중심, 성경 중심, 설교 중심의 과정이다.[17]
3. 교육은 하나님과 사람, 사람과 사람, 사람과 물리적인 우주 사이의 진정한 관계의 개발과 재창조다.[18]
4. 교육은 그리스도를 통한 경건한 지식, 믿음, 소망, 사랑의 삶 안에서 사람이 성장하고 발전하는, 하나님에 의해 권고되는 인간적인 협동의 과정이다.[19]
5. 기독교 교육은 기독교 믿음과 일치하거나 그것을 포함하는 지식, 가치, 태도, 기술, 감응성, 행동을 나누고 사유하기 위한 계획적, 체계적, 지속적이고 성스러운 인간의 노력이다. 개인, 그룹, 조직의 변화, 회복, 개혁을 촉진하고 기독교 교육의 노력의 다른 결과물들, 성경과 그리스도 안에 있는 사람에게 현저하게 나타나는 하나님의 목적을 따르기 위해 성령의 권능에 의해 구축된다.[20]

내가 제시한 정의는 크레민이 제안한 기술적인 면과 기독교 믿음의 기초의 규범적인 면을 포함한다. 이 정의는 계획성을 강조하면서도 학습이 인간의 계획성이 전혀 없는 상태에서도 이루어질 수 있음을 인정하고 있다.[21] 기본이 되는 인간의 기능과 마찬가지로 신성한 노력과 섭리도 중요하다. 그 이유는 하나님이 기독교 믿음의 시작이자 끝이기 때문이다. 하나님은 인간

---

17. 로이 B. 주크(Roy B. Zuck), 「당신의 가르침의 영적인 힘(Spiritual Power in Your Teaching, Chicago: Moody, 1972)」, p. 9.
18. 드종(DeJong), 「진리의 교육(Education in the Truth)」, p. 118.
19. 같은 책.
20. 로렌스 크레민, 「전통(Tradition)」, p. 134.
21. 같은 책.

의 경우처럼 믿음을 사유하실 필요가 없다.

 이 정의는 이러한 학습의 중요한 양상을 포함하고 있어도 교육을 사회화나 문화화보다 더욱 제한된 과정으로 보고 있다. 개인적인 학습과 개인 간의 교육도 허용한다. 그것에 의해서 '자기 교육'이 비롯된다. 그것은 어른이 아이를 가르치고 아이가 어른을 가르치는 세대 간의 교육, 가족이나 문화 안에서의 동료들의 교육, 개인이 경험하는 성숙한 '자기 의식'과 같은 세대 간의 상호 작용을 계획한다. 마지막으로 이 정의는 교육을 학교뿐만 아니라 교육을 하는 개인과 기관의 방대한 다양성으로 확대하고 있다.[22] 기독교 교육은 주일 학교나 교회 교육 이상의 의미가 있다. 철학적인 질문과 씨름하고 있는 기독교 교육자들이 '그 이상'의 것에 대한 탐구를 계속할 수 있을 것이다.

 철학에 대해 구체적으로 살펴보기 전에 더 큰 틀의 과제에 대한 관점을 살펴보는 것이 도움이 될 것이다. 노만 드종(Norman DeJong)은 철학을 가장 잘 공식화한 상응하는 질문이 있는 철학적 사다리를 제시했다(도표 5 참조).

- 기초 또는 권위 - 모든 사고가 이루어지는 기초는 무엇인가?
- 인간의 본질 - 인간이란 무엇 또는 누구인가?
- 목표와 목적 - 교육의 목표와 목적은 무엇인가?
- 구조적 조직 - 어떤 구조와 기관에 의해 이 목표가 실현되어야 하는가?
- 수행 - 어떤 자료, 도구, 방법으로 교육의 목표가 이행되어야 하는가?
- 평가 - 일은 어떻게 잘 진행되어가고 있는가?

---

22. 같은 책, pp. 134-136.

드종은 이들 질문이 기초가 되는 기본 원리 또는 권위와 일치하려는 노력을 보이는 가운데 가장 낮은 위치부터 가장 높은 위치까지 순차적으로 다루어지고 있다고 정당하게 주장하고 있다.[23] 이들 기초적인 질문에 대한 답은 기독교 교육자들마다 다르므로 규칙적으로 가르치고 있는 사람들에게서 다양성에 대해 살펴보는 것은 중요한 일이다.[24]

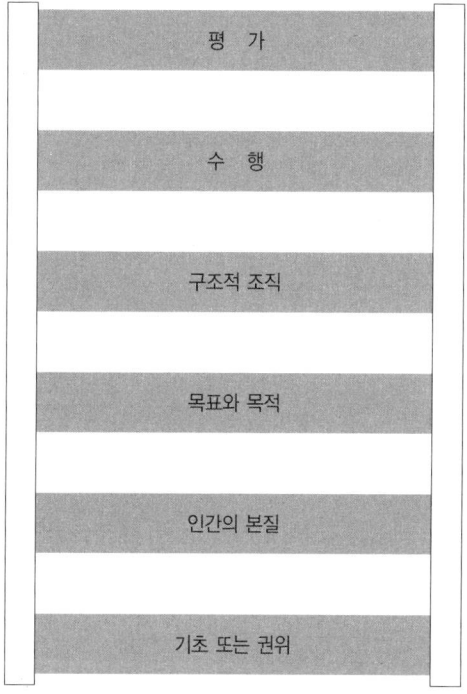

도표 5

---

23. 드종, 「진리의 교육(Education in the Truth)」, pp. 61-63. 권위에 대한 질문에 대해서는 파즈미뇨의 「권위 있는 가르침(By What Authority Do We Teach?, 도서출판 디모데 간)」을 참조하라.
24. 이 탐구에 도움이 되는 최근의 작업은 해롤드 W. 버제스(Harold W. Burgess), 「종교 교육의 모델: 역사적, 현대적 관점의 이론과 실천(Models of Religious Education: Theory and Practice in Historical and Contemporary Perspective, Wheaton: Victor Books, 1996)」.

철학의 구체적인 주제 분야는 다음의 방식으로 설명된다. 형이상학(metaphysics)은 실재의 본질을 구성하는 것은 무엇이고 무엇이 실재를 구성하는지에 대한 학문이다. 형이상학은 "실재가 무엇인가?"라는 질문을 제기하고 신학, 인류학, 존재론, 우주론과 같은 분야를 포함한다. 신학(theology)은 유신론 교육자들이 그 기초를 제공하는 하나님에 대한 학문이고, 인류학(anthropology)은 인간, 사회, 문화에 대한 학문이다. 존재론(ontology)은 삶과 존재에 관한 학문이고, 우주론(cosmology)은 세계와 물질 존재에 관한 학문이다.

두번째 주제 분야는 인식론(epistemology)이다. 지식의 학문인 인식론은 "무엇이 진리인가?"라는 질문을 제기한다.

세번째 주제 분야인 가치론(axiology)은 가치를 다루고 "가치란 무엇인가?"라는 질문을 제기한다. 이것은 윤리학과 미학이 관련되어 있다. 윤리학(ethics)은 가치 판단에 대한 학문이고 옳고 그름을 다룬다. 미학(aesthetics)은 아름다움에 관한 학문이고 무엇이 아름다운지를 다룬다.[25] 각 분야들은 교육 철학의 의미와 함께 간략하게 다루어질 것이다.

형이상학

형이상학적 통찰력은 드종의 사다리의 각 가로대에 영향을 준다. 다만 기독교 교육자를 위해 독특한 방법으로 영향을 주고 있다. 신학적 기초를 다룰 때 언급했듯이 신학은 구조, 수행, 평가를 위한 의미로 권위, 사람, 목적에 대한 질문을 할 때 특정한 기여를 한다. 복음주의 신학은 다른 모든 질문의 근본적인 기초의 역할을 하는 성경의 권위를 강조한다. 신학은 하나님의

---

25. 조지 R. 나이트(George R. Knight), 「교육과 철학: 기독교 관점의 개론(Philosophy and Education: An Introduction in Christian Perspective, Berrien Springs, Mich.: Andrews University Press, 1980)」, pp. 14-37에서 제시한 개요를 사용했다.

형상을 따라 지음받은 피조물이기에 하나님에 대한 책임을 지는 인간을 이해하는 데도 기여한다. 목적과 목표에 관해서 신학은 교육을 포함한 인간의 모든 노력을 인도하는 목표와 목적을 제시한다. 따라서 신학은 교육의 충분한 기독교 철학을 위해 근본적인 근거 또는 기초를 제공하고 있다.

인류학은 주로 인간의 본질에 중점을 두고 있다. 기독교 세계관에서 인간은 하나님에 의해 창조되었고 따라서 하나님의 형상을 지닌 자로 그에 따른 책임과 의무가 있는 존재다. 하지만 인간은 또한 개인적, 집단적인 삶의 오만함에 의해 타락하고 죄에 물든 존재이기도 하다. 인간의 창조와 타락에서 비롯되는 의미들이 교육에 영향을 끼친다. 예를 들어, 인간은 교육을 통해 모든 상호 작용과 관계에서 책임 있는 행동을 해야 하며, 그렇게 해서 창조주 하나님께 영광을 돌리도록 더욱더 권고받아야 한다. 이에 더하여 인간은 하나님께로부터 받은 능력으로 창조적인 자연에 표현을 하도록 권고받아야 한다. 죄의 영향을 인지했을 때 기독교 교육자들은 반드시 교육을 계획하고 수행함에 있어서 구조(Structure)와 훈련을 중요하게 여겨야 한다. 구조와 훈련은 그리스도의 구속적이고 회복적인 사역을 증거하는 행위를 권고함으로써 보완된다. 모든 심리학은 기독교 교육자에 의해 검증받을 필요가 있는 절대적인 인류학을 지니고 있다.

인간의 본성으로 인해 학생들은 자신들의 교육에서 능동적인 참여자가 되고, 그들 삶의 초점으로 세상과 상호 작용을 하도록 권고받을 수 있다. 따라서 인류학은 고립된 교실이나 개인적인 차원 이상의 고려가 가능하게 한다. 인간은 반드시 사회, 문화와 연관시켜서 보아야 한다. 또한 인간은 반드시 그들의 개인적이고 집단적인 역사와 연관되어 보아야 한다. 이것은 기독교 교육자로 하여금 개인적인 삶과 경건의 편리한 관심사 외에 각 개인, 단체, 문화, 사회 간의 질문을 고려하도록 한다. 사회와 관련해서 다양한 세력, 단체, 운동, 기관은 억압하는 주체로, 성경적 규범, 목적과 관련해서는 해방시키는 주체로 여겨질 수 있다. 마찬가지로 문화는 다양한 차원에서 하나님을 반영하거나 또는 부정하는 것으로 여겨질 수 있고, 기독교인은 복음의 가치와 관련해 다양한 시점에서 문화를 보존하고 회복하며 또는 변화시킬 의무가 있는 자들로 여겨질 수 있다. 이 넓어진 임무를 위해 기독교 교육자들은 다른 사람들이 세상의 도전이 아닌 세상 안의 도전을 고려할 수 있도록 조심스러운 분석과 분별을 해야 할 필요가 있다. 이 일은 개인, 단체의 삶 속에서 성령의 지지를 받는 그리스도의 구속과 회복 사역을 통해서만 가능하다.

존재론은 존재와 삶에 대한 질문을 제기한다. 바울은 아테네 인들에게 "우리가 그를 힘입어 살며 기동하며 있느니라"(행 17:28)고 선포했다. 성경적 세계관은 하나님의 존재를 일차적인 것으로, 인간의 존재는 신성한 존재로부터 비롯된 이차적인 것으로 보고 있다. 이것은 창조의 자연적인 결과다. 인간이 존재하는 이유는 하나님 안에서 기뻐하고 영원히 그분께 영광을 돌리기 위함이다. 기독교인들은 이 목적을 세상 안에서 그러나 세상에 의한 것이 아닌 적극적인 행동 속에서 하나님의 구속 사역을 통해 달성하고 있다.

기독교인은 세상 속의 망명자, 순례자다. 하나님 왕국의 일원으로서 회복을 위해 일하고, 예수 그리스도의 속죄함의 열매를 표현한다. 기독교인은 하나님의 목적을 성취하기 위해 그들 안의 하나님의 역사를 인지하며, 두려움과 떨림으로 희생하도록 명령받았다(빌 2:12-13). 그리스도 안의 새 피조물로서 기독교인이 해야 할 일은 화해의 메시지를 전하는 그리스도의 대사가 되는 것이다(고후 5:17-21). 기독교인이 되는 것은 하나님의 목적을 완수하기 위해 성령 안에 매일 거하는 것을 의미한다. 따라서 존재론적 질문은 철학적 사다리의 첫 두 가로대에 대한 직접적인 의미를 지니고 있다고 볼 수 있다.

우주론은 천지 만물, 우주, 세상의 본질과 관련된 질문을 제기한다. 이 세상은 하나님의 지속적인 지배에서 비롯되는 상호 의존적인 네트워크로 인식되고 있다. 다윗의 말이 이것을 적절히 표현하고 있다.

"땅과 거기 충만한 것과 세계와 그 중에 거하는 자가
다 여호와의 것이로다
여호와께서 그 터를 바다 위에 세우심이여
강들 위에 건설하셨도다"(시 24:1-2).

"교육과 관련해서 지구와 환경에 대한 올바른 책임과 관련된 질문이 반드시 제기되어야 한다. 하나님께서 인간에게 허락하신 우주를 보호하고 공유해야 한다는 사실을 인간들은 반드시 기억해야 한다. 난해한 질문은 피조물의 통일과 다른 사람들의 필요와 관련한 개인의 소유에 관한 것이다. 우주론적 질문은 우주의 거주자로서의(가로대 2) 인간의 본성과 우주에 대한 인간의 책임에 관한 교육의 목표와 목적(가로대 3)을 탐구한다. 하워드 스나이더(Howard Snyder)는 하나님나라의 환경을 개발하는 세상 속의 교회를 위한 모델을 제시한다. 이 제안은 우주론적인 이슈에 대한 민감성을 드러내 주고 있으며 기독교 교육을 위한 중요한 시사점을 지니고 있다.[26] 또한 이것은 교육 생태학으로써 인간을 교육하는 대행자들의 집단으로 볼 수 있도록 가능하게 해준다."[27]

인식론

인식론의 질문은 교육의 기초, 인간에 대한 시각, 제시된 목표와 목적(철학적 사다리의 가로대 1-3) 영역에 있는 교육에 대한 개념에 직접적인 영향

---

26. 하워드 A. 스나이더, 「교회의 해방(Liberating the Church, Downers Grove, Ill.: InterVarsity, 1983)」을 참조하라.
27. 로렌스 크레민에 의해 이 견해가 제시되었다. 「기독교 교육의 원리와 실천(Principles and Practices of Christian Education)」, pp. 59-90에서 그의 생각에 대한 나의 설명을 참조하라.

을 준다. 조지 R. 나이트(George R. Knight)는 인식론의 영향과 다른 철학적 질문을 탐구하는 대안적인 방법을 제시했다(도표 6 참조).[28]

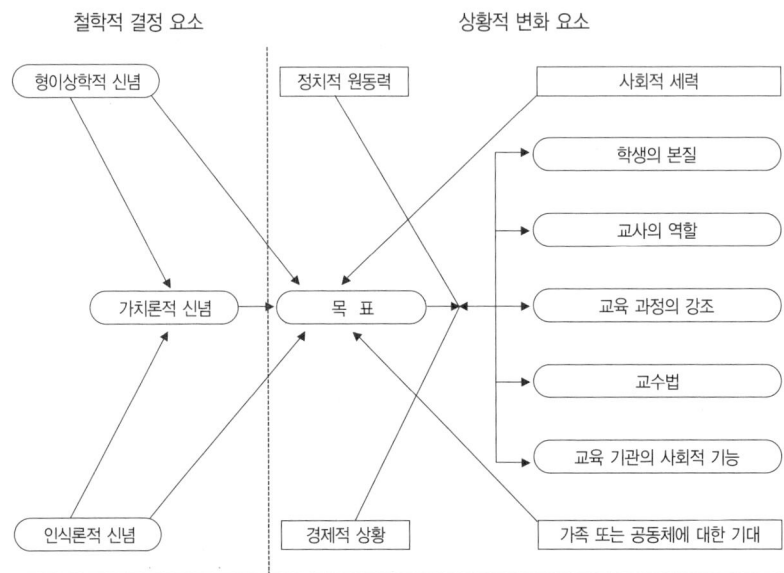

*조지 R. 나이트, 「철학과 교육: 기독교 관점의 개론(Philosophy and Education: An Introduction in Christian Perspective, Berrien Springs, Mich.: Andrews University Press, 1980)」, p. 35. 허가를 받고 사용함.

나이트는 별개의 형이상학적이고 인식론적인 시각은 가치론적인 질문에 대한 혹자의 자세에 영향을 줄 것이라고 지적한다. 현실과 진리의 상응하는 시각과 관련된 가치에 대한 자세는 교육 과정의 목적과 목표를 선택한다.[29] 나이트의 도표는 드종의 철학적인 사다리를 기초로 한다. 그리고 철학 외의 교육적인 실천에 영향을 주는 다양한 상황적 요소(정치적, 사회적, 경제적,

---

28. 나이트(Knight), 「철학과 교육(Philosophy and Education)」, p. 35.
29. 같은 책, p. 34.

단체적, 가족적)를 보여준다. 이 도표의 어떤 지점에서도 실제적인 영향은 그 힘에 따라 변한다. 철학적 논점과 실제 교육 실천에 있어서 한 개인이나 단체의 위치 간의 일정한 관계는 없을 수도 있다.

크레민은 삶과 마찬가지로 교육에도 "이상과 현실, 포부와 성취 사이에 필연적인 틈이 있다. 그리고 정해진 의도와 드러난 우선권 사이에도 때때로 틈이 있다"고 지적했다.[30] 이 틈은 새로워진 노력이 이상에 충실할 수 있도록 하는 역할을 할 수 있다. 그럼에도 불구하고 기독교 교육자들은 분별력으로 자신들의 믿음과 자신들의 정치적, 사회적, 경제적, 단체적 상황과 일치하며 그 안에서 실행할 수 있는 교육적인 실천을 선택하고 개발해야 한다.[31] 정해진 목표에 비추어 연속적인 교육적 실천의 평가와 함께 이것이 실행 가능한 것이라면 이것은 지속적인 근면함을 필요로 하게 된다. 정해진 의도와 관련해 드러난 우선권의 분별은 개혁과 회복을 향한 열린 자세와 경향을 요구하게 된다. 개혁과 회복은 상황적 요소를 바꿀 때에 일어나는 목표의 재사유를 통해서 번갈아 나타난다. 그러므로 필자는 교육에 있어서 개혁파(reformed)의 관점보다는 개혁적(reforming) 관점이 필요하다고 본다.

개혁적 관점은 오늘날 계속되는 성령의 사역에 민감하고 현대의 문제점들을 언급하는 관점이다. 위대한 아프리카 계 미국인 교육자인 W. E. B. 드보(W. E. B. DeBois)는 이 경우를 주시했다. 그는 교육을 "우연한 것과 영구적인 것, 즉 실행 가능한 균형의 이상과 실용적인 것의 필연적인 결합"이라고 보았다. 그리고 이 노력은 "반드시 모든 연령과 장소, 끝없는 실험과 여러 번의 실수를 통해 나타나야 한다"고 말했다.[32]

---

30. 로렌스 A. 크레민, 「공교육(Public Education, New York: Basic Books, 1976)」, p. 36.
31. 나이트, 「철학과 교육」, p. 36.
32. W. E. B. 드보, 「흑인의 영혼(The Souls of Black Folk, New York: Bantam Books, 1989)」, p. 65.

인식론의 근본적인 질문과 관련해 최근 종교 교육 분야의 학계에서는 지식의 본질과 다양한 방법의 지식의 유효성에 대한 고려를 재개했다.[33] 이 질문은 기독교 교육자들로 하여금 성경을 그들의 노력의 원천으로 재고해 보도록 만들었다. 지식의 성경적인 시각은 감정, 행동과 함께 인식적 의미의 지식을 포함하는 성스러운 것이다. 지식은 알려진 사람이나 물체와 함께 하려는 개인적 헌신이나 의도를 의미하는 물리적인 차원을 포함한다. 하나님을 안다는 경우의 예를 들면, 이 때의 지식은 하나님에 대한 사랑, 순종, 믿음의 반응을 구체화하는 것이고, 이런 식으로 성경에 나타나 있듯이 하나님의 선포에 상관적,경험적,반사적인 앎의 방법이 나타나 있다.[34]

성경적 인식론을 연구하면서 파커 파머(Parker Palmer)는 우리의 사회적 상황에서 이해된 지식은 종종 지나치기 쉬운 인간의 관심과 열정에 연관되어야 한다고 제시했다. 이 분석에서 파머는 지식이 통제, 호기심, 동정심의 세 가지 인간적인 관심이나 열정과 함께 묶일 수 있다고 말했다. 적용된 경험적, 분석적 연구를 통해서 얻어진 지식은 일반적으로 정보의 육체를 통제하려고 한다. 명상적, 역사적, 해석적으로 얻어진 지식은 일반적으로 호기심을 만족시키기 위해 지식을 습득하고자 한다. 해방시키는 지식을 파머는 고린도전서 8장 1-3절에서 찾는다. "우상의 제물에 대하여는 우리가 다 지식이 있는 줄을 아나 지식은 교만하게 하며 사랑은 덕을 세우나니 만일 누구든지 무엇을 아는 줄로 생각하면 아직도 마땅히 알 것을 알지 못하는 것이요 또 누구든지 하나님을 사랑하면 이 사람은 하나님의 아시는 바 되었느니라." 열정 또는 사랑의 관심과 관련된 것이 바로 이 지식이다.[35]

---

33. 토마스. H. 그룸(Thomas H. Groome), 「기독교 종교 교육: 우리의 이야기와 비전의 나눔(Christian Religious Education: Sharing Our Story and Vision, San Francisco: Harper & Row, 1980)」, 제 7, 8장에서 이 논의에 대한 폭넓은 정보를 제공한다.
34. 같은 책, pp. 141-145.
35. 파커 J. 파머, 「우리가 알고 있는 것을 아는 것: 교육의 영성(To Know as We Are Known: Spirituality of

분명히 신약은 지식이나 진리가 반드시 사랑과 연관되어 있고(엡 4:15, 요이 1장) 하나님이 모든 지식, 지혜, 이해의 원천이기에 모든 진리가 하나님의 진리임(골 2:2-3)을 밝히고 있다. 기독교 교육자가 대하게 된 문제는 과연 어떻게 창조적인 균형으로 성경에 나타난 진리와 다양한 훈련 방법에 대한 연구를 통해 분별된 진리를 유지하고, 동시에 하나님, 다른 사람들, 피조물들의 사랑으로 어떻게 인도받을 수 있는가에 대한 것이었다. 하나님의 말씀이 진리임을 깨달으며(요 17:17), 하나님의 진리에 의해 제자들이 신성화될 수 있었던 것은 예수님의 기도 때문이었다. 그리스도는 자신이 진리를 구체화함을 선포했다(요 14:6).

이 문제와 관련해 조지 나이트는 여섯 개의 인식론적 관찰을 제시했다.

1. 모든 진리는 하나님의 진리임이 성경적 시각이다. 이것은 신성한 진리와 세속적인 진리의 구분을 배제한다.
2. 기독교 계시의 진리는 세상에 실제로 존재하는 것에 대해 진실하다. 그래서 기독교인은 근본적인 모순을 두려워하지 않고 진리를 추구할 수 있다.
3. 악의 세력은 성경을 훼손하고 인간의 이성을 왜곡하고 진리를 추구할 때 인간으로 하여금 불충분하고 타락한 그들 자신을 의지하게 한다.
4. 성경은 추상적인 진리와 무관하며, 다만 삶과 관련된 진리를 다룬다. 그러므로 성경적 의미를 안다는 것은 인식된 지식을 매일의 삶에 적용하는 것과 같다.
5. 기독교인이 접할 수 있는 다양한 지식의 원천(성경의 특별 계시, 자

Education, San Francisco: Harper & Row, 1983)」, pp. 6-10. 유르겐 하버마스(Jürgen Habermas), 「지식과 인간의 관심(Knowledge and Human Interest, Boston: Beacon, 1971)」.

연적 세상과 이성의 일반 계시)은 보완적이고 성경적인 형태의 의미로 사용되어야 한다.
6. 진리의 통일성이 주어졌을 때, 기독교 인식론은 기독교 형이상학의 수용과 분리될 수 없다.[36]

나이트의 관찰은 과학이 지식을 습득하는 오직 단 하나의 믿을 수 있는 방법이라고 하는 현대의 과학주의에 의해 제기된 특정한 도전과 관련해서 탐구될 수 있다. 과학과 대비되는 과학주의는 기독교 믿음을 통해 진리가 분별된다는 사실을 부인하고, 경험적인 이성의 이해가 오직 하나의 수단임을 전제로 하고 있다. 휴스턴 스미스(Huston Smith)는 과학주의의 이런 제한된 인식론의 위험성을 지적했다. 과학이 통제, 예견, 수, 기호에 가치를 두는 반면 믿음은 포기, 놀라움, 주관성, 객관성, 말, 상징에 가치를 둔다. 과학이 실용성, 유용성, 서비스, 통제의 수단이 되는 가치와 관련되어 있는 반면 믿음은 경이, 경외, 경의, 창조성, 상상력, 약속과 같은 본질적인 가치와 관련되어 있다. 생성되는 것이 과학의 지배적인 초점인 반면 존재하는 것과 생성되는 것이 믿음의 초점이다.[37]

기독교의 믿음의 관점은 계속해서 확장되는 지식 습득의 대안적인 방법을 제공한다. 하지만 그것은 모든 진리는 하나님의 진리라는 점에서 과학의 진리와 반대되는 것은 아니다. 기독교인은 이성과 하나님의 보편적 계시의 자연적인 세상과 관련해서, 경험적인 관찰을 통해 구별되고 발견된 과학의 통찰력을 자유롭게 살펴볼 수 있다. 하지만 기독교인은 과학을 합당치 않게 높이려는 숨은 악의 세력을 반드시 의식하고 있어야 한다.

---

36. 나이트, 「철학과 교육」, pp. 161-162.
37. 휴스턴 스미스, "제외된 지식: 현대의 마음가짐에 대한 비판(Excluded Knowledge: A Critique of the Modern Mind Set, Teachers College Record (February 1979)", pp. 419-445.

창조는 진실되고 좋은 것이므로 실험을 쾌히 받아들일 수 있다는 물리적인 세계와 자연에 대한 기독교의 시각은, 즉 경험적인 과학은 수용될 수 있다는 사실을 유지하고 있다. 기독교 시각은 자연이 질서가 잡혀 있고 알기 쉬운 것이기 때문에 이론적인 과학은 적합한 것임을 또한 인정하고 있다. 마지막으로 기독교 시각은 역사와 문화는 의미와 목적을 갖고 있다고 말한다. 따라서 응용 과학과 기술은 충분히 추구될 수 있는 것이다.[38] 하지만 이러한 각각의 과학적인 분야에서,

> 물리적 세계의 기독교 시각은 자연을 성경에 비추어보고 문화와 연관지어 본다. 이것은 세계를 진실되고 좋은 것으로 인지하는 자연의 창조적인 시각과 연관되어 있다. 안내를 위해 그리고 질서 속의 믿음을 위해, 창조물에 나타난 명료성을 위해 성경을 보는 과학적 사고와 방법의 비판적인 시각을 포함한다. 그리고 하나님의 영광과 인간의 이익을 위해, 세상을 좋게 하기 위해 목표와 의미를 찾는 문화의 건설적인 시각을 가지려고 시도하고 있다.[39]

기독교 세계관과 인식론의 관점에서 볼 때 과학의 잠재적인 위험성과 과학주의에서 비롯되는 위험과 마주칠 수 있는 기독교의 은혜를 주시하는 것이 도움이 된다(표 3 참고).[40]

과학의 첫번째 잠재성은 현실에 대한 설명을 제공하는 것과 인간 지식에 기여한다는 것에 있다. 하지만 그 과정에서 비롯된 과학을 찬양하는 인간의 설명이나 과학적 과정으로 인한 잘못된 숭배의 위험이 있다. 기독교의 믿음

---

38. 조셉 스프래들리(Joseph Spradley), "물리적 세계의 기독교 시각(A Christian View of the Physical World)", 「기독교 정신 만들기: 기독교 세계관과 이론적 계획(A Christian Mind: A Christian World View and the Academic Enterprise, ed. Arthur F. Holmes, Downers Grove, Ill.: InterVarsity, 1985)」, pp. 56-69.
39. 같은 책, p. 79.
40. Gordon-Conwell Theological Seminary의 학생 래리 마틴(Larry Martin)에게 도표 9로 도움을 받았다.

과학과 기독교의 은혜

표 3

과학의 잠재력	과학주의의 위험	기독교의 은혜
설명(지식 습득)	잘못된 숭배	믿음
예견(선택)	보증되지 않은 기대	소망
통제(변화)	능력의 오용	사랑

은 자연적인 질서를 통해 인간에게 나타나신 창조주 하나님께 예배를 드리는 데 우리의 초점을 두도록 도와준다.

과학의 두번째 잠재성은 자연 현상을 예견하는 것과 인간의 결정 과정에 공헌을 하는 것이다. 그러나 여기에 존재하는 위험은 미래의 일과 관련한, 그리고 그러한 일을 결정하는 인간의 능력과 관련된 보증되지 않은 기대이다. 살아 있는 소망의 은혜는 기독교인들에게 하나님의 주권과 섭리와 함께 인간이 미래를 선택하고 예견할 때의 책임에 대한 경고를 한다. 파머도 언급한 바 있는 과학의 세번째 잠재성은 통제와 자연 또는 인간 상황의 변화에 대한 것이다. 이 잠재성에 상응하는 위험은 역사를 통해 볼 수 있었던 능력의 오용이다. 이 위험을 보완하는 것은 능력의 사용을 초월하여 하나님의 영광을 구하고 다른 사람들을 유익하게 하고 창조물을 만들어내는 가장 중요한 기독교의 은혜인 사랑이다.

과학주의에 대한 이 논의는 성경적 인식론의 중요성과 인식론적 질문을 고려할 때의 나이트의 관찰의 유용성을 보여준다. 과학의 진리는 모든 진리를 하나님의 진리로 보는 기독교 세계관과 통합될 수 있다. 기독교인은 모든 점에서 신학적 평가의 대상이 되는 과학적인 방법으로 지식을 습득할 수 있다. 성경의 진실은 과학을 잘못 사용한 데서 나타나는 위험 요소를 밝혀낼 수 있다. 기독교 인식론은 기독교 형이상학에 의존하고 있다. 그리고 특히 물리적 세계를 하나님의 창조물로 보고, 그것의 모든 다양성과 통일성이 하나님께 속했다고 보는 기독교 우주론에 의존하고 있다.

가치론

가치에 대한 질문은 윤리학과 미학 모두를 다루고 있다. 윤리학은 도덕적 원칙과 실천에 관한 학문이다. 기독교 윤리학은 죄의 현실과 세상에서의 기독교인의 소명과 봉사에 관해 다룬다. 미학은 아름다움과 삶의 창조적인 면에 대한 학문이다. 기독교인에게 있어서 미학은 이 아름다운 세계가 하나님에 의해 창조되었다는 사실에 기초를 두고 있다. 이것은 아름다움을 감상하고 동시에 아름다움을 창조해야 하는 개인적인 책임을 의미하기도 한다.[41] 교육의 목표와 목적에 영향을 끼치는 다른 가치 체계를 다룸으로써 가치론과 교육의 관계에 대해 탐구해볼 수 있다. 형이상학적 논점과 인식론적 논점 모두가 이러한 가치론적 관점과 상호 작용을 한다.

파울로 프레이리(Paulo Freire)는 교육의 가치에 대한 명확한 표현의 필요성과 가치의 문제화와 그에 대한 비판적인 반영을 강조했다.[42] 프레이리는 전체적인 교육 과정을 인도하는 계획성, 성실, 정직의 가치를 언급했다. 이러한 계획성, 성실, 정직은 모든 기독교 교육의 노력의 기초가 된다. 왜냐하면 진리의 기준은 모든 수준의 개념, 계획, 행위에 적용되기 때문이다.

가치는 일반적으로 가치, 관심, 선량함의 특징이 있는 개념으로 이해된다. 가치는 근본적인 관심에 대한 선택이고 그 본질은 기독교인을 위한 신학적 고려를 구체화한다. 이것은 바람직하고 의미 있고 주어진 시간 안에서 견딜 수 있는 것을 다룬다. 가치는 매일의 삶을 구성하는 인간 사고와 노력

---

41. 나이트, 「철학과 교육」, pp. 171-177.
42. 파울로 프레이리, 「눌린 자를 위한 교육(Pedagogy of the Oppressed, trans. Myra Bergman Ramos, New York: Seabury, 1970)」을 참조하라.

의 목표, 이상, 근본적인 결말을 밝혀낸다. 가치는 선천적으로 계획 안의 믿음과 그 믿음에 대한 헌신, 즉 개인적인 신념과 전적인 관여함을 포함한다.[43] 교육을 한다는 것은 복잡한 그물과 같은 종교적, 도덕적, 지적 가치의 모든 것으로 가르치는 것을 의미한다. 이러한 가치는 모든 공동체와 사회의 계획을 정의하는 것이다.

교육의 가치를 논할 때 무엇이 좋은 것이고 무엇이 더 낳은 것인가에 대해 종종 다툼이 일어난다. 이로 인해 우선적인 가치와 선호되는 가치에 대한 질문이 제기된다. 교육자를 위한 가치는 혹자의 사고, 노력, 사랑과 연관된 헌신을 선택할 때의 딜레마를 낳는다. 가치의 선택과 관련해 밀튼 로키치(Milton Rokeach)는 그의 초기 연구에서 각 개인은 느슨하게 배열된 많은 가치를 지니고 있고 우선권을 갖는 다른 가치 체계의 계급 체계에서 많거나 적은 유연성을 갖는다고 말했다.[44]

로키치의 개념에 반대되는 것이 린 화이트(Lynn White)의 이론이다. 그는 가치를 판단할 때 변화하는 문화의 규범을 묘사했다. 화이트에 의하면 가치의 전통적 계급 체계는 실제로, 교육적 활동을 포함하는 모든 인간 활동이 위대함의 가능성을 구체화하는 가치의 연속체가 되기 위해 90도의 회전을 했다고 한다. 자연은 어떠한 인간의 활동도 이로운 것으로 보지 않는다. 결국에는 가치의 동등함에 대한 것이다. 비록 가치가 옆으로 측정되기보다는 상하로 측정되는 금전적인 은유를 의미하지만, 화이트는 '가치'라는 용어는 반드시 인간이 접할 수 있는 선택의 연속체를 설명하는 데 쓰여야 한다고 말했다.[45] 기독교인들이 가치 체계를 전통적으로 확인했던 것에 비해, 새

---

43. 대니얼과 로렐 N. 태너(Daniel and Laurel N. Tanner), 「교육 과정의 개발: 실천 이론(Curriculum Development: Theory into Practice, New York: macmillan, 1975)」, p. 127.
44. 밀튼 로키치(Milton Rokeach), 「인간 가치의 본질(The Nature of Human Values, New York: Free Press, 1973)」을 참조하라.
45. 린 화이트 2세(Lynn White, Jr.), 「지식의 영역(Frontiers of Knowledge, New York: Harper & Bros., 1956)」, p. 312.

롭게 변화하는 상황에 반드시 가치가 재적용되고 재공식화될 필요가 있는 교육 계획의 변화에 대한 문제 때문에 화이트의 통찰력이 도움이 되고 있다. 이것은 상황 윤리학을 지원하고자 함이 아니다. 도리어 나이트가 철학과 교육적인 실천과 관련해 강조한 다양한 상황적 변경 요소를 다루기 위함이다(도표 6 참조). 기독교 교육자는 가치의 연속체로 교육의 실제적인 실천을 지도할 일정한 의식적인 선택을 해야 한다.

화이트의 개념의 가치 선택의 범위가 다원론적 사회와 관련해 확장된 까닭에, 기독교 교육자들은 몇몇 가치 체계가 현실의 전체성을 잘 대표한다는 사실을 반드시 입증해야 한다. 성경적 계시의 본질, 초자연적인 현실, 이성, 믿음, 경험으로 이러한 입증이 가능하다. 기독교 교육자는 더 높은 가치를 제시할 수 있는데, 그 이유는 교육자가 다음과 같은 질문에 답을 줄 수 있기 때문이다. 인간은 무엇이고 인간의 궁극적인 결과는 어떻게 되는가? 인간 행위의 목적과 의미는 무엇인가? 하나님은 누구신가? 이러한 질문은 선포된 믿음 밖에서는 답할 수 없는 것으로, 확실한 답이 있는 것이다.

사고와 실천에 영향을 주는 구체적인 가치 체계를 살펴보기 전에 가치론의 분야에서 기독교 교육자들에게 네 가지의 의미를 제시할 수 있다.[46] 첫째, 기독교 교육자들은 반드시 자신들의 가르침, 사역, 삶의 노력을 뒷받침하고 있는 가치에 주의를 기울여야 한다. 기독교 교육자들은 복음과 왕국의 가치를 부정하는 자신들의 문화에 너무 적응되어 있다. 우리가 다루는 가치들은 가르침과 학습의 의식적인 발견과 성경적 가치의 통합을 촉진한다. 이러한 가치를 의식함으로써 그 가치에 헌신할 수 있다.

둘째, 기독교 교육자들은 반드시 자신들의 가치를 교육적인 실천을 인도하는 실제적인 목적과 목표에 적용해야 한다. 가치는 반드시 실제적인 교육

---

46. 존 W. 가드너(John W. Gardner), "공공 생활에서의 가치 조우(Engagement of Values in Public Life)", 〈Harvard Divinity Bulletin, October-November 1984〉, pp. 5-6.

계획과 합해지고 그것을 통해 내면화되어야 한다. 그렇게 해서 인간은 정해진 가치에 일관되게 행동할 수 있게 된다. 이 두번째 의미는 가치가 규범적인 힘을 지니고 있고 반드시 의식적, 무의식적으로 교육 계획과 그 수행에 영향을 주어야 함을 보이고 있다.

세번째 의미는 우리가 공동체적인 세계에 살고 있기 때문에 가치는 반드시 단체적이며 공동체적인 상황에서 추구되어야 한다는 것이다. 가치는 너무 쉽게 사유화된다. 자기에 대한 주관적 선입관은 복음주의의 심리학적 고찰의 결과로서 기독교인을 괴롭힐 수 있다(내 평화, 내 기쁨, 내 자존감, 내 가치, 내 건강, 내…). 결과적으로 모든 사람, 특히 불리한 상태에 있는 사람들과 억압받는 사람들의 일반적인 복지에 대한 상대적인 부주의가 생겨난다. 이러한 상황에서 기독교 교육자들이 자신들의 가치를 공동체적인 목표에 적용하는 것은 중요하다.

네번째 의미로 기독교 교육자들은 반드시 자신들의 가치와 관련해 지속적인 회복의 필요성에 대해 의식하고 있어야 한다. 인간, 공동체, 기관, 사회 구조의 본질과 관련해 기독교 교육자들은 반드시 지속적으로 사람들의 마음과 정신에 있어서의 영적 전쟁을 위한 성경의 기초 가치들을 재확인해야 한다. 이 회복의 필요성은 개인적, 공동체적 표현의 죄의 현실에서 대두된다. 폴 틸리히(Paul Tillich)는 기독교인들은 개신교의 원칙과 관련해 변함없이 살아야 한다고 말했다. 원칙은 현대의 삶의 변화하는 필요, 상황, 화제와 관련해 기관의 지속적인 회복과 개혁은 필요한 것이라고 말하고 있다. 기독교인들의 사명은 복음에 충실하지 못한 노력, 형태, 구조에 반대하고 기독교 가치와 일치하는 대안들을 제시하는 것이다.[47] 참으로 이것은 기독교인이 해야 할 임무인 것이다. 기독교인들은 그러한 것들을 반대하면서 효과적

---

47. 폴 틸리히, 「개신교 시대(The Protestant Era, trans. James L. Adams, Chicago: University of Chicago Press, 1948)」, pp. 161-181.

인 개혁과 회복을 구체화하는 성령의 역사의 필요성을 깨달을 것이다.

가치에 대한 질문에 관해 드웨인 휴브너(Dwayne Huebner)는 다양한 교육 환경에서 교육의 실천을 인도하는 다섯 가지 가치 범주를 제시했다. 첫째, 기술적 가치는 교육의 통제와 효율성의 중요성을 강조한다. 이 가치 형태는 경제적 모델에 접근하고 결과를 산출하기 위해 인적 자원과 물질을 동원하는 '수단과 결과' 적인 합리성을 내포하고 있다. 이 가치는 조절되고 통제될 수 있어서 효과적으로 처리될 수 있는 교육의 요소에 초점을 두고 있다.

둘째, 정치적 가치는 교육 과정 중 드러나지 않는 힘에 대한 질문을 제기한다. 교사나 교육자들은 그들의 위치에 따른 권한을 갖고 있고 그것으로 다른 사람들에게 다양한 방법으로 영향을 끼칠 수 있다. 학생 역시 교사나 다른 이들에게 영향을 주는 힘을 갖고 있다. 교육은 현상을 유지하거나 변화하려고 시도하는 '느린 융합'의 정치학으로 볼 수 있다. 교육자들과 학생들은 더 넓은 사회에서 불의나 불공정을 지속하거나 정당화하는 사상이나 구조에 대한 질문을 제기할 수 있다.

셋째, 과학적 가치는 경험적인 기초로 새로운 지식을 창출하는 교육의 노력을 강조한다. 이 가치 범주에서는 학문과 연구가 의미를 위한 다양한 선택들에 대한 탐구와 함께 강조된다.

넷째, 미적 가치는 상징적이거나 미적 의미를 지니는 활동에 초점을 두고 있다. 상상력, 창조성, 삶의 본능적이거나 개방된 면에 대한 것이 이 교육 범주에 포함되어 있다.

다섯째, 윤리적 가치는 개인과 도덕적 삶의 실현에 공헌하는 교육의 만남을 다룬다. 이 범주에서 교사는 삶의 다양한 영역에서 그들의 책임감(또는 반응하는 능력)으로 학생들에게 영향을 끼쳐야 한다. 이 평가는 일반적으로 교육적 만남의 안과 밖에서 사람들과 함께 도덕 공동체의 비전을 나누고 대

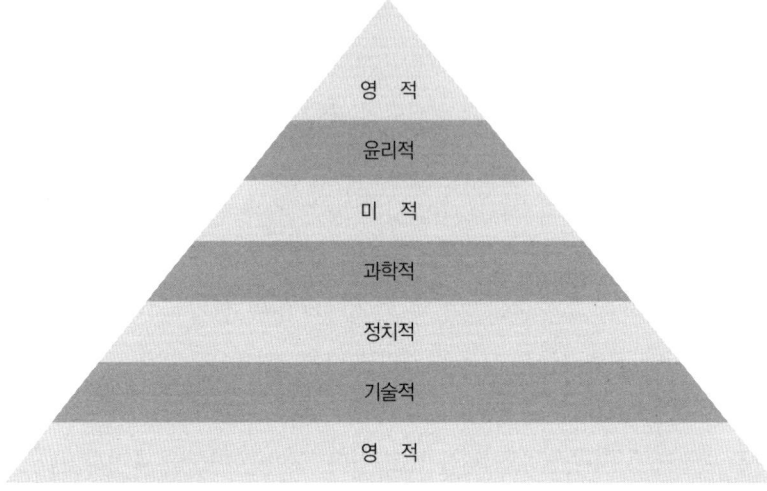

도표 7

가치 체계

(피라미드: 영적 / 윤리적 / 미적 / 과학적 / 정치적 / 기술적 / 영적)

화를 해야 할 필요성을 강조한다.[48]

휴브너는 교육이 이러한 범주로 거의 가치 평가 되어지지 않는다고 지적했다. 하지만 이 다섯 개는 교육을 가치 평가하는 과정에 모두 영향력이 있다고 한다.[49] 하지만 다섯 가지 범주와 관련해 기독교 교육자는 여섯번째 범주인 '영적 가치'를 제시할 수 있다. 이 영적 가치는 하나님의 자녀로서 하나님 안에서 정의롭고 올바르게 살 수 있도록 죄에서 인간이 해방되는 것을 포함하고 있다. 이 가치는 모든 삶의 경이, 경외, 예배를 장려하면서 하나님의 말씀을 이해하고 그 말씀에 일치하는 삶을 살 것을 강조한다. 이렇게 되면 다른 모든 가치 평가 범주에 영향을 주는 가치 체계의 가장 정점에 영적

---

48. 드웨인 휴브너, "교육 과정 언어와 교실의 의미(Curriculum Language and Classroom Meanings)", 「교육 과정 이론화: 재 개념론자(Curriculum Theorizing: The Reconceptualists, ed. William Pinar, Berkely: McCutchan, 1975)」, pp. 215-228.
49. 같은 책, p. 228.

가치가 있는 것으로 볼 수 있게 된다(도표 7 참고).

기독교인에게 가장 가치 있는 영적 가치는 다른 가치에 영향을 끼칠 필요가 있다. 도표 7을 보면 영적 가치가 가치 체계의 기초가 되는 동시에 정점이 되는 것을 볼 수 있다. 기독교 세계관에 의해 제공된 교육적 질문의 가치 판단을 위한 명확하게 표현된 기초의 필요성 때문에 영적 가치가 동시에 기초와 정점이 되는 것이다.

이러한 묘사들이 실제적인 선택이 될 때 교육의 개혁 시각은 추가적인 대안을 제시한다. 이 대안은 영적 가치의 블록 안에 포함된 서로 맞닿은 윤리적, 미적, 과학적, 정치적, 기술적 가치의 블록으로 나타낼 수 있다(도표 8 참조).

대표적 대안

도표 8

영적 가치(개혁적)

| 윤리적 | 미 적 | 과학적 | 정치적 | 기술적 |

영적 가치 평가는 교육적 가치들이 반드시 고려되어야 하는 전체적인 영역이다. 영적 가치 평가를 여섯번째 가치 평가의 범주로 보는 것보다는 각 가치 평가 범주에 반드시 영향을 주는 가치로 보아야 한다. 휴브너는 이들 범주를 다섯 가지로 재편성했다.

첫째, 기술적 가치 평가는 통제와 효율성을 강조한다. 하나님의 자원에 대한 책임을 강조하도록 개혁되고 바뀔 수 있다. 교육에서 묘사된 삶과 정해진 가치는 하나님의 조화, 섭리, 주권을 반영하는 하나님의 질서 있는 창조물로 볼 수 있다.

둘째, 힘과 그 힘의 정당화를 강조하는 정치적 가치 평가는 다른 사람을 자유하게 하고 그들에게 힘을 주는 것으로, 교육 안에서 개선될 수 있다. 하나님 앞에 겸손하고 예수 그리스도의 구속을 통해 사회 안에서 그리스도의 변화시키는 힘의 전달자가 되는 것을 통해 발생한다. 세상의 빛과 소금이 되고 매일의 개인적, 사회적인 삶에서 예수 그리스도의 부활의 권능을 체험하는 것이 교육에서 이 평가가 강조하는 것이다(마 5:13-16, 빌 3:10). 화해의 사역에, 다른 사람에게 봉사하고 그들을 사랑하는 것에, 인간의 힘을 완화하는 하나님의 뜻에 순종하는 것에 힘이 있다. 정치적 평가는 교회의 예언적 임무와 관련이 있다.

셋째, 경험적인 지식에 역점을 두는 과학적 가치 평가는 하나님의 창조물을 더 잘 알기 위한 기초로, 하나님을 아는 것에 초점을 두도록 개선될 수 있다. 모든 과학 연구에 주어진 일은 그리스도 안에 모든 지혜와 지식의 보화가 있다는 사실을 깨달아(골 2:2-3) 모든 사고를 그리스도께 순종적인 것으로 고정시키는 것이다(고후 10:5). 이것은 모든 과학적인 훈련 방법의 발견을 통합하기 위한 필수적인 관점을 제공한다. 그러기 위해서는 자연적, 초자연적 세계와 관련된 생각을 지니신 그리스도의 마음을 가져야 한다.

넷째, 미적 가치 평가는 자유, 창조성, 아름다움을 다룬다. 이 범주는 교육에서 인간의 창조적 표현과 잠재성 그리고 창조물에서 드러난 하나님의 아름다움의 드러냄을 강조하도록 개선될 수 있다. 인간은 모든 창조적 예술 활동을 통해서 하나님께 영광을 돌릴 수 있고, 삶의 일상적인 곳에서 하나님의 아름다움을 볼 수 있다. 교육은 인간이 하나님의 창조물의 구조와 형태 안에서 하나님이 주신 자유를 더 잘 떠올릴 수 있게 해줄 필요가 있다.

다섯째, 윤리적 가치 평가는 인간이 책임 있는 행동을 고려하고 현실화할 수 있도록 격려하는 것으로 개선될 수 있다. 책임 있는 행동은 먼저 하나님에 대한 것이고 그 다음이 창조물, 다른 사람 그리고 자신에 대한 것이다. 이것은 기독교 생활 양식과 인간 노력의 모든 영역의 윤리적 결정에 대한 이해를 요구한다. 기독교 교육자들은 개인적이고 사회적인 죄의 부정과 관계된 통합을 해야 할 필요가 있다. 이것은 학생들에게도 해당되는 것이다.

교육 철학의 특징들

가치론의 탐구에서 교육의 목표와 관련된 선택을 할 때의 기독교 가치의 필수적인 역할에 대해 알아보았다. 그 이상의 고려는 형이상학적, 인식론적, 가치론적인 관심에 관한 것과 그것들이 어떻게 기독교적인 것이 되고자 하는 정해진 교육 철학에 영향을 주는가에 대한 것들을 다룬다. 이 논점을 다루기 위해 기독교 교육자는 반드시 교육 철학 자체의 주요 요소를 확인하는 모델을 받아들여야 한다. 해롤드 버지스(Harold Burgess)는 목적, 목표, 내용, 교사, 학생, 환경, 평가를 포함하는 계획을 제안했다.[50] 이들 요소와 나이트의 요소 사이에는 직접적인 평행선이 있다. 학생의 본질, 교사의 역할, 교육 과정 강조, 교수법, 교육 기관의 사회적 기능 등이다. 버지스의 경우에 있어서 '내용'은 나이트의 '교육 과정의 강조'와 동일하다고 볼 수 있고, 버지스의 '환경' 범주는 나이트의 '교수법'과 '교육 기관의 사회적 기능'을 반영한다고 볼 수 있다. 버지스와 나이트는 교육 철학의 형식화를 위한 포괄적인 틀을 제공한다.

목적과 목표. 선포, 공동체, 봉사, 주창, 예배가 일반적으로 어떻게 기독교 교육 혹은 교육의 목적과 관련이 있는가? 1장에서의 모델은 기독교 교육의 목적과 교회의 목적 사이의 직접적인 관계를 제시하고 있다. 이 관점은 기독교 교육(Christian education)과 교회 교육(church education)을 동일시하

---

50. 교육 철학이나 철학을 고려할 때 버지스가 구분한 분야는 그 기준이 된다. 해롤드 윌리엄 버지스(Harold William Burgess), 「종교 교육으로의 초대(An Invitation to Religious Education, Mishawaka, Ind.: Religious Education Press, 1975)」, pp. 12-13, 167, 해롤드 W. 버지스, 「종교 교육 모델들: 역사적, 현대적 관점의 이론과 실천(Models of Religious Education: Theory and Practice in Historical and Contemporary Perspective, Wheaton: Victor Books, 1996)」, pp. 19-21.

지는 않는다. 하지만 교회를 환경과 관계의 다양성 속에 흩어져 있는 것으로 보고 있다. 그럼에도 불구하고 학습이 이루어지는 가정, 학교, 공동체, 직장, 관계성, 개인적인 장소에서 기독교 교육의 통일된 목적이 존재할 수 있다고 여기고 있다.

어떤 사람들은 기독교 교육 자체와 세속적 교육의 목적 사이의 간격과 그리고 두 영역에 모두 참여하는 기독교인들 사이의 간격으로 전통적으로 간주되었던 분열과 관련해 심각한 질문을 제기할 수도 있다. 공립학교의 직업 훈련의 영역에서 기독교인은 어떤 목적을 가질 수 있는가? 다른 사람들은 지식, 가치, 기술, 감성, 태도의 습득이 그들의 목표라고 할 수 있을 것이다. 선포, 공동체, 봉사와 같은 추가적인 목적이나 목표는 교육의 임무와는 관계가 없는 가장 순수하고 이상적인 실용적 강조점을 보인다. 그렇다면 왜 이러한 추가적인 목적을 제시하는가? 언급된 것이 아닌 다른 성경적 기초를 강조하거나 기독교 철학을 형식화할 때의 경험 또는 이성을 더욱 강조하는 기독교인들에 의해 고려되는 사항의 세번째 영역이 제기될 수 있다. 이러한 대안적인 결정은 밝혀진 목적과 목표에 차이점을 가져올 수 있다. 어떠한 목적과 목표가 선택되어지든 간에 이들의 수행과 정의의 명확성과 일관성에 관한 질문은 제거된다.

폴 H. 비스(Paul H. Vieth)는 「종교 교육의 목적(Objectives in Religious Education, 1930)」에서 당시의 지도자들의 생각에서 도출된 일곱 가지 목표를 제시했다.[51]

1. 인간 경험의 현실로써 하나님에 대한 의식과 예수 그리스도를 통한 개인적 관계 형성의 느낌을 양육하라.

---

51. 폴 H. 비스(Paul H. Vieth), 「종교 교육의 목적(Objectives in Religious Education, New York: Harper & Bros., 1930)」, pp. 70-78.

2. 그리스도를 구주로 영접하고 매일의 삶에서 그분을 충성스럽게 따르고 순종하도록 예수님의 인격, 삶, 가르침에 대한 이해를 개발시키라.
3. 성령의 역사를 통해 그리스도와 같은 속성을 점차로 지속적으로 양육시키라.
4. 하나님의 사역이 존재하지 않는 세상에서 그분의 사역에 관한 복음의 영적, 사회적 성취에 응답하고 참여하기 위한 능력과 경향을 개발하라.
5. 기독교 가정과 확장된 기독교 가정인 교회에 적절한 때에 책임 있게 참여하기 위한 능력과 경향을 개발하라.
6. 각 개인의 삶에서 상황화된 기독교 세계관의 개발을 권고하라.
7. 모든 믿음과 삶에 있어서 권위적인 지침이 되는 성경에 분명하게 기록된 하나님의 전체적인 계획 안에서 기독교인들을 교육하라.[52]

비록 실제적인 교육 상황과 관련해서 이러한 일곱 개의 목표에 대한 상대적인 강조가 달라지더라도 일반적인 목적은 지속적인 특성을 지니고 있다. 이러한 목적과 목표의 조심스런 이행은 교육 철학의 주요 요소가 된다. 다음과 같은 기독교 교육의 일반적인 목적이 제시될 수 있다.

> 교회 교육 사역의 일반적인 목적은 모든 사람이 하나님을 알고 하나님과 그의 피조물 안에서 역동적이고 성장하는 관계를 개발하는 것이다 (요 17:3). 이 지식과 관계는 하나님의 계시와 성경의 자기 현시에 기초해 있고, 구주 예수 그리스도에 완전하고 결정적으로 중심을 두고 있다 (요 14:6, 17:7, 딤후 3:16). 모든 사람은 기독교 공동체의 일원으로서 지속적으로 성장하고 그리스도의 재림을 위해 사랑 안에서 머무르며, 그

---

52. 같은 책.

리스도를 대표하는 자로서 세상에서 살아가도록 성령의 역사를 통해 믿음, 사랑, 순종으로 반응해야 한다. 교육 사역의 목표는 사람들을 그리스도께 순종하는 제자로 만들고(마 28:18-20) 봉사를 위해 준비시키며 그리스도의 형상을 더욱 따르도록 하는 일이다(엡 4:11-16).[53]

내용. 비록 기독교 교육에서 성경의 역할이 많이 강조되어 왔지만, 로이스 르바(Lois LeBar)는 기독교 교육자들이 하나님의 살아 있는 말씀(그리스도)과 글로 기록된 말씀(성경) 모두에 중점을 두는 확장된 관점을 제시했다.[54] 이 제안은 성경적인 내용을 살아 있는 그리스도와 인간의 삶에 연관짓지 못한 성경의 강조에 대한 위험에 반대하는 것이다. 복음주의 교육자들이 특히 이 위험 요소에 많이 노출되어 있다. 문제가 되는 다른 논점은 내용 선택에 있어서 학생들의 경험과 필요성의 역할이다. 그 이유는 교사들이 특정한 환경의 상황에서 사람들에게 내용을 제시하기 때문이다. 어떤 사람들은 학생들의 필요, 문제, 관심이 우선적으로 다루어져야 한다고 말했다. 그러나 반면에 어떤 사람들은 내용의 논리적이고 순차적인 순서가 우선되는 지침이 되어야 한다고 제시한다. 덧붙여서 또 다른 사람들은 사회적 또는 공동체적 책임을 강조하기도 한다. 이 세 가지 선택이 인간, 사회, 주제 중심적인 접근 방법과 관련되어 탐구된다.[55]

인간의 필요를 최우선순위에 두는 사회적 상황에서 복음주의 교육자들은 반드시 그러한 필요의 본질을 구별하기 위해 분별력을 길러야 한다. 이렇게 해야 하는 이유는 지혜의 격언에도 나타나 있듯이 학생의 필요가 교육적 내

---

53. 이 문장의 출처는 케네스 L. 코버(Kenneth L. Cober), 「교회의 교육 사역 구상: 기독교 교육 부서를 위한 지침서(Shaping the Church's Educational Ministry: A Manual for the Board of Christian Education, Valley Forge: Judson Press, 1971)」, pp. 7-8.
54. 로이스 E. 르바, 「기독교적인 교육(Education That Is Christian, rev. ed., Old Tappan, N. J.: Fleming H. Revell, 1981)」, pp. 212-215.
55. pp. 123-125를 참조하라.

용의 주요 결정 요소가 되어야 하기 때문이다. 사람이 필요하다고 느끼는 것과 진정으로 필요한 것 사이에 확실한 구분이 있어야 한다. 위 격언의 당연한 결과로 교육자는 필요하다고 느낀 것을 다룸으로써 그들의 노력을 시작하고 결과적으로 학생들의 진정한 필요를 언급하고 드러내야 한다. 이러한 일반적인 지혜를 따르다보면 책임의 다양한 영역에서의 인간에 대한 하나님의 요구에 심각한 부주의를 초래하기도 한다. 아브라함 헤스켈(Abraham Heschel)은 이러한 현상을 필요의 문제점 또는 폭정으로 묘사했다.[56] 사회나 문화가 실제적으로 필요한 것에 대한 지각을 왜곡할 수 있기 때문에 기독교 교육자들은 반드시 성경의 범주를 사용하여 필요를 평가해야 한다.

이러한 문제점에 대한 한 가지 예로 물질적 자원이 증가한 축적에 의해 측정된 발달의 관점으로 교육을 통한 보다 나은 삶을 정의하고자 하는 경향을 들 수 있다. 따라서 지속적으로 요구되는 것은 더 큰 가치의 물질을 위한 증가된 소비와 소유다. 이러한 물질주의적 시각은 기독교 세계관과 대립될 수 있는 특정한 문화를 통해 인식된 필요의 영역을 충분히 비판하지 못했다. 이렇게 된 이유는 인간의 죄 때문이다. 실제로 교육적 과제는 물질주의를 넘어 대안적인 가치를 제안하는 신성한 요구와 함께 인식된 필요에 도전하는 것이다. 물론 이것은 성경적 범주에서 분별된 적절한 혹은 진정한 인간의 필요를 간과하지는 않는다.

또 다른 논점은 교육의 경험 또는 행위와 내용 또는 반영 사이의 관계에 관한 것이다. 축적된 지식의 전달을 강조하는 몇몇 교육자들은 내용 또는 반영이 일차적인 것이고 경험, 행위는 이차적인 것이라고 제안했다. 따라서

---

56. 아브라함 J. 헤스켈, 「하나님과 인간 사이: 아브라함 헤스켈의 작품에 대한 유대교의 해석(Between God and Man: An Interpretation of Judaism from the Writings of Abraham Heschel, ed. Fritz A. Rothchild, New York: Free Press, 1959)」, pp. 129-151.

주어진 교육적 노력이 실천해야 할 의무는 내용을 나누는 것이고 계속해서 어떻게 그 내용이 행위를 낳거나 경험에 영향을 줄 수 있는지를 논하는 것이다. 삶의 경험적인 면을 강조하는 다른 교육자들은 교육의 효과적인 통합은 경험이 일차적인 곳에서 일어난다고 말한다. 공유된 경험 또는 행위는 통찰력을 얻기 위해 계속해서 노력에 비추어 평가되고 반영된다.

첫번째 접근은 보편화되고 추상적인 지식에서 특별하고 직접적인 상황의 개인이 소유하게 되는 지식으로 옮겨가는 연역적인 문제로 확인될 수 있다. 두번째 접근은 특정하고 경험된 지식에서 아마도 보편화되고 반영을 통해 다른 경험과 연관된 지식으로 옮겨가는 귀납적인 문제로 확인된다. 두 접근 모두가 다양한 방법으로 보완적인 것으로 보일 수 있다. 하지만 강조의 상대적인 차이는 교육적 내용에서 분리된 목록임을 의미한다.

교사. 윌버트 J. 맥키치(Wilbert J. McKeachie)는 교사들에게는 각각의 상응하는 목표가 있는 여섯 가지의 역할이 있다고 제안했다. 이들 역할과 목표는 개혁적 시각으로 더욱 확대되었다.

- 숙련자/초심자 - 숙련자로서 교사는 불충분한 전문 지식의 분야를 인식하면서 지식, 즉 분야 또는 주제의 개념과 시각을 전달해야 한다.
- 공식적인 권위자/대상자 - 공식적인 권위자로서 교사는 목표들과 여기에 도달하기 위하여 필요한 과정들을 결정한다. 그리고 대상자로서 적절하게 학생들의 제안에 열린 자세를 취해야 한다.
- 사회화/사회화된 대리인 - 사회화의 대리인으로서 교사는 교실이나 과정 외에 목표와 선택권을 분명히 해야 하고 이를 위해 학생들을 준비시켜야 한다. 사회화된 대리인으로서 교사는 교육 환경을 넘어 학생들과 다른 사람들의 영향과 의견에 열린 자세를 취해야 한다.
- 촉진자 - 촉진자로서 교사는 학생들 자신의 조건으로 그들의 창조성과

성장을 촉진하고 학생들이 배울 때 대하는 장애물을 극복할 수 있도록 도와야 한다. 교사는 그 자신의 창조성과 성장에 민감해야 한다.
- 과정에서 이상적 자아 - 이상적 자아로서 교사는 주어진 영역에서 교육적 연구에 대한 흥미와 가치를 전하고 이상과 실천이 부족한 영역을 인지해야 한다.
- 인간 - 인간으로서 교사는 학생의 교육 활동에 관련된 지속적인 기술과 인간의 필요성의 모든 범위들을 전해주어야 하고 인간으로서 학생을 인정해야 한다.[57]

맥키치의 여섯 가지 역할과 관련해 기독교 교육자는 자신에게 이러한 역할이 어디까지 수용되고 개선될 수 있는지를 반드시 물어봐야 한다. 기독교 교사는 기독교 믿음의 성경적 지식, 개념, 관점들을 전해야 한다. 덧붙여서 교사는 학생들이 성경적 세계관과 일치하거나 또는 그들이 접할 수 있는 불일치들을 이해하도록 돕는다는 조건으로 불특정한 분야나 주제의 추가적인 통찰력을 공유할 수 있다. 이것은 기독교 교사들에게 통합의 문제점과 기독교 전통과 관련된 책임을 제기한다. 기독교 교사는 하나님과 그분의 학문에 충실함을 명백히 하는 전문가인 것이다.

맥키치의 두번째 역할과 관련해서 말하면 기독교 교사는 공식적 또는 비공식적인 권위자다. 하지만 최종적 권위는 언제나 하나님께 속해 있다. 따라서 기독교 교사는 근본적으로나 최종적으로 모든 영역의 노력을 하나님께 대해 책임지는 자들이다. 둘째로 기독교 교사는 그의 권위의 이행을 위해 다수의 개인, 단체, 기관에 대한 책임을 진다. 교사의 공식적 또는 비공식적인 권위의 본질은 이차적인 것이다. 그리고 교사에게 주어진 명령은 하나

---

57. 윌버트 J. 맥키치, 「교육을 위한 비결들: 신임 대학 교수를 위한 지침서(Teaching Tips: A Guidebook for the Beginning College Teacher, 7th ed., Lexington, Mass.: D. C. Heath, 1978)」, pp. 81-82.

님의 영광을 위해 이차적인 권위를 이행하는 것이다. 이 관점은 목표를 달성하고 여기에 도달하기 위한 과정을 세우는 데 있어서 교사들의 적합한 역할을 절대로 감소시키지 않는다. 기독교 교사는 또한 진실된 학생들이 제안하는 통찰력에 열린 자세를 취해야 한다.

사회화의 대리인으로서의 교사의 역할은 반드시 인간의 삶의 다양한 영역에서의 부모, 교회, 공동체, 정부의 보완적인 역할과 연관해 관찰되어야 한다. 특정한 상황에서 기독교 교사는 재사회화의 대리인이 될 수도 있다. 이 때 이들은 학생들의 삶의 다른 사회화 세력의 본질에 의존한다. 잠재적 '재사회화 대리자(resocializer)'로서의 추가적 책임은 성경적 가치와 비문화화의 올바른 위치와 관련된 조심스러운 분별을 요한다. 포스트먼(Postman)과 웨인가트너(Weingartner)는 파괴적인(subversive) 활동, 즉 학생들에게 질문을 제기하고 부적합한 사회화에 대한 의식을 얻을 수 있도록 선택권을 주는 것으로 가르침에 대한 그들의 논의에서 이 역할을 언급했다.[58] 포스트먼은 또한 가르침을 문화적이고 사회적인 규범과 관련된 사회화 대리인으로서의 교사의 역할을 받아들이고 보존하는 활동으로 보고 있다.[59] 기독교 교사는 학생들과의 상호 작용을 통해서도 사회화된다.

촉진자로서 기독교 교사는 오직 학생들에게만 관련되어 있지는 않지만 그들의 창조성과 성장을 촉진한다. 대학생들에 대한 맥키치의 초점을 인정하지만 교사들은 창조성과 성장을 이해하기 위한 그들의 관점을 하나님으로부터 받는다. 이것은 학생들의 기준과는 많이 다른 기준을 제시하지는 않을 수도 있다. 하지만 많은 경우에 다르게 제시될 것이다. 그 이유는 인간의 창조성, 성장, 자유는 반드시 하나님의 질서, 구조, 삶을 위한 형태와 관련되

---

58. 닐 포스트먼(Neil Postman)과 찰스 웨인가트너(Charles Weingartner), 「파괴적 활동으로서 가르침(Teaching as Subversive Activity, New York: Delacorte, 1969)」.
59. 닐 포스트먼, 「보존 활동으로서의 가르침(Teaching As Conserving Activity, New York: Dell, 1980)」.

어 이해되어야 하기 때문이다. 하나님의 질서 안에 있으면 창조성과 참된 성장을 위한 엄청난 잠재성을 접할 수 있다. 하지만 착각, 미혹함을 동반한 인간의 죄의 폭로를 위한 동등한 잠재성도 존재한다. 기독교 교사는 계속적인 성장과 창조성에 대한 자신의 필요를 반드시 의식하고 있어야 한다.

맥키치의 다섯번째 역할에 의하면 기독교 교사는 자신의 삶에 그리스도가 살아 있는 실재가 되도록 보여주는 유일한 모델이다(고전 11:1). 기독교 교사들은 삶의 모든 영역에서 기독교 연구에 대한 흥미와 가치를 학생들과 함께 나누어야 한다. 교회 내의 교육이 너무 많이 세속적이고 흥미와 특색이 없는 교육으로 자리를 잡게 되었다.

여섯번째 역할인 인간으로서 존재하는 것에서 추가로 또 하나의 도전이 요구된다. 기독교 교육에서 너무나 많은 노력들이 하나님에 의해 창조된 교사의 필수적인 개성을 부인해왔다. 가르침에 대한 성경적인 모델은 개인적 관계 형성과 상호 간에 서로를 보완해주는 교리와 삶을 공유하는 진리를 충당해주는 것을 강조한다.

다양한 교육 환경에서 이러한 역할들을 제대로 균형 잡기는 어렵다. 각각의 역할에 필요한 능력과 탁월성은 위대한 교사이신 예수님의 영광을 반영하는 그런 교사를 필요로 하는 세상에서의 기독교의 통합을 위한 요구에 의해 요청되었다. 예수 그리스도의 교육 사역을 조심스럽게 연구함으로써 교사의 역할을 위해 필요한 이 이상의 통찰력이 탐구될 수 있다. 기독교 교육자들은 이러한 여섯 개의 역할의 상대적인 강조에 따라 차이점을 보이게 된다.

기독교 시각에서 봤을 때 교사들은 학생들과 함께하는 친구와 같은 존재이다. 그들은 독특한 장점과 약점이 있고 죄로 인해 타락한 하나님의 피조물이다. 일반적인 교육에서 그들은 기독교인일 수도 있고 아닐 수도 있다. 하지만 그럼에도 불구하고 그들은 학생들을 가르치기 위한 하나님의 도구가 될 수 있다. 교사들을 위한 영적인 기준은 다음과 같다. (1) 그리스도를 믿음(고전 12:27-28). (2) 하나님의 부르심을 받고 교육 사역을 위한 은사를 받음(롬 12:7, 고전 12:28, 엡 4:11-12). (3) 진실한 교리에 충실함(딤전 1:3-7, 딤후 2:2). (4) 그리스도의 종이며, 그분의 권위를 가진 자요, 성숙하고 성숙해지고 있는 제자(딤전 3:1-7, 약 3:1). (5) 개인의 삶과 교육을 위해 하나님 앞에 책임을 짐(마 23:10, 딤전 4:12-16, 약 3:1).[60]

학생 - 맥키치가 제시한 역할을 학생과 관련해 생각해본다면 다음과 같은 것들을 제시할 수 있다.

- 초보자/숙련자 - 초보자로서 학생은 교사의 지식, 개념, 관점을 받아야 하고 전문 지식의 영역에서 통찰력을 제공해야 한다.
- 공식적 대상자 - 교사의 권위에 대한 대상자로서, 학생은 교사가 정해 놓은 목표와 과정을 수용해야 한다. 그리고/또는 교사와의 협의를 통해 대안적인 목표와 과정을 제시해도 된다.
- 사회화된/사회화하는 대리인 - 사회화된 대리인으로서 학생은 교사와 협력하여 교실 외의 목표와 선택권을 분명히 하는 과제에 적극적으로 참여해야 한다. 학습의 전달을 위해 목표와 선택권을 제시함으로써 학생은 또한 사회화하는 대리인이 될 수 있다.
- 동료 촉진자 - 동료 촉진자로서 학생은 창조성과 성장을 위한 영역을 밝혀야 한다. 그리고 교사와 협력하여 학습할 때의 장애물들을 극복해야 한다.
- 과정에서 이상적 자아 - 과정에서 이상적 자아로서 학생은 교육적 연구의 흥분과 가치를 나누어야 하고 이상의 부족한 영역을 인식해야 한다.

---

60. 알 에드커(Al Edeker), "기독교 교육 철학(A Philosophy of Christian Education, Gordon-Conwell Theological Seminary, 1985)", p. 5.

- 인간 - 인간으로서 학생은 인간 존재로서 인정받고, 학생과 교사를 인간으로 인정하기 위해 개인의 교육 활동을 유지하고, 그것과 관련된 모든 인간의 필요와 기술을 전달해야 한다.

학생의 역할을 설명할 때 우리는 학생을 수동적이고 수용적인 존재로 이해하는 것을 멈추고, 적극적인 참여를 위한 영역을 탐구해야 한다. 학생 참여의 정도와 공유된 책임은 학생의 성숙도와 경험에 의존한다. 하지만 전체적인 삶의 반응을 위해 하나님이 인간을 창조하셨다는 사실을 통해 이것은 강조될 만한 가치를 지니게 된다. 해롤드 버지스는 이렇게 말했다. "비록 개신교의 전통적 이론가들이 몇 가지 중요성을 학생과 교사의 학습 과정에 주었지만 그들은 자신들의 실제적인 이론화에 있어서 이러한 요소에 그다지 신뢰성을 부여하는 것 같지 않다."[61]

교육적 노력에서 학생은 교사의 협력자가 된다. 그리고 학생들의 적극적인 참여를 제멋대로 하려는 시도는 그들의 창조된 인간성을 부인하는 것이 된다. 기독교 진리는 반드시 인간에게 전해져야 한다. 인간을 무시하는 것은 평균의 절반을 무시하는 것과 같게 된다. 개혁적인 시각은 개개인의 학생들 사이의 독특한 차이점을 인지한다. 그리고 교사들이 신뢰할 만한 내용과 직접적인 가르침을 나눌 필요성을 부인하기 위함이 아니라 학생들의 삶에 진리를 적극적으로 전유하기 위해 대화를 장려한다. 그렇지 않으면, 복음주의 교육자들은 교육적인 환경 너머로 전달되지 않고 기독교 세계관과 관련해 삶을 통합하는 과정에 도움을 주지 않는 학습의 기계적 형태를 범하는 것이 된다. 에드커(Edeker)는 성경적인 관점으로 학생을 이해하는 다음과 같은 통찰력을 제시했다.

---

61. 버지스, 「종교 교육으로의 초대(Invitation to Religious Education)」, p. 49.

교육에 대한 기독교 철학으로 학생을 바라보는 시각은 몇 가지 요점을 제시한다.

한 가지는 학생이 하나님의 형상을 따라 지음받은 피조물이라는 것이다. 따라서 학생은 하나님이 귀하게 여기는 가치 있는 존재가 된다. 이는 학생 자신이나 다른 사람이 학생을 존중하고 소중히 여겨야 한다는 것을 뜻한다. 학생은 이류 시민이나 비어 있는 컨테이너가 아니다. 가치 있고 잠재성이 있는 인간인 것이다.

둘째, 다른 모든 사람들과 마찬가지로 학생도 타락을 했다는 것이다. 그러므로 학생에게는 그들의 성장과 다른 사람과의 교류에 영향을 주는 한계, 결점, 해로운 태도가 있다.

셋째, 모든 인간은 하나님의 자녀 또는 잠재적인 자녀다. 이 잠재성은 그리스도 안에서 구체화되었다.

넷째, 학생은 변화하고 성장할 수 있다. 기독교의 시각은 성령의 역사를 통해 학생의 파괴적인 특성과 태도는 매일매일의 성화를 통해 수정되고 개선될 수 있다고 제시한다.

다섯째, 학생은 자신의 행동, 죄, 하나님에 대한 응답에 대해 하나님 앞에서 책임을 지고 있다.

학생에 대한 이러한 시각은 학생의 잠재성과 책임 모두를 반영하고 있다. 다음의 역할은 그리스도인의 학생이 보일 수 있는 가능한 반응을 제시하고 있다. 이러한 역할을 수행하는 학생의 능력은 학생의 나이나 그리스도 안에서의 성숙도에 따라 달라질 수 있다.

1. 학생은 그리스도를 닮기 위해 성장하려고 노력해야 한다.
2. 학생은 학습과 배운 것을 응용함으로써 하나님께 예배하고 영광을 돌려야 한다.
3. 학생은 자신의 재능을 사용하는 좋은 청지기가 되어야 한다.

4. 학생은 자신이 하는 모든 일에 부지런해야 한다.
5. 학생은 성경으로 모든 지식을 확인해보아야 하고 영들(spirits)과 교사도 확인해보아야 한다.
6. 학생은 자신이 배운 것을 적용함으로써 듣기만 하는 것이 아니라 실천하는 자가 되어야 한다(약 1:22-25).
7. 학생은 성령의 역사를 받아들여야 한다.
8. 학생은 모든 피조물의 가치를 인정해야 한다.
9. 학생은 공동체에 속해 있어야 하고 다른 사람들을 격려해야 한다(히 10:24-25).[62]

환경

교육을 위한 환경, 상황, 배경의 다양한 요소는 반드시 고려되어야 한다. D. 캠벨 와이코프(D. Campbell Wyckoff)는 환경의 세 가지 흥미로운 양상을 통찰력 있게 언급했다.

첫째 요소는 자연적 측면이다. 이 요소는 시각, 이동성, 안락함의 요소와 함께 교실 배치, 장식, 미학, 자료 전시 등을 포함하는 교실의 물리적 자원과 물질적 요소를 포함한다. 인적 측면이 두번째 요소다. 이것은 교사(들)와 학생(들) 그리고 다른 인적 자원에 초점을 둔다. 덧붙여서 헌신의 본질, 상호 작용, 개인적 그리고 교육적 상호 작용에서 드러나거나 드러나지 않은 공유된 관심이 이 요소에 포함되어 있다. 마지막 요소는 신적 측면이다. 성령은 결정력 있는 환경적인 존재이고 주어진 과제는 하나님의 영이 인간의 삶에서 결실을 가장 잘 맺을 수 있도록 주위 환경을 창조하는 일이다.[63]

---

62. 에드커, "기독교 교육 철학", p. 6.
63. 캠벨 와이코프(D. Campbell Wyckoff), 「기독교 교육의 과제(The Task of Christian Education, Philadelphia: Westminster, 1955)」, p. 104.

세 가지 측면 모두 다 기독교 교육에 있어서 주의와 의도를 필요로 한다. 신적 측면에 분명한 우선순위를 두고 이 세 가지 측면에 접근하는 것이 필요하다. 형식적, 무형식적, 비형식적인 모든 교육의 환경이 다양한 정도의 의식과 정도를 가지는 세 가지 측면을 포함하고 있다. 환경에 대한 이러한 측면과 다른 측면을 조심스럽게 평가함으로써 기독교 교육의 노력을 상황화해야 할 필요성은 실천 신학의 요구를 반영하고 있다. 나이트의 분석은 인적 측면을 정치적, 경제적, 사회적, 단체적, 가정적 영향에 관해 고려할 필요가 있음을 제시하고 있다.[64] 문화적 요소의 추가적인 면도 반드시 인지되어야 한다. 이러한 다양한 요소들은 마지막 장에서 다루어질 것이다. 하지만 기독교 교육자들이 접하는 끊이지 않는 질문이 하나 있다. 그것은 어떻게 환경의 세 가지 측면이 가장 효과적인 학습과 상호 작용을 하고 그것을 촉진시키는가 하는 것이다.

평가

평가의 마지막 요소는 가치에 대한 질문을 다시 하고 있다. 왜냐하면 혹자가 평가한 것의 가치가 확인되지 않았기 때문이다. 평가할 때 기독교 교육자는 실제로 실천 중인 정해지거나 또는 정해지지 않은 목적과 목표의 달성 정도를 공식적으로 또는 비공식적으로 평가한다. 평가할 때 필요한 것은 책임과 의무다.

기독교 교육은 특정한 정도까지 학생과 교사들이 보이는 지식, 가치, 태도, 기술, 감성, 행동의 변화와 관련해 관찰될 수 있다. 평가는 근본적으로 신성한 평가에 속해 있는 것이다. 그리고 기독교 교육자들은 반드시 그들과 학생의 노력의 결과를 조심스럽게 평가하고 관찰하기 위해 필요한 시간과

---

64. 122쪽의 도표 6 참조.

에너지를 투자해야 한다. 평가의 효율성은 일정한 기간 후에 평가되고 재고될 수 있는 목적과 목표의 조심스러운 사전 이행에 크게 의존하고 있다. 평가는 또한 판단을 위한 객관적이고 주관적인 기준을 모두 겸하려고 노력하고 있다.

현대 교육 철학

교육 철학의 특성들을 살펴본 우리는 이제 몇 가지 현대 철학의 차이점들을 알아보려고 한다. 버지스의 다섯 개의 범주(목표, 내용, 교사, 학생, 환경)가 각 철학의 차이점들을 나타내기 위해 사용될 것이다. 여섯번째 범주(평가)는 각 철학을 비판하기 위해 사용될 것이다. 다음과 같은 교육 철학이 다루어질 것이다. 항존주의(perennialism), 본질주의(essentialism), 행동주의(behaviorism), 진보주의(progressivism), 재건주의(reconstructionism), 낭만적 자연주의(romanitic naturalism), 실존주의(existentialism)이다.[65] 이들 철학 중 몇 가지는 실제 실천에 보완적인 것으로 보일 수도 있다. 하지만 설명을 위해 이들은 별개의 것으로 여겨질 것이다.

항존주의

항존주의는 학문적인 탁월함과 함께 이성적 능력의 배양을 강조한다. 개개인을 영원한 진리로 인도하기 위해 교육의 지적, 영적, 윤리적 목적을 확인한다. 목표는 정해진 고전 작품의 주제의 주요 내용의 전달과 동화(assimilation)다. 이 철학의 고전적 주창자로서 아리스토텔레스(Aristotle), 토마스 아퀴나스(Thomas Aquinas)가 있고, 근래의 옹호자는 로버트 허친스(Robert Hutchins), 모티머 애들러(Mortimer Adler), 알란 블룸(Allan Bloom),

---

65. 이들 철학과 이론을 자세히 알아보기 위해서는 나이트, 『철학과 교육(Philosophy and Education)』, pp. 90-126을 참조하라.

자크 마틴(Jacques Maritain) 등이 있다.[66]

항존주의 교육의 내용에는 서양 세계의 위대한 작품들(Great Books of the Western World), 고전작품, 전통적 교양 과목이 포함된다. 학생들은 과거 서양의 우수한 작품들과 접할 때 정신과 이성이 강조된다. 커리큘럼은 정신적인 훈련과 문학적인 분석에 대한 강조를 하면서 주제 중심적이다.

교사는 학문에 뛰어난 학자요, 방대한 범위의 지식과 지혜에 뛰어난 철학자로 여겨진다. 교사의 역할에 상응하여 학생은 고전과 교양 과목에서 나타난 근본 원리에 의해 인도받는 이성적인 존재로 여겨진다.

항존주의의 학습을 위한 일차적인 환경은 고전적인 전통이 공유되거나 근면한 학습을 통해 습득될 수 있는 교실, 강의실, 서재, 도서실을 포함한다.

항존주의는 과거에 대한 감성, 합리성에 대한 관심, 우수성에 대한 강조를 통해 확인될 수 있다. 이 철학은 절대적인 진리는 존재하고 인간 본성은 그것에 일치한다는 견해를 갖고 있다. 항존주의자들은 교육의 지적, 영적, 윤리적 목적을 인지하고 있다.

항존주의는 과거에 대한 몰두와 합리주의를 향하는 경향으로 비판받을 수 있다. 획일적인 교육 과정은 창조성을 짓누를 수 있다. 그리고 완전히 지적이고 교사-규제적인 접근으로 인해 인간의 전체적인 성격과 인간 이성의 한계를 깨닫지 못할 수도 있다.

본질주의

본질주의 교육자들은 학문적 우수성, 지성의 배양, 정해진 주제의 전달과 동화를 강조한다. 이 관점에서 진리의 분별은 조심스러운 관찰과 이성의 사용을 통해 가능해진다. 주요 주창자들은 아더 베스토어(Arthur Bestor), 에드

---

66. 같은 책, pp. 102-108.

머럴 하이먼 G. 릭오버(Admiral Hyman G. Rickover)이다.[67]

본질주의 교육의 내용에는 기초적인 학문적 훈련과 기본적인 지식과 다음 단계인 고급 지식의 숙달이 포함된다. 항존주의와는 다르게 본질주의는 본질이 되는 고전작품의 연구에 추가하여 현대의 과학적, 실험적 연구를 다룬다. 본질주의는 기초로 회귀하는 운동 그리고 다양한 주제를 포함한다고 정의된 그러한 기초의 숙달을 강조한다.

본질주의에서 본보기가 되는 교사는 그의 능력면에서 어느 정도의 전문 지식을 성취하고 현대 세상에 속해 있는 과학과 학문을 아는 사람이다. 학생은 물리적이고 사회적인 환경에 적응할 때 지적 훈련의 밑바탕이 되는 기본적 사실과 기술에 대한 통제권을 얻어가는 이성적인 존재로 여겨진다.

항존주의처럼 본질주의는 교실과 도서실과 같은 일차적인 환경에 중점을 둔다. 하지만 연구실도 또한 강조한다. 학생들은 이러한 환경에서의 학습을 통해 학문적 훈련에 더 넓은 성장에 다가가게 된다.

본질주의는 기초 학습 능력의 숙달과 학습에 대한 열중과 훈련의 필요성에 대한 인식을 강조한다. 이 철학도 교육의 지적, 영적, 윤리적 목표를 인식하고 있다. 하지만 항존주의와는 다르게 개인을 물리적이고 사회적 환경에 적응시키는 것 때문에 완전히 지적이지는 않다. 교사-규제와 합리주의 지향 경향의 가능성과 관련해서 비판이 제기될 수 있다. 개인적 또는 협동적 경험과 연관되지 않을 수 있는 넓은 범위의 지식을 탐구하고, 그것을 공유할 때 특별한 사람들의 필요가 무시된다면 이것은 결국 배타주의가 될 수도 있다.

---

67. 같은 책, pp. 108-112.

행동주의

행동주의자들은 효율성, 경제성, 정밀성, 객관성의 역할을 하는 사람들을 만들기 위해 노력한다. 교육은 사람을 교육자들이 정해놓은 행동과 반응으로 교육시킨다. 이 교육 형태는 대립을 감소시키면서 균형을 유지하고 있는, 통제되고 또는 조절되고 있는 사회의 목적에 기여한다. 행동주의와 가장 밀접한 사람이 B. F. 스키너(B. F. Skinner)이다.[68]

행동주의 철학은 학생의 바람직한 반응과 기술을 위해 행동적 변화 결과를 통합하고 적절히 보강을 한다. 분명하고 정확한 행동의 목표가 정해졌고 학생들은 사용 가능하게 계획된 교육과 다른 교육적 기술들이 보상을 제공하는 환경에 놓여진다.

여기서 교사들은 인간과 환경을 대하는 숙련된 기술자이자 조각가다. 행동주의적 접근은 학생들을 사회적 이상에 반응하는 잘 다듬어지고 조절된 인간으로 개발하고자 노력한다. 학생들은 최선의 역할 수행을 위해 명확한 방향을 필요로 하는 존재로 여겨진다.

학습을 위한 적합한 환경은 주변의 자극이 배제되거나, 자극이 없는 조심스럽게 통제된 교육적인 환경이다.

행동주의는 행동과 태도에 대한 조심스러운 고려와 환경적인 영향에 대한 의식적인 주의를 통해 확인될 수 있다. 이 교육 철학은 일부 학생 집단과 특별히 선택된 태도에 효과적이었다. 행동주의에 대한 주요 비판은 행동에 대한 배타적 또는 제한적 초점으로 인간을 축소하는 개념에 있다. 인간은 습관이 잘 들여진 동물보다 나은 존재다. 인간에 대한 기독교 시각은 자유와 존엄성을 포함한다. 그리고 유신론적 시각에서 조건의 영역 너머로의 변형이 가능해진다.

---

68. 같은 책, pp. 118-123.

진보주의

진보주의는 사회적 문제 해결, 민주적 관계 형성, 성장에 대한 반영적인 사고의 개발을 장려한다. 진보주의 교육자들은 학생들이 변해가는 세상에 적응하기 위해 어떻게 배울 것인가를 알게 하기 위해 노력한다. 사회적 기대에 관한 삶의 조절이 이 관점의 주요 목표다. 교육의 진보주의자들에는 존 듀이(John Dewey), 윌리엄 커크패트릭(William Kirkpatrick), 보이드 H. 보드(Boyd H. Bode) 그리고 존 L. 차일드(John L. Childs)가 있다.[69]

문제-집중적인 연구의 포괄적이고 통일된 노출이 진보주의 교육의 내용이다. 커리큘럼은 과학적 방법을 반영하는 사고와 민주적 과정의 사용을 통한 사회적인 문제 해결에 중점을 둔다. 학생들의 필요와 관심에 주어진 우선권과 함께 협력적 학습이 강조된다. 가능한 곳에서 선택의 자유는 주어진다. 학생들은 자유로운 선택을 할 수 있고 또한 그들의 선택의 공공의 의미를 고려해야 한다.

여기에서 교사는 항존주의, 본질주의, 행동주의처럼 교실의 권위적인 관리자가 아니다. 오히려 교사는 진보에 관심이 있고, 사회와 민주적인 이상에 헌신적이며, 학생들의 성장에 민감한 사람이다. 따라서 교사는 단체 학습 과정을 장려하는 동료 학습자이자, 여행자, 안내자인 것이다. 진보주의자들에게 학생은 다른 사람들과 민주적으로 협력하고, 행동하며, 자율적으로 사고하고, 사회적으로 책임 있는 개개인으로 여겨진다. 인간은 다른 사람들과 그들의 사회적 환경의 생태학적 연속성에 속한 생물체로 여겨진다. 학생들은 그들과 다른 사람들의 학습에 적극적으로 참여해야 하는 존재들이다.

선호하는 환경은 사회를 반영하고 사회에 민감한 민주적인 교실이다. 진보주의를 위한 진정한 의미의 교육 환경은 바로 이 세상이다. 왜냐하면 학

---

69. 같은 책, pp. 91-97.

습 경험은 삶을 준비하기 위해 따로 분리되어져 있는 것이 아닌 바로 삶의 일부분이기 때문이다.

진보주의는 학습 과정에서 적극적인 참여자인 개인에 대한 관심으로 확인될 수 있다. 이 철학은 학생들의 협력적인 학습에 대한 관심과 함께 경험, 필요, 관심에 대한 감성을 장려한다. 일상의 논점들을 다루고 이론적인 형식과 일상의 경험 사이의 분열을 막는다.

진보주의는 죄의 영향을 깨닫지 못하는 인간에 대한 잠재적인 낙관적 시각 때문에 비판받을 수 있다. 인간은 하나님 없이는 그들의 문제를 해결할 수 없다. 진보주의는 또한 주요 대변자였던 존 듀이의 경우를 들어 진리, 가치 그리고 반초자연적인 편견에 관한 상대주의적 경향을 증명하고 있다.

재건주의

재건주의 교육 철학은 이상의 확립과 올바른 사회 질서의 확립을 목표로 하고 있다. 노력은 인간이 되고자 하는 것이 될 수 있도록 자유롭게 되는 실질적인 유토피아의 확립을 위해 통제를 받는다. 재건주의자들에는 티어도어 브라멜드(Theodore Brameld), 조지 C. 카운트(George C. Counts), 파울로 프레이리(Paulo Freire)가 있다.[70]

재건주의 교육은 사회 문제와 집단적 행동을 위해 과학적으로 결정된 개선 프로그램의 개발에 중점을 두고 있다. 문제를 살펴보기 위한 노력의 사회적 결함에 관해 비판적인 분석이 이루어졌다. 문제점들의 확인과 분석은 구체적 대안들의 공동의 탐구를 촉진할 수 있다.

교사들은 변화의 필요성을 위해 다른 사람들의 의식을 일깨우려하는 파

---

70. 같은 책, pp. 112-116.

괴적인 교육자, 사회적 비평가 그리고 공동체 조직자로 비춰진다. 학생들은 적극적인 사회 개혁과 조정에 헌신하거나 참여하는 잠재적 변화 대리인으로 여겨진다.

교육을 위한 환경은 다양하다. 교실, 소규모 셀이나 그룹 미팅, 공동체 회관, 거리, 광장 등이 이에 포함된다.

재건주의는 현재의 사회적, 정치적, 경제적 질서에 대한 비판적 관찰과 사회적 필요에 대한 관심으로 확인될 수 있다. 재건주의자들은 협동적이고 사회적인 영역에서의 인간 책임을 진지하게 다루고 있다. 그들은 현재 사회의 문제점들을 인지하고 개혁과 변화를 위한 가능성을 본다. 이 관점에서 본 교육자들은 사회 변화의 주된 도구로 여겨진다. 재건주의자들은 사회적인 죄를 인지하면서도 해방자, 억압받는 자, 억압하는 자의 개인적인 죄를 무시할 수 있다. 사회적 질서에 대한 그들의 편견은 개인의 책임을 무시하고, 변화에 대한 그들의 강조는 개인적이고 공동의 삶에 대한 연속성의 필요를 보지 못할 수도 있다.

낭만적 자연주의

낭만적 자연주의는 자기 실현의 목적으로 개인의 잠재성을 개발하기 위해 개인의 자유에 가치를 부여하고 있다. 자기달성과 실현은 창조적 표현을 강조하는 교육의 성장 과정을 통해 장려된다. 이 관점을 주장한 이들에는 존 홀트(John Holt), 이반 일리치(Ivan Illich), A. S. 닐(A. S. Neill), 칼 로저스(Carl Rogers)가 있다.[71]

학습 활동은 다른 사람들의 도움을 통해 확인되는 개인의 감정과 실제적 필요에 기반을 두고 있다. 커리큘럼은 예술적인 자기 표현과 창조성의 극대

---

71. 같은 책, pp. 76-84.

화로 자유로운 학습 환경을 제공한다.

교사는 자기 발견과 다른 이들에 의한 탐험을 위한 공간을 제공하는 공상가로 비춰진다. 교사들은 학습에서 다른 사람들의 자유를 받아들일 수 있을 정도로 충분히 수용적이고 지지적인 입장이다. 학생들은 사회적 제한에 방해받지 않은 피고 있는 꽃으로 묘사된다. 그들은 개인의 경향과 가장 잘 일치하는 다양한 형식 안에서 학습하도록 장려된다.

이 교육을 위한 이상적인 환경에는 학생들이 격렬한 경쟁, 가혹한 훈계, 실패에 대한 두려움에서 해방될 수 있는 자유 학교, 열린 교실, 열린 세상, 그리고 가정이 포함된다. 이러한 환경은 완고함, 부담과 연관된 학교가 있는 곳에서 '탈학교화'나 방임적 풍토의 환경으로 묘사될 수 있다.

낭만적 자연주의는 개인, 인간의 자유, 미학, 창조성에 대한 관심으로 확인될 수 있다. 교사의 책임과 요구되는 지혜, 지도를 나누어야 할 권위를 간과한다는 점에서 이것은 비판받을 수 있다. 낭만주의자들은 자유를 강조하면서 인간의 죄에 대한 현실을 부인하고 사회적 반응과 훈계를 무시할 수 있다.

실존주의

실존주의는 진정한 자아의 개성을 실현하는 개인의 존재 의미를 위해 내적 성찰을 강조한다. 실존주의 주창자들로는 맥신 그린(Maxine Greene), 마틴 부버(Martin Buber), 칼 로저스(Carl Rogers)가 있다.[72]

실존주의 교육의 내용은 강제가 없는 합리적 학습 활동을 하는 인간 상태의 주제에 중점을 둔다. 이러한 활동은 개인의 존재를 찾게 하기 위해 개인을 해방시키도록 계획되어져 있다. 변화를 받아들일 수 있는 자유로운 학습

---

72. 같은 책.

환경에서의 반영과 자기 반성의 기회가 커리큘럼에 포함된다.

교사들은 학생들과 함께 동료 탐구자로, 의미를 찾기 위한 여행자로 여겨진다. 교사는 삶에 대한 이해가 성숙하고 깊은 진정한 인간으로 비춰진다. 학생들은 연구와 탐험을 하려 하고 그들 자신의 존재의 의미를 찾으려고 하는 인간으로 여겨진다.

이 깊이 있는 학습을 위한 이상적인 환경은 내면 세계를 탐험하는 개인적 만남을 허용해야 한다. 반영과 자기 반성에 가치를 둔 교실이 이러한 환경을 제공한다. 하지만 그 외의 것들은 상상력을 통해서만 볼 수 있다.

교육 철학으로써의 실존주의는 개인과 개인적인 선택에 대한 관심으로 확인될 수 있다. 이것은 확실성과 성실성에 가치를 두고 개인 책임을 강조하고 학생의 창조성과 발견을 장려한다. 실존주의는 현대 사회의 물질주의적이고 체제 순응적인 경향에 반하고 소외의 존재를 인정한다. 하지만 실존주의는 교사의 권위를 배제하는 개인에 대한 초점으로 인해 비판받을 수 있다. 이것은 지나치게 자기 반성적이고 보편성과 절대성이 없는 경험적이고 상대적인 범주의 진실성을 감소하는 자세를 취하게 되는 원인이 될 수 있다. 일차적인 것으로써 개인적 존재에 대한 실존주의적 초점은 하나님의 존재와 선택을 감소시킬 수 있다. 기독교 전통 또는 삶의 연속성에 대한 적은 가능성을 가지고 이 철학에서 진리는 한없이 확장되고 변할 수 있다.

철학의 선택

위에서 언급한 다양한 철학의 혼합은 교육 실천에 가장 많은 기여를 한다. 교육자이자 교육 과정 이론가인 홀리스 캐스웰(Hollis Caswell)이 제시한 틀을 통해 이러한 철학 또는 접근 방법을 살펴봄으로써 이 사실이 확인될 수 있다(도표 9 참고).

캐스웰의 틀은 교육의 세 가지 초점을 구별한다. 즉 학생의 관심, 사회적

교육의 초점

도표 9

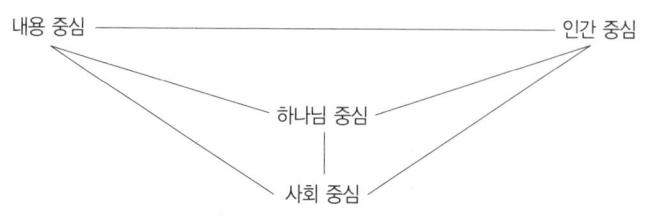

기능, 조직화된 지식이다.[73] 다른 말로 하면 교육 철학은 다른 두 개의 초점을 감지하면서 인간, 공동체 혹은 사회, 내용에 주된 초점을 둘 수 있다는 것이다. 따라서 내용 중심적인 영속주의와 본질주의는 내용에 초점을 두는 철학으로 볼 수 있고 사회 중심적인 행동주의와 재건주의는 사회나 공동체에 주된 초점을 두는 철학으로 볼 수 있다. 낭만적 자연주의와 실존주의는 주로 인간 중심적인 철학이다. 진보주의는 사회와 사회의 민주적인 과정 그리고 성장이 필요한 인간 모두를 강조하는 철학으로 볼 수 있다. 하지만 주로 사회 중심적인 것을 강조한다.

기독교 교육자들은 이러한 다양한 초점이나 중점을 선택할 필요가 있다. 하지만 존 듀이는 「학교와 사회(The School and Society)」, 「아동과 교육 과정(The Child and Curriculum)」에서 교육은 인간의 공동체와 사회의 상황에서 그 가르침의 내용을 구체화한다. 그리고 모든 접근 방법의 극단적인 것은 통전적 관점에 의해 제한을 받는다고 주장했다.[74]

이러한 교육의 세 가지 접근 방법, 즉 인간 중심, 내용 중심, 사회 중심은

---

73. 홀리스 L. 캐스웰(Hollis L. Caswell)과 도크 S. 캠벨(Doak S. Campbell), 「커리큘럼 개발(Curriculum Development, New York: American Book Co., 1935)」, pp. 141-189.
74. 마틴 S. 드워킨(Martin S. Dworkin), 「교육에 있어서의 듀이: 발췌물(Dewey on Education: Selections, New York: Teachers College Press, 1959)」, pp. 33-111.

음식을 준비하는 것과 비교해서 개략적으로 설명될 수 있다. 내용 중심은 음식 자체를 정성스럽게 준비하는 것에 비교할 수 있다. 사회 중심에 대한 주장은 소집된 단체와 관련해 음식의 선택과 식사 중, 식사 후의 활동을 위해 손님을 준비하는 것과 관련해 식단 내용의 영양에 비교될 수 있다. 인간 중심적인 주장은 기쁨을 주기 원하고 각 손님의 입맛과 그들의 요구에 민감하다. 홀리스 캐스웰은 교육자는 효과적인 교육을 위해서 학생들의 관심, 사회적 기능, 정리된 지식의 다양한 요소들을 처리하는 화학자처럼 행동할 수 있다고 주장한다.

캐스웰의 틀을 사용하여 세 가지 중심을 포함하는 강조의 다양한 결합을 고안하는 것이 가능해진다. 또한 시간을 두면서 특정한 교실이나 그룹 안에서의 강조를 변화시키는 것도 가능하다. 강조점들이 변하고 혼합될 수 있다는 사실을 전제로 교육자들이 생각해보아야 할 것은 그들의 교실, 교육 과정, 교육 프로그램에서 어떻게 충분한 균형을 유지해야 하는가의 문제다. 복음주의 교육자들은 하나님 중심적인 교육이 대안을 제시하고 기독교 인생관이 전체적으로 교육이 이루어지는 과정을 이끄는 차이점들을 제안한다고 주장한다. 그렇다면, 하나님 중심적인 교육 접근 방법은 무엇이며 캐스웰의 틀과는 어떠한 관련이 있는가?

하나님 중심적인 접근은 그 출발점으로써 예수 그리스도를 통해 드러났고 성경을 통해 성령에 의해 조명된 하나님의 권위에서 시작한다. 기독교 믿음과 실천의 지침인 성경에서 교육 효과에 영향을 주는 필수적인 원칙들이 비롯되었다. 그중 한 원칙이 진리의 통일과 영적 진리와 현실 사이의 일치를 의미하는 '모든 진리는 하나님의 진리'라는 사실을 수용하는 원칙이다. 이 원칙은 엄격한 문자주의에 복종하는 일 없이 성경의 진리를 기쁘게 수용하도록 요구한다.

앞서 언급되었듯이 복음주의는 해석학의 과제와 현대 상황에 성경적인 진리를 상황화해야 하는 과제에서 면제되지는 않는다. 하나님 중심적인 접근 방식은 성경이 진리와 지식 습득의 오직 하나뿐인 원천이 아님을 인정하면서 성경적인 관찰을 통해 드러난 모든 진리를 따르고 있다. 따라서 모든 진리는 기독교 세계관과 인생관에 비추어 평가를 받는다. 하나님 중심적인 접근 방식은 성경적 권위의 우수성을 인지하며 자연, 합리성, 전통, 역사, 직관, 심지어 상상력을 통해 분별된 지식을 간과하지 않는다. 하지만 이러한 원천에서 비롯된 통찰력은 항상 성경 다음으로 이차적인 것들이다. 이 접근 방식으로 우리는 질문에 대해 충분한 이해를 간과하는 경박한 성경의 증거 인용이나 성경적 원칙의 언급으로는 교육적 논점들을 해결할 수 없다는 것을 알았다. 이러한 이해는 전체적 관점의 다섯 도시로 탐험된 삶의 상황을 인지한다.

전체적 관점의 다섯 도시 이야기

교육 철학에 대한 질문은 수세기 전에 터툴리안(Tertullian)이 그의 책 「헤르모게네스에 반대하여(Against Hermogenes)」에서 그가 제기한 "예루살렘과 아테네는 무슨 상관성이 있는가?"와 관련해 다시 언급될 수 있다. 터툴리안은 "철학은 비난을 받아 마땅하고 지적이고 철학적 삶을 상징하는 아테네는 종교적 삶을 상징하는 예루살렘과 아무런 상관이 없다"는 주장했다. 이 장에서의 나의 관점과 연구는 그의 주장과 반대되는 것이다. 하지만 그의 질문은 중요하다. 사실 터툴리안의 두 도시의 비교는 현대의 전체적인 관점으로 다섯 도시로 확장될 수 있다. 다섯 도시는 예루살렘, 아테네, 나사렛, 로마 그리고 프라하다.

나사렛은 갈릴리와 더불어 살펴볼 수 있다. 이곳은 다양한 문화의 중심지였다. 예수님의 시대에 문화의 순수성을 주장하는 사람들은 이 지역에서 '좋은 것은 아무것도' 나올 수 없다고 비난했었다. 하지만 예수님이 가장 오래 사셨던 지역이 갈릴리의 나사렛이었으며, 예수님의 사역 중 많은 부분을 할애한 곳도 나사렛이었다. 갈릴리와 나사렛에 의해 상징되는 다문화적인 삶은 문화가 매일같이 충돌하는 세계화된 사회에서의 삶의 중요한 양상이다. 인간의 지적인 삶과 종교적인 삶에 관련된 다문화적인 삶은 기독교 교육자들이 생각해봐야 할 현재적 이슈다.[75]

보헤미아 지역의 프라하는 예술적 또는 미적인 삶으로 확인될 수 있다. 4장에서 다루어질 것이지만, 예술과 상상력(poesis, 시)이 교육적 사고와 실천에 다시 등장하게 되었다. 이것은 현 세대와 미래의 세대에게 믿음을 전하는 수단으로써의 글과 그 글의 대안으로써의 다양한 매체에 크게 의존하고 있는 탈문학적인 문화, 즉 새로운 중세 시대의 출현을 의미한다. 삶의 종교적, 지적, 다문화적 면과 관련된 미적 삶은 개인의 교육 철학과 창조성을 키우고 상상력을 사용하는 교육 방법의 선택을 살펴보기 위한 현재의 이슈가 된다. 가르침을 위한 수단으로써의 예술과 음악에 증가된 관심을 볼 수 있다.

마지막으로 로마는 제도적이고 정치적인 삶에 대한 질문을 제기한다. 로마는 1세기 때 로마 제국의 경제적, 사회적 힘을 포함한 정치적 힘의 중심지였다. 지금도 로마는 제도적, 정치적 삶을 위한 관심의 본이 되는 교회의 권력, 즉 천주교회를 상징한다. 제도화된 세상에서 기독교 교육자들은 그들의 가르침에서 삶의 정치적, 종교적, 지적, 다문화적, 미적 면들의 관계에 주의를 기울여야 한다. 그들의 철학을 형식화하는 과정에서 교육자들은 다음과 같은 많은 질문을 할 수 있다. "아테네와 예루살렘은 무슨 관계인가? 나사렛과 예루살렘은 무슨 관계인가? 프라하와 예루살렘은 무슨 관계인가? 로마와 아테네는 무슨 관계인가? 로마와 예루살렘은 무슨 관계인가? 프라

---

75. 이러한 논점을 위해서는 나의 책 「라틴계 미국인의 여정」을 참조하라.

하와 로마는 무슨 관계인가?" 교육적 취지에 대한 논점과 질문을 제기하기 위해 추가적인 도시와 상징을 들 수 있다. 그 한 예로, 캘리포니아의 할리우드가 하나의 도시로 제시될 수 있는데 그 이유는 미디어와 엔터테인먼트의 세계적인 영향과 그 영향이 구체화된 교육 과정 때문이다. 하지만 이들 다섯 도시와 그들이 상징하는 관계는 기독교 교육자들로 하여금 실천을 인도하는 철학적 기초와 씨름할 필요가 있음을 말해주고 있다.

철학적 기초에 대해 살펴봄으로써 기독교 교육의 영역에서 그리스도를 생각하며 과제 이행에 충실하려는 기독교 교육자들의 지속적인 주의를 요구하는 근본적인 논점을 확인했다. 신중한 사고는 기독교 교육의 신실한 실천에 대한 저주가 아니다. 하지만 오늘날의 도전을 위해서는 필요한 것이다. 모든 기독교 교육자, 심지어 실천에만 매혹된 교육자들도 적용하고 있는 철학이나 이론이 있다. 철학적 기초에 주의하지 않았다면 기독교 교육자들은 문화적 적응 또는 문화적 부적절함의 사막에서 헤맸을 것이고 기독교 교육의 과제를 위해 하나님의 아름답고 완전한 진리와 관련해서 앞으로 올 세대와 지금의 세대를 인도하기 위해 필요한 비전을 제시하지 못했을 것이다. 신실하다고 주장하는 이 무책임한 접근 방법을 이제는 더 이상 용납할 수 없다. 신실하다는 것은 다음 장에서 다루어질 역사 속에 있는 개인의 신중한 고려에도 적용되는 것이다.

4장

역사적 기초
HISTORICAL FOUNDATIONS

앞의 세 장을 통해 기독교 교육의 성경적, 신학적, 철학적 기초에 대해 알아보았다. 이러한 기초의 연구를 통해 기독교 교육자들은 사고와 실천을 안내하기 위한 범문화적이고 문화적인 보편성이나 원리들을 확인하고자 한다. 역사적 기초에 대한 연구를 할 때 기독교 교육자들은 변하기 쉽고 시대와 장소가 다른 곳에서 다양한 가능성을 갖는 교육의 양상을 고려하도록 강요를 받게 된다. 비록 연속성을 입증하는 것이지만 이러한 양상은 성경적, 신학적, 철학적 연구를 통해 분별된 범문화적이고 문화적인 보편성에 대한 문화적 변수로 확인될 수 있다.

역사와 무관한 자세를 피하기 위해 조심해야 할 필요가 있다. 교육 사역의 과제들을 다룰 때 기독교인은 실제로 현재와 미래를 위한 통찰력을 제공하는 과거로부터의 가르침을 분별할 수 있다. 북미의 지배적인 문화는 과거의 원칙을 너무 자주 경시하는 현대적 견해와 미래주의에 가치를 두고 있다. 이 상황을 해결하기 위해 기독교 교육자는 정통주의 믿음에 구체화되고 역사의 연구를 통해 증명된 교육적 원칙을 수용할 수 있을 것이다. 역사적 기초에 대한 탐구는 한 개인이 그의 특별한 시간과 장소를 언급할 때 역사적 면밀함이 신중하게 배려되어야 함을 또한 나타내준다.

역사와 역사적 방식

마크 블록(Marc Bloch)은 역사를 '시대를 거쳐 온 인간에 대한 과학'이라고 정의했다.¹ 역사는 길들여지고 문서와 다른 증거에 의해 분석된 객관적인 질문이라는 점에서 과학이라고 할 수 있다. 역사는 또한 인간 개개인과 인간 집단과 관련되어 있고, 구체적인 상황에서 인간을 이해하고 있다는 점에서 인간에 대한 과학이라고 할 수 있다. 역사는 추상적인 것이 아니라 시간의 흐름 속에서 지속적으로 변하고 발전하는 특징을 가진 구체적으로 살아 있는 현실이라는 점에서 시대를 거쳐 온 인간에 대한 과학이라고 할 수 있다. 따라서 역사적 이해의 과제는 시간이 과거에 대한 새로운 관점을 제공하고 계속 흐르기에 연속적인 것이다. 역사는 지속적으로 변하고 발전하는 특징을 가진 구체적으로 살아 있는 현실에 초점을 둔다.

좁은 의미에서 역사적 방식은 신중한 조사와 문서적 증거의 교차 - 조사를 기초로 하는 진리의 추구에 중점을 둔다. 이런 의미에서 역사의 목표는 사실을 발견하고 설명하는 것이다. 넓은 의미의 역사적 방식은 과거를 이해하기 위한 문서들을 비판적으로 조사한 자료나 사실을 사용하는 방법론을 포함한다. 이러한 이해는 해석을 필요로 한다. 기독교 교육자들은 좁은 의미, 넓은 의미 모두의 역사적 방식으로 얻어진 통찰력을 사용해야 한다.

R. G. 콜링우드(R. G. Collingwood)는, 역사가는 사건의 외면과 내면 모두를 다루어야 하고 과거의 행위를 두 가지 차원의 통일로 보아야 한다고 주장했다.²

---

1. 마크 블록(Marc Bloch), 「역사가의 기교(The Historian's Craft, introduction by Joseph R. Strayer, Trans. Peter Putnam, New York: Alfred A. Knopf, 1953)」, pp. 20-47.
2. R. G. 콜링우드(R. G. Collingwood), 「역사의 이해(The Idea of History, Oxford: Clarendon Press, 1946)」, pp. 210-231.

사건의 외면은 조사를 통해 발견된 사실을 말한다. 사건의 내면은 행동, 제도, 다른 모든 표현을 포함하는 인간의 신념, 동기, 의도, 사고를 내포한다. 역사가의 목표는 시간과 공간에서 인간의 의식, 사고, 가치, 신념, 의도를 이해하는 것이다. 덧붙여서 역사가는 이러한 차원의 변화를 시간과 다른 상황과 관련해서 고려한다. 콜링우드의 관점을 따르면 기독교 교육자들은 이중적인 의미의 역사적 방식을 사용함으로써 사건의 외면과 내면 모두를 평가할 수 있게 된다.

역사가들은 과거의 독특하고 특이한 것에 관심을 갖고 있다. 모든 역사가들은 보편적인 것과 개별적인 것, 일반적인 것과 독특한 것 사이의 근본적인 긴장을 유지하려고 한다. 이러한 관점에서 그들은 개발과 시간에 걸친 변화에 관심을 둔다. 시간에 걸쳐 변하는 인간의 삶의 양상은 그들의 생각, 신념, 의지, 헌신을 포함한다. 이러한 변화의 결과로 법, 제도, 프로그램, 삶의 시각과 같은 삶의 다른 면들도 변한다. 그래서 역사가는 시간에 걸친 인간의 잠재성, 가변성, 변화에 대해 특히 관심을 갖는다고 할 수 있다. 실제로 인간적인 것을 충분히 이해하기 위해서 혹자는 반드시 역사를 열거해야 하고, 열거하는 중에 드러난 상세한 내용을 파악해야 한다는 주장을 제기할 수 있다.

역사가는 과거를 일반화하는 시각보다는 개별화하는 시각으로 바라본다. 비록 역사가들이 사회 과학을 자주 사용하더라도, 이 차이는 역사를 사회 과학과 구별한다. 사회 과학자들은 일반적 현상의 추상과 응용에 기초한 일반화, 규범, 법을 공식화할 때 주로 입법적(nomothetic: nomos는 법, 기준을 의미한다)인 것과 관련해 공식화한다. 역사가들은 주로 특수한 사례와 관련되어 있다. 즉 그들은 독특하고 특별한 현상에 관심을 갖는다. 역사가는 각 개인의 독특함을 가정하고, 의미는 상황 의존적이라고 받아들이고 있다.

역사적 이해는 구체적 상황이나 환경에 의존적이다. 역사가는 유사성 또는 연속성과 불연속성의 요점을 보편적인 것과 관련해서는 특별한 것이 세워지고, 일반적인 것과 관련해서는 구체적인 것이 세워지게 되는 것으로 본다. 예를 들어, 교육적 역사가는 관계를 통합하기 위한 인간의 상호 작용과 인간의 복잡성을 줄이려고 하는 사회학적 설명에 의존하지 않으면서 교육 사회학을 이용할 수 있다. 사회학적 관점에 제한을 받는 것보다 교육적 역사가는 현실을 과학적인 시각으로 관찰할 수 없는 것으로 본다. 역사가는 특정한 시대 또는 문화의 널리 퍼진 정신과 개인, 단체, 기관의 다양한 의도와 관심에 초점을 둔다.

역사와 교육

역사는 현재와 미래의 문제점을 위한 빠르고 쉬운 해결책이 될 수 없다. 역사는 교육의 딜레마를 위한 구체적인 해답을 내놓지 않는다. 오히려 역사는 교육의 가능성과 복잡성을 말해준다. 역사는 사람이 연속성을 구별하고 불연속성의 요점과 함께 과거를 현재와 미래로 이을 수 있도록 도와준다.[3] 역사적 연구를 통해 교육의 끊임없고 순환적인 관심, 문제점, 쟁점들을 분별할 수 있다.

그러나 '사용 가능한 과거에 대한 보다 큰 조사' 때문에 과거의 흔적을 발견하는 것은 비판적인 전유를 필요로 한다.[4] 흔적은 교과서와 학교 건물과 같은 물리적 대상뿐만 아니라 정신적 태도, 가치, 제도적 체계, 사상을 포함한다. 이러한 흔적을 발견할 때의 위험 요소는, 사람은 이러한 흔적에 의해 제공된 전통을 완전하게 거절하는 경향을 보인다는 데에 있다. 이러한 반응

---

3. 아르노 A. 벨락(Arno A. Bellack), "교육 과정에 대한 사고와 실천의 역사(History of Curriculum Thought and Practice, Review of Educational Research 39, June 1969)", p. 291.
4. 에드워드 실즈(Edward Shills), "전통과 자유: 안티몬과 상호 의존성(Tradition and Liberty: Antimony and Interdependence, Ethics 68, 1958)", pp. 153-165.

은 전통의 안정성을 인지하지 못하고 알맞은 비율로 변화를 보증하고 빠르게 변하는 세상의 상황에서 변화의 질서 정연함을 향상시키는 전통의 본질을 유지하지 못할 수 있다.[5]

심지어 연속성에 대한 것 외에도, 역사는 과거에 대한 불연속성의 개요를 말하는 데 도움이 된다. 예를 들어, 교육적인 질문은 중세 시대의 질문과 비슷할 수 있다. 그러나 그때의 질문과는 구별된 방법으로 질문이 제기될 수 있다. 따라서 역사적 조사는 반드시 교육적인 기반 외에 추가적인 상황적 요소를 살펴보아야 한다. 예를 들면, '아이들과 기독교 믿음을 어떻게 나눌 것인가' 라는 질문은 계속 제기되어왔다. 하지만 20세기의 정보 매체와 더불어 이 질문이 제기되었다는 점에서 분명 1세기 때의 상황과는 구별된다.

연속성과 불연속성에 대한 의식을 자극하는 것 이외에도, 역사는 과거에 대한 초점 너머로 그 이해를 넓힐 수 있고, 현재의 계획된 교육적 노력에도 영감을 제공할 수 있다.[6] 역사는 과거 교육의 생태학만이 아니라 병리학도 드러내고 있다. 교육의 생태학은 효과적이고 긍정적인 교육적 노력에서 비롯되는 요소와 영향력의 상호 작용적인 네트워크다. 교육의 병리학은 비교육 또는 필요한 교육의 부재에서 비롯되는 무관심, 무감동, 무지, 부여된 관심을 나타낸다.[7]

교육의 역사에 대한 비판적인 평가를 얻기 위해 교육의 생태학과 병리학을 이해하는 것이 필요하다. 교육은 반드시 개인, 단체, 사회에 대한 자유로운 영향과 압제적인 영향, 이 두 가지 측면에서 살펴보아야 한다. 과거의 선

---

5. 케네스 찰튼(Kenneth Charlton), "교육 과정 연구에 대한 역사의 공헌(The Contribution of History to the Study of the Curriculum), 「교육 과정의 변화(Changing the Curriculum, ed. John F. Kerr, London: University of London Press, 1968)」, p. 70.
6. 벨락, "교육 과정에 대한 사고와 실천(Curriculum Thaught and practice)", p. 291.
7. 찰튼(Charlton), "역사의 공헌(Contribution of History)", p. 75.

과 악이 모두 혼합된 것으로, 이것은 반드시 교육의 분야에서 다루어져야 한다. 미국 교육의 대중화와 급속한 팽창에 대한 역사는, 인간을 가르치는 기관의 복잡한 생태학을 묘사하고 있다. 하지만 그것은 또한 제외되고 무시된 사람들에 대한 병리학도 보여주고 있다.

교육에 대한 역사의 세번째 공헌은 교육이 단 하나의 측면임을 나타내는 문화적, 지적 역사의 넓은 흐름을 개인에게 보게 했다는 데 있다.[8] 교육을 연구하고 실천할 때 교육자는 반드시 넓은 범위의 사회적 상황을 살펴보고, 다른 사람들에게 지혜와 지식을 전달하는 노력에 영향을 주는 경제적, 정치적, 사회적 관심과 사상을 고려해야 한다. 역사에도 다른 시각은 존재한다. 그러므로 어떤 가치와 방침이 특정한 역사적 설명과 해석을 인도하는지를 물어보는 것이 중요하다. 이 질문을 하지 않으면 역사의 독자들은 제시된 해석의 유효성을 제대로 평가하지 못할 것이다. 역사는 반드시 정치적 진술 그 이상의 것이어야 한다. 예를 들어, 삶을 위한 과학과 20세기에 역사를 만들고 쓰는 사람들의 세계관의 영향에 대해 신중한 고려를 해야 한다.

역사와 기독교 교육

마틴 루터(Martin Luther)는 역사를 하나님의 섭리에 대한 이야기와 삶을 위한 실용적인 지침으로 보았다. 그는 세상적인 사건에 대한 이해를 돕고 하나님의 놀라운 행위를 언급하는 역사가들을 찬양했다.[9] 기독교 교육자는 지금까지 계속되어온 기독교 교육의 노력의 가치가 주요 통찰력과 가르침을 제공하는 것을 보게 된다. 이러한 가르침에 반응하여 교육자들은 과거

---

8. 벨락, "교육 과정에 대한 사고와 실천", p. 291.
9. 해롤드 J. 그림(Harold J. Grimm), "마틴 루터(Martin Luther, 1483-1546)", 「종교 교육자의 역사(A History of Religious Educator, ed. Elmer L. Towns, Grand Rapids: Baker, 1975)」, p. 114.

노력의 해방적이거나 압제적인 효과에 비추어 긍정과 또는 비평의 자세를 취할 수 있다. 따라서 과거는 현재와 미래의 기독교 교육을 위한 영원한 현재적인 교사가 되는 것이다.

기독교 교육자들은 역사의 수레바퀴를 재발명할 필요가 없다. 기독교 교육자에게는 역사의 연구를 통해서 바뀌지 않고 영원할 수 있는 교육의 원칙, 목적, 목표를 확인할 수 있는 잠재성이 있다. 그들은 과거에서부터 지금까지 효과가 있었던 교육 전략과 방법론을 따를 수도 있을 것이다. 과거를 확인할 때 몇 가지 주요한 질문이 제기될 수 있다. (1) 무엇이 경건함 안에서의 깨우침, 회복, 성장의 원인이 되며, 교육적 노력은 이 발전을 어떻게 촉진했는가? (2) 기독교인들이 어떻게 자신들의 믿음을 효과적으로 문화에 연관 지었고 이 살아 있는 믿음을 위해 어떻게 교육했는가? (3) 인간의 필요가 어떻게 언급되었고, 이 반응에 대해 어떤 성경적 요구가 형성되었는가? 이 특정한 환경에 성경적 요구가 어떻게 해석 또는 적용되었는가? (4) 어떤 비전, 개념, 원리가 효과적 교육을 뒷받침했고, 이런 것들이 다른 사람들에게 어떻게 전해졌고 소유되었는가?

조지 산타야나(George Santayana)가 자주 인용한 통찰력도 다시 언급할 가치가 있다. "과거의 잘못을 경시하는 이들은 그 잘못을 반복하게 될 것이다."[10] 기독교 교육자들은 거시적 문화 또는 하위 문화의 사회, 경제, 정치, 기술, 종교적인 요소가 어떻게 효과적인 교육 노력과 회복을 방해했는지에 대해 반드시 평가해야 한다. 평가할 때 그들은 반드시 계급주의, 인종차별주의, 성차별주의, 연령차별주의의 영향과 하나님의 형상을 따라 창조되었고 삶의 모든 곳에서 그 현실과 잠재력을 반영해야 할 완전한 인간의 형성을 막아왔던 다른 다양한 형태의 강제, 사기, 압제에 대해 주의를 기울여야 한다.

---

10. 조지 산타야나, 「이성의 삶: 또는 인간 발달의 국면(The Life of Reason: of The Phases of Human Pregress, New York: Charles Scribners's Sons, 1905-1906)」, 1장. p. 12.

하나님의 은혜에 의지하고 과거를 소유함에 대해 하나님과 다른 사람들에게 용서를 구하고자 한다면 과거로부터 많은 것을 배울 수 있을 것이다.

비록 "영감에만 초점을 두는 복음주의 형태 또는 순수 정치학으로써 역사를 사용하면 안 된다"라는 경고가 있지만, 긍정과 비판의 영역 외에도 기독교 교육자들은 평가와 영감의 차원에서 역사를 사유할 수 있다.[11] 영감은 역사적 조사를 통한 진리 추구에서 비롯된 이차적인 결과다. 기독교 세계관은 하나님을 역사적 과정의 능동적인 주체로 보기 때문이다. 기독교인은 세상에서 하나님의 초자연적인 중재와 인간과 모든 피조물을 통해 하나님의 내재적인 역사를 본다. 기독교 교육자는 과거의 다양한 교육 과정을 통해 하나님이 어떻게 진리를 드러냈고 전하셨는지를 분별할 수 있다.

기독교 교육자들은 기독교 교육의 과거의 일반적인 개발을 비교 대조하고 다음과 같은 질문을 할 수 있을 것이다. (1) 교육의 기독교 철학이 어떻게 형식화되었고, 다른 개인과 집단을 통해 어떻게 다르게 나타나는가? (2) 기독교 원천의 새로운 빛과 비전이 어떻게 교육의 실제 실천에 영향을 주었는가? (3) 기독교 교육 영역에서의 문화적 회복과 비교되었듯이 믿음의 문화적 적응의 정도는 어떻게 되는가? 이러한 연구를 통해 기독교인들은 다른 사람들이 하나님에 대한 믿음으로 그들의 장애물을 극복하며 그 길을 밟았다는 것을 깨달을 때 영감을 받을 수 있을 것이다. 역사는 인간이 역사를 만들 수 있고, 뜻 있는 방법으로 하나님을 위해 역사의 발전을 가져올 수 있다고 말하고 있다.

또한 역사는 비록 훼손되기는 했지만 하나님의 형상을 유지하고 그들의 노력에서 신성함을 유지한 모든 사람들을 통해 하나님께서 활동하고 계시다는 것을 보여준다. 모든 사람들이 하나님의 창조, 섭리 그리고 구속의 진

---

11. 벨락, "교육 과정에 대한 사고와 실천", p. 291.

리를 발견한다. 그러나 기독교인들은 기독교 교육의 사고와 실천에 어떤 '진리'가 적용되고 또는 어떤 '진리'가 기독교 세계관과 일치하는지를 분별해야 한다. 이것은 지속적으로, 끈질기게 도전을 주는 과제다. 어떤 기독교인들도 그들의 책임과 소명을 나누는 데서 제외되지 않는다. 기독교 교육 역사의 관점에서 본 이 과제의 기본적인 질문은 다음과 같다. "과거 기독교 교육의 노력에서 진리, 사랑, 평화, 정의가 어느 정도까지 실천되었는가? 이 해석과 평가는 우리에게 어떤 도전과 경고를 주는가?" 일반적인 역사를 다룰 때 언급했듯이, 이들 질문에 대한 응답은 인간과 모든 피조물들에게 충실함과 죄, 하나님에 대한 순종과 불순종에 대한 다양한 기록을 보여줄 것이다.

모든 공동체는 그 삶을 인도해줄 전통이나 추억을 갖고 있다. 기독교 공동체도 그러한 공동체 가운데 하나다. 그리고 기독교 교육의 전통과 역사는 현재와 미래의 사역을 인도하는 데 도움을 줄 수 있다. 기독교 교육과 일반적인 교육은 버나드 베일린(Bernard Bailyn)이 사회의 중심축이라고 말한 가정, 교회, 공동체, 경제에 의존하고 있다. 베일린은 이러한 축들을 그의 "식민지 시대의 미국 교육 연구"에서 밝힌 바 있다.[12] 현대 사회의 환경에서 교육은 학교, 매체, 다양한 사회, 공동체 기관, 단체에 의존하고 있다. 개인에 대한 상대적인 영향에 따라 세대가 바뀌면서 이러한 근본적인 사회 기관의 위치가 변했듯이 교육의 형태도 변하게 되었다.[13]

---

12. 버나드 베일린(Bernard Bailyn), 「미국 사회 형성기의 교육(Education in the Forming of American Society, New York: W. W. Norton & Co., 1960)」, p. 45. 교육 기관 또는 체계에 관해서는 로버트 W. 파즈미뇨, 「기독교 교육의 원리와 실천(Principles and Practices of Christian Education)」, pp. 59-90을 참조하라.
13. 윌리엄 빈 케네디(William Bean Kennedy), "역사를 통한 기독교 교육(Christian Education Through History)", 「기독교 교육 개론(An Introduction to Christian Education, ed. Marvin J. Taylor, Nashville: Abingdon Press, 1966)」, p. 21. 케네디는 「기독교 교육의 부흥(The Rise of Christian Education, New York: Macmillan, 1944)」에서 루이스 J. 셰릴(Lewis J. Sherrill)의 연구를 강하게 강조했다. 케네디가 제시하는 역사적 기간에 대한 개요를 위해서는 셰릴의 연구 목차를 참조하라.

식민지 시대의 뉴 잉글랜드 주에서는 가족과 교회가 지배적인 교육 기관이었다. 가정과 교회에서의 가르침은 여러 가족들이 모이게 되는 교회를 통해 서로에게 확인되었고 서로를 보완해주었다. 가족은 핵가족보다 더 총괄적인 집단을 대표했다. 다양한 세대와 대가족 일원이 이에 포함된다. 현대의 미국 사회에서는 학교와 매체가 개인의 교육 경험에 지배적인 영향력을 끼친다. 더군다나 매체로부터의 학습은 가정과 교회가 강조했던 가치와 방침에 자주 반대될 수도 있는 것들이다. 이러한 상황에서 비롯된 대립은 그 대립을 피하거나 해결하기 위해 다양한 전략의 개발을 요구하게 되었다.

다양한 시대의 역사를 통해 교회는 사회의 다른 축 또는 기관과 관련해서 교회의 교육 과제를 완수하기 위해 다른 기관과 기구를 개발했다. 교육은 기독교 공동체의 실천과 신념에 아이들과 어른 개종자들을 가르치기 위해 가장 많이 사용된 수단이었다. 공동체가 예배에 참여하고, 일반적인 삶을 나누고, 도덕적인 가르침을 지키기 때문에 비록 간접적이기는 하지만 부분적으로 언급된 목표이다. 기독교 단체들은 다른 사람들에게 기독교 믿음을 가르치고 기독교인으로서의 제자됨을 권고하는 목표의 직접적인 추구를 위해 거의 보편적인 기관, 프로그램, 방법들을 개발했다.[14]

교육 역사가인 더글러스 슬로운(Douglas Sloan)은 교회가 특정한 교육 목표 외에 큰 공동체의 중심 가치와 인생관을 많이 제시했다고 지적했다. 교회는 또한 그러한 가치와 시각을 세대에 걸쳐 증언하고, 보존하며, 전해주고 변화시켜야 할 책임을 전달해왔다. 이 노력을 위해 교회는 기독교 믿음의 가르침, 교사(목사, 신학자, 주일 학교 봉사자, 영적 지도자), 교과서(성경, 교의, 주석), 교육 보조 자료(예배 의식, 설교, 교리 문답, 영적 훈련) 등 교육의 모든 전통적인 수단을 사용했다. 넓은 의미로, 문화와 그 하위 문화

---

14. 마빈 J. 테일러, 「종교 교육: 포괄적 관찰(Religious Education: A Comprehensive Survey, Nashville: Abingdon Press, 1960)」, p. 11.

의 생각, 가치, 신념, 편견이 밖으로 표현되었듯이, 기독교 믿음도 종종 교육의 기본 재료와 기반을 제공했다. 더욱이 다양한 시대에서의 기독교 운동은 그들 자신의 규정된 현실, 인가되고 합리화된 태도, 교육적이라고 묘사될 수 있는 사회적 비전과 목표의 개발에 대한 영향력을 갖고 있었다.[15] 기독교 교회의 역할에 대한 넓어진 시각은 기독교 교육의 전통을 고려해볼 환경을 제공한다. 우리는 이 전통을 기독교의 원천인 구약부터 시작해서 그리스 교육, 종교 개혁 후의 미국에서의 발달까지 살펴볼 것이다. 이것은 연속성의 영역에 대한 강조로써 주요 논점만이 강조될 것이다.[16]

구약

구약의 가르침은 교육과 훈계를 포함한다. 교육은 인간에게 하나님의 진리와 요구를 알리는 것이고, 훈계는 인간의 삶의 방식에 도전을 주는 것이다. 교육은 하나님의 율법인 토라(Torah)에 중점을 두었다. 이 율법은 처음에는 구두로 전해지다가 후에 하나님의 영적, 도덕적 계시를 포함하고 있는 성경에 기록되었다. 하나님이 모든 것의 표준이셨다. 그렇기에 모든 생명은 하나님의 것이었다. 구약이 설명하는 교육의 목적은 성결(holiness)과 변화(transformation)였다. 율법은 인간에 대한 하나님의 요구와 기대를 나타내는 데 사용되었다. 인간은 하나님의 방법으로 훈련을 받고 도덕적인 행위에서 비롯되는 경건한 인격과 지혜에 초점을 맞추었다. 율법은 삶을 통해 실천되어야 했고, 순종은 교육에 대한 신실한 응답에서 맺게 되는 열

---

15. 더글러스 슬로운(Douglas Sloan), 「교육의 역사와 정사: 근거 문서 3(Historiography and the History of Education: Occasion Paper No. 3, New York: The Institute of Philosophy and Politics of Education, Teacher College, Columbia University, n.d.)」, p. 16.
16. 다른 자료에서 더 자세한 설명을 볼 수 있다. 케네스 O. 갱글(Kenneth O. Gangel)과 워렌 S. 벤슨(Warren S. Benson), 「기독교 교육: 그 역사와 철학(Christian Education: Its History and Philosophy, Chicago: Moody, 1983)」, 존 H. 웨스터호프 3세(John H. Westerhoff, III)와 O. C. 에드워즈 2세(O. C. Edwards, Jr) 편집, 「신실한 교회: 교리 문답 역사의 논점(A Faithful Church: Issues in the History of Catechesis, Wilton, Conn.: Morehouse-Barlow, 1981)」.

매였다.

이 교육의 일차적인 환경은 가정이다. 부모는 그들의 자녀를 율법 안에서 가르치고, 결혼시키며, 일을 가르쳐야 할 책임이 있었다.[17] 예배를 드리는 집으로써의 가정의 중심성 외에도 집단의 종교적인 삶에 참여하는 것을 통해 교육을 받았다. 성직자들은 인간과 하나님 사이의 간격에 다리를 놓는 의식적인 삶의 전문가였고, 예언자들은 개인과 단체의 삶에서 하나님의 법을 어기는 것에 경고하는 하나님의 말씀을 전했다. 지혜자들은 도덕적인 질문을 제기했고, 하나님께 헌신하기 위한 실제적인 방법을 나누었다.[18] 포로기 중에 그리고 그 후에 히브리어, 구두의 전통, 성경을 가르치기 위해 회당과 학교가 생겨났다.

교육 방법은 시, 언어 유희, 이합체 시를 포함하는 다양한 기억 보조물을 사용한 구두 대화에 의존했다. 가르침은 교육을 받기 위해 헌신된 시간과 함께(느 8:3) 정해진 시간과 다양한 때에 행해졌다(신 6:7). 음악과 시와 더불어 시각적인 자료가 교육에 사용되었다(출 12:1-28, 신 6:4-9, 수 4:1-24). 이러한 가르침을 할 때 인간은 삶을 통해 하나님의 이름과 그들의 가정 앞에 영광을 돌려야 했다. 하나님에 대한 영광은 예배와 존경의 표현으로써 개인의 순종하는 삶을 통해 나타났다. 데이빗 니그(David Ng)와 버지니아 토마스(Virginia Thomas)의 '히브리 아이들은 어떻게 예배를 배웠는가'에 대한 그들의 설명은 구약 교육 전통의 정신을 보여준다.

> 히브리 아이들은 어떻게 예배드리는 것을 배웠는가? 첫째, 예배 공동체의 일원인 부모와의 관계를 통해, 가정 예배와 공동체 예배로 나타나는

---

17. 윌리엄 바클레이(William Barclay), 「고대의 교육적 이상(Educational Ideals in the Ancient World, Grand Rapids: Baker, 1974)」, p. 16.
18. 1장에서 다루어진 구약에 대한 설명을 참조하라.

계획적인 교육을 통해, 다수의 감각적인 경험과 생생한 사고와 자극적인 상징과 연극을 통해, 예배를 통해 배우는 도덕적 행동의 삶을 통해, 유대인의 역사를 재창조하는 축제와 지속적인 안식일을 통해 그리고 결과적으로 교육을 예배의 필수적인 부분으로 만든 공동체 모임의 형태를 통해 배우게 되었다.[19]

그리스 전통

교육 역사가인 프리먼 버츠(Freeman Butts)는 '서양 교육에 대한 연구'에서 다음과 같이 말한다. "그리스 인들은 자신들이 행한 대로 생각했기 때문에 우리도 큰 의미에서 행한 대로 생각한다. 따라서 우리가 사고하는 방법을 알기 위해서는 그리스 인들이 어떻게 사고했는지를 알 필요가 있다."[20] 서양에서는 그리스 사고에 의존한다는 것이 제시되었을 때 교육적 사고와 실천은 그리스의 지적인 전통의 특징을 반영하게 된다. 소크라테스(Socrates)는 지식 자체가 가치라고 했다. 소크라테스에게 선을 알기 위한 가장 확실한 방법은 악을 행하지 않는 것이었다. 그는 자신을 객관적 이성이 있는 존재로 여기면서 이성과 논리를 강조했다. 인간의 이성은 삶에 있어서의 모든 의미와 신성한 계시를 분별할 수 있는 수단이 된다. 소크라테스는 도덕적인 삶의 중요성을 강조했다. 하지만 유대인의 하나님에 관련된 것은 아니었다.

기독교 공동체에 더욱 큰 영향을 끼친 사람은 플라톤(Plato)이었다. 플라톤은 사람에게 완전한 시민이 되고자 하는 강렬한 열망을 갖게 만들고 의로 다스릴 수 있는 방법을 가르치는 청년 때부터의 우수한 가르침을 교육이라

---

19. 데이빗 니그(David Ng)와 버지니아 토마스(Virginia Thomas), 「예배 공동체의 아이들(Children of the Worshiping Community, Atlanta: John Knox Press, 1981)」, p. 52.
20. 프리먼 버츠(Freeman Butts), 「서양 교육의 문화적 역사(A Cultural History of Western Education, New York: McGraw-Hill, 1947)」, p. 45.

고 정의했다. 그는 이상만을 현실적인 것으로 보았고, 실제적인 것은 단지 완전한 초월적인 이상의 모방에 지나지 않는다고 보았다. 플라톤의 이와 같은 생각은 어거스틴(Augustine)과 같은 기독교 사상가에게 특히 매력적인 것이었다. 후에 어거스틴은 이 사상과 기독교 믿음을 종합했다. 플라톤의 이상주의는 이상이 무엇인지를 파악한 사람들의 삶에 속한 교육의 열매로써 사회적, 정치적 개혁에 중점을 두었다.

플라톤의 주장에 반대하는 의견을 가진 사람들은 소피스트(Sophist)였다. 소피스트는 이성의 사용을 주장했고, 추상적인 질문의 해답은 구할 수 없는 것으로 간주했다. 따라서 그들의 초점은 모든 진리의 상대성에 대한 신념에서 비롯되는 인간 본성과 인간 관계에 있었다. 궁극적으로 모든 것의 앎, 그리고 그 이상은 하나님이 아니라 바로 인간이었다. 그들의 관심은 감각적인 세상과 이성의 효과적인 사용에 있었다. 소피스트의 관점은 포스트모던 세상의 지배적인 철학인 회의론과 개인주의와 연관되어 있다.

플라톤과 소피스트의 주장에 대한 중재적인 입장을 내놓은 사람이 아리스토텔레스(Aristotle)였다. 아리스토텔레스는 플라톤의 이상주의와 소피스트의 세속주의 사이에서 균형을 잡으면서, 정신이나 영의 형태를 가진 것이 물질을 생명과 의미가 있는 무엇인가로 바꾸어 놓으므로 물질은 무의미한 것이라 간주했다. 아리스토텔레스는 자신과 그 환경의 통제를 강조하는 현실주의, 과학적 경험주의와 연관되어 있다. 그의 중용(中庸)은 어떤 일이라도 정도가 지나치면 이루어질 수 없다는 것과 전체적인 삶의 과정에서 훈련과 통제를 확보해야 함을 강조했다. 교육에 대해서는 인간이 이성과 경험을 사용하고 올바른 선택을 함으로 삶의 균형과 중용을 성취하게 하는 수단으로 보았다. 인간의 미덕은 세상의 지식과 그 이성적인 원칙에 근거를 두었고, 삶의 모든 면에 있어서 적절한 태도로 증명되었다.

그리스 개념에서 특히 중요한 것이 파이데이아(paideia)이다. 파이데이아는 인간의 우수성을 구성하는 요소는 무엇인가에 대한 문화의 일치를 나타낸다. 그것은 문화의 이상과 민족 국가, 개개인의 시민에 대한 소명을 구체화하는 비전의 공유를 반영하고 있다. 소크라테스, 플라톤, 소피스트 그리고 아리스토텔레스는 모두 다른 비전과 이상을 가지고 있었다. 그 이상의 차이점은 도시 국가인 아테네와 스파르타의 구별된 비전에서 볼 수 있다. 스파르타의 이상적 남성상은 용감하고 대담한 성격을 가진 좋은 조건의 군사 지도자가 되는 것이었다. 아테네에서의 이상적인 남성상은 지성을 지니고 있는, 정신과 육체가 모두 발달한 시민이 되는 것이었다. 따라서 모든 교육적 전통을 논할 때 혹자는 반드시 특정한 공동체의 지배적인 파이데이아를 고려해야 한다.

고대 그리스 인들은 '교육', '문화' 또는 '사회적, 정치적 또는 도덕적 포부'를 언급하기 위해 이 용어를 사용했다. 그 중에서도 일부는 로렌스 크레민(Lawrence Cremin)이 지적했듯이, 개인에게 협동적이거나 단체적인 비전이 강요되었다고 가정했을 때 파이데이아의 개념은 개인적 자유와 성장과는 양립할 수 없다고 보았다. 그럼에도 불구하고 그는 어떠한 공동체의 삶과 분리해서는 개성을 정의할 수 없다고 지적했다.[21]

파이데이아, 즉 공공의 비전은 다원론적인 서양 사회에 던져진 중요한 과제로, 공동체를 위한 임무가 존재함을 보여준다. 많은 사람들은 개인적인 삶에 대한 연속적이고 독점적인 강조에 이 과제를 연관짓지 못하고 있다. 삶의 단체적이고 공적인 면을 확인하는 과정에서 기독교 공동체에는 새로워진 의식이 필요하다. 이러한 의식을 멀리한다면 개성과 개인적인 삶은 그 의미를 잃을 것이다. 덧붙여서, 효과적인 교육 계획은 특정한 믿음 공동체 안에서 공유된 파이데이아의 표현을 필요로 한다. 예를 들어, 에베소서 6장

---

21. 로렌스 크레민, 「공교육(Public Education, New York: Basic Books, 1976)」, p. 39.

4절은 아버지로 하여금 자녀를 파이데이아, 즉 하나님의 훈계나 가르침 안에서 기르도록 권고하고 있다.

성경적 의미의 파이데이아는 공동체 안에서 진심으로 헌신하고 다른 사람들과 깊이 관계하는 것을 뜻하는 양육, 단련, 인격 형성으로 볼 수 있다. 또한 사람의 인격을 형성하고 단련하며 양육하는 그 공동체에 우수성을 위한 비전이 존재함을 나타내고 있다. 프랭크 개블린(Frank Gaebelien)은 기독교 교육에 종사하는 사람들은 모든 사람들에게 '가장 최상의 예시, 즉 책 중의 책인 성경과 인물 중의 인물인 예수 그리스도'를 보여주어야 한다고 말한다.[22] 이 연구는 사회에서 개인의 역할을 말해주는 기독교적 파이데이아, 즉 기독교 세계와 삶을 전하기 위한 최선의 노력을 요구한다.

그리스 전통을 논할 때 파이데이아에 이어서 또 다른 논점들이 등장한다. 기독교 관점에서 지식의 본질은 무엇이고, 그 지식이 삶에 어떻게 연관되는가? 이성이 어떻게 믿음에 연관되는가? 예루살렘과 아테네는 어떤 관계인가? 기독교는 어느 정도까지 특정한 철학과 융합할 수 있는가? 아니면, 기독교 자체가 보편적 철학과 교육적 철학을 함축하고 있는가? 기독교 가르침에서 어떠한 가치가 양육되어야 하는가? 공동체에 대한 개인의 헌신과 개인적 필요, 포부 사이의 균형을 어떻게 잡는가? 삶의 사적이고 공적인 모든 영역에서 개인이 어떻게 기독교적인 헌신을 이루고, 어떠한 책임으로 다른 사람들을 교육하는가?

유대인 교육자인 아브라함 헤스첼(Abraham Heschel)은 그리스의 전통, 구약의 전통 그리고 오늘날의 전통을 다음과 같이 비교하고 있다. "그리스인들은 깨닫기 위해 배웠다. 유대인은 섬기기 위해 배웠다. 현대인은 사용

---

22. 프랭크 E. 개블린, 「기독교인, 예술, 진리: 위대한 비전의 회복(The Christian, The Arts, and Truth: Regaining the Vision of Greatness, ed. Bruce Lockerbie, Portland, Oreg.: Multnomah Press, 1985)」, p. 144.

하기 위해 배운다."²³ 배운 것을 깨닫는 것과 그것을 사용하는 것도 중요하지만 기독교 교육자들은 그들의 가르침의 결과로 사람들이 하나님을 섬기고, 하나님께 감사하며, 하나님의 경이로움 앞에 서게 해야 할 과제를 안고 있다. 이 과제는 가정에서 부모로서, 가족의 일원으로서 가르치는 사람들과 교회, 학교, 공동체에서 교사, 목사, 동료 기독교인으로서 가르치는 사람들과 그밖의 모든 상황에서 가르치는 모든 사람들에게 동일하게 적용되는 것이다.

신약

1장에서 제시되었던 성경적 기초 외에 신약 시대의 교육의 실천과 관련해 추가적인 관찰이 이루어질 수 있다. 예수님의 제자들은 유대 형식의 예배와 학습을 따랐다. 신약의 여러 책들이 초기 유대 관습에 많은 영향을 주었던 다른 형태의 교육 방법을 증거하고 있다.

몇몇 사람은 가정 안에서 배웠다. 디모데는 할머니 로이스(Lois)와 어머니 유니게(Eunice)의 영향을 받았다(딤후 1:5, 3:15). 이디오피아 환관은 믿음을 갖기 전에 빌립으로부터 교육을 받았다. 그는 개종을 한 후에도 아마 얼마동안 교육을 받았을 것이다(행 8:36-40). 이교도와 유대인 배경에서 믿음을 키워온 경우도 있다. 예를 들어, 바울은 예루살렘의 가말리엘의 지도 아래서 철저하게 율법을 교육받았다(행 5:34, 22:3).²⁴ 후에 바울은 자신이 교육받은 것을 토대로 이방인과 유대인에게 믿음을 전하는 영향력 있는 주창자가 되었다.

---

23. 아브라함 헤스첼, 「하나님과 인간 사이: 아브라함 헤스첼의 작품에 대한 유대교의 해석(Between God and Man: An Interpretation of Judaism from the Writing of Abraham Heschel, Fritz A. Rothschild, New York: Free Press, 1959)」, p. 37.
24. 케네디, "역사를 통한 기독교 교육", p. 22.

교육은 점차 하나님의 택함받은 사람들에게 구별된 삶을 강조하게 되었다. 기독교인들은 하나님의 도를 따르는 사람들로 구분되었다(행 9:2, 24:14). 교육은 길이요 진리요 생명이신 예수 그리스도에 의한 가르침과 그분에 대한 가르침을 강조했다(요 14:6). 예수님의 제자들은 예수님이 가르치신 모든 것을 지키도록 다른 사람들에게 전하라는 명령을 받았다(마 28:20). 교육은 예수님의 주권에 대한 의미를 설명하기 위해 구약의 배경을 강조했다(눅 24:25-27, 요 5:39). 교의적인 요약과 찬송가(고전 15:3-8, 빌 2:5-11, 딤전 3:16, 딤후 2:11-13, 딛 3:4-7과 같은)는 초기 기독교인들이 필수적이라고 느꼈던 진리들을 개종자들이 배워야 할 중요한 것이라고 제시하고 있다. 때맞추어 랍비적인 경향 후에 기독교 공동체에 근본적인 진리를 보존하고, 전달하며, 해석해주어야 할 책임을 지닌 공식적인 교사들이 등장하기 시작했다.[25] 그들은 자신들의 사역에 대한 책임을 지닌 자들이었다(약 3:1). 교사들은 냉혹하고 다원론적인 세상 한가운데 있는 기독교 공동체의 정체성에 필수적인 기독교 신념의 영속을 보장해야 했다.

신약에 나타나는 학습 방법과 영속되는 삶은 그리스도의 통치에 대한 순종과 삶 가운데 주인되시는 그리스도의 경험에 대한 반응으로 세상에 적극적으로 참여할 것을 요구한다.[26] 이 적극적인 참여는 구약의 가르침과 제자들에 의해 전해지고 다듬어져서 기록된 그리스도의 말씀에 대한 신중한 반영의 필요성을 포함한다. 이것은 예수님을 따르는 사람들로 하여금 하나님의 부르심에 충실하게 응답하게 했다. 그들의 믿음은 삶의 방식으로 표현되어야 했다. 성육신의 기적은 인간과 성령의 역사를 통해 제자들의 삶 속에 다시 나타났다. 교육은 부활하신 예수님의 존재를 통해 새로워진 하나님의

---

25. 같은 책.
26. 토마스 H. 그룹, 「기독교 종교 교육: 우리의 이야기와 비전 나누기(Christian Religious Education: Sharing Our Story and Vision, San Francisco: Harper & Row, 1980)」, p. 157.

형상을 사람들이 반영하도록 돕는 것이었다. 이러한 신약의 관점에 비추어 현재와 미래의 노력을 위해 제기된 한 가지 논점은 예수 그리스도 안에 있는 하나님의 계시에 대한 인간의 반응과 머리, 마음, 손을 양육하는 교육적 노력의 정도에 관한 것이다. 이러한 반응은 새로운 방법으로 세상 속에 살아 계신 그리스도의 실재를 구체화하는 것이다.

초기 기독교

초대 교회에서는 기독교 전통의 충실한 전달을 강조했다. 4세기까지 이것은 믿음을 위해 주장하는 대항 문화적인 자세를 취할 수밖에 없었던 적대적인 사회에서 이루어졌다. 믿음을 신중히 반영하기 위해 외부적, 내부적 도전이 다루어져야 했다. 이 상황에서 공동체는 정경(Canon), 믿음의 규칙, 교회의 질서를 강조함으로써 유지될 수 있었다. 정경은 믿음을 밑받침하고 믿음의 마지막 권위가 되는 원천을 확인하는 것이었다. 믿음의 규칙은 예수님의 주권에 대한 신앙 고백, 사도신경 그리고 예수님을 충실하게 따르는 사람들이 믿는 성경적 역사의 요약을 포함하는 것이었다. 교회 질서는 진실한 교회와 교회의 공유된 삶을 지도하기 위한 교회의 유효한 권위를 정의하기 위해 필요한 훈계와 조직을 상술하는 것이었다.[27] 이들 세 가지 요소는 문화적이고 종교적인 다원론에 의해 특징지어진 헬레니즘과 로마 세상에 믿음을 전했듯이 연속성을 유지하는 데 도움이 되었다.

다양한 교육 형태가, 아직 이뤄지지 않은 종말론적 기대에 비춰진 믿음을 해석하는 것과 관련해 나타났다. 특히 교리 문답(catechesis)이 믿음을 전하는 데 필수적인 요소로써 나타났다. 존 웨스터호프(John Westerhoff)는 이 용어를 위한 그리스의 자료는 철저함 또는 모방, 찬양 또는 흉내, 다른 사람

---

27. 윌리엄 빈 케네디(William Bean Kennedy), "기독교 교육을 위한 역사적 배경의 이해(Background Historical Understanding for Christian Education, Union Theological Seminary, 1980)", p. 1.

의 말과 행동을 되풀이하는 것에 관련되어 있다고 지적했다. 교리 문답이라는 용어가 처음 사용되었을 때 이것은 제기된 질문에 외쳐 대답함으로써 가르침을 받았던 구두 반복의 교육 활동을 뜻하는 용어로 사용되었다.[28] 교리 문답의 필요를 이행하고 가정 교육과 예배 의식을 지원하기 위해 다양한 장소에서 예비 신자들이 등장하게 되었다. 교리 문답의 기간과 형태는 다양했다. 하지만 일반적으로 교육은 3년간 지속되었다.[29] 이 기간은 교회가 예비 신자를 완전히 수용하기 전 훈련과 검증의 기간으로 사용되었다. 예비 신자들 중에는 기독교인이 되기를 고려하는 '듣는 사람(hearers)', 듣는 사람이 물러난 후에도 기도하기 위해 남았던 '무릎 꿇는 사람(kneelers)', 삶에 대한 교회의 전적인 참여와 세례를 위한 집중적인 교리, 전례, 고행 훈련의 준비를 하는 실제 세례 지원자 또는 '선택받은 사람(chosen)'이 있었다. 세례에 이어 새로운 일원들에 의해 경험된 교회의 성례전과 다른 신비한 일들의 의미와 관련한 추가적인 교육이 제공되었다.

세례 예비 학급에 더하여 교리 문답 학교(Catechetical school)가 형성되었다. 기독교는 헬레니즘의 사고 방식으로 믿음을 해석하고 문화를 가진 공격자로부터의 공격을 막기 위해 고도의 교육을 받은 변증자들의 필요성을 느꼈다. 알렉산드리아에 있는 대학처럼 교리 문답 학교에서도 기독교 사고와 실천을 지닌 미래의 지도자들은 헬레니즘 문화의 다양한 훈련 방법과 철학으로 교육을 받았다. 터툴리안(Tertullian)과 같은 몇몇 지도자들은 복음을 전하기 위해 그리스 철학 형태의 사고를 이용하는 것은 위험하고, 심지어는 이교도적이라고 주장했다. 오리겐(Origen)과 같은 다른 지도자들은 세상을

---

28. 존 웨스트호프 3세, "도전: 충실함의 위험에 대한 이해(The Challenge: Understanding the Problem of Faithfulness)", 「충실한 교회: 교리 문답 역사의 논점(A Faithful Church: Issues in the History of Catechesis, ed. John H. Western off III and O. C. Edwards Jr., Wilton, Conn.: Morehouse Barlow Co., 1981)」, p. 2.
29. 마이클 듀제리어(Michael Dujarier), 「예비 신자의 역사: 첫 6세기(A History of the Catechumenate: The First Six Centuries, Trans. Edward J. Haarl, New York: Sadlier, 1979)」, p. 94.

그 나름의 용어로 설명하기 위해 현대의 사고와 기독교 믿음을 종합하는 것이 반드시 필요하다고 했다.[30] 신앙 공동체에 계속적으로 제기되는 논점은 공동체의 관점을 어떻게 넓은 사회와 문화적 상황에 연관짓는가에 대한 것이다.

기독교 교육의 교육 과정은 구약의 해석 또는 재해석의 과정을 포함한다. 많은 개종자들은 유대인이 아니었다. 이방인들이 처음 구약을 접했을 때 그들은 예수님의 삶과 사역이 그분이 성육신화되기 이전의 인간과 피조물에 대한 하나님의 뜻과 어떤 관계를 가지는지에 대한 해석이 필요했다. 유대인 개종자들을 위해서는 메시아의 말씀에 관련해 재해석된 구약이 필요했다. 구약에 예수님의 삶과 가르침이 더해진 복음이 나누어졌다. 실제 증인들이 죽은 후에, 이러한 이야기와 그 의미는 권위적인 기준을 제공하기 위해 성문화되었다. 성경에 더하여 교육 과정은 신앙 고백과 '길(The Way)'에 대한 가르침으로 구성되어 있었다. 신앙 고백이란 사도신경에 자세히 설명되어 있는 하나님의 주권을 받아들이는 것이다. '길'은 교리 문답 교육 초기의 현존하는 형태인 디다케(Didache)를 통해 명확하게 언급된 그리스도의 추종자들을 위한 도덕적 기대를 상술하는 것이다.[31] 이러한 뚜렷한 교육 과정 요소 외에 기독교 공동체의 일반적인 삶은 무형식적이고 비형식적인 가르침과 배움이 나타남에 따라 함축적인 교육 과정을 제공하게 되었다.

다른 역사적 기간을 위해 제시되었듯이, 초기 기독교의 교육적 전통의 일반적 특징들 중에서 특정한 논점들이 제기되었다. 되풀이되는 논점은 바로 연속성에 대한 것이다. 이 강조에 대한 하나의 대안은 급격하게 변하는 세상과 몇몇 경우에는 격렬히 구별된 상황과 관련된 믿음의 순응에 초점을 두고 있는 것이다. 두번째 논점은 기독교 공동체의 유지에 대한 것이다. 초대

---

30. 케네디, "역사를 통한 기독교 교육(Christian Education Through History)", p. 23.
31. 케네디, "역사적 배경의 이해", p. 2.

교회는 지속적인 파괴의 위협 때문에 질서, 훈련 그리고 명확한 지침을 필요로 했다. 하지만 융통성 있는 사회나 문화적 상황에서는 질서보다는 충성이 더 적절하다고 할 수 있다. 분명히 공동체를 잃는 것보다 그것을 유지하는 것이 더 중요하다. 하지만 연속성과 불연속성의 균형을 잡기 위한 필요가 기독교 교회의 각 역사적 환경에서 제기되었다. 이러한 논점들 가운데서 교육이 해야 할 일은 그러한 질문 속에 피할 수 없는 긴장을 해소하기 위한 가능성 있는 방법을 제시하는 것이다.

초대 교회의 일원이 된다는 것은 희생적인 제자됨과 서양의 많은 신도들과의 완전히 대조되는 진지한 헌신을 의미했다. 교회의 일원이 된다는 것은 가끔씩 교회에 출석하고 재정적인 지원과 교회 명부에 이름을 올리는 것보다 더 큰 의미를 지니고 있다. 그리스도를 따르는 것에 대한 근본적인 요구는 반드시 교회가 신실하지 못한 문화적 적응을 넘어 충실한 응답을 할 수 있도록 하는 교육적 노력을 통해 명확해져야 한다. 마지막 논점은, '길'이 구체화되고, 인간의 약함과 죄 가운데서 하나님의 역사와 용서를 받아들이는 도덕적 책임을 완수해야 하는 교육 과정의 일환으로써 뚜렷한 도덕적 요구를 받아들이는 것과 관련해 제기된다.

중세

기독교의 설립과 콘스탄틴(Constantine) 대제 이후에 교육의 역할은 변했다. 교회는 새롭게 교회의 일원이 되는 사람들을 위해 집중적인 준비를 할 필요가 없게 되었다. 교회 지도자들은 수많은 사람들을 양육하고 그들의 믿음을 더욱 깊게 하기 위해 그들을 인도할 새로운 방법을 찾아야 했다.[32] 그 후, 로마가 몰락하고 제국의 세력이 붕괴하자 교회는 지속적인 영향력을 발

---

32. 케네디, "역사를 통한 기독교 교육", p. 23.

휘하는 사회적 기관이 되었다. 권력 공백의 결과로 인간 삶의 모든 영역에서 교회에 대한 관심이 증가했다. 교회의 지배는 교육에 적지 않은 영향을 끼치게 되었다.[33] 스콜라 철학과 관련해 비롯된 교회의 지배는 르네상스와 종교 개혁 중에 나타난 반응의 결과를 낳게 되었다.

예배가 기독교 교육의 주요 수단으로써 다루어졌다. 비록 예배는 전적으로 하나님을 위한 것이었지만 발전된 건축, 예술, 음악의 상징주의의 풍부함이 그 참여자들에게 믿음을 가르쳤다. 예배의 정교한 특징 중 하나가 매일같이 행해졌던 미사였다. 다양한 기독교 행사는 전례 규정에 따라 행해졌고, 도덕극, 신비극과 같은 종교극이 상연되었다.[34] 연극, 건축과 예술의 상징주의와 더불어 속죄 문학이 당시의 도덕적 문제를 언급할 때 성직자들의 지침이 되었다.[35] 이러한 모든 무형식적인 수단이 대부분 기독교 교육을 받아본 적이 없는 사람들에게 기독교 메시지를 전달하기 위해 사용되었다. 성례식과 함께 교회의 나누는 삶의 조직은 연극과 상담의 정서적인 면과 건축의 시각적인 면을 보완하기 위해 인식적인 면을 제공했다. 따라서 사회화, 문화 변용, 문화화는 집단을 교육하기 위한 수단을 제공하게 되었다.

이 시기 동안 가정은 믿음을 가르치는 상대적인 중요성을 잃기 시작했다. 독신주의가 실용 가능한 선택으로 등장했고, 기독교 믿음에 대한 재정의를 요구하게 되었다. 영적인 조직에 열심히 헌신하는 사람들은 공동체를 양육하고 일반 교육, 육체 노동, 영적 훈련의 질서 의식 함양을 추구하는 수도원을 선택할 수밖에 없었다.[36] 기독교 교육의 중심으로써 가정을 대신하는 공동체의 대두는 반드시 생존만이 그 관심의 대상인 경제적 개발과 관련해 관

---

33. 테일러(Taylor), "역사적 개론(A Historical Introduction)", p. 14.
34. 같은 책.
35. 케네디, "역사적 배경의 이해", p. 2.
36. 같은 책.

찰되어야 한다. 일차적인 힘은 경제 생활을 하는 데 쓰여졌고, 일반 사람들을 위한 사고와 학습의 기회는 예배 경험 밖으로 극도의 제한을 받았다.

형식적인 교육은 12세기 초부터 대학과 수도원, 성당 학교에서 행해졌다. 이때의 교육은 주로 체제에 편입되는 소수의 젊은이들을 위한 것이었다. 이러한 학교들은 A. D. 800년 이후에 일곱 개의 교양 과목을 개설하기 위해 교육 과정을 개편했다. 이것은 이후에 등장하는 대학의 전신이 되었다. A. D. 500-1000년 동안 수도원 학교는 지적 활동의 중심이었다. 하지만 대도시가 등장함에 따라 대학 교회 학교와 성당 학교들이 생기게 되었다. 이들 교육 과정은 인간의 경건에 그다지 초점을 두지는 않았던 신학에 더하여 교양 과목과 인문학을 강조했다. 12세기가 되자 대학은 성당 학교 운동의 영역을 벗어나게 되었다. 대학은 전문적이고 학구적인 자세 모두를 생산하는 데 주력했다. 대학의 발달은 도시의 성장, 중산층의 대두 그리고 무슬림과의 접촉을 통한 새로운 지식에 대한 관심에 영향을 끼쳤다. 대학은 종교적인 것에만 한정되어 있지 않았다. 교회 밖에서의 직업을 준비하기 위해 대학생들은 법, 의학 그리고 다른 비종교적인 과목들을 배웠다. 교회, 정부 신학 자체도 그들의 완고하고 형식화된 교육에도 불구하고 대학의 비판적인 연구를 더욱 따르게 되었다.[37]

마리 윈(Marie Winn)은 「유년 시절이 없는 아이들(Children Without Childhood)」을 통해 자녀를 다스리는 방법과 관련해 북미 사회가 '새로운 중세 시대'로 향하고 있다고 말했다.[38] 그녀는 과거에는 어른들과 구별되고 그들로부터 보호받았던 아이들의 위치가, 어른의 삶을 위해 아이를 준비시

---

37. 테일러, "종교 교육(Religious Education)", pp. 14-15.
38. 마리 윈, 「유년 시절이 없는 아이들: 섹스와 마약이 만연한 세상에서 너무 빠르게 자라는 아이들 (Children Without Childhood: Growing Up Too Fast in the World of Sex and Drugs, New York: Penguin Books, 1981)」, pp. 205-210.

키고 그들과 구별하지 않는 현재의 위치로 이동했음을 지적했다. 그녀가 한 자극적인 제안은 이 이동이 중세 시대에 유행했던 시각을 재확립한다는 것이었다. 만약 윈의 분석이 옳은 것이라면 현재의 교육 노력은 어른들의 현실과 책임에 대한 의식을 아이들이 습득하는 것에 초점을 두었다는 말이 된다. 이러한 주장은 아이들도 자신들이 다룰 수 없는 영역에 있는 삶의 긍정적이고 부정적인 측면 모두에 대해 알 필요가 있음을 가정하고 있다.

기독교 교육자들에게 던져진 과제는 아이들을 위한 두 가지 방법 중 하나를 선택하는 것이다. 하나는 아이들과 청소년을 위한 보호된 환경이고, 다른 하나는 대화와 사고를 위한 충분한 기회를 제공하면서 그들을 사회 현실에 노출시키는 것이다. 한 청소년 지도자의 예를 들면, 그는 청소년들 가운데 한 사람의 집에서 청소년들과 함께 R등급(성인용 - 역자 주) 판정을 받은 비디오를 보고 그 비디오에 대해 얘기하자는 초대에 응하거나 아니면 보기를 단념하고 초대에 불응해야 하는 딜레마에 처해 있었다. 이 경우에서 그는 비디오를 보는 선택을 했고, 청소년들과 함께 인간의 성적 타락과 기독교 믿음에 의해 제시된 대안에 대해 논할 수 있었다.

아이들이 보호받거나 준비되어지는 것에 대한 이야기를 떠나서, 증가하고 있는 독신주의의 선택은 결혼, 출산, 결혼 안에서의 양육이 없는 선택을 하는 사람들을 낳게 되었다. 이 상황은 교회 안에서의 가정의 위치에 대한 논점을 제기했다. 그 가운데 많은 부분을 차지하는 것이 독신 가정에 대한 것이다. 교회는 반드시 독신, 자녀 없는 부부 그리고 다른 사람들을 위한 교육 프로그램에 대해 고려해야 한다. 그들의 필요에 민감해야 한다. 이 땅에서 독신으로 사셨던 예수님도 핵가족을 강조하는 몇몇 교회에서는 환영받지 못할 수도 있다.

삶을 위한 비전의 증가한 변칙과 복수성의 중세 시대와 상황을 비교했을 때 현대 교회는 반드시 협력적이고 집단적인 삶을 통합하는 중심에 대한 필요성에 역점을 두어야 한다. 사회에 영향을 주는 협력적인 삶에 대한 기독교인들의 소명을 이해하지 않고서는, 인간을 고립시킬 수 있는 개인적 생존의 필요성을 위한 편협한 관심과 안이한 정신 구조가 대두될 수 있다. 분명히 교회는 음식, 옷, 집에 대한 필요성에 역점을 두어야 한다. 하지만 교육적 과제는 또한 반드시 개인적, 가정적, 민족적 요새 그 이상의 의미를 갖는 하나님의 자원에 대한 책무와 하나님의 피조물로서의 세상을 보호하는 기독교인들의 책임을 강조해야 한다. 수도원은, 현재라는 벽을 넘어 하나님의 은혜로 영향력을 끼치는 기독교인들의 존재와 일을 필요로 하는 인간의 진취적인 정신을 위한 광대한 영역이 된다.

중세의 교육 전통으로부터 두 가지의 부가적인 논점이 제시된다. 첫번째는 수도원 발전의 특징인 영적 훈련과 영성 형성에 대한 증가된 관심이 하나님과의 교제와 급변하는 세상에서의 사고를 육성해야 함을 확인해준다. 기독교 교육은 반드시 개인이 하나님과의 관계를 통해 자라도록 어느 정도까지 권고받았는지를 심각하게 평가해야 한다. 사적 영역을 위해 제공받은 이해 관계는 기독교인들의 공적이고 협력적인 책임들을 경시하지 않는다. 개인적 경건에 대한 강조는 더 넓은 공동체와 문화를 고려하지 않는 경건주의로 퇴보할 수 있다. 정의와 평화를 위해 노력하라는 예수님의 부름을 무시했던 복음주의자들이 이 영역에 특히 게을렀다.

두번째 논점은 중세 시대 동안 광범위하게 사용되었던 시각적 의사 소통에 의해 제기되었다. 미국과 같은 매체 지향적인 사회에서 글이 그 영향력을 상실한 것을 볼 수 있는데, 이것은 형식적인 교육과 글의 유효성이 없었던 중세 시대와 비교될 수 있다. 기독교 교육자들은 기독교 믿음을 가르치기 위해 어느 정도까지 시각 지향적인 기술과 형태를 이용해야 하는가? 책을 읽는 미국 사람들이 계속 줄어가고 있다. 그리고 다양한 시각 매체의 등장은 복음의 메시지를 희석하지 않고 사람들에게 효과적으로 그것을 전하기 위해 기독교인들의 비판적이고 적합한 반응을 요구하게 되었다.

르네상스

르네상스는 14, 15, 16세기에 일어났던 학습의 재각성, 재탄생, 회복의 운동이었다. 고전에 대한 관심의 재각성은 이탈리아에서 시작되었지만 점차로 유럽 전역으로 확대되었다. 고전에 대한 관심과 아울러 대두된 것이 하나님이나 천국보다는 인간과 그 세계에 관심을 두는 인문주의였다. 개인주의에 대한 새로운 강조점들이 나타나기 시작했는데, 이것은 중세 사회를 대표하는 교회의 전제 정치에 대한 반응과 전통주의를 타파하는 데에 영향을 끼쳤다. 이러한 움직임은 정치적, 사회적, 경제적, 문화적, 지적인 면의 극심한 동요와 혼란스러운 사회적 변화의 상황에서 발생했다.

르네상스에 의해 영향을 받은 다양한 삶들이 차례로 교육에 영향을 끼쳤다. 교육은 부유한 상인과 힘 있는 은행이 학문을 지원하는 개개의 도시에 중요한 것이 되었다. 교황권과 왕권 사이의 정치적 긴장은 국가와 사회를 부강하게 하는 교육을 더욱 중요시하게 되는 결과를 가져왔다. 로저 베이컨(Roger Bacon)의 연구로 시작된 과학 혁명은 창조주보다 창조된 세계에 더 관심을 두게 했다. 많은 실험들이 음악, 건축, 문학, 예술 분야에서 개발되었다. 종교의 영역에서는 종교 서적의 인쇄를 통해 다양한 관점에 대한 관심이 증가하게 되었다. 많은 르네상스 지도자와 사상가의 특징은 인간의 주된 목적이 인간의 삶을 영화롭게 하고 세상의 즐거움을 누릴 수 있는 데까지 누리는 것에 있다고 보는 것이었다.

르네상스 교육의 특징적인 넓은 목표는 개인적인 발전을 강조하는 것이다. 개개인은 그들의 공동체로부터 더욱더 분리되어 있지만 그 공동체에 충분히 개인적인 영향력을 지닌 주체로 간주되었다. 인쇄 기술의 눈부신 발전은 자기 교육을 가능하게 했다. 그리스와 로마의 고전은 인류, 예술, 과학의 영역에 대한 학문과 연구를 증가시키고 교육 과정 확대를 위한 광범위한 자료를 제공한 무슬림과 유대 학문을 통해 재사유 되었다.

르네상스를 통해 등장한 논점은 그리스 교육 전통에서 확인된 질문들, 특히 기독교 믿음과 관련된 인간의 이성에 관한 질문을 다시 제기한다. 일부 르네상스 사상가들에게 있어서 이성은 믿음보다 우위에 있는 것이었다. 이 시대에는 기독교 진리와 인류, 과학, 예술을 동일시하려는 경향이 있었다.

이와 대조적으로 복음주의자들은, 모든 진리는 하나님의 진리이지만 모든 진리는 같은 질서를 가진 것이 아니고, 같은 수준을 지니고 있지도 않다는 사실을 고수했다. 여기에서 우선순위에 대한 질문은 매우 중요하다. 복음주의자들은 그리스도와 성경을 통해 밝혀진 진리만이 학문과 삶을 위한 근본적이고 통합적인 관점을 포함한다고 주장했다. 그보다 못한 것들이 인간을 모든 것의 기준이 되게 하는 것이다.[39] 그리스도 안에서의 믿음과 성경에 대한 신뢰는 인간의 이성과 경험을 통해 습득된 통찰력보다 더 높은 우선권을 갖는다.

어거스틴은 만약 어떤 사람이 하나님을 믿지 않는다면 그는 근원적인 진리를 알 수 없다고 했다. 11세기 캔터베리의 안셀름(Anselm of Canterbury)은 "자신이 알 수 있는 것을 믿으라"고 말했다. 복음주의자들은 이 원칙 또한 종교적 믿음을 넘어, 헌신과 같은 의미를 지닌 믿음의 다른 노력으로 그 범위를 확장하고 진리의 지식을 알게 한다고 말했다.[40] 기독교 교육의 이러한 자세는 지식과 진리의 모든 영역을 연구하는 데 기초가 되는 그리스도와 성경 안에서의 개인적인 믿음을 강조할 필요가 있음을 보여준다.

그리스도와 성경에 대한 이러한 신뢰는, 신성한 계시와 무관한 눈에 보이

---

39. 개블린, 「기독교인, 예술, 진리(The Christian, the Arts, and Truth)」, p. 252.
40. 같은 책, p. 86.

는 이성의 사용에 영향을 주는 죄와 타락한 인간의 본질을 인정하는 데서 비롯된다. 개인적, 집단적인 죄의 존재를 인식했을 때 기독교 교육은 지적 훈련을 보충하기 위해 반드시 도덕적, 윤리적, 인격 형성의 영역을 강조해야 한다. 그러나 이 보충 방법은 하나님의 피조물로서의 인간의 존엄성과 가치를 침해하는 것이어서는 안 된다. 이 균형을 이루는 과정이 실제 교육의 실천에 되풀이되는 문제를 제기한다. 예를 들어, 의심하는 것과 의문을 제기하는 것의 차이는 무엇인가? 이성의 사용은 의문을 제기하는 것과 의심하는 것 모두를 의미한다. 심지어는 기독교가 시대를 거쳐 옹호해온 다양한 진리에도 이것이 적용된다. 하나님에 의해 창조된 인간 이성의 능력을 사용하여 질문을 제기하는 것은 발견을 위한 중요한 일이 되었다.

종교 개혁

중세 시대의 교육 형태(가정 교육, 예배, 목회적 가르침, 지도)는 교회의 분열 이후에도 계속되었다.[41] 가정 교육은 여러 가지의 교리 문답을 사용했다. 아이, 어른, 부모를 위해 기록된 주요 교육 혁신은 아이에 대한 종교적 훈련의 책임을 지니고 있었다. 성찬식이 예배에 포함되어 있었지만 설교도 가르침의 중요한 수단으로써 새로운 중요성을 띠게 되었다. 목회에 있어서의 설교와 가르침은 학습자인 평신도의 능동적 참여를 위해 재편되었다. 목사는 집회에서 교육적 지도자가 되어야 했다. 기독교 믿음의 개인적 전유를 장려하고자 했던 교회의 지도자와 부모들에 의해 지침이 만들어졌다. 로마 가톨릭을 위한 또 다른 교육의 형태는 개인적인 지도와 가르침을 제공하는 고해실이었다.

기독교 믿음의 근원으로 돌아가는 일과 회귀와 함께 성경의 권위가 강조

---

41. 케네디, "역사를 통한 기독교 교육", p. 24.

되었다. 원어로 된 문서에 대한 역사적이고도 문법적인 해석은 성경 진리에 대한 새로운 평가를 내리게 했다. '오직 성경으로(sola scriptura)'는 교회의 권위를 넘어선 성경의 유일하고 최종적인 권위로 확인되었다.

믿음으로 의인(오직 믿음으로, sola fide) 되어야 함을 강조했다. 믿음과 신념에 대한 구별이 이루어졌다. 믿음은 함께 걸었던 그분에 대해 강조했고, 신념은 내용과 교의를 강조했다. 믿음과 신념 두 가지가 모두 중요한 것이지만, 희생은 예수 그리스도에 대한 신뢰와 헌신이 있는 개인적인 믿음에서만 볼 수 있었다. 그러므로 기독교 믿음의 복음적인 차원을 위한 새로운 견해가 나타나게 되었다. 즉 교회의 삶에 참여하는 것에 더하여 희생이 개인적 응답의 중심에 위치하게 된 것이다. 효과적인 다른 원칙은 모든 신자들이 제사장이라는 것이었다.[42] 모든 사람은 그리스도를 통해 하나님과 만날 수 있으며, 그들은 그리스도의 몸인 교회에서 중요한 존재다.

이러한 세 가지 원칙이 보편적 교육으로서의 기독교 교육을 위한 새로운 비전을 제시했다. 기독교 교육의 목표는 모든 사람들로 하여금 살아 계신 하나님의 제사장이 되게 하는 것이다. 이것은 성경을 각 나라 말로 번역하는 과정에서 확인할 수 있다. 어떤 사람은 믿음의 눈을 가지고 성경을 읽을 때 곧 바로 하나님을 알 수 있다. 교육에서 이것은 각자가 모두 중요하며, 모두에게 읽기는 필수적인 능력이 된다는 것을 의미했다. 설교도 다시 회복되었으며, 하나님에 대한 책임을 지도록 사람들을 가르치는 행위로 여겨지게 되었다. 설교는 그 일차적인 목적이 전도가 아니라 하나님의 모든 백성들이 개인적으로 성경적 전통을 재전유하도록 교훈적 방법으로 성경적 전통을 해석하는 것이었다. 가정은 교회의 일원을 교육하기 위한 교회의 연장선상에 있는 것으로 간주되었다.[43] 루터(Luther)는 아이들을 위해 교리 문답을 쓰

---

42. 케네디, "역사적 배경의 이해", p. 3.
43. 같은 책.

고 부모들에게 그들에 대한 교육의 책임을 장려함으로써 가정 교육의 중요성을 강조했다.

교육 받은 시민이 좋은 평가를 받았으며, 가정 교육이 불충분했기 때문에 국가의 지원을 받는 학교들이 등장하게 되었다. 이러한 학교들은 주로 교회와 연관된 정치적인 힘을 가진 사람들의 지원을 받았다. 국가의 지원 교육은 일반적으로 두 가지 방식 또는 수준으로 개발되었다. 낮은 수준에서는 초등학교에서 학생들에게 읽는 법을 가르쳤다. 높은 수준에서는 초등학교, 라틴어 학교 그리고 대학교가 사회나 교회의 지도자가 될 사람들을 가르쳤다. 이러한 노력에도 불구하고 의무적인 일반 교육은 그 후로 있게 될 역사적 개발을 위해 준비되고 있었다.[44] 종교 개혁자들의 노력 가운데 주목할 만한 것은 스위스 제네바의 존 칼빈(John Calvin)과 스코틀랜드의 존 녹스(John Knox)에 의해 세워진 학교가 여자와 남자아이들을 함께 교육시켰다는 것이다.

회복된 기독교 교육의 영향력에 대한 가능성을 가정할 때 교사들은 헌신과 훈련 모두를 요구하는 필수적인 역할을 지니고 있었다. 예를 들어, 칼빈은 목사에게 교사 교육을 강조했는데, 그 이유는 공동체 안에서의 목사의 위치 때문이었다. 공동체에서 가장 교육을 많이 받은 사람으로서 목사는 교사의 우두머리 또는 학교 관리자가 되었다. 그리고 올바른 교리의 중요성은 목사의 사역에서 가르치는 일이 가장 우선순위에 있어야 함을 요구했다.[45]

종교 개혁 기간 동안에 신앙 공동체의 보호와 향상 그리고 확장을 위한 교육은 개인의 발전을 위한 교육과 그 권한을 공유하기 시작했다. 처음에 기독교 교육은 하나님에 대한 개인적인 반응만을 다루었다. 하지만 점차 하나

---

44. 케네디, "역사를 통한 기독교 교육", p. 25.
45. 같은 책, p. 24.

님의 독특한 창조물로서 보다 큰 공동체에 기여하기 위한 개인의 능력 개발도 교육의 범위 안에 포함되게 되었다. 따라서 세상에서 하나님과 다른 사람들에게 봉사해야 할 기독교인의 소명과 헌신에 대한 본질을 평가해야 할 필요성이 대두되었다. 이 임무는 예수 그리스도 안에 있는 각 신자와 성직자들의 것이었다.

르네상스와 종교 개혁의 발전을 비교하고 대조함으로 교육적 사고와 실천을 위한 논점을 확인할 수 있다. 르네상스와 종교 개혁 사이에 몇 가지 비슷한 점이 발견되는데, 두 운동은 모두 사회적 회복을 표현하는 데서 비롯되었다는 것이다. 르네상스의 경우는 문화적이고 지적인 영역에 대한 것이었고, 종교 개혁의 경우는 주로 신학과 교회에 관한 것이었다. 두 기간 모두 개개인에 역점을 두는데, 르네상스는 인간의 자율성을 강조했다. 종교 개혁에서는 새로운 의미의 개인적 믿음이 개인의 성경 읽기를 독려했고, 기독교 공동체와 세상에서 하나님의 제사장이 되어야 하는 인간의 개인적 책임을 장려했다. 교육과 관련해 두 운동은 모두 교육 과정을 학문의 전통적 영역 너머로 확장시켰다. 마지막으로 두 운동은 전통의 단절과 기존 권위에 대한 의구심을 대표하는 것이었다. 르네상스 시대에는 정치 권력과 국가와 교회의 사고 방식에 대해 질문하는 것이 발달되었고, 종교 개혁 때는 확립된 종교적 규범과 교회의 전통에 대한 심각한 질문들이 제기되었다. 이러한 유사성은 삶의 모든 면에 크게 영향을 줄 수 있는 변화와 회복의 가능성을 나타내는 것이다. 이 유사성은 또한 변화를 이행할 때의 잠재적인 대가와 그 변화의 한계에 대한 질문 제기의 필요성을 지적하고 있다.

르네상스와 종교 개혁을 대조하면, 서로 다른 방침과 세계관을 보여준다.

1. 일반적으로 르네상스가 인간에 초점을 두는 반면에 종교 개혁은 뚜렷한 특권, 책임이 있는 하나님의 피조물로서의 인간에 대한 새로운 견해

를 증거하면서 삶과 교육의 초점을 하나님께 두었다.
2. 르네상스가 주로 엘리트에 중점을 둔 반면 종교 개혁은 사회 집단도 포함시켰다.
3. 종교 개혁이 영적인 회복을 강조한 반면 르네상스는 문화적이고 지적인 회복을 강조했다. 그러나 영적 회복과 문화적이고 지적인 회복은 서로 배타적인 것이 아니다. 종교 개혁의 관점에서 인간의 이성은 타락한 것이고 성경에 나타난 하나님의 계시에 속하는 것으로 간주되었다. 반면에 특정한 르네상스 운동은 인간의 이성을 완벽한 것으로 받아들였다. 인간의 악행에 대한 종교 개혁주의자들의 시각은 주로 성경에 근거한 것이었다. 하지만 성경의 진리는 이성과 경험을 통해 얻어진 통찰력과 함께 통합된 것이었다.
4. 종교 개혁이 성경에 초점을 둔 반면 르네상스 사상가들은 주로 성경 이외의 고전 문학에 의지했다.
5. 종교 개혁자들은 지식을 퍼뜨릴 때 각 나라 말들을 더 많이 사용할 것을 강조했다. 그러나 보편적 교육에 헌신하지 않았던 르네상스 학자들은 오직 고전적인 언어만을 사용할 것을 강조했다. 그럼에도 불구하고 많은 종교 개혁자들은 고전 학문을 공부했고, 고전적 언어를 사용해 교육을 받았다.
6. 마지막으로 대조되는 것은 교육의 궁극적인 목표에 관한 것이다. 종교 개혁은 하나님과의 친교와 하나님을 향한 헌신에 더욱 높은 교육의 목표를 두었고, 르네상스는 대부분 하나님의 계시와는 무관한 그 자체의 전통적 지식이 교육의 목표였다.

이같은 대조와 관련해 선택이 이루어져야 하고, 기초적인 교육적 사고와 실천에 의한 우선순위가 정해져야 한다. 각각 대조되는 내용에 대해서는 신 중심성과 인간 중심성에 대한 강조를 구체화하는 반응의 가능한 연속체로 여기는 것이 가장 좋다. 기독교 세계관은 인간의 현실성에 대한 민감함을 유지하면서도 하나님의 계시 안에서 충실해야 한다.

존 T. 맥닐(John T. McNeil)은 종교 개혁자들은 하나님의 주권과 거룩성, 인간의 죄성 그리고 오직 예수 그리스도만을 통해서 좁혀질 수 있는 하나님과 인간 사이의 큰 간격을 강조했다는 점에서 기독교 인본주의자들과 다르다고 주장했다.[46] 하지만 르네상스 시대에도 온건하고, 급진적인 기독교 인본주의자로 여겨진 사람들이 있었다. 종교 개혁주의자들에게 가장 큰 영향을 준 기독교 인본주의자가 바로 에라스무스(Erasmus)였다. 젊은 존 칼빈은 점잖은 책임의 범위 안에 속해 있던 인본주의를 보고자 했다. 따라서 르네상스와 종교 개혁은 하나님께 충실하려는 교육의 인간적 노력의 상황에서 유일신론과 인본주의 사이의 관계에 대한 논점을 제기한다고 할 수 있다. 확실히 종교 개혁의 뿌리는 르네상스였다. 하지만 이후의 역사적 발전들은 교육적 방침의 중심 강조점과 관련해 많은 의문점들을 제기했다.

미국

종교 개혁 후에 증가한 복잡한 문제들을 다룰 때 계몽주의, 산업 혁명, 증가된 도시화와 다원성을 포함하는 다수의 지적, 정치적, 경제적, 사회적 요소의 결과로 중대한 변화가 다른 국가적 상황에서 발생했다는 것을 인지하면서 미국의 발전 요소도 다루어질 것이다. 이러한 복잡한 발전 요소를 다루기 위해 로렌스 크레민은 교육적 생태학으로 확인된 교육을 담당하는 기관의 형태 또는 네트워크를 제시했다. 이러한 사회적 기관은 가정, 교회, 공동체, 학교, 다양한 기관, 매체 외의 다른 것들을 포함한다. 각 기관은 다른

---

46. 존 T. 맥닐, 「칼빈주의 역사와 특징(The History and Character of Clavinism, New York: Oxford University Press, 1967)」.

기관과 더 넓은 사회와 상호 작용을 한다. 또한 각 기관은 그 일원이나 참여자를 가르칠 때 명백하거나 함축적일 수 있는 고유의 가치, 가설, 과제를 가지고 있다.[47]

교육적 형태의 의식은 복음주의 교육자들에게 기관들의 방대한 배열과 그들의 교구에 대한 관심 그 이상으로 상호 관계성에 대해 고려하도록 한다. 예를 들어, 주일 학교를 통해 교회 교육에 관여하고 있는 사람들은 프로그램을 계획하고 실행할 때 가정, 학교, 공동체, 매체, 넓은 사회가 주는 영향을 무시하지 못한다. 이 모든 영향력은 목적을 확인하고, 전략을 세우며, 프로그램을 이행하고, 노력을 평가할 때 반드시 고려되어야 한다. 아울러 효과적인 교회가 되기 위해서는 메시지를 전할 때 각 기관이나 수단 사이에 반드시 네트워크가 구성되어야 한다. 이것을 무시한다면 근시안적인 행동을 취하는 것이고, 문화적 침체를 회복하기 위한 복음적 노력을 포기하는 것과 같은 것이다.

교육적 형태를 구성하는 기관 사이의 관계는 서로를 확인하고, 보완하고, 서로에 반대하고 있는 것으로 설명될 수 있다.[48] 각 기관은 같은 메시지를 지지하고 특정한 지침을 승낙하는 것을 통해 서로를 확인할 수 있다. 예를 들어, 교회는 아이들에게 부모를 공경하고 순종하며 부모로부터 전해들은 진리를 간직하라고 권면함으로써 가정의 역할을 확인할 수 있다. 마찬가지로 부모 또한 그들의 적극적인 참여와 교회의 지원 그리고 교회의 가르침을 본보기로 삼는 것을 통해 교회의 메시지를 확인할 수 있다.

---

47. 로렌스 A. 크레민, 1978년 12월 18일, New York, Columbia University, Teachers College에서의 강의 내용과 그의 저서 「미국 교육: 식민지 경험 1607-1783(American Education: The Colonial Experience 1607-1783, New York: Harper & Row, 1970)」, 「미국 교육: 국가적 경험 1783-1876(American Education: The National Experience 1783-1976, New York: Harper & Row, 1980)」, 「미국 교육: 대도시 경험 1876-1980(American Education: The Metropolitan Experience 1876-1980, New York: Harper & Row, 1988)」을 참조하라.
48. 같은 책.

기관 간의 관계는 양립하는 다른 기관이 갖고 있지 않은 영역을 제공하고 영향력을 지니는 의미에서 서로를 보완해주는 것으로 설명할 수 있다. 학교는 집에서 점심을 가져오지 못하는 아이들에게 점심을 제공함으로써 특정한 상황에 있는 가정을 보완할 수 있다. 비슷한 방법으로 부모는 학교에서 교사가 전하지 못하는 것들을 자녀들에게 가르침으로써 학교를 보완할 수 있다. 또한 부모들은 가족이 함께 모이는 시간을 통해 교사들에 의해 나누어졌던 주제와 개념을 설명함으로써 주일 학교의 강조점들을 보완하거나 보충할 수 있다.

세번째 가능한 관계는 대립의 관계다. 기관들은 참여자들에게 불협화음이나 마찰을 일으킬 수 있는 서로 구별되는 반대의 메시지를 가질 수도 있기에 대립의 관계인 것이다. 텔레비전 광고의 특정한 부분의 문제와 기독교 가정이나 교회가 지지하는 가치 사이의 관계를 예로 들 수 있다. 텔레비전 광고는 개인이 소유하고 있는 물건의 많고 적음으로 행복한 삶을 정의한다. 이것은 세상에서 감소하고 있는 자원에 대해 기독교인들이 가져야 할 관심과 임무에 반대되는 것이다. 대립적 관계의 또 다른 예는 공립학교의 세속적인 인본주의는 기독교 가치와 진리에 정반대라는 생각을 가진 일부 부모들이다. 그들의 이러한 생각은 가정이 갖고 있는 기독교 세계관을 확인하고 보완하는 기독교 사립 학교와 가정 학교가 많이 개발되는 결과를 가져왔다.

교육적 형태의 기관들의 관계를 설명하기 위해 제시된 세 가지 지적에 더하여 전체적 또는 부분적인 형태는 더욱 넓은 사회와 상호 작용을 한다. 이것에 대한 예로, 매우 강한 대항 문화적인(countercultural) 자세를 취하고 있는 기독교 가정들을 들 수 있다. 이들 가정은 텔레비전이 없고, 영화 관람을 하지 않으며, 공립 학교에 가지 않고, 지역의 공공 공동체와 관련을 갖지 않는다. 애미쉬(Amish)와 브루더호프(Bruderhof) 공동체는 사회와 떨어져 더

욱 은둔하는 삶을 사는 폐쇄적 기독교 소수 집단이다.[49]

이 교육적 형태의 개념을 사용함으로써 기독교 교육의 노력에 있어서 구성 요소의 변하는 관계와 관점을 살펴볼 수 있다. 여기에서는 방대하고 다양한 변화들은 살펴보지 않고 크레민이 살펴본 미국의 일반 교육의 발전들을 기독교 교육의 의미와 함께 살펴볼 것이다.

크레민은 미국 교육을 나타내는 다섯 가지 주요 추진력을 확인했다. 첫째, 기관의 다양성이다. 이러한 기관의 영향은 개인에 따라 달라진다. 어떤 사람들은 전통적 교육 기관이나 프로그램의 노력보다는 독학을 한다.[50] 예를 들어 이러한 개인은 주로 도서관이나 다른 정보 저장 기관을 이용하여 개인적 학습, 관찰, 사고를 통해 교육받을 수 있다. 기독교 교육자가 해야 할 것은 자신이 보살피고 있는 사람의 특정한 교육적 형태를 신중하게 평가하는 일이다. 주로 독학을 하는 사람은 그들의 학습과 경험을 통해 얻은 것을 다른 사람들과 나누기 위해 더 많은 자료와 기회를 접해야 할 필요가 있다.

기독교 교육자는 또한 기독교 세계관의 가치와 진리를 일반적으로 확인하고 보완해야 하며, 반대하는 다른 사회와 사회적 기관이 제공하는 정보의 정도를 반드시 평가해야 한다. 이 평가에 기초해서 특정한 역사적 상황에 있음직한 기독교 반응과 관련된 결정을 내려야 한다. 인원, 물질적 자원, 시간을 할당할 때 과거와 계획된 미래에 비추어 시간을 읽는 것이 필요하다. 기독교 교육자는 구체적인 목적에 비추어 모든 기관 또는 프로그램의 가르침이 교육적이었는지를 반드시 물어봐야 한다. 현재의 기독교 교육의 노력

---

49. 폐쇄적 공동체를 대표하는 근본주의적 사립 학교에 대한 연구를 위해서는 앨런 페쉬킨(Alan Peshkin), 「하나님의 선택: 근본주의 기독교 학교의 완전한 세상(God's Choice: The Total World of a Fundamentalist Christian School, Chicago: University of Chicago Press, 1986)」. 야코브 오베드(Yaacov Oved), 「형제단의 증인: 브루더호프의 역사(The Witness of the Brothers: A History of the Bruderhof, New Brunswick, N. J.: Transaction, 1996)」도 참조하라.
50. 크레민, 1978년 12월 18일 강의.

에 주어진 한 가지 도전은 영향력이 증가된 매체에 대해 부모, 목사, 교사 그리고 다른 사람들이 어떻게 반응하는가에 대한 것이다.

둘째, 각각 다른 때에 사회가 각각 다른 기관을 강조했다는 것이다. 식민지 기간(1607-1783) 동안에는 가정과 교회가 일차적인 교육 기관이었고, 이들의 가르침을 통해 사회가 보존되고 발전했다. 식민지의 발전은 뉴잉글랜드(New England), 중부 식민지 지역(Middle Colonies) 그리고 남부(South)로 구별되기는 했다. 하지만 가정과 교회의 노력은 일반적으로 서로를 확인하고 보완해주었다. 국가적 기간(1783-1876) 동안에 학교(특히 공립 학교)와 교회는 사람들을 교육하고 사회를 보호해야 했다. 대도시적 기간(1876-1986) 동안에는 학교와 다양한 아동을 양육하고 회복하는 기관이 교육을 하고 좋은 사회를 만드는 기능을 했다. 이러한 각각의 노력은 다양한 성공을 이루었고, 역사가들의 다양한 관점에 의해 다각도로 조명되었다. 각각의 사회적 형태는 모두를 보호하려는 의도를 갖고 있었다. 하지만 그들의 노력은 전부 달랐다.[51] 어떤 사람들은 지배적인 교육 형태 안에서 그들의 교육 경험을 통해 의미 있는 발전을 한 반면에 다른 사람들은 그렇지 못했다. 크레민의 설명은 삶의 세속화는 증가하고 있는데 교회의 역할은 오히려 감소하고 있음을 지적했다. 하지만 그는 기독교인이 일반적인 사회의 교육적인 노력에는 영향을 줄 수 없다는 사실은 지적하지 않았다. 이 시나리오는 지배적인 교육 형태에 대해 비판적인 질문을 제기하고, 이차적인 상태의 관점들이 대안을 제시하는 데 있어서 중요한 역할을 한다고 제안한다. 이 이차적인 상태는 사회에서 감소된 영향력을 갖고 있는 기독교 가치에 의한 것이다.

셋째, 자유, 평등, 동포애의 사회적 이상의 균형을 잡기 위해 미국의 학교는 그들의 노력을 하나로 통일했다. 자유는 교육적, 사회적, 정치적, 경제적

---

51. 같은 책.

인 성취를 위한 권리로 볼 수 있다. 평등은 전통적으로 기회의 평등을 의미했다. 하지만 20세기에 들어서는 결과의 평등으로 정의되었다. 동포애는 인간 공동체에 대한 관심과 교육으로 새롭고 좋은 사회를 만들고자 하는 욕구로 정의될 수 있다. 미국 사람들에게 항상 존재하는 다원성이 주어졌을 때, 공동체의 구체화는 사람들과 집단 간의 상호 작용과 혼합을 필요로 하게 된다.[52] 이러한 혼합에는 개인의 구별된 정체성과 사회의 주류에 편입하는 것 사이의 지속적인 긴장이 존재한다. 이 긴장은 북부 개신교 유럽의 문화와 인종의 배경이 아닌 다른 곳에서 오는 사람들에게 특히 민감한 것이었다. 덧붙여서 미국이 범한 주요 범죄 두 가지, 즉 인디언들의 대량 학살과 흑인 노예 제도는 인종 차별주의와 차별 대우의 몸부림을 지속시켜 왔다. 따라서 자유는 반드시 사회에서 제외된 사람들에 대한 자유와 자유가 포함하고 있는 책임과 의무에 역점을 두어야 한다. 평등의 이상은 다른 사람보다 더욱 평등하다는 것을 인식하고 있는 사람들이 있음에 반드시 역점을 두고 다루어야 한다. 동포애의 이상은 사회 일원으로서의 자격을 주지 않고 사회에서 제외시킨 공동체의 본질을 반드시 다루어야 한다.[53]

기독교 교육자들은 기독교 복음과 자유, 평등, 동포애를 연관지을 수 있다. 자유는 예수 그리스도 안에서 누릴 수 있는 자유와 관련해 정의될 수 있다. 그러나 이 자유는 절대로 언약에 상응하는 의무, 하나님, 다른 사람, 모든 피조물에 대한 책임과 별개로 다루어져서는 안 된다. 평등은 예수 그리스도를 통해 모든 사람이 동등하게 하나님께 나아갈 수 있음으로 정의될 수 있다. 복음은 하나님의 형상에 따라 지음받은 인간을 무한한 가치와 존엄성

---

52. 같은 책.
53. 다음 책의 역사를 통해 드러난 양극성에 대한 분석을 위해서는 로버트 N. 벨라(Robert N. Bellah), 「깨어진 언약: 고난의 시대의 미국 시민 종교(The Broken Covenant: American Civil Religion in the Time of Trial, New York: Seabury, 1975)」를 참조하라.

을 갖는 존재로 보아야 할 의무를 구체화한다. 동포애는 모든 사람들의 공통된 인간성과 기독교 공동체에 존재하는 독특한 관계와 관련해 정의될 수 있다. 기독교 교육자들은 이러한 세 가지 이상을 그들의 교육적 노력에서 확인할 수 있다. 하지만 그것은 성경에 나타난 하나님의 전체적인 계획과 항상 연관되어 있어야 한다. 이러한 사회적 이상들이 대립될 때 기독교 교육자에게 제기되는 특별한 도전이 있다. 그 한 예가 "과연 기독교 교육자들은 공립학교에서 더욱 큰 인종적 평등을 이루기 위해 강제 버스 통합을 지지해야 하는가" 하는 것이다.

넷째, 교육을 대중화시키기 위한, 즉 모든 사람들이 교육을 더욱 쉽게 접하게 하기 위한 끊임없는 노력이 있었다. 이 대중화 과정은 접근, 내용, 통제의 영역을 포함했다. 대중화의 장점과 약점은 양과 질 사이의 피할 수 없는 긴장과 관련해 언급될 수 있다. 대중화는 지식과 진리를 보급하는 결과를 가져올 수도 있다. 반면에 대중화의 부재는 본질적으로 편파적인 엘리트주의를 낳게 된다.

다섯째, 크레민은 미국의 교육에 대한 역사적인 기록에 의하면 교육의 노력에 대해 그에 관련된 사람이나 단체에 따라 압제적이거나 자유스러웠다고 나타내고 있음을 지적했다.[54] 기독교인들은 믿음을 나눌 때 성실하거나 성실하지 못했다. 그리고 비록 믿음을 대중화하는 것을 선택할 수는 없지만, 지식이 있는 응답을 가능하게 하는 방법으로 그리스도의 말씀을 모든 사람들에게 듣게 하는 것이 기독교인의 주된 관심이었다. 주어진 과제는 다른 사람들이 기독교 세계관을 이해하고 반응할 수 있도록 그것을 나누면서, 믿음의 대중적인 적응에 대한 충실함을 갖는 것이다. 크레민의 넷째, 다섯째 요점과 관련해 복음주의 공동체가 사회에서 대중성을 얻기 위해 복음을

---

54. 크레민, 1978년 12월 18일 강의.

보급했고 그 과정에서 하나님의 전체적인 계획을 듣고자 했던 사람들을 억압했는지에 대해 반드시 물어봐야 한다. 만약 개인적 변화에 대한 강조가 사회적 변화에 대한 책임을 간과했다면 이것은 문제가 될 수 있다.

최근의 복음주의 교육자

2차 세계대전 이후 복음주의 교육자들의 공헌은 반드시 과거의 근본주의자들과 현대주의자들과의 논쟁과 관련해 다루어져야 한다. 근본주의자라는 용어는 1909년 「근본(The Fundamentals)」이라는 제목을 가진 소책자의 보급을 통해 등장했다. 이 책은 비판적이고 발달된 성경과 자유주의 운동 또는 현대주의자들에 의해 대중화된 신학의 시각에 대한 반응으로 정통 기독교 교리를 확인하고자 했다. 교육의 자유주의 운동 중 하나가 1903년에 설립된 종교 교육 협회(Religious Education Association)에 의해 지원된 진보주의 교육에 대한 강조였다.

20세기 사이에 자유주의와 주류 교단 또는 복음주의 구성 요소를 지지하는 유사한 단체들이 차차 등장하기 시작했다. 1942년에는 교회 연합 회의(Federal Council of Churches) - 현재의 교회 협의회(National Council of Churches) - 의 신학적, 사회적 의견에 대항하기 위해 전국 복음주의 연합회(National Association of Evangelicals)가 설립되었다. 비슷하게 전국 주일학교 연합회(National Sunday School Association)가 복음주의 또는 보수적인 단체 가운데서 기독교 교육의 성장을 고무하기 위해 1946년에 설립되었다.[55] 이 단체의 명령으로 보수적인 지지자들에게 리더십을 제공하는 종교 교육 협회(Religious Education Association)와 비슷한 전국 기독교 교육 교수

---

55. 켄딕 B. 컬리(Kendig B. Cully)는 「1940년 이후의 기독교 교육의 탐색(The Search for a Christian Education-Since 1940, Philadelphia: Westminster, 1965)」, pp. 94-112에서 그 이상의 발전 사항에 대해 설명했다.

연합회(National Association of Professors of Christian Education)와 전국 기독교 교육 지도자 연합회(National Association of Director of Christian Educatoin)가 설립되었다. 이러한 발전 사항들은 프랭크 E. 개블린, 로이스 E. 르바, 진 A. 게츠(Gene A. Getz) 그리고 래리 리처드(Larry Richard)의 연구를 살펴보게 한다.[56]

프랭크 E. 개블린

프랭크 E. 개블린(Frank E. Gaebelin)은 「민주주의 안에서의 기독교 교육(Christian Education in a Democracy)」[57]의 기독교 교육에 대한 성명의 구조를 가지고 전국복음주의 연합회의 노력을 이끌었다. 1954년, 개블린의 관점은 「하나님의 진리의 형태: 기독교 교육 통합의 문제점(The Pattern of God's Truth: Problems of Integration in Christian Education)」[58]에서 더욱 정교해졌다. 이 제목이 말해주듯이 개블린은 기독교의 믿음의 헌신과 기독교 세계관과 인생관이 다양한 학교 과업을 가르치고 배우는 것을 통해 어떻게 통합될 수 있는지를 다루었다. 개블린은 그가 다루고 있는 과제에 관하여 에드윈 H. 라이언(Edwin H. Rian)의 말을 인용했다. "교육에 있어서의 기독교 이론은 기독교가 단순히 무관한 교리들을 나열해 놓은 것이 아니라 세계관과 인생관이라는 생각을 설명한 것이다. 기독교는 모든 삶을 포함하고 있다."[59]

---

56. 언급된 네 명의 교육자는 갠글과 벤슨(Gangel and Benson)의 「기독교 교육(Christian Education)」, pp. 338-345에 언급되어 있다.
57. 「민주주의 안에서의 기독교 교육: N.A.E 이사회 보고(Christian Education in a Democracy: The Report of the N. A. E Committee, New York: Oxford University Press, 1954)」.
58. 프랭크 E. 개블린, 「하나님의 진리의 형태: 기독교 교육 통합의 문제점(The pattern of God's Truth: Problems of Integration in Christian Education, New York: Oxford University Press, 1954)」.
59. 에드윈 H. 라이언, 「기독교와 미국 교육(Christianity and American Education, San Antonio: Naylor, 1949)」, p. 236.

개블린은 어거스틴이 가지고 있던 관점들을 재확인했다. 어거스틴은 모든 진리는 하나님의 진리라고 주장했다. 그리고 기독교 교육자는 '가차없이 물건을 빼앗는 사람들'의 과제, 즉 인간의 지식과 발견의 모든 영역에 계시된 진리를 분별하는 과제를 안고 있다고 했다. 진리의 분별은 성경적 진리와 예수 그리스도의 사람에 대한 지속적인 언급을 필요로 한다. 따라서 개블린은 기독교 교육자들의 통합된 원칙으로써 그리스도와 성경을 선택해야 한다고 제시했다.[60] 개블린은 성경에 충분히 언급되지 않는 진리의 영역들도 하나님의 진리의 일부분으로 결정적인 고려의 대상이라고 인정했다. 하지만 최고의 가치는 궁극적으로 성경과 그리스도의 성육신을 통해 나타난 영적인 진리에 주어져야 한다.[61] 이것은 반드시 학생들과 명백히 공유되고 그들 삶의 모든 면에서 연관되어야 할 하나님의 본질적인 진리다.

개블린의 주장은 '기독교인답게' 생각하는 것을 권면했기 때문에 영적인 진리를 구분하는 것에 익숙해져 있던 사람들을 그것으로부터 자유하게 하는 것이었다. 그는 이성주의적인 이 접근 방식에 대해 비판을 받았다.[62] 하지만 개블린은 기독교 교육자들에게 단순히 진리를 '알지' 말고 그들의 노력을 통해 진리를 '행하라'고 했다. 개블린의 이 도전은 하나님의 진리 안에서 교육이 효과적으로 통합되고 따라서 성경의 권위 아래서 의식적으로 서야 한다고 말하고 있다. 개블린의 네 가지 주요 원칙은 다음과 같다. (1) 기독교 교육은 반드시 기독교 교사들에 의해 행해져야 한다. (2) 교육 과정의 중심은 바로 성경이다. (3) 교육은 미덕을 통해 기독교 세계관과 통합될 수 있다. (4) 넓은 의미의 기독교 교육은 성경적 의미로 반드시 민주적이어야 한다.

버지스는 "개블린에게 있어 종교 교육의 중심은 학생들에게 진리를 가르

---

60. 개블린, 「하나님의 진리의 형태(Pattern of God's Truth)」, p. 20.
61. 같은 책, p. 23.
62. 컬리(Cully), 「기독교 교육의 탐색(The Search for a Christian Education)」, p. 109.

칠 수 있는 교사들에 의한 성경적 진리의 대화이다"라고 진술했다.[63] 개블린은 기독교 교육의 발전에 대해 이상주의적이었다. 그는 성경적인 진리의 전달이 개인적, 단체적 전유를 가져올 것으로 기대했다.

로이스 E. 르바

로이스 E. 르바(Lois E. LeBar)의 주요 저서는 1958년에 쓰여져서 1981년에 개정된 「기독교적인 교육(Education That Is Christian)」이다.[64] 이 책에서 르바는 지속적으로 성경의 내용과 그리스도의 중심성을 강조했던 방법들을 다루었다. 그녀는 기독교 교육은 반드시 하나님의 살아 있는 말씀(그리스도)과 하나님의 기록된 말씀(성경), 이 두 가지에 중심을 두어야 한다고 주장했다.[65] 그녀는 기독교 교육자들은 그들의 교육적 이론의 형식화를 위해 성경 안에 서야 한다는 개블린의 비전을 예증했다. 그렇게 함으로써 그녀는 인간의 교사로서 모든 가르침에 있어서 신성한 교사와 함께 일하기 원하는 성령의 역사에 중요한 강조점을 두었다.[66] 르바는 존 아모스 코메니우스(John Amos Comenius)의 통찰력과 그의 교육적 현실주의를 이용하여 학습의 경험적인 양상을 포함하려고 노력했다는 점에서 개블린과 구별되었다. 코메니우스는 '자연'과 사회에 대한 교육의 영향을 강조했다. 코메니우스는 가르침을 진리의 실용적인 응용으로 파악했기 때문에 교육이 사회를 변화시키거나 개혁하기를 바랐다. 코메니우스는 세상에 대한 필요, 관심 그리고 학생의 동기 부여에 민감했다.

---

63. 해롤드 W. 버지스, 「종교 교육으로의 초대(An Invitation to Religious Education, Mishawaka, Ind.: Religious Education Press, 1975)」, p. 27.
64. 로이스 E. 르바, 「기독교적인 교육(Education That Is Christian, rev. ed. Old Tappan, J. J.: Fleming H. Revell, 1981)」.
65. 같은 책, pp. 212-215.
66. 같은 책, pp. 238-254.

르바는 학생들의 성과와 관련해 다음과 같은 기독교 교육의 세 가지 목표를 제시했다. (1) 학생들을 그리스도에게로 인도하는 것, (2) 학생들을 그리스도 안에서 양육하는 것, (3) 학생들을 그리스도를 위해 보내는 것이다.[67] 이처럼 교육의 세 가지 목표는 변화, 형성, 봉사이다.

코메니우스의 학설을 따르면서 르바는 학생들의 실제적인 경험을 강조하는 신뢰할 만한 내용을 주장했다. 이것은 개블린의 주제 중심적인 접근 방법과 구별되는 것이었다. 그녀는 또한 가정과 공동체에 대한 강조와 주일학교에 대한 강조를 통합하고자 했다. 어떤 면에서 그녀는 유신론적이고 초자연적인 구별된 믿음의 헌신을 추구하는 진보주의 교육자 존 듀이(John Dewey)와 비슷하다. 듀이는 교육의 아동 중심 접근과 내용 중심 접근 방식을 통합하고자 했다. 또한 그는 학교가 사회의 소우주가 되었으면 하는 바람으로 학교와 사회를 결합시키려 했다.[68]

르바는 듀이가 일반 교육을 통합하려고 했던 노력을 그녀도 행하며, 기독교의 역사적, 계시적, 구원론적 특징들을 긍정했다. 르바의 뿌리는 코메니우스에 있었다. 교육의 실천과 교육 과정 구성 영역에서 그녀는 듀이의 사상에 그녀의 민감한 기독교 사상을 보완했다. 그러나 르바는 기독교 믿음에 대한 사회적 의미에 주의를 기울이지 않고, 교육의 형식적 구조인 학교를 강조하지 않고 무형식적 교육을 상대적으로 배제했다는 점에서 비판을 받을 수 있다.

---

67. 로이스 E. 르바, 「성경 학교의 아이들(Children in the Bible School, Westwood, N. J.: Revell, 1952)」, pp. 193-194.
68. 듀이의 교육적 사고는 마틴 S. 드워킨(Martin S. Dworkin), 「듀이의 교육: 발췌(Dewey on Education: Selections, New York: Teachers College Press, 1959)」에 잘 나타나 있다. 기독교 관점에서 듀이는 반드시 세 가지 비판을 받아야 한다. 첫째, 그의 역사와 무관한 실용주의와 현대적 사고가 비판받아야 한다. 기독교는 역사적인 믿음이다. 둘째, 계시를 고려하지 않는 반 초자연적인 편견이 비판받아야 한다. 기독교는 계시의 종교이다. 셋째, 교육이 개인의 희생을 통해 이루어질 수 있다는 그의 믿음과 교육의 경과 그리고 그의 가설이 비판받아야 한다. 기독교는 개인의 죄를 인정하고 하나님의 은혜에 의해 그리스도를 통해 희생할 수 있다고 주장한다. 이러한 비판을 제외하고는 그의 연구에서 많은 것들을 얻을 수 있다.

로렌스 O. 리처드

로렌스 O. 리처드(Lawrence O. Richards)는 복음주의 기독교 교육 저술에 있어서 저명한 공헌자이다. 그의 가장 포괄적이고 결정적인 성과는 「기독교 교육 신학(A Theology of Christian Education)」이다.[69] 개블린과 르바와 달리 리처드는 무형식 교육의 열성적인 주창자였다. 그는 형식적 교육과 비교하여 무형식 교육은 학생의 완전한 인격을 보다 잘 양육하고 개발할 수 있다고 했다.[70] 리처드는 기독교의 믿음과 삶으로 사람을 양육하기 위해 오직 주제 중심 접근 방식에만 의존해서 기독교 교육을 하는 형식적 학교 접근 방식에 반대했다. 그 대안으로 그는 기독교 삶이 구체화되고, '가르침을 받는 것보다는 직접 참여하게 하는' 믿음의 공동체를 개발하려 하는 자기 의식적 목적이 있는 사회화, 문화화된 접근을 권장했다. 리처드의 접근 방식은 삶을 위해 선포된 진리를 다루고 있었다. 그리고 사람들에게 삶을 위한 진리의 의미와 삶에서의 진리에 응답할 것을 권고했다.[71]

리처드는 교회를 향해 훈련과 제자됨의 강조를 통해 교육적 노력을 개혁하라고 외쳤던 이론가였다. 그는 학습 과정에서 학생에게 수동적이기보다는 능동적인 태도를 요구하는 전인적 학생을 주장했다. 그는 모든 신자들의 사역을 장려하기 위한 리더십, 성장, 관계, 가정 양육 노력을 위해 높은 이상을 설정했다.

그러나 리처드는 다양한 상황적 요소에 대해 민감하지 못한 것으로 비판받을 수 있다. 그는 개혁을 강조할 때 예전적 구조와 교과적 특성에 무신경했다. 그는 섬기는 리더십을 강조할 때 그 권위를 제한했고, 현지 교회 상

---

69. 로렌스 O. 리처드, 「기독교 교육 신학(A Theology of Christian Education, Grand Rapids: Zondervan, 1975)」.
70. 같은 책, p. 68.
71. 로렌스 O. 리처드, 「창조적 성경 교육(Creative Bible Teaching, Chicago: Moody, 1970)」.

황의 모델과 제자의 준비된 유효성을 수용했다. 그는 비기독교 부모를 둔 가정을 포함하여 가정의 효과적 양육을 제한할 수 있는 다수의 요소를 인지하지 못했다. 그의 양육에 대한 강조는 현지 교회의 교육적 프로그램과 동등한 관심의 대상이 되는 복음주의의 필요에 충분히 역점을 두고 다루지 못했다.

리처드의 관점에 대한 이러한 비판과 잠재적인 한계에도 불구하고 그의 사고는, 그리스도의 삶으로 성도들에게 영향을 주는 데 실패한 죽은 정통주의에 대한 대안이 되었다. 그의 신학은 형식적인 교육 범위 밖에 있는 기독교 교육의 성경적 기초를 이해하기 위한 노력을 구체화했다. 리처드는 무형식적 교육의 개발과 기독교 공동체의 사회화, 문화화의 과정을 위한 통찰력을 제공함으로써 현지 교회의 기독교 교육 개혁에 대안적인 패러다임을 제시했다. 리처드는 모든 교육자들에게 확립된 관계와 전달된 구체화가 바로 의미 있는 교육적 경험임을 상기시켰다.

진 A. 게츠

리처드처럼 진 A. 게츠(Gene A. Getz)도 복음주의 교육의 개혁 운동을 주장했다. 그는 교회의 교육적 노력을 위한 대안적인 비전을 제공하기 위해 리처드의 관점을 공유하고 있었다. 마태복음의 교육적 임무에 대한 통찰력에 기초해서 그는 예수 그리스도의 제자를 양육할 때 복음주의와 계몽에 대한 과제를 강조했다. 게츠는 교육에 적합한 철학을 분별하기 위해 세 개의 수정체를 통합하는 모델을 제시했다.

성경이라는 첫번째 렌즈를 통해 게츠는 전도와 교화(敎化, edification)에 필수적인 성경적 원칙을 확인했다. 역사라는 두번째 렌즈를 통해 그는 과거 복음주의 교회의 교육적 시도가 주는 교훈을 제시했다. 그 예로 그는 성경을 강조함으로 인해 교회 개개와 일원이 적극적으로 참여하는 중요성을 잃었다고 지적했다. 게츠는 현재의 교회 활동이 모든 교회의 참여자들을 제자로 양육하는 데 실제적으로 공헌하고 있는지에 대해 질문을 제기했다. 세번째 렌즈는 문화에 대한 것이다.[72] 개블린, 르바, 리처드가 그들의 이론에서 이 문화적인 요소에 대해 주의를 기울이지 않았던 반면에 게츠는 문화의 요소를 고려했다. 문화적 고려는 문화적, 성경적 가치를 구별하고 상황화의 질문을 다루기 위한 필요성을 기독교 교육자에게 제시한다.

표 4를 통해 이들 네 명의 요약된 특징과 초점을 살펴볼 수 있다.

여기에서 다루어진 네 명의 교육자의 관점에 대한 관찰과 이해는 기독교 교육의 복음주의적 전통을 평가하는 데 가치가 있다. 핀리 B. 에지(Findley B. Edge)와 같은 다른 교육자도 다룰 수 있었지만, 이들 네 명이 대표적인 대변자였기 때문에 특별히 다른 이들을 다루지 않았다.[73] 이들 네 명의 이론가들은 성경의 권위와 기독교적이라고 할 수 있는 모든 교육에서의 충실함과 우수성에 대한 관심을 공유하고 있었다. 개블린은 성경적 진리의 일관성을, 르바는 성령과의 협력을, 리처드는 교회 공동체와 삶에 대한 영향을, 그리고 게츠는 교회의 목적과 관련한 책임을 요구했다.[74] 이 전통 위에서 벽돌을 하나하나 쌓는 일은 기독교 교육자들에게 주어진 오늘과 미래의 과제가 된다.

연속성과 재확인

연속성에 대한 질문을 다룰 때 C. S. 루이스의 '연대기적 궤변'에 대한 정의를 상기시킬 필요가 있다. 이 궤변은 단순히 그것이 새롭지 않기 때문에 생각과 가치를 사라지게 한다. 그리고 그것에 의해 달력은 진리의 기준이

---

72. 이 연구의 소개를 위해 진 A. 게츠, 「날카로운 교회의 초점 만들기(Sharpening the Focus of the Church, Chicago: Moody, 1974)」를 참조하라.
73. 핀리 B. 에지, 「교회를 푸르게 하라(The Greening of the Church, Waco: Word, 1971)」.
74. 추가적인 복음주 교육자들의 공헌에 대하여 언급될 수 있다. 이들 네 명은 충분한 견본이 된다.

최근의 복음주의 교육자

표 4

교육자	초 점	입 장
프랭크 개블린	양질의 형식적 교육, 성경의 권위 아래의 학문적 우수성	현명한 학자/교장
로이스 르바	영적으로 충만한 형식적 교육, 학생들의 필요에 민감한 가르침	영감을 받은 교사
로렌스 리처드	양육하는 무형식적 교육, 교회에서의 제자 양육과 모델링	열성적인 공상가
진 게츠	충실한 개 교회 교육(형식적, 무형식적), 전도와 교화	명민한 목사/인도자

되게 된다.[75] 복음주의 신학은 역사의 연구를 통해 증명된 계시와 현실에 대한 그들의 일치에 기초하여 기본적인 진리의 확인을 제시한다. 이러한 통찰력은 현재의 교육적 사고와 실천을 위한 유용한 지침을 제시한다.

이 통찰력은 연속성을 제공하기도 하지만 또한 구체적 상황에 대한 적응도 필요로 한다. 기독교 세계관과 인생관은 반드시 역사적인 발전에 민감해야 한다. 교육적 이론이 발전한 것이 예술이다. 창조성, 주관성, 위험성을 포함하고 있는 것이 바로 이 예술이다. 위험성은 우리 인간에게는 선천적인 것이다. 이것은 인간이 역사의 조직에 속해 있고, 역사의 창조자로서 그들의 가치와 헌신을 책임지고 있다는 사실에 대한 인식을 포함하고 있다.

기독교인들은 그들의 역사적 여행의 시간을 선택하지 않았다. 하지만 특정한 역사적 시간에 존재한다는 것은 과거로부터의 학습과 하나님이 계획하시는 미래에 대한 관심으로 현재를 살아가야 할 것을 요구한다. 과거를 조명하는 데서 기독교인의 사명감이 표현되어야 할 현재와 미래 세상을 위

---

75. 프랭크 E. 개블린은 "우수성의 개념과 그에 대한 우리의 책임(The Idea of Excellence and Our Obligation to It)", 「Gordon Review(Winter 1962)」, p. 137.

한 도전의 뿌리를 얻을 수 있다. 과거의 빛과 어두움을 평가함으로써 기독교인은 잊혀진 전통인 기쁨과 후회 그리고 회복을 재사유할 수 있다. 현재를 언급하기 위한 과거로의 이동에서 기독교 교육자들은 통찰력을 얻기 위해 사회과학에 의존했다. 사회학적, 인류학적 기초가 5장에서, 교육자들의 실천에 도움이 되는 심리학적 기초가 6장에서 다루어질 것이다.

5장 사회학적 기초
SOCIOLOGICAL FOUNDATIONS

피터 버거(Peter Berger)와 토마스 럭만(Thomas Luckmann)은 그들의 저서 「실재의 사회적 구성: 지식 사회학에 대한 보고서(The Social Construction of Reality: A Treatise in the Sociology of Knowledge)」에서 "실재는 사회적으로 구성된다"고 말하고 있다. 그들은 실재를 '우리가 자신의 의지로부터 독립되어지는 것을 인지하는 현상에 속하는 속성'이라고 정의했다.[1] 지식 사회학의 과제는 실재가 사회에 구성되어지는 과정을 분석하는 것이다. 특히 교육이 지식의 생산과 분배에 관한 것이기 때문에 기독교 교육자들은 이것을 매우 중요하게 여긴다. 그들은 예수 그리스도 안에서 계시된 하나님의 지식과 기독교 신앙의 지식을 공유한다. 또한 가르침을 통해 다른 사람들이 믿음을 받아들이기를 소망한다.

기독교 교육자들은 실재적인 것뿐만 아니라 기독교 공동체가 역사를 통해서 확인된 실재들을 학생들과 나누고자 한다. 그들은 예수 그리스도의 사

---

1. 피터 버거(Peter L. Berger)와 토마스 럭만(Thomas Luckmann), 「현실의 사회적 구성: 지식 사회학에 대한 보고서(The Social Construction of Reality: A Treatise in the Sociology of Knowledge, Garden City, N. Y.:Doubleday, 1966)」, p. 1.

역과 인간을 통해 지식이 제공되었듯이 삶의 필수적인 지식을 나누려고 한다. 버거와 럭만은 지식을 '현상은 진실된 것이고 그것들이 특별한 속성을 지니고 있는 확실성'으로 정의한다.[2] 기독교 교육자들은 하나님의 지식과 말씀의 지식과 다양한 표현으로 나타나는 기독교 공동체의 관점으로 본 현실을 나누려고 한다.

역사적이고 현대 의미에서 기독교 공동체가 사회적인 실재임을 인지해야 한다. 사회적 실재로서의 기독교 공동체는 다양성과 함께 근원적인 통일성을 증명한다. 다양성과 통일성 이 두 가지는 기독교 교육의 실천과 사고에 큰 영향을 준다. 따라서 기독교 교육의 사회학적 기초에 깊은 관심을 가질 필요가 있다.[3] 사회학적 기초의 명칭은 인류학과 사회학, 특히 문화 인류학으로부터 나온 통찰력을 포함한다. 기독교 교육의 과정을 이해하기 위해서는 반드시 문화와 사회를 살펴보아야 한다. 기독교 교육의 진정한 실천은 문화적 상황을 고려하는 것이다. 우리는 창조 세계에서 이런 문화적 상황을 접할 수가 있다.

하나님은 인간을 창조하실 때 사회를 구성하고 문화를 창조할 수 있는 능력을 인간에게 주셨다. 문화가 없는 기독교는 인간의 삶과는 무관한 추상 개념일 뿐이다. 교육과 관련한 문화의 문제는 중요하다. 버나드 베일린(Bernard Bailyn)은 3장에서, 교육은 "세대를 초월하여 문화 그 자체를 전달하는 전체적인 과정이다"라고 정의했다.[4] 다양한 기독교 문화가 존재하는 오늘날, 기독교 교육자들은 역사적 기초를 다룬 장에서 제시했듯이 연속성

---

2. 같은 책.
3. 이 장에서 강조하고 있는 해설자의 시각은 개혁하는 시각의 중요성과 연관되어 있다. 교육을 위한 구조주의의 통찰은 로버트 W. 파즈미뇨(Robert W. Pazmiño)의 「기독교 교육의 원리와 실천(Principles and Practices of Christian Education)」 제3장, "교육적 구조(Educational Structures)" pp. 59-90에서 다루어졌다. 문화 인류학의 구조주의 사상의 학파는 이따금 문화적, 역사적 독특함에 관해 무관심하다고 비판을 받는다. 이것이 구조주의를 심리학 분야에 속하게 하는 것이다.
4. 버나드 베일린(Bernard Bailyn), 「미국 사회 형성기의 교육(Education in the Forming of American Society, New York: W. W. Norton, 1960)」, p. 14.

과 변화 모두를 허용하는 실용적인 믿음을 현재와 미래에 전해야 할 의무가 있다. 그렇게 하면서도 일반적인 사람들과 기독교인들이 함께 삶을 살아가는 문화 그 자체의 본질을 이해하는 것이 중요하다.

실재의 사회적 구성 : 문화

교육과 관련해 문화를 살펴보는 방법에는 여러 가지가 있다. 예를 들면 G. H. 밴톡(G. H. Bantock)은 문화를 사회적 계급 명칭과 관련해 고급 문화와 저급 문화 이 두 가지로 뚜렷하게 나눴다. 고급 문화는 복잡한 엘리트 계급과 관련된 삶의 방식인 반면, 저급 문화는 일하는 계급과 관련된 삶의 방식이다. 그래서 각 계급이 구별되어 있기 때문에 밴톡은 교육도 마찬가지로 구별되어야 한다고 보았다. 기독교 교육에서 이 구별은 자칫 참여자의 사회 계급에 의존하는 다른 교육적 과제를 낳을 수도 있다.

문화에 대한 두번째 시각으로, 밴톡과는 대조적인 P. H. 허스트(P. H. Hirst)는 문화와 하위 문화의 사회적 차이점을 무시했다. 허스트는 그 대신에 교육을 문화 상호 간에 그리고 초문화적으로 지식의 공유를 의미하는 '문화 - 해방' 지식과 관련해 보았다. 허스트에게 있어 문화는 교육자의 주요한 과제와는 독립된 삶의 방식이었다. 허스트의 시각에서 기독교 교육의 과제는 역사적, 계급적, 사회적 차이와 관계 없이 모든 참여자에게 동일하게 교육되어지는 것이다. 그의 주장의 근본적인 핵심은 문화적 상황과 관계 없이 유지되었다.

문화에 대한 세번째 시각은 레이몬드 윌리엄스(Raymond Williams)의 시각이다. 윌리엄스는 문화를 역사적 상황과 관련해서 보았고, 다양한 기간 동안 이루어진 시대의 문화 변화를 관찰했다. 그의 분석은 교육적 변화가 사회, 문화적 변화와 그 속도를 맞추지 않았다고 지적했다. 따라서 교육자들에게 주어진 과제는 새롭게 만들어지는 문화 안에서 학생들의 삶에 영향을 줄 수 있도록 가능한 한 새롭고 적절하게 가르침을 만드는 것이다.[5] 기독교 교육자들에게 있어서 이것은 가장 최신의 연구법과 최근의 동향에 비추어진 접근 방법과 기술의 사용을 요구한다. 또한 교육의 의무를 제시하기 전에 특정한 문화의 배경에 대한 비판적이고 주의 깊은 분석을 필요로 한다.

이 세 가지 관점의 상대적인 진리를 분별하기 위해서는 일반적인 문화를 정의하는 것과 우리가 가진 기독교 세계관에 대하여 생각해봐야 한다. 문화인류학자인 클리포드 거츠(Clifford Geertz)는 유용한 일반적 정의를 제시했다. 그는 문화를 상징으로 구체화된 의미가 역사적으로 전달된 형태라고 정의했다. 이는 인간이 의사 소통을 하고, 영속하며, 삶을 위해서 지식과 태도를 계발하는 것을 상징적인 형태로 표현된 본질적인 개념의 체계다. 문화는 특정한 사람들의 세계관과 관습을 완전하게 한다.

집단의 관습은 삶의 특성과 가치와 기풍이다. 이것은 집단의 삶의 방식을 특징짓는 도덕적이고 심미적인 양식과 풍조이다. 세계관이란 실제적인 현실에 대한 개인의 가장 포괄적인 생각과 질서를 말한다.[6] 거츠의 문화의 개념을 사용할 때, 교육자들은 학생들의 관습과 세계관에 대해 생각해봐야 한다.

이 정의는 기독교 교육자들에게 기독교 믿음을 하나의 문화적인 체계로써 특정하게 본다. 기독교 세계관과 인생관은 상징으로 구체화되어 역사적

---

5. 데니스 로튼(Dennis Lawton), 「계급, 문화 그리고 교육 과정(Class, Culture, and the Curriculum, London: Routledge & Kegan Paul, 1975)」, pp. 9-26. 윌리엄스의 시각에 대해 문화의 사회학을 개발하고자 하는 레이몬드 윌리엄스(Raymond Williams)의 「문화(Culture, London: Fontana, 1981)」를 참조하라. 정의에 대한 문제는 이 책 pp. 10-14에서 다루어졌다. 첫번째 정의는 문화를 구별된 중요한 체계를 갖는 독특한 삶의 방식으로 본다. 두번째 정의는 중요한 실천을 포함하는 예술적이고 지적인 활동을 포함한다. 전체적인 정의에 관해서는 레이몬드 윌리엄스의 「핵심 단어: 사회와 문화의 어휘(Keywords: A Vocabulary of Culture and Society, New York: Oxford University Press, 1985), 개정판 pp. 87-93.
6. 클리포드 거츠, 「문화의 해석(The Interpretation of Cultures, New York: Basic Books, 1973)」, pp. 126-127.

으로 전달된 형태의 의미다. 초자연적인 현실에 대한 기독교의 주장을 가정할 때 이것은 체계 이상의 의미를 갖는다. 하지만 기독교 진리를 전달하는 교육적 목적을 위해서는 이것은 적어도 그 이하의 의미를 지니게 된다. 덧붙여서 기독교 공동체의 성격을 나타내주는 관습이 있다. 그것은 공동체가 그 다양한 관계 속에서 실제로 사랑을 드러내기를 바라는 것이다. 물론 사회, 역사적 상황과 관련해 기독교 단체를 특징짓는 추가적인 문화 양상도 있다. 1세기 소아시아에 기독교 공동체와 20세기 라틴 아메리카의 기독교 공동체는 약간의 주목할 만한 유사점이 있을지라도 서로 구별된다.

그럼 문화가 기독교인들의 삶과 교육자들의 노력에 영향을 어떻게 주는가? N. H. 비버슬루이스(N. H. Beversluis)가 제시했듯이 기독교를 위한 문화는 정직, 공평함, 정의를 통해 표현된 경건이라고 할 수 있다. 하나님의 뜻과 특정한 부름에 대한 이해가 일치하며 하나님의 형상을 따라 지음받은 자로서 무엇인가를 만들거나 바꾸고 행하며 세상 일의 참여하는 것이다. 문화는 사회 또는 자연의 '자원'인 선택받은 이들과 함께 일을 한다. 기독교인에게 있어 이 일은 하나님께 영광을 돌리는 창조적 상상력과 자기 표현, 감성과 책임감으로 할 수 있다.[7] 따라서 기독교인의 문화적 활동을 구별하는 것은 인간의 삶을 위한 하나님의 뜻과 계시에 초점을 두는 기독교인의 헌신, 가치, 감성이라 할 수 있다. 여기에는 다원적이고 다중 문화적인 사회 가운데 있는 기독교 문화의 가능성이 있다.

밴톡이 사회적 계급의 존재와 서로 다른 문화적 표현을 인지한 반면에 기독교 세계관은 모든 사회적 계급과 하나님의 계획을 나눠야 할 필요성에 의미를 두었다. 이것은 기독교 진리를 나눌 때에 필요한 문화적 감성과 참여자들의 준비성에 대한 고려를 간과하지는 않는다. 그리고 일반적인 공동체

---

7. N. H. 비버슬루이스, 「교육 신학을 향하여(Toward a Theology of Education: Occasional Papers from Calvin College, vol. 1, no. 1, February 1981)」, p. 15.

인 교회에서는 고급 문화와 저급 문화의 사람들을 통합하여 그리스도 안에서의 일치를 제시한다. 우주적인 그리스도는 인간의 통일성을 희생시키는 분열을 촉진하는 문화적 벽을 허물었을 뿐만 아니라 다양한 문화가 가져오는 선물을 존중했다. 1세기의 교회들은 사도행전(4:32-5:11, 6:1-7)에서 묘사되었듯이, 긴장감을 유발하는 계급 차이를 위한 공통적인 근거를 찾으려고 노력했다.

허스트의 '문화 - 해방' 지식은 신중한 평가를 요구한다. 기독교 믿음은 하나님의 계시에 의해 진실한 것이 지식이 되는 것을 강조한다. 이 진리는 모든 문화와 모든 역사적 상황에 중요성을 부과한다는 점에서 초문화적이다. 하지만 이 진리는 매우 구체적인 문화적 상황을 목표로 하여 우선적으로 전달되었고, 현대 기독교인의 임무는 현재의 삶을 위해 그 의미를 분별하는 것이다. 여기에서 비롯되는 것이 현재를 위해 성경의 진리를 해석, 설명, 적용하는 해석학이다. 해석학은 다양한 문화적 상황에서 볼 수 있고, 초문화적 진리의 적용은 사람들이 관여하고 있는 문화적 상황과 성경의 저자들에게 우선적으로 언급된 문화적 상황 모두에 대한 신중한 읽기를 필요로 한다. 어떤 의미로 봤을 때 문화로부터의 자유는 문화적 존재로서의 인간의 창조적 본질을 고려할 때 가능하지 않게 된다. 그리고 다른 의미로는 하나님께서 계획하시는 모든 것을 억압하고 방해하는 것들로부터 그리스도가 인간을 자유하게 하는 것을 볼 수 있다.

문화의 역사적 특징에 대한 윌리엄의 관점은 반드시 기독교 세계관에 의해 확인되어야 한다. 4장에서 살펴보았듯이, 기독교는 하나님과 시대를 통해 상호 작용을 하는 인간의 중요성을 강조하는 역사에 뿌리를 둔 신앙이다. 하나님은 그리스도를 통해 구속적 목적을 이루기 위해 시간과 공간에 들어오셨고, 역사적인 과정이 성령의 역사와 개인을 통해 계속되는 창조적이고 섭리적인 활동을 증명하고 있다. 그러나 윌리엄의 관점은 교육적 변화는 반드시 문화, 사회적 변화와 발을 맞추어야 한다는 강조에 대해 질문을 받을 수 있다. 그러나 모든 사회, 문화적 변화가 하나님의 뜻을 반영하지 못할 수도 있다. 따라서 기독교인은 변화 자체를 위한 변화에 비판적이어야 한다. 성장은 기독교인에게 변화뿐만 아니라 연속성과 변화 가운데서 하나님의 뜻에 대한 일치도 의미한다. 따라서 기독교인들은 문화의 변화를 반드시 분별하고, 인간과 모든 창조물에 대한 하나님의 계획에 조금 더 근접한 변화에 지지를 해야 한다.

기독교 교육자들이 가르침을 통해 영속시켜야 할 기독교 문화가 있는가? 다양한 문화가 있고 각각은 하나님께 영광을 돌리는 기독교 믿음으로 구체화할 수 있다. 사람들이 태어난 곳의 문화는 그들에게 세상을 바라볼 수 있는 창문을 제공한다. 하지만 이 문화는 또한 사람들을 고립시키고 분리시키는 벽을 세울 수도 있다.

각 사람의 문화는 그 문화를 통해 다른 사람을 보고 이해하게 하는 수정체의 역할을 한다. 모든 정보, 즉 세상, 사람, 삶, 하나님, 궁극적인 실재에 대한 신념이 이 수정체를 통해 걸러진다. 각 사람의 수정체는 하나님의 일반 계시와 특별 계시와 관련된 진실된 지식을 자유롭게 제공하고 혹은 억제하는 것으로 여겨질 수 있다. 수정체의 본질을 분별하는 것이 기독교인이 해야 할 일이다. 특정한 영역에서는 각 문화가 인간의 삶에 독특한 이해를 제공함으로 반드시 문화를 확인하고 유지해야 한다. 다른 영역에서는 수정체가 사물을 왜곡한다. 이때 기독교인은 그리스도의 사역의 구속적인 열매를 적용해야 한다. 어떤 상황에서는 수정체가 나치 독일과 같은 불완전한 것이 된다. 이 상황에서 인간의 삶이 지속되기 위해서는 그 수정체가 전체적으로 변할 필요가 있다. 이러한 판단을 하는 것은 영적인 분별과 기독교 가치에 대한 진지한 이해를 필요로 한다.

기독교 믿음과 인간 문화의 관계는 무엇인가? 예루살렘과 아테네는 도대체 어떤 관계가 있는가? 이 질문의 대답은 종종 두 명의 초대 교회의 교부 터툴리안(Tertullian)과 오리겐(Origen)을 비교함으로써 설명되었다. 3장을 통해 우리는 그리스화된 교회와 관련해 터툴리안이 그 질문을 제기했었다는 것을 알 수 있다.

터툴리안은 본질적으로 예루살렘과 아테네는 아무런 상관이 없다고 주장했다. 그는 하나님과 정반대되는 문화에서 기독교인이 분리되고, 구별되고, 거룩하고, 성결해야 했기 때문에 기독교 믿음의 경건함이 확인되어야 함을 말했다. 경건에 역점을 두는 터툴리안의 입장은 경건주의를 장려하는 가능성을 지니고 있었다. 경건주의는 넓은 문화에 대한 공상적, 주관적, 분리된, 율법적인 종교적 입장으로 정의될 수 있다. 경건주의는 세상의 것도 아니고 세상에 속한 것도 아니다. 이와 비교하여 경건은 세상의 것은 아니지만 세상과 연관되어 있음을 알 수 있다. 비버슬루이스는 경건을 의심과 믿음, 죄와 소망에 의한 회복 사이에서 사는 것이라고 정의했다. 경건은 "삶 가운데 존재하는 하나님에 대한 찬양과 행함이다."[8] 모든 삶에 대한 하나님의 존재의 의미는 하나님의 사랑과 헌신에 대한 것이다.

터툴리안과는 반대로 오리겐은 예루살렘의 모든 것이 아테네와 연관이 있다고 했다. 그는 기독교인들이 하나님의 피조물이고 기독교의 삶과 생업의 현장이 되는 세상에 적극적으로 관여해야 하기 때문에 기독교 믿음의 문화적 순종을 확인해야 한다고 주장했다. 오리겐의 입장은 관여하는 것에 역점을 두면서 문화적 세속주의와 적응에 대한 가능성을 지니고 있었다. 문화적 적응이란 세속적이고, 무분별한 것을 의미한다. 이와 반대로 문화적 순종이나 관여, 참여는 세상의 것이 아닌 세상 속에 존재하고 있는 것으로 설명될 수 있다. 비버슬루이스는 세상의 일을 구별과 책임을 갖고 하는 것을

---

8. 같은 책, pp. 12-13.

문화적 순종이라고 설명했다. 그는 이 관여를 죄에 대한 책임을 지고 변화하려는 기독교의 성화의 일부로 보았다.[9]

터툴리안과 오리겐의 관점은 그리스도와 문화 사이의 관계와 관련된 지속적인 질문에 대한 두 극단적인 답변을 대표한다. 2장에서 소개된 H. 리처드 니버(H. Richard Niebuhr)의 예표론(tupology)은 이 이상의 관찰을 위한 유용한 전달 수단을 제공한다. 각각의 모델은 넓은 사회를 다룰 때에 장점과 약점을 지니고 있다. 그리고 각각의 공동체 반응은 질문의 논점에 따라 다르게 나타날 수 있다. 덧붙여서 각 모델은 기독교 교육의 과제에 대한 구별된 접근 방식을 갖고 있다. 복음주의자들은 니버의 모델 중 주로 첫번째, 네번째, 다섯번째, 즉 '문화에 반하는 그리스도', '역설 관계에 있는 그리스도와 문화', '문화를 변화시키는 그리스도' 를 선택했다.[10]

터툴리안은 문화에 반하는 그리스도의 모델을 대표한다. 이 모델의 장점은 세상에 속해 있지 않고 하나님을 위해 분리되는 것에 순종하는 것이다. 이 모델에 따른 교육적 실천은 폐쇄적, 고행적, 보호적, 순수적, 고립적인 경향을 지닌다. 일부 기독교 학교와 가정 학교는 이교도적인 철학과 생활 방식을 가진 문화에 반대하려는 시도를 하고 있다. 이러한 교육은 또한 논쟁과 변명의 여지가 있다.

역설 관계에 있는 그리스도와 문화의 모델은 그리스도와 문화의 주장에 대해 신중한 평가를 요구한다. 그들의 책임을 충실하게 이행하려는 기독교인에게 피할 수 없는 긴장 때문에 두 가지 영역의 주장은 반드시 다루어져야 한다. 일차적인 것은 그리스도에 대한 충성이다. 그러나 문화에 대한 책임 또한 간과해서는 안 된다. 삶은 바위와 단단한 곳 사이에서 지속된다. 바

---

9. 같은 책, pp. 15-17.
10. 데이빗 J. 헤슬그레이브(David J. Hesselgrave), 「초문화적으로 그리스도를 전달함(Communicating Christ Cross-Culturally, Grand Rapids: Zondervan, 1979)」, pp. 79-80.

위는 기독교 믿음이고 단단한 곳은 요구가 많이 있는 세상이다.

두번째 모델의 장점은 기독교인의 삶의 대립되는 양상과 그리스도를 통한 하나님의 철저한 역사에 대한 현실적인 묘사에 있다. 하지만 이러한 대립이 해결될 수 없다는 것이 이 모델의 약점이다. 이러한 입장은 현상의 수용과 도덕률 폐기론 또는 초기 문화 보수주의를 의미할 수 있다.[11] 역설 또는 대립의 필연성으로 인해 기독교인들은 개인적 삶의 합리적인 평화를 모색하면서 세상에 대한 그 이상의 관여에 무관심하거나 거리를 둘 수도 있다. 이 모델의 교육적 실천은 도전적, 내성적, 보수적인 경향을 띠고 있다.

문화를 변화시키는 그리스도의 모델은 인간의 삶과 하나님의 뜻을 이루기 위한 수단으로써 넓은 사회를 개혁하며 회복하는 기독교인들의 노력의 필요성을 강조한다. 이 모델은 모든 피조물을 향한 그리스도의 구속 사역의 확장을 권고하고 있다. 이 접근 방식은 그리스도 안에서의 개인의 구원과 문화 안에서의 개인의 믿음의 표현을 전제로 한다. 이 모델의 장점은 그리스도의 주권에 대한 주장을 모든 삶에 연관시키려는 의식적인 시도와 이것의 의미를 파악하려는 시도에 있다. 죄의 범위에 대한 진지한 이해의 부재와 드물게 일어나는 문화의 변환을 찾기 위한 힘의 낭비가 이 모델의 약점이 된다.

이 모델의 교육적 실천은 회복의 기회에 초점을 두는 문화에 대한 신중한 관찰의 필요성을 강조할 수 있다. 모든 영역에 기독교 진리를 연관지으려는 지속적인 노력이 있다. 이러한 노력은 죄와 인간 타락의 현실을 인식하고 있어 확실히 낙관적이라고 할 수 있다. 이 모델에 주어지는 지속적인 도전은 일반적인 계시에 발견된 하나님의 전체적인 진리를 분별하기 위한 성경의 효과적인 사용에 있다. 앞의 두 모델과는 다르게 이 모델은 문화적 적응

---

11. H. Richard Niebuhr, 「그리스도와 문화(Christ and Culture, New York: Harper & Row, 1956)」, pp. 185-187.

과 화해에 대한 더 큰 잠재력을 지니고 있다. 보다 더 넓은 사회에서 이들의 관계를 분별하기 위해 기독교 교육자는 사역의 상황화와 비상황화의 역할에 대해 살펴볼 필요가 있다.

문화의 상황화와 비상황화

2장에서 신학적 기초를 다룰 때 상황화는 구체적인 역사적 상황에서 비롯되는 진리와 그 상황에 적용되는 진리의 지속적인 과정이라고 정의했다.[12] 종교 개혁 선교학자인 하비 콘(Harvie Conn)은 상황화(Contextualization)를 '하나님의 완전한 사람들이 복음의 해석적인 책임으로 양심화되는 과정'이라고 정의했다.[13] 스테판 냅(Stephen Knapp)은 상황화를 다음과 같이 정의했다. "교회가 지속적으로 도전하고 또는 통합하는 역동적인 과정이 세상에 대한 임무와 삶 속에서 구주 예수 그리스도에게 순종하기 위해 매일 필수적으로 노력하는 부분인 문화와 사회적인 환경의 요소를 변화시킨다."[14] 이 세 가지 정의 모두가 기독교인이 살아가는 넓은 사회를 인식하고 역점을 두어 다룰 필요가 있음을 지적하고 있다.

첫번째 정의는 사회, 문화적 형태 또는 상징과 관련된 진리로써의 복음의 해석을 강조한다. 콘과 냅의 정의는 이 해석과 함께 비상황화(Decontextualization)의 추가적인 면도 포함하고 있다. 비상황화란 삶의 개인, 정치, 경제, 사회, 문화적인 영역을 변화시키는 하나님의 말씀에 대한 판단이다.[15] 따라

---

12. 2장의 p. 62 참조.
13. 하비 M. 콘(Harvie Conn), "상황화: 어디서 시작해야 하는가?(Contextualization: Where Do We Begin?)", 「복음주의와 해방 신학(Evangelicals and Liberation, ed. Carl E. Armerding, Nutley, N. J.: Presbyterian and Reformed, 1977)」, p. 104.
14. 스테판 냅(Stephen Knapp), "상황화와 미국 복음주의 교회와 선교에 대한 의미(Contextualization and its Implications of U. S. Evangelical Church and Missions)", Partnership in Mission, Abington, Pa.,에서 발표된 보고서 1976, p. 15.
15. 콘, "상황화(Contextualization)" pp. 104-105.

서 기독교 믿음을 문화에 연관짓는 데 두 과정이 중요하게 된다. 첫번째 과정이 기독교 교육자와 사역의 내재적인 상황 간의 대화가 필요로 하는 상황화이다. 이 과정은 세상의 사회적, 문화적 특징에 대한 해석학을 요구한다. 두번째 과정은 기독교 교육자와 초월적인 성경 간의 대화를 필요로 하는 비상황화이다. 이 두번째 과정은 말씀에 대한 해석학을 요구한다. 두 과정 모두 서로를 보완하고, 세상에 속하는 것이 아닌 세상 안에서 존재하도록 하는 복음의 요구에 대한 충실한 반응을 위해 두 과정 모두가 필요하게 된다. 이것이 구별된 기독교 소명과 사명감이다.

복음주의 교육자들은 최근에 들어서야 이러한 과정을 인식하고 보완하기 시작했다. 이 새로운 관심은 선교사들이 각 나라별 상황 속에서 복음을 전했기 때문에 이들에 의해 촉진되었다. 이 최근의 관심에 앞서 복음주의자들은 말씀의 해석학을 다루면서 세상의 다양한 면에 대해 관심을 두지 않았다. 상황화를 묵살하면서 복음주의자들은 종종 우주 전체가 아닌 영혼으로 하나님의 목표를 한정했다. 각각의 영혼은 영원한 의미를 지니고 있다. 그럼에도 불구하고 개인의 한 면과 하나님의 창조물의 한 영역만을 대표한다.

복음주의자들과 대비하여 자유주의 기독교인과 해방 신학자들은 세상에 대한 해석학에 역점을 두려고 했다. 그렇게 함으로써 그들도 역시 말씀의 다양한 요구를 받아들이지 않았다. 비상황화를 살펴볼 때, 자유주의자들과 몇몇의 해방 신학자들은 이따금 세상의 목표를 하나님의 목표로 명명했다. 세상은 큰 의미를 지닌다. 그러나 창조주를 대표하지 않고 하나님의 피조물을 대표한다. 창조주 하나님은 기록된 말씀과 살아 있는 말씀 모두에 나타나신다.

상황화와 관련해 신학교육 기금을 위한 제3차 위임 프로그램(The Third Mandate Programme of the Theological Education Fund)은 신학교, 교회, 학교가 그들의 교육적 노력을 고려하기 위해 몇 가지 중요한 질문을 제기했다.

선교학적 상황화는 어떻게 되는가? 신학교, 학교 프로그램이 특정한 상황에서 교회의 개혁과 회복의 긴급한 논점에 초점을 두고 인간의 발전과 정의의 절대적으로 중요한 논점에 초점을 두고 있는가? 해방 신학자의 관점은 불의에도 불구하고 개혁과 회복의 개념에 대해 질문을 하고 그 대신에 혁명과 완전한 변화를 제시할 수 있다.

구조적 상황화는 어떻게 되는가? 교회, 학교 또는 프로그램이 그들의 고유한 사회, 경제, 정치적 상황에서 문화가 필요로 하는 구체적인 요구에 적합한 형태와 구조를 개발하려고 하는가? 해방 신학자의 관점은 억압적인 문화가 있는 곳에서 형태나 구조가 해방적이고 변형적일 필요가 있음을 요구할 수 있다.

마지막으로, 교육학적 상황화는 어떻게 되는가? 신학교, 학교 또는 프로그램이 교육적 과정을 해방적이고 창조적인 노력으로 이해하려는 신학적 훈련 방법을 개발하려고 하는가? 종의 사역의 잠재력을 해방하기 위해 그 프로그램의 방법과 목표의 엘리트주의와 권위주의에서 비롯되는 위험을 극복하려고 하는가? 이론과 실제 사이의 넓은 간격에 대해 민감한가?[16]

이러한 질문에 대해 간단히 답할 수는 없다. 하지만 이들 질문과 그외의 다른 질문들은 다양한 문화 가운데 그리스도에게 충실히 응답하고, 기독교 교육의 사회학적인 기초와 씨름할 때에 반드시 다루어져야 한다. 이러한 질문은 기독교 교육자들이 그들의 가르침을 상황화할 수 있도록 도움을 준다. 이 상황화에서 교육자들은 그들의 가르침을 어떻게 구성하는지에 대해 지식 사회학으로부터 얻은 통찰력을 고려할 수 있게 된다.

---

16. TEF, 「상황의 사역: 신학교육 기금을 위한 제3차 위임 프로그램(Ministry in Context: The Third Mandate Programme of the Theological Education Fund, 1970-1977, Bromley, Kent, England: Theological Education Fund, 1972)」, p. 31.

지식 사회학

로렌스 스텐하우스(Lawrence Stenhouse)는 지식 사회학이 사회적으로 구축되거나 구성된 지식을 다룬다고 말한다. 그것은 또한 학과나 교과가 어떻게 공유된 의미로써 사회적으로 구성되는지를 관찰한다. 문화에서 지식이 비롯된다는 생각은 지식이 집단과 개인의 요구에 의해 사회적으로 판단될 수 있음을 의미한다. 스텐하우스는 계속해서 집단과 개인의 판단은 비록 계획적인 출발은 아니지만 진리에서 신중하게 출발했음을 지적했다. 그렇다면 지식 사회학은 진리의 시험을 다루지 않는다는 것이 밝혀졌다. 그러나 그 관점은 진리의 상대주의를 포함한다.

절대적인 것과 보증된 지식을 향한 열망[17]이 있을 때 복음주의자들은 외관상 상대론적인 이 관점에서 도출될 수 있는 통찰력이나 연구를 즉시 잊을 수도 있다. 이것은 유감스러운 일이 될 수 있는데, 데니스 로튼(Denis Lawton)은 이것에 대해 사회학적 연구는 철학적이고 심리학적인 연구에 의해 반드시 보충되어야 한다고 제시했다.[18] 철학과 신학은 진리의 주장과 그것의 유효성을 탐구하는 학문 분야다. 철학과 신학의 관점은 사회학의 관점에 반대되는 것이 아니라 보완적인 것이다.

「현실의 사회적 구성」에서 버거와 럭만은 생산자로서의 인간과 생산품으로써의 세상의 변증법적인 관계를 제시했다. 그들의 관점에서 사회적 세상은 지식과 관련한 세 가지 기능을 갖고 있다.

첫째, 지식은 객관적인 세상이 산출되는 통로를 계획한다. 하나님이 창조물에 표현하셨듯이 인간도 다양한 활동과 조직에서 그들을 표현하는 구체화의 대리인들이다.

---

17. 로렌스 스텐하우스, 「교육 과정 연구와 개발 개론(An Introduction to Curriculum Research and Development, New York: Holmes & Meier, 1975)」, pp. 14-15.
18. 로튼, 「계급, 문화 그리고 교육 과정(Class, Culture, and the Curriculum)」, pp. 58-59.

둘째, 지식은 언어와 언어에 기초한 인식적 장치를 통해 이 세상을 객관화한다. 즉 현실에서 이해된 객관으로 세상을 명령하는 것이다. 아담이 피조물들의 이름을 지었고 그 이름으로 인해 현실이 객관화되었다. 하나님은 모든 생명과 피조물을 말씀으로 먼저 계시하셨다.

셋째, 지식은 사회화의 과정에서 객관적으로 유효한 진리로 다시 내면화되었다. 하나님과 아담에 의해 이름지어진 세상은 아담의 자손에게로 전해졌고 그들에 의해 객관적인 진리로 내면화되었다.[19]

버거와 럭만의 비판적인 관심에도 불구하고 그들의 분석은 영속되어져야 할 기능적 필요성을 지닌 지배적인 사회적 지식과 종교적 규범의 수용의 결과를 가져올 수 있다. 문화적 형태의 연속성과 보존이 필요할 때 이것은 아무런 문제가 되지 않지만 변화와 변형이 필요하게 되면 문제점이 제기된다. 이 분석은 기독교인의 무능함에 대한 생각을 촉진시킬 수 있다. 또한 기독교인들이 주장하는 영원불멸한 복음의 가치에 비춰 모든 사회의 기능적인 필수 요건을 비판할 수 있는 도덕적인 관점이 없다.

버거와 럭만의 종교에 대한 묘사는 정당하게 존재하는 문화 가운데 종교의 역할을 한쪽으로 치우쳐 강조한다. 그것은 사회적 구조의 정당성에 대한 질문을 제기하는 종교의 예언적 측면을 충분히 다루지 못했다. 이러한 시각은 종교의 관심을 그저 사회적이고 심리학의 한 요소로만 한정했다. 이것은 비문화화를 상대적으로 제외시키고 문화화를 강조했다.

복음주의자들은 다양한 사회에서 그 현상을 성경 말씀에 근거하여 충분히 확인하지 않고 지지한 것에 비판받아왔다. 복음주의자들이 비록 버거와 럭만의 관점에 매료되었을지라도 지식의 분석이 나타내는 지식의 보존과 정의에 대한 책임을 반드시 받아들여야 한다. 즉 지식의 선택이 성경 계시

---

19. 버거와 럭만, 「사회적 구성(Social Construction)」, pp. 57-58.

에는 구체화되었지만 복음주의 공동체에서는 가치를 부여받지 못한 현실들을 제외하려고 한다면 반드시 공동의 죄로 인식하고 언급해야 한다. 이렇게 하지 못한다는 것은 충실함의 부재를 의미한다. 이 실패의 한 예가 성경적 계시의 창조적 주제의 상대적인 제외에 대한 구속적 주제에 대한 것이다. 이러한 주제는 성경적 기록에서 그들의 중요성에 직접적인 주의를 기울임으로써 발견할 수 있다. 성경은 창조물에 대한 책임으로 시작해서 하나님의 성취에 의해 재건된 새 하늘과 새 땅에 대한 비전으로 끝을 맺는다.

지식 사회학에 대한 두번째 관점은 제리 질(Jerry Gill)이 「종교적 지식의 가능성(The Possibility of Religious Knowledge)」에서 제시했다. 질은 마이클 폴라니(Michael Polanyi)의 연구에 기초한 지식의 기능적 시각을 주장했다. 질의 기능주의는 이 장 처음에 언급되었던 구조주의에 대해 긍정적인 대응을 하고 있다. 이 관점에서 지식의 경험은 차원적이고 상황적인 의식으로, 두 가지가 합해져서 기능적인 응답으로 구성되었다. 이러한 두 가지 양상의 상호 작용은 암시적이고, 중재적인 지식의 양상과 더욱 직접적이며, 분명한 양상에 대한 주의를 요구한다. 폴라니와 질은 현대의 서양 사고에서는 서로 분리된 것으로 간주되었던 사실과 가치의 영역을 연결시키려는 시도를 했다.[20] 이런 시도는 지식을 삶에 연관짓고 인간의 반응을 가치 있는 지식으로써 공유된 것에 연관짓는 데 사용된다.

질은 다음과 같이 상호 관통하는 지식의 차원을 제시했다. (1) 물질적 세상의 물리적 의식, (2) 다른 사람들의 일반적인 의식, (3) 인간으로서의 개인에 대한 개인적 의식, (4) 초월적 현실의 종교적 의식이다. 질의 상황적 요소는 계획성, 활동성, 알고 있는 사람과 알려진 사람에 대한 반응, 사회적이고 지각적인 관습을 포함한다. 질은 반대로 극히 명백하고 암시적인 지식과 더

---

20. 제리 H. 질, 「종교적 지식의 가능성(The Possibility of Religious Knowledge, Grand Rapids: Eerdmans, 1971)」, pp. 7-8, 13.

불어 연속체와 함께 지식을 다루었다. 명백한 지식은 정확한 분석, 구두의 표현, 기술적인 확인, 실측적인 객관성, 알고 있는 자와 알려진 자의 확실한 구별과 같은 특징을 보여준다. 암시적 지식은 직관적 의식, 육체적 표현, 신성한 인식, 구체화된 주관성, 알고 있는 자와 알려진 자의 상황적인 구별에 의해 특징지워진다.[21] 비록 질이 그의 계획의 상황적인 면을 충분히 설명했지만 그는 성경적 관점에 의한 지식의 이해로 그 범위를 더욱 확장했다. 지식은 사실을 통해 분별된 명백한 지식에 제한을 받아서는 안 된다. 그리고 반드시 가치, 직관 그리고 개인적인 반응을 포함해야 한다. 질의 관점은 기독교 교육자들이 몇 가지를 제외하고는 그들의 가르침에 포함시킬 수 있는 통전적인 평가를 장려한다.

    질은 사회적 상황에서 작용하는 힘의 관계를 분명하게 분석해서 제시하지 않았다. 그는 효과적인 훈련, 사회 또는 기관에 의해 가정된 지식을 암시적으로 받아들이는 것처럼 보였다. 그는 상황적인 것을 다루었지만 모든 가르침의 노력을 떠받치는 사회, 정치, 경제적 구조에 이러한 고려 대상을 연관지어서 그것의 뿌리를 고려하는 것을 근본적으로 개혁하지 않았다. 그는 개인적이고 종교적인 면을 고려했지만 개인적인 초점을 현재의 세계적 상황에서 인식된 집단적, 세계적인 관심사를 포함하여 확대시키지 않았다. 인간과 그들의 일 대 일 만남 외에 조직과 기관은 반드시 질의 도덕적인 면으로 평가되어야 한다. 이들은 그의 도덕적 면에 의해 무너질 수 없는 것들이다. 가치가 있는 질의 통찰력은 성경에서도 다루어진 집단적이고 사회적인 삶의 차원에 비추어 반드시 확장되어야 한다. 복음주의자들은 사회, 정치, 경제적 조직과 관련해 복음의 세계적, 우주적인 의미를 인식해야 하고, 제도화된 세상의 현실을 다루기 위해 제도화된 신학을 반드시 개발해야 한다.

---

21. 같은 책, pp. 119-136.

이 일이 쉽지만은 않지만 기독교 교육의 사회학적 기초를 다룰 때 필수적이다. 이러한 사회학적 기초는 기독교 교육자들이 모든 삶을 위한 그리스도의 주권의 의미와 씨름하는 것을 필요로 한다.

지식에 대한 세번째 시각은 서독의 프랑크푸르트협회(Frankfurt Institute in West Germany)의 대표적 대변인 유르겐 하버마스(Jürgen Habermas)의 지식에 대한 세 가지 접근 방식이다. (1) 기술적, 인식적 관심과 정보의 생산을 통합하는 경험적-분석적인 과학에의 접근, (2) 실용적 관심과 해석의 생산을 통합하는 역사적-해석학적 과학으로의 접근, (3) 해방을 위한 관심과 분석의 생산을 통합하는 비평 지향적인 과학으로의 접근이다.

하버마스의 주요 관심사는 세 가지 접근 방식을 변증법적인 긴장으로 유지한다. 첫번째와 두번째의 접근 방식은 법률학적인 지식을 생산하고, 세번째 방식은 자기 반영을 통해 비판적이고 변형적인 지식을 생산한다. 지식에서 가능한 세 가지 범주는 다음과 같다. (1) 기술적 통제에 대한 개인의 능력을 확대하는 정보, (2) 행동의 방침을 공통의 전통 안에서 가능하게 하는 해석, (3) 실체화된 힘에 대한 의존으로부터 의식을 해방하는 분석이다.[22] 이 세 가지 범주는 월터 브루그먼이 언급한 구약의 세 가지 주요 부분인 규범을 제공하는 에토스(ethos), 행동의 지침을 제공하는 로고스(logos), 비판적이고 해방적인 관습의 양식을 깨는 파토스(pathos)와 유사하다는 점에서 주목할 만하다.

하버마스의 책임에 대한 관심과 세상에 관여하는 책임의 판단을 위한 상응하는 도덕적인 관심이 긍정될 수 있다. 하지만 자율성에 대한 그의 자세는 기독교의 관점에서 불충분한 것으로 드러난다. 자율성이란 다른 사람들에 대한 충분한 고려를 부득이하게 제외하는 독립적인 자세다. 이 배타적인

---

22. 유르겐 하버마스, 「지식과 인간의 관심(Knowledge and Human Interest, Boston: Beacon, 1971)」, pp. 308-315.

자율성은 다른 자율적인 사람을 인식하지 못한다는 점에서 위험하다고 할 수 있다. 이와 반대로 하나님에 의한 통치는 하나님 안에 거하는 다른 사람들과 공유하고 있는 인간성을 받아들인다. 이것은 개인주의적이고, 내성적인 자세 그 이상을 의미한다. 하나님에 의한 통치의 자세에서 혹자는 공동체의 다른 사람과 관련해 그 자신을 현실주의적인 존재로 보게 된다. 이 자세에서 혹자는 하나님의 창조물로서 그의 인간됨을 확인하게 된다.

지식의 신에 의한 통치의 양상은 반드시 하버마스의 범주에 덧붙여져야 한다. 하버마스가 말하는 이상적인 해방 사회는 하나님의 선택의 잔존물인 교회와 비슷한 하나님의 언약 공동체에서 그 실현을 찾는다. 성경은 하나님에 대한 개인적이고 집단적인 책임과 개인적인 지식을 포함하기 위해 하버마스의 비평 지향적인 접근 방식을 확대하는 지식의 예언적 자세를 제시한다. 인간의 관심은 적절하고 상응하는 감정과 의지적인 요소로 헌신과 참여를 구체화한다. 복음주의자들은 하버마스와 다른 사회 이론가들의 질문에 명확히 답하기 위해서는 하나님의 통치 중심적인 것을 유지하면서 하버머스가 제시한 비판적 대화에 관여해야 할 것이다.

지식에 대한 네번째 시각은 파울로 프레이리(Paulo Freire)에 의해 제시되었다. 프레이리는 사고 - 언어(thought-language)를 사용해 세상과 인간의 관계를 통하지 않고서는 인간을 이해할 수 없다고 주장했다. 프레이리에게 현실은 주제, 역사, 문화에 대해 생각하는 인간 사이의 지속적인 상호 작용을 의미하는 것이었다. 인간은 역사의 원인이자 동시에 결과였다. 인간은 자유로운 방법으로 문화를 만들 수 있다. 지식은 습관이다. 인간이 새로운 행동과 반응을 나타내기 위해 행동을 객관화하고, 그것을 반영하는 세상에 대해 그들이 반응하기 시작하는 과정이다. 프레이리는 질처럼 지식의 진실한 행위에 있어서 주관성과 객관성 모두를 유지하고자 했다. 진정한 지식이란 개인의 인간화처럼, 그가 정의한 해방을 실현하기 위해 세상을 변화시키는 정치적인 과정에 적극적인 관여를 포함한다.[23] 프레이리는 인간이 세상에 적극적으로 관여하고, 모든 피조물의 해방을 촉진하는 하나님이 원하시는 자가 되기를 희망했다.

프레이리는 협동-의도성을 포함하는 지식의 사회적 활동을 위한 구체화된 관심을 포함하기 위해 하버마스의 비평 그 이상으로 이동한다. 그는 사회의 새로운 잠재성을 인식하기 위해 분석, 반영, 비판적 의식을 함께 사용하는 지식의 정치적 양상에 역점을 두어 다루었다. 그러나 프레이리는 그가 가능하다고 생각하는 양심화 또는 변화의 연속적인 과정을 왜곡하는 죄의 깊이를 충분히 다루지 못했기 때문에 비판받을 수 있다.

지식 사회학은 기독교 교육자들이 몇 가지 중요한 사항에 대해 고려해볼 것을 요구한다.

지식은 세상 안에 있는 사람과 분리될 수 없다. 사회와 믿음 공동체에 의해 제시되었듯이, 지식은 특정한 사람이나 단체에 의해 세상을 이름짓고, 창조하며, 비판하는 것에 대한 과제를 구체화하고 조절한다.

지식은 그것의 실현과 표현을 포함한다. 하지만 확실성이 없는 지식이나 계시 외에 하나님의 숨겨진 본질을 의미하는 일부의 지식은 무엇인가? 기독교인은 반드시 교만하지 않는 삶과 교리의 신비한 것과 불완전한 지식을 인정해야 한다. 기독교인은 역설을 인식할 수 있고 새로운 빛과 진리에 대해 언제나 열린 자세를 취할 수 있다.

말하기, 생각하기, 듣기, 해석하기와 지식은 무슨 관계가 있는가? 지식은 이러한 각 활동을 어떻게 구체화하였는가? 지식은 크게 개인적 헌신과 가치 판단을 주목하는 그러한 활동을 어떻게 수용하였는가? 기독교인은 주요 사

---

23. 파울로 프레이리, 「눌린 자의 교육(Pedagogy of the Oppressed, trans. Myra Bergman Ramos, New York: Seabury, 1970)」과 데니스 E. 콜린스(Dennis E. Collins), 「파울로 프레이리: 그의 삶, 연구, 사고 (Paulo Freire: His Life, Works, and Thought, New York: Paulist Press, 1977)」를 참조하라.

회적 논점과 도덕적인 질문에 비추어 그들의 헌신과 가치를 명확히 해야 할 것이다.

'노모스'(nomos)를 인식하고 알기 위한 인간의 요구는 무엇인가? 이 탐구는 인간적인 것인가? 인간은 질문을 하기 위해 사회화가 되었는가? 그리고 언제 질문의 제기가 사회가 수용한 지식을 초월하게 되는가? 아노미 현상과 알려고 하지 않는 것과 알기를 중지한 상태의 수용은 어떻게 되는가? 복음주의 기독교인은 비복음주의자들과 다른 믿음의 관점을 갖고 있는 사람들과 대화를 해야 하고 진지한 질문을 제기해야 한다.[24]

모든 지식이 전체적인 것의 한 부분인가? 모든 지식의 원천이 하나님이라면 지식을 위한 개인의 탐구는 어떤 의미가 있는가? 복음주의자들은 하나님을 모든 진리의 원천으로 보는 사람들의 질문에 대한 반응으로 그들의 하나님 중심적인 초점이 됨을 확인할 수 있다.

지식은 상황과 제기되는 질문에 의해 조건지어진다. 따라서 항상 특정한 관점이나 입장에 관한 지식이 된다. 혹자의 관점에 대한 인식과 소유권은 모든 공동체에게 중요한 것이 된다.

지식은 또한 사회적으로 분포된다. 생존과 힘을 위한 수단이 되고 인간의 실현과 해방을 위한 가능성을 지닌다. 지식은 그것의 분포와 영속에 의해 억압 또는 해방을 위한 도구가 될 수 있다. 복음주의 공동체에 의해 분포된 지식은 반드시 이러한 것들과 관련해 평가되어야 한다.

지식 습득의 방법에는 여러 가지가 있다. 오직 확립된 권위나 전통에만 의존하는 경우가 있다(타율성). 인간의 추리와 사고를 통해 질문을 제기하고, 생각과 상황을 비판하며, 자료를 정리하고, 경험에 비추어 이성과 사고에 호소하는 것을 사용할 수 있다(자율성). 개인적 또는 집단적 경험이 지식

---

24. 이것에 대한 본질의 논의를 위해 나는 나의 책, 「권위 있는 가르침(도서출판 디모데 간)」, pp. 119-145을 참조하라.

을 제공할 수도 있다(자율성). 기독교인들이 실제적 세상의 의미를 알기 위해 이성, 경험, 권위를 사용하지만 그들은 오직 계시를 통해서만 그 이상의 것을 인식한다. 그들은 계시를 우선시하면서 구체적이고 실용적인 현실과 초자연적인 것 모두를 수용한다(신에 의한 통치). 기독교인들은 자신들의 역사적 상황에서 관용에 대한 신념, 관대한 헌신으로 적극적으로 듣고 해석을 해야 한다.

지식은 사람이나 알려진 것이 결합한 것이라고 볼 수도 있다. 지식이 존재하기 위해 항상 지식의 대상과 결합해야 한다는 것은 아니다. 인간이 접할 수 있는 가장 높은 지식은 오늘날 영적인 의미로 다루어지는 하나님의 지식이다. 이 지식은 믿음과 순종, 사랑하는 마음에서 흘러나오는 하나님의 뜻을 알고자 하는 마음과 그 뜻에 복종하고자 하는 마음에 의해 조건지어진다. 이 경우에서, 알려진 자는 바로 하나님이시다. 하지만 하나님은 또한 알려지지 않을 수도 있고 계시를 넘어 알 수 없는 존재가 될 수도 있다. 기독교인들은 신비라는 것을 인정한다. 그리고 그들은 성령의 역사를 받아들인다. 성령이 인간의 영과 만남으로 인해 그들의 삶과 성장이 가능해진다.

성경에서 지식은 개인적인 만남에서 비롯되는 것이고, 하나님의 지식은 역사적인 과거와 약속된 미래에 대한 하나님의 계시와 관련된 것이라고 간주한다. 그러나 하나님은 자신의 창조물이 그들의 역사를 만들어가고 삶을 살아가는 현세의 영역 속에서도 나타나신다. 하나님의 지식은 시간, 공간 그리고 역사적 상황의 하나님의 계시와 분리될 수 없다. 성경의 지식은 개개인의 사람과 단체의 공동체가 사람이나 알려진 대상과 함께하는 구체적인 관계에 대한 의식을 포함한다. 개개인이 육체와 정신이 혼합되어 이루어진 존재라기보다는 전체로 이루어진 존재로 여겨지는 것처럼, 지식도 전체의 개개인이 관여하는 활동이다.

지식 사회학의 통찰력에 대한 연구는 기독교인으로 하여금 지식의 다양한 면들에 대한 전체적인 평가와 이해를 하게 한다. 그러나 고린도에서 우상에게 바쳐진 음식에 대해 사도 바울은 기독교인들을 이렇게 경고하고 있다. "우상의 제물에 대하여는 우리가 다 지식이 있는 줄을 아나 지식은 교만하게 하며 사랑은 덕을 세우나니 만일 누구든지 무엇을 아는 줄로 생각하면 아직도 마땅히 알 것을 알지 못하는 것이요 또 누구든지 하나님을 사랑하면 이 사람은 하나님의 아시는 바 되었느니라"(고전 8:1-3). 인간의 지식은 하나님에 의해 알려지고 그분의 사랑을 통해 그 한계를 넘게 된다. 바울의 경고는 지식의 목표를 간과하지 않는다. 그는 성경적 믿음과 헌신의 더 넓은 상황에서 그 목표를 세웠다. 지식 사회학을 파악함으로써 기독교 교육자들은 믿음의 관점에서 수립되는 그들의 가르침의 차이점들을 확인할 수 있다.

교육 사회학

지식 자체에 대한 고려 외에도 교육 자체의 더 큰 노력을 위해 사회학적 탐구가 이루어질 수 있다. 많은 사람 중에서도 에밀 더크하임(Emile Durkheim), 존 에글스턴(John Eggleston) 그리고 롤란드 폴스턴(Rolland Paulston)은 교육이 더 넓은 사회와 문화에서 어떻게 기능을 하는가에 대한 이해를 돕기 위해 유용한 통찰력을 제시했다. 이것은 기독교 교육자들이 사회의 다른 사람들, 기관이 무엇을 가르치는지에 대해 그들의 노력을 연관짓는 데 도움을 준다. 이러한 다른 영향력에는 가정, 공동체, 일반적인 교회, 경제, 대중 매체, 정치적 기구, 다양한 학교 그리고 사회적 기관이 포함된다.[25]

---

25. 이러한 다양한 영향력을 위해서는 파즈미뇨, 「기독교 교육의 원리와 실천」, pp. 59-90을 참조하라.

에밀 더크하임

사회학은 서부 유럽에서 빠른 변화의 문제에 대한 반응으로써 연구되었다. 에밀 더크하임은 과거에 무의식적인 단결에 기초한 교회 또는 사회의 개인적 유대에 의해 제공되었던 습관적인 규범과 가치의 상실에 뒤이은 사회적 삶의 붕괴에 관심이 있었다. 따라서 그의 사회학은 사회적 질서, 사회적 통제, 일치에 주제의 초점을 두었다.[26]

더크하임은 균형을 회복하기 위한 수단이 교육이라고 보았다. 사회학자는 각 형태의 교육이 어떻게 상황에 의존하고 있고, 서로를 통해 어떻게 나타나는지 그 상황을 발견하면서 서로 다른 사회에서 행하는 교육의 일반적인 형태를 연구해야 한다. 따라서 혹자는 교육의 체계의 평가를 관리하는 법을 습득할 수 있을 것이다.[27]

그는 교육을 세 가지 수준, 즉 교육 과학, 교육학적 이론, 교육의 실천으로 보았다. 교육 과학은 조사, 과거 또는 현재의 현상에 대한 설명하고 그 효과의 원인이나 결정에 대한 연구를 포함한다. 이러한 교육 과학은 설명과 분석을 제공하고 탐험과 분기(分岐)하는 사고를 장려한다. 이것은 실행중인 가정을 제시하고 과학적인 내용을 위한 다양한 자료를 이용한다. 이들 자료에는 심리학, 사회학, 인류학, 생물학, 경제학, 정치학이 포함된다.

이러한 자료들 중에서 심리학과 사회학은 교육을 이해할 때 철학에 대한 연구와 함께 특권이 있는 입장을 공유한다.[28] 이 수준의 연구에서 기독교 교육자는 조사에 참여할 수 있고, 두번째 수준의 교육학적 이론을 위한 적용중인 가정으로 얻어진 설명을 사용할 수 있게 된다. 기독교 세계관은 하나님의 살아 있는 말씀과 기록된 말씀에 중심을 두고 하나님의 진리와 일치하

---

26. 로튼, 「계급, 문화 그리고 커리큘럼」, p. 56.
27. 에밀 더크하임, 「교육과 사회학(Education and Sociology, New York: Free Press, 1956)」, pp. 95-98.
28. 같은 책. p. 99.

지 않거나 상보적이지 않은 통찰력에는 가치를 두지 않는다. 따라서 이 수준에서 기독교인은 제시된 모든 통찰력을 분별해야 한다.

더크하임의 두번째 수준은 교육학적 이론 또는 실용적 이론에 대한 것이다. 이 수준의 목적은 교육에서 무엇을 행하였는지에 대해 설명하는 것이 아니고 무엇이 문제가 되는지를 판단하는 것이 목적이다. 교육학적 이론은 과거와 현재가 아닌 미래를 지향한다. 이 이론은 교육을 위한 규범과 종합을 제시하고 주장한다. 이러한 이론은 개인에게 무엇이 행해져야 하는지를 알려주고 이들의 이론적, 창조적, 상상적인 반영에 의한 것이다. 교육의 분기하는 사고와는 반대로 교육학적 이론은 집중적인 사고와 관련된다.[29] 학문의 세계에 있는 대부분의 기독교 교육자들은 그들의 주된 에너지를 교육과학에서 얻어진 통찰력을 선택적으로 통합하면서 특별한 기초에 근거한 교육학적 이론의 개발에 투자했다. 완전하게 개발된 교육학적 이론은 아직까지 복음주의 기독교인에 의해 개발되지는 못했다.[30]

더크하임의 세번째 수준은 실천의 수준이다. 교육의 실천은 무엇을 반드시 행해야 하는지 그 절차에 관한 것이다. 실천은 교육의 기술과 특별한 결과를 지향하는 교육의 방법 체계에 대해 관심을 둔다. 교육 방법은 공동체에 의해 전달된 경험과 또는 개인적 경험의 산물이다. 그럼에도 불구하고 반영은 교육의 실천에 있어서 필수적인 요소가 되지 않는다.[31] 복음주의 교육자들은 일반적으로 사람과 다양한 개 교회와 선교 단체에 대한 그들의 헌신으로 교육의 실천을 강조해왔다. 이것은 종종 더크하임의 앞의 두 가지 수준을 충분히 고려하지 않고 이루어진다.

---

29. 같은 책.
30. 워렌 벤슨(Warren Benson)은 "교육의 복음주의 철학(Evangelical Philosophies of Education)", 「종교교육의 변화하는 유형들(Changing Patterns of Religious Education, ed. Marvin J. Taylor, Nashville: Abingdon, 1984)」, p. 53에서 이러한 분석을 확인하고 있다.
31. 더크하임, 「교육과 사회학」, p. 99.

위의 분석에서 복음주의 기독교 교육자들을 위한 몇 가지 제안들이 제시될 수 있다. 복음주의 교육의 장점은 교육의 실천에 대한 헌신에 있다. 이 헌신은 잃어버려서는 안 된다. 하지만 복음주의 교육자들은 반드시 교육학적 또는 실용적 이론의 형식화에 진지한 관여를 해야 할 것이다. 이러한 이론은 혹자의 복음주의 신학에 모든 작업을 연관지으려는 일치된 노력을 가정했을 때 실용적 이론으로 설명할 수 있다. 이러한 실용적 이론이나 신학이 없다면 기독교 교육자들은 전통적 전략이나 최근의 교육 경향에 의존하면서 상황의 범주 안에 묶이게 되고 중요한 비판적인 논점에 둔감해지게 된다. 사역의 시급한 요구 가운데 있는 반영과 평가에 충분한 시간이 투자된다면 이것은 문제가 되지 않을 것이다.

존 에글스턴

더크하임과는 대조적으로 존 에글스턴(John Eggleston)은 지식이 학교에서 어떻게 정의, 선택, 정리, 전달, 분포되는지를 다루는 교육의 '새로운' 사회학을 지지했다. 그의 관점은 주일 학교나 교회 학교에 적용될 수 있다. 그는 지식이 힘의 관계에서 어떻게 가치를 부여받고 지식 사업에 관련된 사람들, 즉 학교와 연관된 사람들을 어떻게 통제하는지에 대해 관심이 있었다. 그의 연구는 학교나 교실에만 한정되어 있지 않았다. 그는 학교와 교실이 경제, 정치적 체계를 포함하는 더 넓은 사회에서 어떻게 연결되는지를 보기 위해 그 이상의 것들을 바라보았다. 이 확대된 시각으로 현재의 계획과 헌신의 정당성에 대한 질문에 대해 고려해볼 필요가 있다.

그의 분석에서 에글스턴은 특정한 교육 사업이나 사역의 헌신과 가치를 살펴보는 것에 대한 다섯 가지 주요 질문을 제시했다.

1. 무엇이 지식, 이해, 가치, 태도, 기술(교육의 요소들)로 간주되는가?

2. 이들 요소들의 중요도와 상태는 어떻게 되는가?
3. 어떤 원칙에 의해 이 요소들이 분포되는가? 누구에게 언제 전해지고 누구에게 보유되는가?
4. 이런 문제에 대한 설명을 하는 단체들의 정체성은 무엇인가?
5. 이들 단체가 이러한 방법으로 행동하는 것이 정당한가?[32]

모든 교육적인 노력이 이 질문을 포함한다. 그리고 에글스턴은 교육을 논할 때 간과되는 영역을 명시하는 데 도움을 주었다. 지식, 이해, 가치, 태도, 기술과 관련해 간과되거나 잊혀진 영역인 '영 교육 과정(null curriculum)'에 대해 논하는 것이 중요하다. 제외된 지식에 대해 신중히 고려함으로써 적합한 내용을 판단할 때 사용되었던 기준을 확인할 수 있다. 지식, 이해, 가치, 태도, 기술의 넓은 가능성으로 인해 몇 가지 선택을 해야 한다.

시간과 에너지의 한정된 자원이 개인과 집단의 평가를 촉진한다는 점에서 교육에서의 우선순위에 대한 결정은 필수적이다. 이 평가는 사적, 공적인 영역 모두에서 이루어질 수 있다. 충분한 공개와 균형을 유지하기 위해 신중한 분별이 두 영역에 모두 필요하다. 에글스턴의 처음 두 가지 질문은 계획과 특정한 교육에 모든 참여자를 포함할 수 있는 곳에서 주기적인 평가가 필수적으로 필요하다는 것을 지적한다. 이러한 선택은 공적인 고려와 공동체의 모든 지지자들과 함께 속해 있지 않을 때 문제가 된다. 기독교 교육 위원회는 에글스턴의 질문을 이용하여 그들의 선택의 본질을 살펴볼 수 있다.

에글스턴의 세번째 질문은 교육 사역의 방향, 참여하고 있는 사람들의 의식과 학습을 수용하기 위한 학생들의 준비성과 함께 신중하게 교육 내용을

---

32. 존 에글스턴, 「학교 교육 과정의 사회학(The Sociology of the School Curriculum, London: Routedge & Kegan Paul, 1977)」, p. 23.

전하는 교육자들과 그 밖의 사람들을 필요로 한다. 이러한 원칙은 다양한 가치와 헌신에서 비롯된다. 복음주의 교회의 경우에서는 성경적, 신학적 헌신이 일반적으로 지침이 되는 원칙의 도출을 위한 규범적인 범주로 다루어졌다. 추가적으로 학생의 필요와 학습을 위한 그들의 준비성 그리고 특성을 분별하기 위해 교육적, 사회적 과학의 통찰력에 더욱 많은 초점을 두었다. 하지만 이러한 영역 외에도, 복음주의 교육자들은 반드시 그들의 철학적 헌신을 평가하고 그들이 어떻게 명백한 또는 암시적인 원칙에 영향을 주는지를 평가해야 한다. 이 평가는 계속적인 요구에 대한 반응 때문에 무시해서는 안 된다.

　기독교 교육자들은 충분하게 조사되지 않는 영역도 반드시 다루어야 한다. 삶의 모든 영역을 포함하기 위해, 또한 신학적 범주 너머로 확대된 보수주의적인 입장 때문에 그렇게 해야 한다. 그러한 입장에서 사람은 다양한 교육 사역을 관리하고 지도했던 사람들의 정체성과 정당성에 대해 질문하는 것을 꺼려하게 된다. 에글스턴의 질문은 힘을 사용한 사람에 대해 그리고 그 사용한 힘의 정당성에 대해 질문을 제기함으로써 근본적이고 알려지지 않은 곳으로 복음주의자들을 인도한다. 에글스턴의 관점은 힘과 책임을 지닌 사람들은 그들에게 도움을 받은 사람들로부터 질문을 받고 평가를 받아야 할 필요가 있다고 제시한다. 인간 타락의 본질과 도덕적인 리더십의 필연적인 결과 때문에 그렇게 하는 것이 필요하다. 복음주의 리더십이 권위주의적이 되어가고, 그 리더십이 약점과 장점 모두에 대한 인식을 방해한 곳에서 이것에 대한 예를 찾아볼 수 있다.

롤란드 폴스턴

　지식 사회학 관점의 세번째 기여자는 롤란드 폴스턴이다. 그는 국제적 연구의 영역에서 활동했다. 각기 다른 국제 교육자들의 일방적인 개념의 틀을 개발했다. 그는 주로 사회, 교육적 변화 속에서 서로 다른 헌신을 그들의 근본적인 개념상의 틀이나 관념학적 방침에 연결하는 데에 많은 기여를 했다. 표 5는 폴스턴의 통찰력을 요약해 놓은 것이다.[33]

폴스턴은 교육 개혁 이론이 사회적 현실과 사회-변화 과정을 다루는 체계적인 관념학적 방침에 뿌리를 두고 있다고 지적한다. 이러한 관념학적 방침 또는 편견은 교육 개혁을 위해 효과적인 전략으로 최대한 활용하려는 그들의 능력을 속박한다. 예를 들면, 균형 패러다임을 향한 사전적인 배열은 대립의 관점을 통해 얻은 통찰력을 묵살할 수도 있다.[34]

폴스턴의 통찰력은 교육 개혁이나 회복에 관심을 갖는 기독교인에게 도전을 준다. 이들 이론 가운데 어느 것이 "임의적이거나 절충적이기보다는 사회 현실과 사회-변화 과정에 대한 신학, 관념학적 방침과 연관된 개인적 편견을 따르는 것"이라고 했던 폴스턴의 관찰에 비추어 기독교 세계관과 일치하는가?[35] 복음주의자들이 완전히 대립적인 모델을 피하면 안 되므로 혹자는 반드시 미국의 혁명적인 발단과 다수를 위해 더 나은 삶을 이룩했던 다른 나라를 상기할 필요가 있다.

이들의 다양한 방침은 니버의 그리스도와 문화 도식과 부분적으로 비슷한 점을 보인다. 문화와 역설 관계에 있는 그리스도, 문화를 변화시키는 그리스도, 문화 위에 있는 그리스도의 입장을 선택하는 기독교인들은 평형 상태의 패러다임이 그들의 헌신과 일치한다는 것을 볼 수 있다. 이와 반대로 문화에 반하는 그리스도의 입장을 선택하는 기독교인들은 대립되는 패러다임과 특히 문화 회복의 이론을 선택할 가능성이 높다. 만약 문화 회복 이론

---

33. 롤란드 G. 폴스턴, 「사회적, 교육적 변화의 대립되는 이론(Conflicting Theories of Social and Educational Change, Pittsburgh: University Center for International Studies, University of Pittsburgh, 1976)」, vi-vii.
34. 같은 책, v.
35. 같은 책.

이 기존의 체계 안에서 머무르고 일하는 것에 초점을 두었다면 그것을 선택하기보다는 그것에 매료되었을 수 있는 문화를 변화시키는 그리스도의 입장을 택한 기독교인들을 보는 것도 가능하다. 다양한 사역과 기독교인을 통해 사회를 근본적으로 변화시키고 회복시키는 것이 기독교인의 과제다.

폴스턴은 복음주의 기독교인에게 관념학적 책임에 반드시 주의를 기울이라고 당부한다. 사회, 교육의 변화에 대한 다양한 관점의 이해와 함께 지적 통합과 일치가 일차적으로 이뤄져야 한다. 폴스턴이 제시하는 여덟 개의 이론은 신중하게 평가되어야 할 통찰력에 도움을 준다. 폴스턴은 우리에게 기독교인들이 사회의 다양한 곳에서 사역을 할 수 있다고 말한다. 일부는 체제 안에서 복음의 요구에 일치하는 평형 상태를 찾으려 하고, 다른 일부는 사회나 제도에 반대하여 창조적 대립을 통해 새로운 가능성을 제공한다. 어떤 지점에서 평형상태가 유지되고 어떤 지점에서는 하나님의 부름에 충실하기 위해 급진적 변화가 요구되는지를 구별하기 위해 영적인 분별이 결정적인 역할을 한다.

학교 교육에 대한 광범위한 논점을 다루기 위해 폴스턴의 연구는 복음주의자들에게 특별한 의미를 준다. 기독교인 학부모는 자신들의 자녀를 공립, 사립 기독교 학교 또는 가정 학교 중에 어디에 보내야 하는가? 다양한 이유로 많은 수의 기독교인 학부모들은 공립학교가 자녀에게 최상의 교육을 제공하지 못한다고 판단했다. 이 경우 그들은 공립 학교의 일반적 문화에 대해 반대하는 입장이었고, 문화적 회복은 부모가 일차적 교육자가 되는 기독교 사립 학교나 가정 학교에서 자녀 교육이 필요하다고 결론지었다. 이들 부모를 위한 교육의 목적은 기독교 문화를 다음 세대로 전달하는 것이다.

또 다른 기독교인 부모들은 다양한 이유로 자녀를 공립 학교에 보낸다. 그들의 선택은 공립학교에 대해 명백하거나 암시적인 지지를 나타낸다. 이 지지는 완전하지 않을 수도 있지만 실용적이지 못할 수도 있는 대안을 선택

사회적, 교육적 변화 / "개혁" 이론

표 5

사회 변화			교육 – 변화 가능성과 과정에 대한 연결된 해설적 가정		
패러다임	이론	교육적 변화를 위한 전제 조건	교육적 변화를 위한 이론적 설명	교육적 변화의 범위와 과정	예상되는 주요 결과
균형	진화론	발전적 준비성 상태	더 높은 발전적 단계로 이동하는 것에 대한 압력	증강적이고 적응적 '자연적 역사 접근'	제도적, 발전적 적응의 새로운 단계
	신 진화론	전 단계의 만족스러운 완성	'국가의 현대화' 노력을 지원할 필요가 있음	서양의 모델과 기술적 원조를 사용한 '기관 수립'	새로운 '높은' 상태의 교육과 사회적 구별 / 한정
	구조적, 기능적	변경된 기능적, 구조적 필수품	사회적 체계는 교육적 반응과 외부적 원인에 의한 위협을 자극할 필요가 있다	기존의 주요 기관의 증강적인 조절	계속되는 '항상성' 또는 '이동' 균형, '인간 자본'과 국가적 '개발'
	체계	'체계 관리'의 기술적 전문 기술. '합리적인 결정'과 '필요성 평가'	체계 운영의 더 큰 효율성의 필요와 목표 성취, 즉 체계 '기능 불량'에 대한 반응	기존 체계의 혁신적 '문제 해결', 즉 연구와 개발 접근 방식	향상된 '효율성 재가격 / 이익, 혁신의 채택
	마르크스 주의자	변화를 위한 엘리트 의식 또는 사회주의 지도자와 교육 개혁가에게로 권력의 이동	생산의 관계와 학교 교육의 사회적 관계 사이의 조화와 조절	사회 변화 또는 마르크스주의자의 지배에 의한 급진적 개혁을 따르는 증강적인 조절	통합된 노동자의 형성, 즉 새로운 '사회주의 인간'
대립	신마르크스주의자	노동 계층의 증가된 정치적 힘과 정치적 의식	사회적 정의와 평등의 요구	'민주적' 기관과 과정을 통한 대규모 국가 개혁	'교육적 특권'과 '엘리트주의'의 제거, 보다 평등한 사회의 창조
	문화 회복	'새로운 문화'의 회복 또는 창조를 위한 집단적 노력의 대두. '비정상적' 규범 운동과 그것의 교육 프로그램에 대한 사회적 관용	문화화의 주세력으로써의 관습적인 학교 교육의 거부. 교육은 운동의 목표를 성취하기 위해 지원해야 한다.	운동이 국가 교육 사상과 구조, 정치 조직, 급진적 변화 대안을 포획했을 때 학교나 대안적 교육 환경의 창조	새로운 규범적 체계의 교육. 운동의 보충, 훈련, 결속의 필요에 직면
	무정부주의적 사회 개혁론자	유효한 환경의 창조, 비판적 의식의 성장, 사회적 다원주의	제도적 사회적 강요로부터 자유로운 인간. '평생 학습'을 위한 향상된 창조적 필요성	기존 프로그램과 기관의 고립된 '자유화' 또는 새로운 학습법과 환경, 즉 '학습 사회'의 창조	자기 회복과 참여, 자원과 공동체의 현지 관리, 착취와 소외의 제거

하는 것보다 기존 체계에서의 활동에 대한 그들의 의식을 나타낸다. 덧붙여서, 기독교인들은 공립학교 내에서 다양한 능력으로 일하는 것을 택한다. 그리고 기독교 헌신을 직접적인 말이나 최소한의 행동으로 보여주려 한다. 기독교인 부모와 노동자들의 이러한 선택은 기존의 공립학교 체계의 변화와 개혁에 대한 가능성을 제외시키지 않았다. 다만 이 환경을 삶과 사역의 중심지로 받아들였을 뿐이다.

많은 사람들에게 이 선택의 딜레마는 오직 사회, 교육적 삶에 대한 혹자의 관점과 기독교 믿음에 비추인 변화를 포함하는 다양한 면을 고려함으로써 해결될 수 있다. 복음주의 교육자들과 다른 지도자들에게 던져진 과제는 이 문제가 믿음의 헌신과 세상의 것이 아닌 세상에 속해야 하는 기독교인의 소명이 더 큰 문제와 관련되기 때문에 학교 선택에 대한 문제를 다루는 것이다. 폴스턴의 연구가 제시하고 있는 논점과 학교 선택에 포함될 수 있는 거래를 인지하면서 다양한 반응을 보일 수 있다.

사회학적 연구를 위한 한 가지 모델

이전의 논의를 기초로 기독교 교육자들에게 교육에 대한 사회와 문화의 영향에 고려할 수 있게 하는 사회학적 연구를 위한 모델을 제시할 수 있다. 이 모델은 클리포드 거츠가 제시했다. 그의 문화에 대한 정의가 본 장의 앞에서 논의되었다.[36]

집단적 삶의 표현과 구체화는 가장 직접적으로 사람들이 매일 상호 작용을 하는 단체, 조직, 기관에서 경험되어진다. 다양한 경제, 사회, 교육, 문화, 정치 조직과 기관들, 즉 백화점, 경찰서, 교회, 국세청 등이 여기에 포함된다. 인간은 더욱더 제도화된 세상에서 다수의 공동체와 연관되어 있다.

---

36. 거츠, 「문화의 해석(The Interpretation of Cultures)」, 도표 10은 1980년 3월 25일 New York, Columbus University, Teachers College의 더글러스 슬로운이 거츠의 통찰력을 이용해 제시한 것이다.

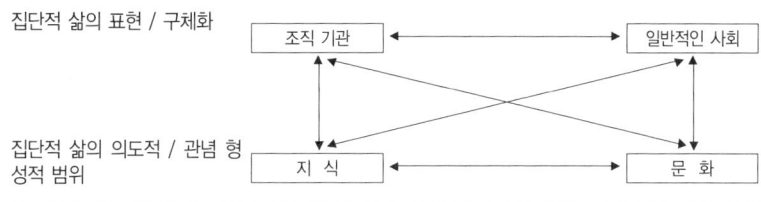

도표 10

인간은 일반적으로 더욱 큰 규모로 사회와 상호 작용을 하고 경제, 정치, 사회적 조직과 네트워크를 이루며 조화한다. 경제적으로는 자본주의자와 사회주의자 체계가 교육의 이론과 실천을 위해 서로 다른 요인을 정해 놓는다. 정치적으로는 민주적이고 전체주의적인 조직이 구별된 방법으로 교육에 영향을 준다. 사회 계급 관계의 차이점과 책임은 교육 철학, 실천과 상호 작용을 하고 학생을 위한 구별된 목표와 경험의 결과를 낳는다.

집단적 삶의 표현과 구체화의 다양한 요소에 대한 의식은 전통적으로 복음주의 기독교인들의 비판적 의식에 속해 있지 않았다. 그럼에도 불구하고 그들의 영향은 해방적이거나 억압적, 구속적이거나 타락한 것으로 간주될 수 있다. 대부분의 조직, 기관, 사회적 조직은 해방적이거나 억압적인 것 중 하나로 분류될 수 없는 것들이다. 이들 모두가 두 가지 특성을 동시에 지니기 때문이다.

예를 들면, 나와 내 아내는 뉴욕에 있는 공립학교 체계에서 초등학교 교육을 받았다. 나의 경험은 주로 긍정적인 것이었다. 왜냐하면 브루클린에 있던 나의 공동체는 유대인들이 지배적으로 많았고 학교 교육 또한 우수했기 때문이다. 반면에 내 아내의 경험은 부정적이고 억압적이었다. 맨해튼(Manhattan)의 할렘가 동쪽에 있었던 그의 공동체는 대부분 히스패닉계가 많았고 학교 교육의 질이 떨어졌기 때문이다. 브루클린의 공립학교에 다녔던 학생이 억압적이고 제한적인 경험을 한 것과 이에 비해 맨해튼의 공립학교에 다녔던 학생의 경험이 자유롭고 여유로웠던 것과 같은 다른 예들이 언급될 수 있다. 이러한 대립적이고 예외적인 증거를 볼 때 혹자는 브루클린 플랫부시의 공립학교 교육의 영향이 맨해튼의 할렘가 동쪽의 교육보다 일반적으로 더 자유로웠다고 말할 수 있다.

1960년 동안 뉴욕 시에서는 일반적인 의식이 인종차별주의의 영향과 현지 공동체의 학교 경험에 대한 선택적인 경제 지원과 관련해 제시되었다. 할렘가 동쪽의 평균 수명은 플랫부시의 평균 수명과 비교하여 큰 차이를 보였다. 학문적 요구와 사회와 관련된 학생들의 문화적 전통의 가치와 관련해 매우 희미한 메시지가 그들에게 전달되었다. 시민 권리 회복 운동이 일어난 후에 의식이 증가되기 시작했다. 하지만 뉴욕이나 다른 주요 도시의 아이들에 대한 공평한 교육의 실현은 아직도 계속되는 도전이다. 유감스럽게도 복음주의 교회는 이 도전에 반응하지 않았다.

거츠의 통찰력으로 다시 돌아와서, 집단적 삶의 두번째 수준은 이러한 공유된 의미의 발견, 축적, 분포에 중점을 둔다. 하지만 교육 또한 더욱 암시적이거나 어떤 감추어진 방법일 수도 있는 문화의 전달에 관여하고 있었다. 문화는 공유된 가치, 태도, 신념으로 정의될 수 있다. 문화를 포함하는 더 넓은 관점으로 교육은 '문화가 그 자체를 세대를 거쳐 전달하는 전체적인 과정'으로 이해될 수 있다.[37]

이러한 넓은 관점은 복음주의 기독교인들이 신앙 공동체에 끼치는 넓은 문화의 주요 영향과 넓은 문화의 양상이 확인되고 또는 비판받게 되는 그 범위를 살펴보기 위해 그들의 편협하고 좁은 시각을 버릴 것을 요구한다. 구별된 신학적인 헌신이 있는 다른 모든 기독교인처럼 복음주의 기독교인

---

37. 버나스 베일린, 「미국 사회 형성기의 교육(Education in the Forming of American Society, New York: W. W. Norton)」, p. 14.

도 반드시 문화의 어떤 양상이 보존되고 구속되며 변할 수 있는지를 분별해야 한다. 이러한 확인과 분석은 만약 개인이 일하고, 사역하고, 삶을 살도록 부름받은 다양한 문화와 하위 문화에서 그리스도를 충분히 나타내고자 한다면 행동을 위한 일련의 전략 개발과 함께 기독교 교육에 반드시 포함되어야 한다. 실제로 하나님은 공동체 삶의 모든 면에서 그리스도의 존재와 변화시키는 능력을 알리라고 명령하셨다. 그리스도는 조직적이고 제도적인 삶과 더 큰 사회적 조직 안에서와 그리고 공유된 의미, 가치, 태도, 신념의 영역 안에서 명백하게 드러나야 한다. 이러한 것이 모든 사회의 기독교인들에게 주어진 거룩한 부르심이다.

왜 그런가? 왜 이것이 기독교 사명감에 필요한 소명인가? 하나님은 인간 사회의 다양한 표현과 영역에서의 정의, 공의, 화해에 관심을 갖고 계신다. 그리고 모든 종류의 억압에서 인간을 해방시키신다. 이 억압에는 영적인 것과 그 외에 많은 억압을 포함한다. 인류는 하나님의 형상을 따라 창조되었고 모든 인간은 고유의 존엄성을 갖고 그리스도의 이름으로 존경과 대접을 받아야 한다. 그리스도의 이름을 소유하고 있는 기독교인들은 세상과 교회에서 빛과 소금으로 부름받았다. 우리의 영적 전쟁은 억압, 소외, 차별의 결과를 가져오는 사회의 모든 면의 힘과 권력에 대항하는 것을 포함한다. 복음주의자들은 그리스도의 정신과 존재로 거츠의 분석에 의해 제시된 사회 문제의 밀접한 고정 관념을 역점을 두어 다루어야 한다. 기독교인들은 그들의 소망이 효과적인 봉사, 사회적 행동, 변화에 있지 않고 하나님께 있다는 것은 인식한다. 그럼에도 불구하고 그들은 공동체 삶의 고정된 모든 사고와 표현을 그리스도께 순종적인 것으로 만들기 위해 그것을 취하려 노력한다(고후 10:5).

사회학의 기초에 대한 탐구는 집단적이고 사회적인 삶의 넓은 관계에 대한 주의를 요구하는 논점을 제기한다. 이러한 관계를 연구할 때 교육을 받고 있는 실제적인 사람에 대한 고려를 제외하면 안 된다. 더 넓은 사회 환경에 대한 고려는 가르침과 학습자들의 즉각적인 현지 환경을 무시하면 안 된다. 따라서 기독교 교육자들은 6장에서 다루어질 기독교 교육의 심리학적 기초에 대해 고려해야 한다.

6장
심리학적 기초
PSYCHOLOGICAL FOUNDATIONS

심리학에 기독교 교육의 관점을 종합하는 것은 여러 가지 이유에서 매우 중요하다. 첫째, 20세기에 들어서서 일반적으로 이해되고 실용화된 교육은 다양한 심리학 이론, 연구에 의한 발견, 실행에 좌우되어왔다. 이것은 학문으로서의 심리학이, 배움의 과정과 함께 인간의 의식과 행동에 대한 연구를 해왔다는 사실에서 기인한다. 교육은 인간과 '교수-학습' 과정에 관심을 두었고 교육자들은 심리학적 질문에 의해 얻어진 통찰력들을 연구함으로써 많은 것들을 얻을 수 있었다.

둘째, 행동주의적, 정신분석학적, 인지적, 발달, 형태, 인본주의적, 사회적 그리고 변형적 심리학 등을 포함하는 이들 심리학파 혹은 심리학은 여러 가지 특징들을 가진다. 이렇게 다양한 관점 가운데 문제는 통합된 어떤 심리학이 인간의 전 생애를 걸쳐서 인간을 제대로 이해하기에 가장 적당한지를 선택하는 것이다.[1]

---

1. 심리학적 기초에 대해 연구한 최근의 두 개의 저서는 Les L. Steele, 「도중에: 기독교인의 형성에 대한 실천 신학(On the way: A Practical Theology of Christian Formation, Grand Rapids: Baker, 1990)」, 그리고 James C. Wilhoit and John M. Dettoni, eds. 「기독교적인 양육: 기독교 교육에 대한 발달심리학적 견해 (Nurture that is Christian, : Developmental Perspectives on Wheton, Ill: Victor Books, 1995)」, 또한

셋째, 기독교인은 일반적인 면에서 심리학에 대해 기독교적으로 생각해야 할 필요성과 혹은 자신의 교육적 사고와 실천을 수립하고 실행하기 위해 기독교적 심리학을 개발해야 할 필요성에 직면해 있다. 기독교는 교육에 대해 분명한 암시를 갖고 있는 인간에 대한 견해들을 구체화해준다. 예를 들면, 만일 인간들이 근본적으로 하나님이 창조하신 것처럼 선한 존재로 여긴다면, 아마도 학습 과정에 있어서 자유, 탐구, 창조성의 역할을 좀더 강조하게 될 것이다. 반면에, 인간들이 근본적으로 죄에 빠진 악한 존재로 간주된다면, 아마도 구속, 훈련, 책임성 등에 대한 필요를 좀더 강조하게 될 것이다. 또 한 가지의 가능성 있는 인간에 대한 시각은, 자유와 구속 그리고 탐구와 훈련, 열정과 질서, 혹은 창조성과 책임성에 대한 강조와 조화를 필요로 하는 다양한 각도로 선악을 동시에 가진 존재로 보는 것이다. 물론 이러한 예들이 일반화되었지만, 어느 한 개인의 심리학과 교육관에 대한 기독교적 이해를 종합화하는 것이 중요하다. 이것을 종합해볼 때 모든 심리학 견해는 인간의 기원과 운명을 다루는 신학적 인류학의 관점을 가지고 있음을 인식해야 하고, 그것은 분별되고 평가되어야 한다. 인간의 삶은 출생과 죽음 그리고 죽음 이후의 삶으로 이어지기 때문에 인간을 다루는 데 있어서 각 심리학은 저마다 다르게 중요한 점을 다루고 있다. 기독교인들도 여러 가지 다양한 심리학파로부터 얻은 견해들을 가지고 인간을 이해할 수도 있기 때문에 더 큰 교육적 목적을 가지고 분별하고 자각해야 할 필요성이 있다. 이 더 큰 목적은 믿음에 기반을 둔 심리학적 이해와 인간에 대한 신학적 관점들을 통합하는 데 도움을 줄 것이다.

Gabriel Moran 의 초기 저서 「종교 교육 발달: 미래를 위한 이미지〈Religious Education Development: Images for the Future, Minneapolis: Winston Press, 1983)」를 보라.

통합을 위한 네 가지 접근 방법

통합을 위한 질문에 대해 논의하기 위해, 기독교 심리학자 로렌스 크랩(Lawrence Crabb)이 제시한 네 가지의 접근 방법을 고려해보는 것은 상당히 유용하다. 첫번째 접근 방법은 분화된 혹은 분열된 것이라고 말할 수 있다. 이 방법은 인간과 관련된 시각에 있어서 두 개로 '분리되어 있으면서도 동일한' 트랙을 가지고 있다고 생각한다. 이 접근법에서는 종교적 믿음 혹은 기독교의 믿음과 동조하면서 인간의 삶의 모든 '비종교적' 영역은 심리학적 관점에 의해서 영향을 받을 수도 있다. 또한 발달은 기본적으로 심리학의 과정과 전혀 관련이 없으며 심리학의 영향을 받지도 않는다. 이 접근법은 세속적인 것과 분명한 분리를 강조하는 반면에 종교적 정신 분열증이나 잘못된 종교로 갈 수 있게 만든다.

두번째 접근 방법은 심리학적인 통찰력을 무시하고 인간을 결정되어진 종교적 영역 안에 놓는다. 그 종교적 영역은 인간의 삶에서 심리학적이거나 발달학적 통찰력이 전혀 개입되지 않은 오직 종교적 통찰력과 관점에 의해서 만들어진 것이다. 이 '오직 순수한 이것' 이란 접근법은 오직 성경과 종교적 통찰력만이 삶을 결정한다고 주장하며, 삶에 대하여 타율적인 입장을 취하게 한다. 이 타율적인 입장은 인간 이외의 법이, 다양한 통찰력이나 세계관에 대한 개인의 인식과 관계 없이 인간에게 부여되는 것이다. 이 접근법은 지속적인 양육과 종교적인 관점에 의한 통제를 유지하기 위한 고립을 삶에 요구하는 편협주의(provincialism)와 게토화(ghettoization)를 초래할 수 있다.

세번째 접근법은 통합되었으나 잠재적으로는 방향이 잘못 잡힌 것이라고 설명할 수 있다. 이것은 믿음의 근본 요건들을 재정비하는 기독교 교육과 믿음의 발전에 대해 완전히 심리학적으로 접근하며 은혜, 구원, 죄와 죄 의식, 믿음에 대한 개인적 응답 등과 같은 기독교 신학의 특성들을 감소시킨다. 이 접근법은 '섞인 샐러드'로 설명할 수 있는데, 즉 심리학의 개념과 종교적 개념이 섞여진 것으로, 심리학에 제한된 우선권을 준다. 네번째로 마지막 접근법은 종교적 가치관이 관계된 통합적인 방법이다. 이 접근법은 신학의 관점과 심리학적 관점에서의 가정과 목표들에 대한 기독교 교육자의 개방성과 공평한 평가가 요구된다. 이 접근법에서는 신학의 관점들과 최종 권위로서의 기독교 세계관을 사용하면서 심리학과 가능한 상호 관계성을 찾아봐야 한다. 이 접근법은 기독교인들이 반드시 분별해야 할 발견된 진리와 더불어 계시된 진리가 있다고 가정하는데, 이것은 발견된 진리와 계시된 진리는 서로 연관되어 있다는 조건 아래에서 가능하다.[2] 이 접근법에서 기독교인들은 심리학을 다루는 데 주의 깊고 신중한 분별력을 가져야 하며 이 분별력으로 교육적 환경에 대한 처방들을 제시하기 전에 설명된 심리학적 통찰력들을 세심하게 평가해야 한다. 이러한 평가로 심리학적 발견들에 대한 비평과 확인이 허용된다.

네번째 접근 방법은 수세기 전에 히포의 어거스틴이 설명한 것으로 '가차 없이 적의 물건을 빼앗는 것'이다. 이것은 심리학을 포함하여 모든 분야의 의구심에서 진리를 찾는 것인데, 이것은 "모든 진리는 하나님의 진리이다"라는 것을 확신한다.[3] 이스라엘 민족들이 광야에서 성막을 장식하는 데 이집트 사람들이 준 그릇들과 금은 장신구들을 사용한 것처럼(출 12:33-36, 35:30-36:38 참고) 기독교 교육자들은 하나님을 영화롭게 하는 것과 그들의 사고와 실천을 풍성하고 윤택하게 하는 것에 심리학에서 얻어진 지혜를 끝까지 사용해야만 한다. 이 접근법의 잠재적인 문제점은 우상인 금송아지를 만든 것이 암시하는 것처럼 유신론주의를 몰아내고 심리주의가 그 자리를

---

2. 이 네 가지의 접근 방법의 완전한 설명은 로렌스 크랩, 「효과적인 성서적 상담(Effective Biblical Counseling: A Model for Helping Caring Christians Become Capable Counselors, Grand Rapids: Zondervan, 1977)」, pp. 31-56을 참조하라.
3. 어거스틴, 「기독교 교리(On Christian Doctrine)」, 2권, 40장.

차지하는 것이다(출 32장). 통합적인 접근법을 사용하는 데는 영적인 분별력과 성경에 예시된 하나님의 진리에 대해 흔들리지 않는 확신과 예수 그리스도를 의지하여 나아가는 것이 요구된다. 무엇이든 창조주를 경배하는 대신에 피조물을 섬기는 쪽으로 타락하지 말아야 한다(롬 1:25).

이와 같이 네번째 방법의 과제는 우리의 전제를 초기에 밝히는 데 있다. 이 과제와 관련해서 저자는 우리가 연구해야 할 다음과 같은 신학적 전제와 심리학적 전제들을 제시했다. 분명히 다른 전제들도 제시될 수도 있겠지만, 아래에 제시된 전제들은 분별력을 지닌 모든 기독교인의 책임인 이 과제를 가능하도록 이끈다.[4]

제시된 신학적 전제는 다음과 같다.

1. 인간은 하나님의 형상으로 창조되었고, 중요한 가치를 지닌다. 인간의 심리학적 속성의 복잡성과 다양성은 이 놀라운 창조와 하나님께서 창조하신 모형을 반영한다.
2. 인간은 죄로 인해 타락했고, 개인이나 집단으로 악을 행할 수 있는 가능성이 있다. 또한 인간들은 다른 개인, 공동체, 사회, 집단 조직들에서 죄를 지을 수도 있다. 그러므로 삶 가운데 죄의 실재와 결과에 대해서 개인과 더 큰 사회 그룹들에게 그 책임이 있다. 심리학에서 이러한 결과를 역기능성으로 표현한다.
3. 인간은 그리스도 안에서 재창조될 수 있고, 그 안에서 변화되어 점진적으로 하나님께서 원하시는 존재가 된다. 회심은 인간의 삶 속에서 변화의 가능성이며, 이것은 인간 발달 과정에서 타인을 배려하는 것

---

4. 좀더 깊은 연구를 위해서는 리스 스틸(Les L. Steele)의 저서인 「도상에서: 기독교 교육을 위한 실천 신학(On the Way: A Practical Theology of Christian Education, Grand Rapids: Baker, 1990)」을 참조하라.

으로 유지된다.
4. 인간은 그리스도 안에서 개인이나 집단이 가지고 있는 잠재력을 인간의 삶 속에서 내주하시는 성령에 의해 발휘할 수 있다. 성령은 인간의 영과 만나며 삶의 모든 과정을 변화시키신다.
5. 인간은 육체뿐만 아니라 영과 혼을 가졌다. 그리고 영과 육을 가진 전인적인 존재다. 죽음은 이 실재를 분리하고 부활은 이 분리를 복원한다.
6. 피조물인 인간은 역사, 문화, 경제, 정치, 사회적인 존재다. 우리는 관계성에 있어서 폭넓은 연결 조직 안에서 인간을 보아야 한다.
7. 인간은 도덕적, 미학적, 창조적인 존재다. 우리는 자유와 표현을 위한 잠재력을 양육해야 하며, 인간의 삶의 형식과 책임성에 관심을 가져야 한다.

교육자들은 이러한 신학적 전제들과 더불어, 인간의 심리에 대한 전제들을 가져야 한다. 필자가 제시하고 하는 심리학적 전제는 다음과 같다.

1. 인간은 육체를 가졌고, 우리는 인간의 육체적 속성, 성욕, 성별, 자연 세계에 있어서 인간의 활동과 행동에 유의해야 한다.
2. 인간은 정신을 가졌고, 우리는 인간의 사고와 이성에 대하여 연구해야 한다. 인지 발달의 구조와 내용에 대하여 연구해야 한다.
3. 인간은 감정을 가진 존재이고, 인간의 삶에 있어서 정서적인 면은 매우 중요하다. 우리는 학습 과정에서 학습자의 감정과 동기와 태도에 대해 민감하게 인식해야 한다.
4. 인간은 의지를 가졌고, 자신의 삶의 다양한 부분에 대해 결정을 하는 존재다. 우리는 인간이 의도, 판단, 결정을 하며 행동하는 것을 인식

해야 한다. 그러한 의도와 결정은 책무와 책임과 성실성의 문제에 관한 연구의 토대가 된다.
5. 인간은 공동체 안에 존재하고, 우리는 다른 사람, 그룹, 기관, 사회적 조직과의 관계성에 대하여 연구해야 한다. 배려와 책임의 연결 조직은 공동체 안에서의 정의와 공평을 위한 관심과 함께 뚜렷하게 인식되어야 한다.
6. 인간은 직관과 성격, 인격, 상상력 그리고 우리가 분석한 분야들을 초월하여 가치를 지닌 존재다. 따라서 우리는 인간의 개성 혹은 독특성에 대해 인식해야 할 사명이 있다.

이 전제들을 명백하게 인식하는 것은, 기독교인들이 신앙의 정체성을 가지면서 심리학의 발달을 연구하는 데 도움을 줄 것이다. 이와 함께 또 다른 전제들은 하나의 심리학적 견해만으로 인간을 이해하는 데 생길 수 있는 고립된 시야를 확장시켜주는 데 도움을 준다.

발달 심리학에 대한 의문들

인간의 변화에 대한 관심에서 제기된 심리학의 발달 과정에 대한 질문들은 오랫 동안 교육학에서의 교육 경험의 결과로서 교육자들에게 특별한 관심을 받아왔다. 인간의 발달은 "인격의 잠재적 구조들이 삶의 과정 속에서 특별하고 다양하게 나타나는 실재"라고 정의할 수 있다.[5] 발달과 관련해서 아동 심리학자인 제럴드 레빈(Gerald R. Levin)은 심리학자들이 인간, 특히 아동 연구에서 다루어야 하는 일곱 가지의 중심 쟁점들을 제시했다. 각 쟁

---

5. 제임스 라우더(James E. Loder), "기독교 교육을 위한 발달 심리학적 기초 (Developmental Foundations for Christian Education)", 「변화의 시대를 위한 기독교 교육 기초들(Foundations for Christian Education in an Era of Change, ed. Marvin J. Taylor, Nashville: Abingdon, 1976)」, p. 54.

점은 각각의 양극단에서 논쟁되는 견해들을 이어 연속체로 나타내는 것을 볼 수 있다(표 11 참조). 또한 이 양극단은 논쟁의 쟁점들을 보완한 것으로 한 개의 타원에 있는 두 개의 중심으로 상상할 수 있다. 이들 쟁점들 위에 진리는 각각의 위치를 차지하고 있다. 그리고 상대적으로 강조점은 교수-학습과 학습자의 상황에 따라 다양할 수 있다.

레빈이 제기한 첫번째 쟁점은 발달과 미발달에 대한 시각이다. 발달의 시각은 인간의 삶의 과정에서 심리학적 기능이 매우 급진적으로 변화하는 것을 말한다. 인간은 물리적 구조에서 기본적으로 발달의 변화가 있는 것처럼 행동에서도 기본적으로 변화가 있다고 생각한다. 이것은 엄마의 태에 임신되었을 때부터 시작되어 육체적으로 성숙할 때 끝이 난다. 발달적 견해는 인간의 생애를 여러 가지의 단계 혹은 주기로 구분한다. 연속체의 또 다른 반대쪽의 입장인 미발달적 견해는 인간의 심리학의 특성은 본질적인 면에서 변함없이 동일한 것으로 여긴다. 또한 계속해서 일어나는 행위에서 보이는 분명한 변화들은 안정적인 것으로 여기고, 보이지 않는 과정 속에서 일어나는 연속적인 작용은 피상적인 반사체들로 여긴다.[6] 발달적 견해는 불연속성을 강조하는 반면, 미발달적 견해는 생애의 기간에 걸친 심리학적 기능에 있어서 연속성을 강조한다.

레빈의 분석에서 두번째 쟁점은 연속성과 불연속성의 입장이다. 연속성의 입장에서 볼 때 행동 발달의 변화는 미세한 변화가 계속된 것이라 볼 수 있다. 이 변화들의 누적된 결과는 극적이지만, 그 과정은 갓난아이와 성인의 키의 변화와 같은 것이다. 사람들의 발달은 특별한 것보다는 같은 것을 약간 더 얻을 뿐이다. 불연속성의 입장에서 볼 때 행동에서 가장 중요한 변화는 속성에 있어서 양적이고 불연속적이다. "수정란과 갓난아이 사이의

---

6. 제럴드 레빈(Gerald R. Levin), "아동심리학: 오리엔테이션(Child Psychology: An Orientation, Lewisburg, Pa: Bucknell University, 1969)", p. 35.

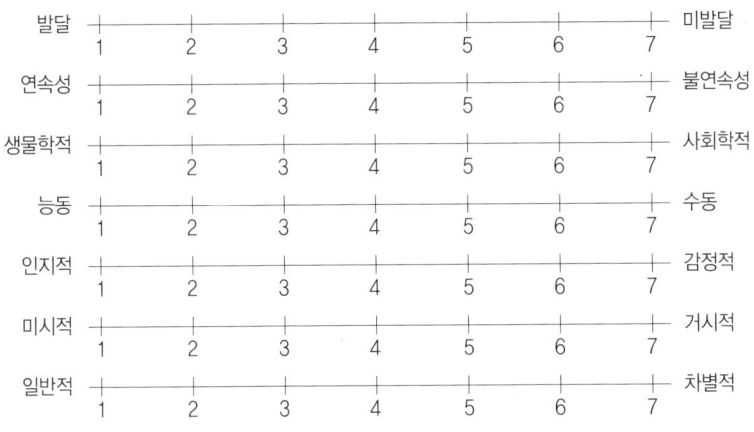

표 11

물리적 차이처럼, 어떠한 심리적 차이점들은 발달의 한 단계에서 다른 단계로의 극적인 변형을 보인다."[7]

레빈의 세번째 쟁점은 생물학적 입장과 사회학적 견해 사이의 차이에 초점을 둔다. 생물학자들이 말하는 발달은 엄청난 생물학적 변화와 유전자 속에 잠재되어 있는 것들이 구체화되는 것을 포함한다. 예를 들면, 유아기의 무력한 상태, 언어, 성적 행동 등은 모두 유전의 산물이다. 그래서 정상적인 발달과 편차를 이해하기 위해서는 생물학적 입장에서 인간을 보아야 하고, 태어날 때 주어진 속성을 인정해야 한다. 사회학적 입장은 이러한 생물학적 입장에 반대한다. 이 입장에서의 발달은 여러 문화를 통해 세대 간에 전달되어지는 상당한 양의 행동 양식에 대한 학습을 포함한다. 유아기의 무력한 상태는 인간에게 학습을 위한 독특한 기회가 필요하다는 것을 보여준다. 문화의 다른 면과 마찬가지로 언어는 인간의 환경과 상호 작용을 통해 배워

---

7. 같은 책, pp. 35-36.

야 한다. 각각의 사회와 문화가 인간의 성에 대해 다른 의미를 부여함에 따라 성별의 문제에 커다란 관심을 쏟는다. 더불어 성과 같은 생물학적 문제조차도 인간이 성장한 사회적 환경의 결과로 인간의 성격에 영향을 준다. 그래서 정상적인 발달과 편차나 다양성을 이해하기 위해 우리는 특정한 장소에서 양육된 것에 관심을 기울이는 사회적 입장에서 인간을 바라보아야 한다.[8]

레빈이 제시한 네번째 쟁점은 인간을 수동적, 능동적 혹은 두 개가 결합된 속성을 가진 인간으로 보아야 한다는 것이다. 인간을 수동적 혹은 수용적이라고 보는 견해는 인간을 조정하는 어떤 강력한 영향력에 의해서 움직여지는 존재로 본다. 예를 들면, 배고픔과 같이 외적인 힘에 의해서 근본적인 생존의 문제를 해결해야 하는 무력한 어린이는 완전히 성인에게 의존한다. 성인이 어린이를 보살필 때, 어린이는 여러 가지 방법으로 행동을 형성해간다. 즉 그들의 행동을 분명하고 정교하게, 신중하며 우발적으로 자신만의 이미지 안에서 만들어간다. 이렇게 이미지를 만들어가는 것은 아동기를 뛰어넘어 여러 가지 영향력에 수동적으로 반응하는 성인에게도 계속된다. 이 견해와 반대로 능동적인 인간을 강조하는 입장이 있다. 아동은 지속적으로 스스로 배우는 일과 더욱더 도전적인 문제들을 추구하는 데 능동적이다. 심지어 어린 아기조차도 음식을 가지고 장난치고, 우유를 쏟고, 끊임없이 일거리를 찾아 부모들의 식사 시간을 망쳐버린다. 인간이 삶에서 중요하게 여기는 대부분의 성취는 다른 사람들을 즐겁게 하려는 흥미보다는 세상을 배워보기를 원하는 인간의 욕망과 지속적인 호기심으로 인해 성취된다. 사람들은 세상을 능동적으로 탐구하고자 굉장한 양의 에너지를 소비한다.[9] 존

---

8. 같은 책, p. 36.
9. 같은 책, pp. 36-37.

로크(John Locke)는 어린이를 여러 가지 영향력과 힘에 의해 움직이는 비어 있는 석판, 즉 '타불라 라사(tabula rasa)'로 보았다. 로크와는 반대로, 장 자크 루소(Jean-Jacques Rosseau)는 어린이를 표현과 행동을 위해 요구되는 천성적인 도덕적 감각과 직관적인 지식을 가진 고상한 야만인으로 본다. 로크는 수동적이고 수용적인 것을 강조하는 견해와 같고, 루소는 인간을 능동적이고 역동적인 존재로 보는 시각과 일치한다.

레빈이 주장하는 다섯번째 쟁점은 인간의 감정 혹은 인지 차원의 상대적 차이에 초점을 둔다. 감정적 견해는 인간에게 동기를 부여하는 것이 무엇인지 그리고 인간이 다른 반응을 선택하게 하는 것이 무엇인지를 검토함으로써 인간을 이해한다. 발달에 있어서 감각과 감정 - 동기적인 면에 우선순위가 주어진다. 인지적 견해는 사람들이 어떻게 주위의 세상을 알아가는지를 이해하고자 한다. 환경이란 단지 인간들이 만들고 인식하는 것이다. 그래서 우리는 사고와 동기와 감정에 대해 이해하기 위해 사람들이 무엇을 기억할 수 있는지를 고려해야 한다. 인지적 기능은 인간 안에서 매우 급진적으로 변화하기 때문에, 이 분야에 우선순위를 두어야 한다.[10] 감정적 견해는 프로이트(Freud), 융(Jung), 에릭슨(Erikson)과 다른 신프로이트 학파의 학자들과 같이 인간의 정신역학에 관심을 가진 사람들에 의해 강조되어 왔다. 인지적 견해는 피아제(Piaget), 콜버그(Kohlberg) 그리고 최근에는 제임스 파울러(James Fowler) 등에 의해 주로 강조되어 왔다. 인지주의 학자들은 인간을 이해하기 위한 핵심 요소로 인간의 사고와 의식 구조를 강조한다.

레빈이 강조하는 여섯번째 쟁점은 인간에 대한 거시적 견해와 미시적 견해로 대변된다. 거시적 견해는 몇 년에 걸쳐서 발달되는 인간 행동의 폭넓은 유형과 특징을 핵심으로 본다. 불분명한 것과 부수적인 사안들은 핵심

---

10. 같은 책, pp. 37-38.

사안들을 분별하기 위해 무시한다. '큰 그림'과 사회의 주요한 변화가 인간에게 어떻게 영향을 끼치고, 개인 발달에 영향을 주는 다양한 사회적 구조는 어떤 것인지를 알고자 노력한다. 미시적 견해는 행동의 미세한 부분과 인간의 개인적 반응을 강조한다. 자세한 사항을 살펴봄으로써 인간에게 영향을 주는 것을 이해하고자 한다.[11] 이 쟁점에서 상이점은 광각 촬영과 근접 촬영한 사진의 차이점과 비교할 수도 있다. 하나는 넓은 파노라마 형식을 강조하는 것이고 다른 하나는 주제의 아주 미세한 것에 관심을 갖는 것이다.

마지막으로 일곱번째 쟁점은 일반 심리학의 입장과 차별적 심리학의 입장 사이의 논쟁이다. 일반적인 견해는 인간들의 외견상 차이점과 상관없이 인간을 핵심적으로는 비슷한 존재로 본다. 그래서 유사성이 초점의 중심이 되고, 모든 사람에게 적용될 수 있는 기본적 원리를 집중 연구한다. 반면에 차별적 입장은 인간 사이의 표면적 유사함에도 불구하고 모든 인간을 각기 다른 존재로 본다. 이렇게 놀라울 정도의 다양성과 독특한 개별성은 인간을 고려하기 위한 출발점이 된다. 이러한 다양성을 조사한 후에 사람들이 유사함을 가진 가운데서 언제, 어떻게 차이가 나는지를 식별하고 연구한다.[12]

이러한 입장 차이는 학교 교사와 한 명의 개인의 필요를 강조하는 임상 심리학자 사이에 벌어질 만한 것이다. 교사는 많은 학생들이 배우게 될 기본 원리에 관심을 갖고 각각의 학생들이 그룹의 기대와 규칙에 협동할 것을 강조하게 된다. 임상 심리학자는 교실이라는 큰 환경 안에서 한 특정한 학생의 필요를 충족시키기 위해 가장 적절하고 개별화된 접근 방법에 관심을 갖게 된다. 각각의 교사와 심리학자는 자신들과 같이 수업하거나 혹은 돕고 있는 사람들의 필요와 각각의 특정한 상황에 부합되는 통찰력과 심리적 견

---

11. 같은 책, p. 38.
12. 같은 책.

해들을 주장하게 될 것이다.

이러한 일곱 개의 쟁점과 다른 쟁점들은 기독교 교육자들이 교육 심리학을 형성하는 방법과 우리가 다른 사람들을 가르치거나 상호 작용을 함에 있어서 명백하게 혹은 암시적으로 행동에 굉장히 큰 영향을 끼칠 것이다. 그러나 우리는 각각의 쟁점들이 기독교 세계관과 기독교적 사고를 잘 반영하고 있는가에 대해 질문해야 한다. 단순히 결정내리기는 어렵고 그 반응들 또한 특정한 사회적, 문화적, 역사적 상황에 따라 다양하게 나타날 것이다. 그럼에도 불구하고 인간의 상호 작용이 발생하는 모든 분야에서 심리학을 토대로 이러한 질문들에 대한 사려 깊은 연구가 있어야 한다.

각각의 인간에게 진리는 상대적인 관점 또는 견해로 존재한다고 여기기 때문에 어떤 사람들은 중도적 입장을 표명할지도 모른다. 그러나 성경적 계시나 신학 사상의 관점에서 우리의 입장을 다시 한 번 생각해보는 것이 필요하다. 인간에 대한 기독교적 견해는 현대 심리학의 다양한 관점을 어떻게 공유해야 하는가? 인지적 발달, 사회심리적 발달, 도덕적 발달, 신앙적 발달에 대한 연구는 이 질문에 대하여 좀더 자세한 답변을 할 수 있도록 우리에게 상당한 통찰력을 제공할 것이다.

인지 발달: 진 피아제

스위스의 인식론자인 진 피아제(Jean Piaget)는 생후에서 사춘기까지의 인간의 사고와 지식의 구조가 어떻게 성숙(maturation)하게 변화하는지에 대한 연구를 통해 인간의 지적 발달 과정을 가장 잘 연구한 사람이다. 그의 연구는 환경과 관계된 육체적 활동을 지식으로 보면서 생물학과 인식론 사이를 연결하는 데 큰 도움을 제공했다. 피아제의 주요 개념들은 동화(assimilation)와 조절(accommodation)이다. 이것은 인간의 성장 단계를 통해 변화하는 인지 구조와 관련된 다양한 환경과의 경험을 다루는 방법들을 말한다. 피아제의 주요한 연구 초점은 정신의 작용 혹은 사고 방식으로 볼 수 있는 추론과 아는 것에 있었다. 활동하는 육체는 지식의 근거이고, 주위 환경과의 상호 작용은 발달을 위해서 중요한 역할을 한다. 레빈의 일곱 가지 쟁점과 관련해, 피아제는 발달학적, 생물학적, 인지적, 미시적 그리고 차별적 입장을 취한다. 또한 그는 불연속성과 능동성을 강조한다. 피아제의 경우에 있어서 교육의 궁극적 목표는 어린이의 정신에 여러 가지 유형의 지식을 채우는 것이 아니라, 어린이에게 주어진 수직적 구조 안에서 낮은 추론의 단계에서 좀더 성숙한 단계로 나아가게 하는 것이다. 그러므로 교육자의 주요 관심사는 어린이가 '어떻게 추론하는가' 하는 것이어야지 '무엇에 관하여 추론하는가' 가 되어서는 안 된다. 교육적으로 이것은 어린이의 환경과 어린이가 머물러 있는 특정 단계 사이의 부조화를 발생시키는 것을 통해 이루어진다.

기독교 교육자는 인지적 차원의 역할을 인식하면서 계속적으로 나타나는 동기, 감정, 행동, 경향을 상응하는 관심 없이 추론하는 것에 대한 지나친 강조를 비평할 수 있다. 피아제는 이러한 차원들을 무시하지 않고 이것들을 지적 기능에 지속적으로 작용하는 것으로 보았다. 여기에 어떤 기독교인들은 인류의 기본적 미덕에 대한 피아제의 기초적인 전제를 비평할지도 모른다. 피아제는 만일 인간의 추론이 다음의 더 높은 단계로 발전된다면 성장, 발달 그리고 성숙이 발생한다고 가정했다. 반면에 기독교인들은 사고 능력뿐만 아니라 다른 능력에 영향을 끼치는 인류의 타락을 인지할지도 모른다.[13]

피아제의 이론에서 인지적 발달에 관한 많은 통찰력들은 사실로써 증명될 수 있는 것들이다. 어린이들은 이전에 습득한 지식에 비추어 새로운 경험들을 조직화하고 해석하면서 또 활동을 통해 배우게 된다. 다시 말하면,

---

13. 니콜라스 월터스토프 (Nicholas Wolterstorff), 「책임 있는 행동을 위한 교육(Educating for Responsible Action, Grand Rapids: eerdmans, 1980)」, pp. 27-29.

그들은 세상과 관련해 능동적이고 건설적이다. 새로운 인지적 기술을 배우고자 하는 어린이들의 흥미와 능력은 이미 존재하고 있는 인지적 구조에 달려 있다. 동료들과의 사회적 상호 작용은 인지 발달을 촉진시켜준다.[14] 그러나 피아제는 인간의 정신과 육체의 결합에 대한 평가를 개발했지만, 인간의 삶에서 다른 중요한 차원을 상대적으로 배제하고, 사고의 구조와 유형에 초점을 맞추는 심리학을 선택했다. 교육자들처럼 이론가들도 무엇을 강조해야 할 것인지를 선택해야 한다.

과학적 자연주의자이며 인문주의자인 피아제의 전제는 기독교 세계관과는 대치된다. 피아제는 기독교인들이 주장하는 신학, 도덕적 절대자가 존재하고 인간들에게 영향을 미친다고 주장하지 않을 수도 있다. 기독교인들은 문화와는 상관없이 존재하는 객관이고도 초인간적인 실재, 즉 현실의 모든 사람과 사회의 인지 구조를 판단하고 그 위에 존재하는 하나님을 인식한다.[15] 예수 그리스도와 성경을 통한 하나님의 계시는 인지적 사고에 올바른 기준을 제공해준다. 피아제가 비록 인간의 내적 발달 혹은 인지적 구조에 우선순위를 두더라도 이러한 기준 아래에서 기독교 교육자들은 진정한 내용에 우선순위를 두어야 한다. 그러므로 피아제는 어떤 사람이 자신을 창조하여 새로운 인지적 구조를 나타내는 것으로서 인간의 인식 구조의 재구성의 관점에서 성장을 본다. 반면에 성장에 대한 기독교의 이해는 성령의 도움을 통해 인간의 노력과 하나님이 결합하여 인간의 인격 안에 실재하는 것으로 진리를 종합하는 것이다. 기독교 교육자들을 위한 이러한 종합은 사람들이 삶 속에서 뼈대를 마련하기 위해 다른 자료와 함께 성경을 사용하는

---

14. 피아제 이론의 제한점과 장점에 대한 논의는 해리 홈(Harry L. Hom Jr.)과 폴 로빈슨(Paul A. Robinson) 편집, 「초기 교육에 있어서 심리학적 과정들(Psychological Processes in Early Education, New York: Academic, 1977)」, p. 17 이하를 참조하라.
15. 로렌스 리처드 (Lawrence O. Richards), 「어린이 사역을 위한 신학(A Theology of Children's Ministry, Grand Rapids: Zondervan, 1983)」, p.170.

것에 달려 있다. 이런 과정에서, 사람들은 이성과 경험과 전통과 다른 문화적 정보들로부터 얻은 통찰력들을 사용한다. 피아제의 경우에 있어서, 성경과 예수 그리스도 안에서 발견되는 하나님에 대한 계시는 발달을 위한 이러한 규범적 기능을 제공해주지는 않았다.[16] 저자의 관점으로 봤을 때 종교적 추론에 대한 연구에서 종교 교육의 과제에 대해 피아제의 통찰력을 무비판적으로 적용한 로날드 골드만(Ronald Goldman)이 제시한 것처럼, 사실상 성경에 노출되는 것은 좋지 않을 수도 있다.[17] 그러므로 피아제의 연구는 유용하지만, 기독교 교육자는 인간에 대한 기독교적 견해를 특색 있게 묘사해주는 추가적인 요소와 독특한 점들을 첨가하여 그 이상의 것을 강력히 주장해야 한다.

사회 심리적 발달: 에릭 에릭슨

에릭 에릭슨(Erik Erikson)은 하버드 대학교의 정신 분석학자이며 발달 심리학과의 교수였다. 프로이트의 비정상적인 성 심리 발달 과정에 대한 강조에 반하여, 에릭슨의 연구는 정상적인 발달 과정에 초점을 두었다. 에릭슨의 주요 관심은 사회 역할과 자아 이미지가 시간이 지나면서 변화하는 모습에 있었다. 그는 인간이 문화 속에서 구축된 과제와 규정된 사회의 형식에 대한 반응을 선택하게 되는 점진적 주기를 여덟 단계로 구분했다.[18]

에릭슨의 이론은 사회 안에서 인간의 육체 감각, 자아, 삶 속에서 각각 다른 시기에 만나게 되는 사회적 역할이 어떠한가를 분석하여 생물학과 자아 심리학 그리고 인류학에서 얻어진 통찰력을 혼합함으로 개발되었다. 다른

---

16. 로날드 골드만(Ronald Goldman), 「종교를 위한 준비(Readiness for Religion, New York: Seabury, 1968)」를 참조하라.
17. 같은 책.
18. 가브리엘 모란(Gabriel Moran), 「종교 교육 발달: 미래를 향한 모습들(Religious Education Development: Images for the Future, Minneapolis: Winston, 1983)」, p. 25.

에릭슨의 점성적 주기 모델

표 6

단계	심리학적 위기	중요한 관계의 변경	사회 질서와 관련된 요소들	자아 strength의 기본
1	기본적 신뢰 대 기본적 불신	어머니와 같은 사람	종교와 우주 질서	소망 / 희망
2	자율성 대 수치심, 의심	아버지와 같은 사람	법과 사회 질서	의지
3	주도성 대 죄책감	기본적 가족	현장과 이상적 표준	목적
4	근면성 대 열등감	이웃과 학교	기술적 요소들	경쟁력
5	자아 정체감 대 역할 혼란	또래 집단, 지도력을 가진 모델	이상적 관점	성실
6	친밀감 대 고립감	우정, 성, 경쟁, 협동에 있어서 상대들	협동과 경쟁의 모범 / 패턴	사랑
7	생산성 대 침체성	분리된 노동과 가사의 분담	교육과 전통의 조류	배려
8	자아 통합 대 절망감	인류, '나 같은 사람'	종합적 지혜	지혜

말로 하면, 그는 자아 형성을 생물학적인 기반하에, 심리학적인 것에 근거하고, 사회적으로 형성되어, 문화적으로 조정되며 형성되는 과정이라고 주장했다. 생애의 전 과정을 통한 발달은 '점성설(epigenisis)'로 묘사할 수 있는데, 이것은 삶 속에서 갈등과 해결의 과정을 통해 이루어진다.[19] 표 6은 개인, 사회, 문화적 상황에 대응하는 것으로 에릭슨의 여덟 단계를 설명한 것이다.[20]

레빈의 도표와 관련해, 에릭슨의 이론은 발달학적이고 동일하게 생물학적이며 사회적, 감정적, 주로 미시적, 차별적인 것으로 생각할 수 있다. 또한 이것은 불연속성과 능동성과 수동성 혹은 수용성의 혼합임을 강조한다. 피

---

19. 라우더(Loder), "발달 단계의 기초들(Developmental Foundations)", pp. 56-58.
20. 같은 책, p. 59.

아제의 경우와 마찬가지로, 레빈의 도표와 관련해 일곱 개의 쟁점 가운데 어느 하나에 대하여 대립적 혹은 다른 입장을 강조하는 사람들은 에릭슨을 비평할 수 있다. 그러나 이러한 비평 이외에도 에릭슨의 이론에 대해 그의 몇 가지의 기본적 전제와 관련해 의문을 제기할 수 있다.

첫째, 에릭슨은 인간의 인격이 넓은 사회를 향해 나아가고, 그 사회를 의식하고, 사회와 상호 작용하기 위해서 사전에 준비하는 노력에 의해 결정된 단계에 의해 발달된다고 가정한다. 그래서 에릭슨의 경우에, 사회는 성장하는 개인에게 도전을 주며 도움을 주는, 인간 발달에 있어서의 조력자가 된다. 성장하는 사람은 각각 성공적인 단계에 새로운 감각을 자각하게 될 때 생명력을 갖게 된다.[21]

둘째, 에릭슨은 사회가 품고 있는 것의 올바른 등급과 순서를 장려하고 보호하기 위해 상호 작용과 여러 시도의 가능성을 계승하려고 한다고 가정한다. 그래서 에릭슨은 개인과 사회의 관계를 각각의 연속되는 위기들에 상호 협조적으로 긍정적인 결과를 제공해주는 것으로 본다. 그러나 그는 나중의 단계에서 다시 나타나는 부정적 결과의 가능성을 각 단계에서 간과하지 않았다. 각각의 발달 단계에서의 결과는 악보에 나오는 장조와 단조와의 혼합이나 연극에서의 주인공과 조연들의 역할에 비교할 수 있는 균형이 필요하다.

셋째, 에릭슨은 각 단계를 성취된 것으로 여기지 않는다. 부정적인 면은 항상 역동적인 상대물로 남는다. 왜냐하면 사람들이 연속적으로 인생의 위기와 어려움에 봉착하게 되면, 어떤 단계도 단번에 모두 해결되는 것은 아니기 때문이다. 이것들은 삶에서 나중에 다시 등장하게 되고 주의 집중을 요구하게 된다. 각 단계의 긍정적 결과는 큰 공동체에 있는 사람들의 발달

---

21. 템프 스파크맨(G. Temp Sparkman), 「구원과 하나님의 어린이의 양육: 엠마의 이야기(The Salvation and Nurture of the Child of God: The Story of Emma, Valley Forge: Judson, 1983)」, p. 255.

을 육성하는 자아 능력의 다양한 가치나 요소를 통해 나타난다.

에릭슨의 첫번째 전제에 대한 반응으로서 기독교적 세계관은 발달의 역할에 동조할 수 있으나, 그것이 사전에 결정된 방법들이 아닌 것임을 지적할 수 있다. 하나님의 영은 사람들과 단체의 삶 속에서 변화를 위하여 예측할 수 없는 방법으로 발달학적 과정을 간섭할 수 있다. 성령은 단계에 의해서 항상 예측할 수 없는 놀라운 방법으로 인간의 영혼을 만나주신다.

만약 개개인이 사회에 영향을 끼칠 수 있다고 믿는 사람이 있다면 에릭슨의 두번째 전제에 대해 진지하게 의문을 가져볼 필요가 있다. 사회는 모든 사람들을 육성하는 데 있어서 다양하게 작용한다. 에릭슨은 개인의 선택을 인정하지만 자칫 변화와 개혁의 대리인으로서 개인의 역할을 약화시키는 관점을 갖게 할 수도 있다.

에릭슨의 세번째 전제는 변화하는 조건들 가운데 종속적인 발달 과정의 개방적 속성을 나타낸다. 기독교적 세계관은 인간의 성화 혹은 타락의 연속적 과정을 인정한다. 이러한 점에서 불확실할지도 모르는 초문화적 적용을 주장하는 피아제나 콜버그와 같은 다른 발달론자들과 비교해볼 때, 에릭슨은 역사적이고 문화적 발달에의 긴박함에 더욱 민감하다고 할 수 있다. 에릭슨은 인생의 변화를 가능케 하는 초자연적인 힘에 대하여 명백하게 언급하지는 않았지만, 그는 인간에게 소망을 줄 수 있는 기구로 종교의 역할을 인정했다. 기독교 교육자는 인간의 삶에서 하나님의 지속적인 간섭하심을 인식하고 있다. 성령은 사람들의 삶뿐만 아니라 사회 구조 속에서도 지속적 변화를 담당하는 하나님의 중재자이다.

사회심리적 발달에 대한 에릭슨의 개념들은 여러 단계에서 인간들의 삶의 감정적 차원을 평가하는 가정들을 기독교 교육자에게 제공해준다. 에릭슨의 사회심리적 위기의 요소들은 여성의 발달에 있어서의 독특한 차이점들과 에릭슨의 범주를 초월할지도 모르는 기독교에 민감하지 못하는 점을 비평받아야 한다.[22] 그럼에도 불구하고 좀더 큰 사회와 문화적 차이점에 대한 에릭슨의 민감함은 주목할 만하다. 필자는 개인적으로 여러 발달론자 중에서 에릭슨의 통찰력에 가장 매력을 느낀다. 왜냐하면 비록 여성의 구별된 경험을 적당하게 언급하지 못하는 현저한 약점이 있지만, 그의 연구는 위대하기 때문이다.

도덕적 발달: 로렌스 콜버그

로렌스 콜버그(Lawrence Kohlberg)는 도덕 발달 이론을 가장 전형적으로 연구한 사람이다. 그의 관점은 도덕적 판단과 관련된 인지적 추론의 구조를 강조하는 피아제와 꽤 유사하다. 그는 도덕적 발달의 내용에는 거의 관심을 두지 않는다. 도덕적 딜레마에 대한 어떠한 해결책을 찾도록 한 인간을 이끄는 추론적 과정의 구조나 형태에 오히려 더 많은 관심을 기울인다. 콜버그에게 있어서 도덕적 추론이라는 것은 도덕 교육의 일차적이고 결정적인 요소다. 그는 주요 도덕적 수준을 다음과 같이 세 가지로 구분한다. 전 인습적(the preconventional) 수준, 인습적(the conventional) 수준, 후 인습적 혹은 원리적 수준(the postconventional or principled level)이다(표 7 참조).

인간은 이 세 개의 수준을 통해 자아 흥미의 추구로부터 외적 기준을 고수하고 내적 자율적 원리에 대한 확신으로 움직인다. 이 발달 단계의 연속성은 기독교 신앙의 관점에서 중대한 의문점들을 제기한다. 니콜라스 월터스토프(Nicholas Wolterstorff)는 콜버그가 내용이나 본질을 상대적으로 배척하고, 형식에 관심을 갖고 있다고 지적한다.[23] 도덕적 발달은 도덕적 추론 그 이상을 포함한다. 도덕적 행동은 도덕적 판단, 상황과 압력, 개인적

---

22. 이 비평에 대한 상세한 설명은 모란(Moran), 「종교 교육 발달(Religious Education Development)」, pp. 29-40을 참조하라.
23. 월터스토프(Wolterstorff), 「책임 있는 행동을 위한 교육(Education for Responsible Action)」, pp. 79-100.

콜버그의 도덕적 발달 단계 모델

표 7

전 인습적 수준	1단계(6-8세)	처벌과 순종에 적응(내가 붙잡힐까? 내가 처벌을 받을까?)
	2단계(8-10세)	도구적, 상대적 적응(무엇이 나를 위한 것인가?)
인습적 수준	3단계(10-12세)	상호 관계 조화적 적응(다른 사람들은 나에게 무슨 기대를 하는가? 성품이 좋은 내가 어떻게 하면 어른들을 기쁘게 할 수 있는가?)
	4단계(12-15세)	법과 질서에 적응(법은 무엇이라고 말하는가? 나의 책임은 무엇인가?)
후 인습적 수준	5단계(15세 이상)	사회적 계약과 여론에 적응(그룹의 동의와 이 문제에 관한 내 개인적인 책임은 무엇인가?)
	6단계	보편적인 윤리적 원리에 적응(보편적인 의미를 가진 나의 원리는 무엇인가?)

인 동기와 감정 그리고 의지 모두를 포함한다. 도덕적 판단은 도덕적 추론(콜버그의 일차적 강조점)과 내용을 수반한다. 그래서 도덕적 발달은 콜버그가 생각해온 것보다 더 복잡하다.

형식이나 도덕적 추론에 대한 콜버그의 제한된 초점 이외에도, 도덕적 발달의 가장 최고의 수준으로 자율을 강조한 것도 비판받아야 한다. 이것은 도덕성이 단지 자율적인 개인의 사고에서 나온 보편적 원리에 근거한다고 말한다. 그러한 입장은 규범적 공동체와 기독교 신앙에 기초한 공동체 안에서의 관계성을 경감시킨다.[24] 기독교 신앙은 자율성의 입장보다는 오히려 인간이 하나님을 의존하고 기독교 공동체와 일반 공동체 안에서 하나님의 통치를 받는 입장을 가진다. 이러한 상황에서 기독교인은 도덕적 발달을 하게 된다. 하나님은 도덕적 발달 과정에서 새로운 가능성을 소개하고 콜버그의 단계들의 범주를 뛰어넘어 인간에게 말씀하고 계신다. 유신론적 세계관

---

24. 커크 판스워스(Kirk E. Farnsworth), "심리학에 있어서 왕국 그 이상으로 (Furthering the Kingdom in Psychology)," 「기독교 정신의 구성: 기독교 세계관과 학문적 모험(The Making of a Christian Mind: A Christian World View & the Academic Enterprise, ed. Arthur F. Holmes, Downers Grove, IL: InterVarsity, 1985)」, pp. 90-93.

은 공동체 안에서 관계성을 강조한다. 또한 개별성과 적절한 범위 안에서 자율성을 배제하지도 않는다. 그러한 범위는 인간은 하나님의 피조물이며 하나님과 모든 다른 피조물들과 관계 속에서 살아야 한다는 신앙의 전제 속에서 이루어진다.

레빈의 도표와 관련해보면, 콜버그의 견해는 발달적, 사회적, 인지적, 미시적 그리고 차별적이며 불연속성과 능동성을 강조한다. 삶의 사회적 차원에 강조를 두는 것은 피아제와 구별되었다. 하지만 이 사회적 차원은 기독교 세계관을 밑받침하는 공동체와 관계를 기초로 하는 것이 아닌 오직 개인적 추론을 위해 개인이 갖는 준거점에 관련해서만 관찰될 수 있다.

많은 학자들이 콜버그의 한계점에 비추어서 유대 기독교인의 대안들을 연구해 왔다.[25] 도날드 조이(Donald Joy)는 이 분야에 의미 있는 공헌을 한 교육자다. 조이는 다음과 같은 분야에서 기독교적 세계관과 콜버그 사이의 공통점을 발견한다. (1) 정의는 복잡하고 종합적이다. (2) 정의는 도덕성의 핵심이다. (3) 도덕성에서 유래한 정의는 지각 작용의 기능을 갖는다. (4) 인간적인 사람들은 긍정적인 관심을 갖는다. (5) 인간적인 사람들은 도덕적으로 책임감을 갖는다.

그러나 조이는 콜버그와는 다르게 기독교의 차이점을 네 가지 가설로 제시한다. (1) 도덕성은 인류 밖에서 유래된다. (2) 정의는 도덕성 밖에 있는 것의 핵심이며 또한 하나님의 성품 가운데 핵심적 속성이다. (3) 하나님은 자기 형상대로 지은 인간에게 도덕성을 주셨다. (4) 인간적인 사람들은 도덕적이고 자유롭기 때문에 의미와 목적을 가지고 주어지는 초월적인 하나님의

---

25. 이러한 대안들을 연구하기 위한 좋은 기본적 저서는 도날드 조이 편집의 「도덕 발달의 기초들: 피아제 / 콜버그에 대한 유대 기독교인의 대안들(Moral Development Foundations: Judeo Christian Alternatives to Piaget/ Kohlberg, Nashville: Abingdon, 1983)」이다. 또한 크레그 딕스트라 (Craig Dykstra), 「비전과 성격: 콜버그에 대한 기독교 교육자의 대안들(Vision and Character: A Christian Educator's Alternative to Kohlberg, New York: Paulist, 1981)」, Nicholas Wolterstroff, Educating for Responsible Action (Grand Rapids: Eerdmans and CSI Publications, 1980)을 참조하라.

은혜와 관련해 도덕적 타락, 즉 죄와 반항에 대해 연구하는 것이 필요하다.[26]

의에 대한 조이의 강조는 확실히 불의에 의해 전염된 세계에서 중대한 것이다. 그러나 의에 대한 유일한 강조는 더그 숄(Doug Sholl)이 기독교의 관계성에 대해 일곱 가지의 패턴으로 확인한 것을 배제한다. 숄은 다음과 같은 유형을 제시했는데, 이는 사랑과 정의, 진리와 신뢰, 자제와 인내, 용서와 회개 그리고 기도와 찬양이다.[27] 또한 기독교 관점은 반드시 가치의 복수성을 구체화하는 인간 관계가 다양하게 조직되어야 한다고 지적한다. 또한 이것은 크레그 딕스트라(Craig Dykstra)의 통찰력이기도 하다. 그는 플라톤을 언급하면서 다양한 속성, 즉 지혜, 절제, 용기, 정의, 경건 등이 도덕 교육에서 동등한 가치를 가진다고 말한다.[28] 정의에 대한 강조가 중요하기는 하지만 인간에 대한 기독교적 이해와 관련해서 확대되는 것이 필요하다.

도덕적 발달의 긍정적인 면에 대하여 설명하면서, 초도덕적 발달(amoral development)에 대해 연구해보는 것도 필요하다. 이 연구는 인간적인 사람들이 더 도덕적이고 자유롭다고 하는 기독교적인 견해를 이해하는 것이 중요하다. 그들 또한 타락했고 책임이 있다. 그러나 개인적인 초도덕적 발달에 대한 연구 이외에도, 기독교 교육자들은 교회, 가정, 학교, 일반적인 공동체를 포함하는 사회의 다양한 구조나 조직에 나타나는 초도덕적(amoral) 혹은 비도덕적 발달에 대해서도 연구해봐야 한다.

---

26. 도날드 조이(Donald Joy), "수정된 콜버그: 초자연주의자가 말하다 (Kohlberg Revisited: A Supra-Naturalist Speaks His Mind)," 「도덕 발달의 기초들: 피아제/ 콜버그에 대한 유대 기독교인의 대안들 (Moral Development Foundations: Judeo Christian Alternatives to Piaget/ Kohlberg, ed., Donald Joy, Nashville: Abingdon, 1983)」, p. 188

27. 더그 숄(Doug Sholl), "연합과 독특성: 기독교적 관계 형성을 위한 신학(Unity and Uniqueness: A Theology of Christian Relationships)," 「도덕 발달의 기초: 피아제/ 콜버그에 대한 유대 기독교인의 대안들(Moral Development Foundations: Judeo-Christian Alternatives to Piaget/ Kohlberg), Donald Joy 편집 (Nashville: Abingdon, 1983)」, p. 188. 또한 정의 외에 다른 속성들에 관한 논의를 위해서는 , 크레그 딕스트라 (Craig Dykstra), 「비전과 성격: 콜버그에 대한 기독교 교육자의 대안(Vision and Character: A Christian Educator's Alternative to Kohlberg, New York: Paulist, 1981)」, p. 10을 참조하라.

28. 딕스트라(Dykstra), 「비전과 속성(Vision and Character)」, p. 10.

1970년대 후반에 아동에 관한 카네기 회의(Carnegie Council)에 발표된 리처드 디론(Richard H. DeLone)의 연구는 미국의 어린이와 다른 사람들의 교육에 관여하고 있는 사람들에게 이들이 초도덕적 발달을 결합하기 위한 일반적인 무감각성을 이해하는 데 도움을 준다. 디론은 아동 발달에 있어서 신앙은 전통적으로 다음의 것들을 포함한다고 했다. "성인 개인의 특질은 사회적 지위를 결정한다. 그 성인의 특질은 아동기에 발달된 특질에 의해서 실질적으로 결정된다. 그리고 사회 혹은 그것이 묻혀버리는 거시적 환경과 상관없이 가족이라는 미시적 환경은 실질적으로 어린이가 발달하는 방법을 결정한다." 이러한 확신은 인간 삶의 사회적 구조와 구조의 역동성의 중요성에 대한 문화적 무지함에 의해 유지되어 왔다. 기독교인들이 대개의 경우 암묵적으로 확신하는 이러한 신앙 체계에 대한 대안으로서, 디론은 개인의 성장과 도덕적 발달을 형성하는 데 사회적 구조를 고려하는 인간 발달 이론을 제시한다. 이렇게 하기 위해, 기독교 교육자들은 다양한 사회 구조의 의미, 개인들이 자신의 발달을 위해 능동적으로 참여하는 것, 발달이 형성하는 데에 개인과 사회의 역사가 매개체로 중요함을 연구해야 한다.[29] 그러한 연구 없이는 기독교 교육자는 발달에 대한 부분적 견해만을 갖게 된다. 또한 도덕적 심리학에 대한 관심을 뛰어넘어 도덕 사회학, 도덕 철학 그리고 그리스도의 지배와 주권 아래 있는 모든 인생을 바라보는 도덕 신학으로 나아갈 수 없다.

집단적, 사회적 수준에서 초도덕적 발달을 고려할 때에, 기독교인들은 개 교회가 성장하고 부흥할 때 어떻게 긍정적이고, 포괄적이며, 초세대적 공동체가 되는지를 평가해야 한다. 뿐만 아니라 개 교회가 어떻게 특정한 개인

---

29. 리처드 디론(Richard DeLone), 「작은 미래들: 어린이, 불평등과 자유의 개혁의 한계(Small Futures: Children, Inequality and the Limits of Liberal Reform, New York: Harcourt Brace Jovanovich, 1979)」, pp. 113-170.

들을 배제하고, 소외와 공동체의 손실을 낳는 결과에 소홀한지를 평가해야 한다.

  기독교인들은 학교의 선택이 지적, 사회적, 도덕적 발달을 어떻게 촉진하며 그것들이 어떻게 사람들을 제한하는지 또한 어떻게 특정한 사람들의 삶을 지속적으로 압박하는지 연구해야 한다. 기독교인들은 대중 매체 특별히 상업 방송의 부정적 영향뿐만 아니라 하나님나라의 확장을 위하여 다양한 대중 매체의 긍정적인 활용을 연구하고 지원해야 한다. 기독교인들은 자본주의 체제에서 살고 있는 사람이 증가할수록 긍정적인 결과를 확인할 뿐만 아니라 '개발 도상' 혹은 '미개발' 국가에서 증가하는 빈곤층의 사람들이 이 체제와 여러 가지 개발 프로그램을 통해 혜택을 받도록 연구해야 한다. 또한 사회주의 경제와 기본적인 인간의 자유에 대한 그들의 영향에도 관심을 가져야 한다.

  만약 인간이 하나님의 형상을 그들의 삶에 나타내며 하나님이 원하시는 대로 산다면 넓은 의미의 도덕적, 초도덕적 발달로 보아야 한다. 이 분석에서 제시된 관점은 압도적이다. 하지만 이와 반대로 포괄적이지 않은 초점을 선택한다면 하나님에 의해 창조되고 하나님의 은혜로 인해 기독교 공동체에 주어진 인간의 복잡성을 부인하는 것이다.

  또한 기독교 교육자들은 도덕 교육에 관한 콜버그의 다양한 접근 방법, 즉 주입식 도덕 교육, 가치 설명 그리고 인지-발달적 도덕 교육들을 분석하는 관점에서 그를 평가해야 한다. 주입식 접근 방법에는 문화적 기준과 가치관에 대한 설교와 훈련 등이 포함된다. 콜버그는 이러한 접근 방법을 수행해야 할 과제로 생각한다. 가치에 대한 설명은 학생들에게 교사의 의견을 강요하는 것이 아니라, 가치관의 혼란을 일으키는 상황이나 도덕적 쟁점들에 대해 학습자의 판단이나 의견을 유도해내는 방법을 말한다. 이 방법의 결말은 학생들의 가치관에 대해 좀더 자기 인식을 반영하도록 도와주는 것이다.

이 방법은 주입식 방법에 의해 절대 가치를 인식하는 것과는 반대로 가치의 상대성 혹은 중립성을 전제하는 것이다. 콜버그는 인지-발달적 방법을 선호한다. 이것은 교사의 조언을 통해서 토론 참여자가 더 높은 단계의 사고를 할 수 있게 하고, 도덕적 사고가 진보적 단계로 움직이도록 양육하는 방법이다.[30] 콜버그의 경우에 있어서, 교사는 도덕적 판단의 내용, 즉 '무엇'보다는 도덕적 판단의 '이유'를 학생들과 함께 탐구하는 존재다.

콜버그의 인지-발달적 접근 방식에 대한 기독교 반응은, 토론이 도덕적 발달과 태도에 영향을 주기 위해서는 도덕적 추론이 영향을 크게 끼친다는 그의 잘못된 희망을 인식하면서 토론에 대한 그의 강조를 확인한다. 복음주의 신학은 도덕적 삶에 변화를 주기 위해 극적인 변화의 필요성을 주장한다. 그러한 변화와 하나님의 은혜의 지속적인 작용 없이는 도덕적 발달은 적절히 이루어질 수 없다.

니콜라스 월터스토프는 콜버그의 접근 방법에 대한 대안을 제시해주고 있다. 어린이들이 기독교 가치관을 가지면서 책임 있는 행동을 할 수 있게 하는 가장 좋은 방법은 다음과 같다. 어린이가 상황에 맞게 인식하고, 기꺼이 행동할 수 있도록 부모, 교사, 친구는 분명한 도덕적 기준을 가지고 훈련을 시키고, 본보기를 보여주며, 어린이에게 깊은 애정을 주는 것이다.[31] 월터스토프의 제안은 콜버그의 지나치게 의존적인 도덕적 발달에 대한 대안으로 연구해볼 수 있다.

신앙 발달: 제임스 파울러

제임스 파울러(James Fowler)는 피아제의 인지 발달 이론과 콜버그의 도

---

30. 로렌스 콜버그(Lawrence Kohlberg), "도덕 교육에 대한 인지 발달적 접근(The Cognitive-Developmental Approach to Moral Education)," Phi Delta Kappan (June 1975), pp. 673-675.
31. 월터스토프(Wolterstorff), 「책임 있는 행동을 위한 교육(Educating for Responsible Action)」, p. 109.

덕적 발달 이론의 기초 위에 신앙 발달에 대한 단계 이론을 개발했다. 파울러는 신앙을 움직이는 것, 즉 동적인 것으로 본다. 신앙은 한 인간이 소유하는 것이기보다는 생성의 과정을 의미한다. 이는 점점 복잡하고 다양해지는 계급적인 과정이고, 일생에 걸쳐서 한 단계를 지나 다음 단계가 나타나는 연속적 과정이다. 또한 모든 인간이 같은 규칙을 따르며 변함이 없고, 모든 문화와 사회에 적용되는 보편적인 단계를 통한 연속적 성장을 수반한다.

파울러는 각각의 단계에서 사람들을 구별하기 위해 일곱 개의 분야, 즉 논리의 형식, 역할 분담, 도덕적 판단의 형식, 사회적 의식의 범위, 권위에 대한 집중, 세계의 응집에 대한 형태 그리고 상징의 역할을 제시한다. 파울러는 신앙의 형태나 구조를 구별하는 데 관심을 갖는다. 그리고 그는 신앙의 인지적이고 감정적인 면 혹은 이성적이고 열정적인 면에 대하여 규명하고자 한다. 신앙 발달에 대한 파울러의 여섯 단계는 다음과 같다.

- 1단계: 직관적이고 투시적인 신앙 - 7세까지의 아동들은 부모들이 보여주는 신앙을 반영한다.
- 2단계: 신화적이고 문자적인 신앙 - 후기 아동기의 아동들은 부모 이외의 다른 사람들의 신앙을 흉내낸다. 일부의 성인들은 2단계에 머물러 있는다.
- 3단계: 종합적이고 인습적인 신앙 - 초기 청소년기의 학생들은 자신들의 '동료'를 따르게 된다. 신앙은 삶 속에서 증가하는 복잡성을 통합하기 위하여 시작된다. 동료들에 의해 강하게 영향을 받는 많은 성인들은 3단계에 머물러 있는다.
- 4단계: 개인적이고 반사적인 신앙 - 후기 청소년기와 초기 성년기에 나타나는 단계로써 전통적인 신앙의 개념들에 대한 의구심, 질문, 거부 등과 같은 신앙적인 면과 본인 자신의 헌신에 대한 성인의 책임성에 집중

된다. 이 단계는 개인의 가치관이 개발되는 시기다.
- 5단계: 접속적인 신앙 - 성숙한 신앙 단계로서 30세 이전에는 극히 드물게 나타나는 단계다. 자기 자신의 입장보다는 다른 사람들의 입장을 종합하여 협동하는 단계로써 인종, 사회 계급, 관념적 범위를 뛰어넘어 인식하여 반응한다. 5단계에 속하는 성인들은 전통적 입장과 자기 자신의 의구심 그리고 의미 있는 집단들에 있는 다른 사람들의 관점을 종합하게 된다.
- 6단계: 보편화하는 신앙 - 이 단계에 속하는 사람은 드물게 있고, 몇 명 정도의 '영적인 거인들'에 의해 이룰 수 있다. 신앙은 개인이 느껴지는 실재로서 하나님과 함께 자아를 초월하는 것으로 동일시하는 보편적인 것이다.[32]

레빈(Levin)의 분류와 관련해서, 파울러의 연구는 발달적, 사회적, 감정적인 면을 포함하지만, 인지적, 미시적 그리고 차별적인 것으로 생각해볼 수 있다. 또한 이것은 수동적이기보다는 불연속과 능동적인 면을 강조한다. 일부 비평가들은 이러한 문제에 대해 반대 의견을 제기할 수 있다. 그러나 많은 기독교인 비평가들은 파울러가 주장하는 신앙 발달 이론과 기본적 전제에는 신앙의 주요 요소인 하나님이 배제되었다고 지적한다.

기본적으로 파울러는 자신의 신앙의 개념을 일반화하려고 한다. 그래서 유신론적 세계관과 인생관의 지지 여부와 상관없이 모든 사람들에게 의미를 부여한다. 파울러의 '신앙'은 예수 그리스도로 인해 하나님의 선물로 받은 신앙을 의미하는 종교 개혁자들의 개념과는 대치되는 독특한 개념이다.

---

32. 이 설명은 제임스 파울러, 「신앙의 단계들: 인간 발달 심리학과 의미를 찾기 위한 탐구(Stages of Faith: The Psychology of Human Development and the Quest for Meaning, San Francisco: Harper & Row, 1981)」, pp. 117-213을 케니스 스트로크(Kenneth Strokes)가 요약한 것이다.

파울러는 비평가들이 기독교의 고유한 개념인 '신앙(faith)'을 사용하는 것을 거부한다는 것을 인식한다.[33] 파울러가 사용한 '개인 인터뷰'라는 연구 조사 방법은 인간들의 신앙적 헌신을 묘사하는 데 유용한 통찰력을 제공한다. 그러나 이 방법은 하나님과 인간 사이에 발생하는 신비적인 일과 관계성, 즉 상호 간의 교제의 복합성의 문제들을 제한하게 된다. 파울러는 신앙의 차원들을 구분하기 위해 본질적으로 발달 심리학을 사용한다. 만일 누군가가 신앙과 과학을 구별한다면 이것은 특별한 문제가 될 수 있다.

인식론과 관련된 과학의 위치에 대한 논의는 휴스턴 스미스(Houston Smith)의 적절한 관찰의 배경이 된다. 휴스턴은 과학이 조정, 예측, 객관성, 숫자와 표시들을 가치 있게 한다고 지적한다. 과학과는 달리 신앙은 순종, 경이로움, 주관성과 객관성, 문자, 상징들을 가치 있게 한다. 즉 과학은 주로 효용성, 유용성, 봉사, 조정 등에 대해 유효한 가치들을 다루는 반면에 신앙은 내적 가치를 다룬다.[34] 만일 누가 이러한 차이점들을 인정한다면, 파울러의 노력의 한계점들은 기독교 믿음의 영역을 논할 때 반드시 다루어져야 한다.

비록 발달 심리학은 인간의 신앙 연구에 지식적 개념 혹은 가설들을 제공해줄 수 있지만, 신앙의 또 다른 차원에 대해서는 파울러가 제시하는 일곱 개의 분야를 뛰어넘어 고려해봐야 한다. 이들 부수적 차원들은 인간과 하나님의 사역 그리고 순종, 경이로움, 존경, 경외, 주관성 등과 같은 것을 포함하는 하나님에 대한 인간의 반응을 인식해야 한다. 이러한 차원들은 믿음의 신비성과 권위에 대한 기독교 교육자들의 과학적 질문과 요구에 아직은 유용하지 않다. 파울러는 기독교 신앙의 믿음과 내용으로부터 분리될 수 있는

---

33. 파울러, 「신앙의 단계들(Stages of Faith)」, p. 91.
34. 휴스톤 스미스, "제외된 지식: 현대적 사고에 대한 비평"(Excluded Knowledge: A Critique of the Modern Mind Set)", ⟨Teachers College Record (February 1979)⟩, pp. 419-445.

신앙에 대한 이해를 선택했다. 그리고 이것은 기독교 공동체의 상황 속에서 살아 계시고 역사하시는 하나님과 인간과의 관계성 대신에 인간의 정신적 구조에 중점을 두었다.[35] 파울러의 후기 연구 중의 일부는 신앙 발달과 기독교 신학 사이의 관계성을 명백히 밝히고자 했다.[36]

파울러의 연구에 대한 진보적 대안은 기독교인들의 영적 발달에 대한 개요를 설명한 로버트 해비거스트(Robert Havighurst)의 연구를 수용하여 제시한 룻 비칙(Ruth Beechick)의 연구를 들 수 있다. 해비거스트는 인간들이 자녀, 친구, 조직원, 일하는 사람, 배우자, 부모, 교인, 여가를 즐기는 사람 등과 같이 삶 속에서 해야 하는 각각의 다른 역할을 인식했다. 이들 각각의 역할과 관련해서 비칙은 인간의 주요 발달 과제들을 시기별로 정의한다.[37] 비칙의 연구는 다음과 같은 영적 발달 단계의 과제들로 요약될 수 있다.[38]

영적 발달 단계의 과제들

I. 취학 전 시기
　A. 사랑, 안전, 훈육, 기쁨 그리고 예배를 경험함
　B. 하나님, 예수님 그리고 기독교의 여러 다른 실재들에 대한 의식과 개념들을 개발시키기 시작함

---

35. 파울러의 관점에 대한 좀더 폭넓은 평가를 위해서는 모란(Moran), 「종교 교육 발달(Religious Education Development)」, pp. 107-126을 참조하라.
36. 특별히 제임스 파울러, 「성인이 되는 것, 기독교인이 되는 것: 성인 발달과 기독교 신앙(Becoming Adult, Becoming Christian: Adult Development and Christian Faith, San Francisco: Harper & Row, 1984)」.
37. 로버트 해비거스트, 「발달 과제와 교육(Developmental Tasks and Education, New York: David McCay, 1961)」, pp. 72-98을 보라. 해비거스트의 발달 과제란 한 개인의 생애 중 어떤 특정한 기간에 발생되어야 하는 과제로서 이 과제의 성공적 성취는 개인을 행복으로 이끌고, 그 후의 과제를 성공적으로 성취하도록 이끈다. 반면에 실패할 경우는 그 개인이 불행을 느끼고, 사회적 불만을 갖게 되고, 그 후의 과제를 이루는 데 어려움을 갖게 된다.
38. 룻 비칙(Ruth Beechick), 「청소년을 위한 교육: 마음과 머리로(Teaching Juniors: Both Heart and Head, Denver: Accent Books, 1981)」, pp. 24-25.

C. 하나님, 예수님, 교회, 자아 그리고 성경에 대한 태도를 개발시킴
　　D. 옳고 그름에 대한 개념을 개발시키기 시작함

II. 초등학교 시기
　　A. 예수 그리스도를 구세주로 받아들이고 인식함
　　B. 다른 사람들과 관계성에서 기독교적 사랑과 책임에 대한 의식이 성장함
　　C. 기독교의 기본적 실재에 대한 개념들을 수립하는 것을 계속함
　　D. 개인적 신앙과 기독교인의 일상적 삶에 어울리는 기본적 성경적 가르침을 습득함
　　　　1. 매일 기도
　　　　2. 성경 읽기
　　　　3. 성도의 교제
　　　　4. 공동 예배
　　　　5. 하나님을 공경하는 책임성
　　　　6. 하나님, 예수님, 성령, 창조, 천사, 천국, 지옥, 죄, 구원, 성경 역사와 문학에 대한 기본적 지식
　　E. 자아에 대한 건강한 태도를 개발함

III. 청소년기
　　A. 매일의 삶에서 기독교의 사랑을 보여주는 것을 배움
　　B. 자아에 대하여 건강한 태도를 개발시키는 것을 계속함
　　C. 신앙에 대한 지적인 공격에 대비한 성경 지식과 적절한 지적 기술들을 개발함
　　D. 반 기독교적인 사회적 압력에 대응하기 위한 적절한 기독교적인

　　　　인격의 저항력을 성취함
　　　E. 성장 능력에 부합하는 기독교적 봉사를 위한 책임성을 수락함
　　　F. 영원한 기독교적 가치관의 기초 위에 인생의 결정들을 하는 법을 습득함
　　　G. '위에 있는 것들을 추구하기' 위한 자기 수양이 증가함

　Ⅳ. 성숙기
　　　A. 자기 자신의 지속적인 성장과 배움에 대한 책임을 용인함
　　　B. 하나님과 타인에 대한 성경적 책임성을 용인함
　　　C. 하나님 중심적인 통합적이고 의미 있는 삶을 추구함

　비칙의 연구는 기독교 교육 프로그램을 계획할 때 영적 발달에 맞춰 실제적인 지침들을 제공해준다. 이 기본적인 계획은 개인의 요구와 기독교 공동체의 믿음과 관련해서 도입해야 한다. 그러나 이것은 내용의 역할과 관계성의 차원을 인지해야 한다. 어떤 사람들은 여기에 중심을 두는 것을 강요로 해석할 수도 있다. 왜냐하면 이것은 개인들의 삶 속에 나타나는 하나님의 역사하심을 프로그램화하는 것으로 표현할 수도 있기 때문이다. 예를 들면, 사람들은 초등학교 이후에나 예수 그리스도에 대한 믿음을 가질 수 있을지도 모른다. 더 나아가서 비칙의 이론은 기독교 신앙의 성격을 나타내는 핵심적 가치, 의도, 미덕, 감정, 태도 등을 상대적으로 제외하고 행동과 인지적 개념들에 강조점을 두고 있다.
　파울러와 비칙의 연구가 비록 비판을 받지만, 신앙과 영적 성장에 있어서 현재 시행하고 있는 프로그램들이 효과적으로 개인의 독특한 요구들에 부합하는지를 평가하는 데 상당한 도움을 줄 수 있다. 이들이 제공하는 시사점은 현재나 미래에 시행될 프로그램들을 위해 정확하게 규정하는 지침들

이라기보다는 오히려 이것을 이해하기 위해 설명하는 큰 범주를 제공한다고 볼 수 있다. 랜돌 후루시마(Randall Furushima)는 이 연구로부터 얻은 시사점을 다음과 같이 세 가지로 말하고 있다. (1) 프로그램은 의도적으로 개발하고 유지되어야 한다. (2) 교육 과정과 교육 자료들은 각 단계에 있는 사람들이 일반적으로 나타내는 주요 속성들을 비판해야 한다. (3) 기독교 교육자들은 믿음을 표현할 수 있는 다양한 삶의 차원에 대한 지식과 예측 속에서 훈련받아야 한다. 단계와 발달 과제들은 인간이 존재하는 곳에서 이를 제한하는 분류와 범주로써 사용될 수는 없다. 왜냐하면 인간은 주체적 존재로 인간의 삶 속에서 역사하시는 성령이 더 크고 자유롭게 창조적으로 역사하시도록 해야 하기 때문이다.[39] 성령의 자유롭고 창조적인 역사는 발달 심리학의 방법론을 통해서는 쉽게 발견할 수 없다. 그러나 이것은 신비함의 역할을 확신하는 기독교 관점으로 그 가치를 인정받아야 한다.

인간의 생애를 통해 신앙 발달을 이해하고자 하는 또 다른 시도는 주목할 만하다. 존 웨스트호프(John H. Westerhoff)는 나무의 나이테에 비교하여 신앙의 유형을 네 가지로 구분한다. 새로운 유형이 첨가될 때, 오래된 나이테는 계속 존속된다. 첫번째 신앙 유형은 어린이들이 일차적 보호자의 신앙을 접하는 것을 통해 경험하는 신앙(experienced faith)이다. 어린이들은 삶 속에서 믿음직하고 신뢰할 만한 사람들로부터 얻은 동화된 신앙의 결과로써 다른 사람들과 자신과 하나님에 대해 확신과 신뢰를 배운다. 신앙의 두 번째 유형은 중기에서 후기 아동기에 흔히 볼 수 있는 협력적 신앙(affiliative faith)이다. 이 유형의 어린이들은 자아 의식과 공동체에 대한 관심과 소속감을 갖게 된다. 이러한 유형의 사람들은 신앙 공동체의 사람들이 자신에게

---

39. 랜돌 후루시마(Radall Y. Furushima), "청소년의 신앙 발달(The Developmental Faith of Youth)", 〈새로운 대화 5(New Conversations 5, 겨울호 1980-81)〉, pp. 41-42. 또한 파울러의 연구에 대한 평가를 위하여 랜돌 후루시마, "초문화적 관점에서의 신앙 발달(Faith Development in a Cross Cultural Perspective," 〈종교 교육 80호(Religious Education 80, 여름 1985)〉, pp. 414-420을 참조하라.

관심을 가져주므로 거기에 소속하고자 노력한다. 이 유형의 사람들은 연속성을 인정해주고 긍정적 영향들을 양육시켜주는 공동체 안에서의 정체성을 확립하는 것이 중요한 문제다. 신앙을 추구하거나 갈등을 갖는 신앙(searching or struggling faith)은 세번째 유형에 속한다. 이 유형의 사람들은 가장 전형적인 청소년들과 청년들로서 자신들의 신앙과 가족 그리고 속해 있는 공동체의 신앙에 대해 심각하게 숙고하고 의문을 갖는 시기다. 이들은 헌신에 대한 의구심, 실험, 분석, 탐구 등의 모습을 보인다. 웨스터호프가 말하는 네번째 유형은 사람들이 하나님과의 약속을 자유롭게 선택하는 자신만이 소유한 신앙(owned faith)을 갖는 유형이다. 이 유형의 사람들은 자신의 삶의 모습과 행위를 표면적 신앙으로 함께 보여주고자 한다. 이 유형의 신앙은 언어와 행동을 통해 증거하고자 하고 종교적 신앙과 관련된 자신의 헌신과 협력을 구체화하는 것을 포함한다.[40]

목회적 관점에서 닐 해밀턴(Niel Q. Hamilton)은 심리적 성숙(psychological maturing)과 신앙 발달과 사역 현장에서 고려해야 하는 중요 요소인 기독교적 성숙(Christian maturing)과의 차이를 구분한다. 심리적 성숙은 깊이 사랑하고 생산적으로 일할 수 있게 인간의 능력을 증가시켜준다. 반면에 기독교적인 성숙은 하나님과 이웃을 사랑하고 하나님의 나라를 확장시키기 위한 특별한 부르심에 응답하여 사역할 수 있는 능력을 증가시켜준다.[41] 해밀턴은 임상치료사의 치료와 목사의 사역은 상호 보완적임을 전제한다. 즉 억눌린 영들을 물리치는 치료사들의 일과 나쁜 영이 "가서 저보다 더 악한 귀신

---

40. 이들 유형의 설명을 위해서는 존 웨스터호프, 「우리 아이들이 믿음을 가질 수 있을까?(Will Our Children Have Faith?, New York: Seabury, 1976)」, pp. 89-91을 보라. 또한 그의 다른 작품인 「어린이들을 기독교 신앙으로 양육하라(Bringing Up Children in the Christian Faith, Minneapolis: Winston, 1980)」, pp. 25-27을 보라.
41. 닐 해밀턴, 「기독교인의 삶의 성숙: 목사를 위한 지침서(Maturing in the Christian Life: A Pastor's Guide, Philadelphia: Geneva Press, 1984)」, p. 148. 또한 에드워드 로빈슨(Edward Robinson)의 저서, 「최초의 비전: 아동기의 종교 경험을 위한 연구(Original Vision: A Study of the Religious Experience of Childhood, New York: Seabury Press, 1977)」를 보라.

일곱을 데리고 들어가서 거하니 그 사람의 나중 형편이 전보다 더 심하게"
(눅 11:26) 되지 않도록 하기 위해 영이 떠난 후 남은 공간을 채우는, 성령을 경험하도록 하는 목사의 사역은 상호 보완적이라는 것이다.[42]

성령의 역사는 인간 발달을 통해 인간의 영을 드러내는 데 필수적이다. 성령과 인간의 영의 만남은 성도들을 돌봄으로 그들의 신앙을 양육시키는 특별한 소명을 가진 기독교 교육자들과 목회자들의 주요 관심사다. 해밀턴은 일반적으로 기독교인의 성숙을 세 가지 단계, 즉 제자화, 성령 안에서의 변화, 교회와 선교로 구분한다. 성령 안에서의 변화의 단계는 세속적인 망상에 대한 자각, 용서의 경험, 부활과 선교에서 성령에 의해 인도된 존재 안에서 나타나는 성령과의 교제 등을 포함한다. 교회와 선교에서의 성숙은 기독교적인 삶에서 협동을 구체화하는 것을 수반한다.[43] 성령과 인간의 영과의 만남에 있어서 변형의 가능성과 함께 이 양자 간의 관계에 대하여 좀더 심도 있게 연구한 학자는 제임스 라우더(James Loder)다. 그의 연구는 각각의 국면이나 단계에서의 특징보다는 단계와 상황이 변화될 때의 역동성에 좀더 중점을 두었다.[44] 성숙의 과정에 대한 기독교적 이해의 차이점에 대한 연구는 인간을 이해하기 위한 방법으로서 발달 심리학의 가정에 대한 재검토를 요구한다. 일생을 통해 인간을 가르치고 사역하기 위한 기독교적 연구 방법을 형성하기 위하여 이러한 재검토가 필요하다.

발달 심리학의 가정들

위에서 분석한 발달 심리학적 기초에 대한 검토를 통해 우리는 발달 심리

---

42. 같은 책, p. 52.
43. 같은 책.
44. 제임스 라우더(James E. Loder)의 저서, 「변형의 순간(The Transforming Moment, 2nd ed. Colorado Springs: Helmeres & Howard, 1989)」, 제임스 라우더와 짐 니드하르트, 「기사의 움직임: 신학과 과학에서 성령의 상관적 논리학(Knight's Move: The Relational Logic of the Spirit in Theology and Science, Colorado Springs: Hermers & Howard, 1992)」.

학적 관점을 공고히하기 위한 다섯 가지의 가정들을 살펴볼 수 있다. 도날드 밀러(Donald E. Miller)는 기독교 교육에 대한 발달 심리학적 접근에 대한 분석에서 다음과 같은 가정들을 제시한다. 첫째, 발달이란 사람들이 진행을 통해 평면도, 즉 이미 존재되어 있는 구조를 만들어지고 있는 것으로 추정하는 것이다. 콜버그의 경우에 있어서 평면도는 도덕적 발달의 여섯 단계이고 에릭슨의 경우는 점성적인 사회 심리학적 발달의 여덟 단계이다. 둘째, 발달은 불변하는 차례에 의한다는 것을 가정한다. 어느 단계든 이전의 단계가 있고 다음 단계로 이동하게 된다. 더 나아가서 어느 한 단계도 뛰어넘을 수 없고 한 단계에서 어려움을 겪을 경우 다음 단계에서도 어려움을 겪는 원인이 된다. 콜버그의 도식에서 사람은 첫번째 단계에서 네번째 단계로 뛰어넘을 수 없다. 에릭슨의 단계에서 만일 한 어린이가 다른 사람들에 대한 충분한 기본적 신뢰를 발달시키지 못한다면, 다음 단계의 발달은 지체될 것이다. 셋째, 발달은 점점 복잡한 요소들이 종합된다는 것을 추정할 수 있다. 이 종합 혹은 혼합되는 상태는 어울리지 않는 요소들에 의해서 도전을 받을 때까지, 즉 한 개인이 새로운 종합의 상태를 향해서 위기의 기간을 통해 이동될 때까지 안전하게 남아 있게 된다. 에릭슨은, 어린이의 성장 가능성과 부모로부터의 증가하는 가능성은 확립된 기본적인 믿음의 위기와 새로운 독립을 통한 부모와의 관계를 시험하는 결과를 낳을 수 있다고 말한다. 유아들은 다음과 같은 위기에 놓이게 된다. 나는 순종해야 하는가? 혹은 나는 스스로 이 위험을 무릅쓰고 나아가야 하는가? 넷째, 사람들은 개인적으로 환경과 상호 작용을 하면서 산다. 물리적 환경과의 능동적인 상호 작용은 실재에 대한 감각을 알게 한다. 즉 사회적, 문화적, 종교적인 환경과의 능동적인 상호 작용은 자기 신분, 정체감, 책임성 등에 대한 감각을 알게 해준다. 마지막으로 다섯째, 발달은 목표 혹은 도달점을 갖는다. 발달은 단순히 끝나버리는 것이 아니라 오히려 성숙으로써 보통 알려진 종합의 마지막 단계를 향해서 움직여간다.[45] 에릭슨의 경우에 여덟번째 단계는 완전하게 될 가능성을 지니고 있으며, 콜버그의 경우 여섯번째 단계는 간디나 마틴 루터 킹과 같은 사람들의 삶에서 증거로 찾아볼 수 있는 도덕적인 근본 원리와 같은 성숙을 대표하는 단계이다.

이 다섯 가지의 가정들과 관련해, 기독교적 세계관에 근거해서 몇 가지를 생각해볼 수 있다. 기독교인들은 구체적인 평면도를 자세하게 그릴 수도 혹은 그리지 않을 수도 있다. 이러한 평면도를 선택하는 사람들은 하나님의 형상을 따라 지음받은 사람들의 복잡성과 다수의 예외와 함께 제시된 구조를 간섭하는 역사와 문화의 위치에 대한 그들의 인식에 대한 존경을 언급할 수 있다. 그럼에도 불구하고, 기독교인들은 또한 하나님의 창조 안에서 구조와 형태의 실재 그리고 피조물의 삶에서의 발달의 역할을 확신한다. 실제로 기독교인들은 일반적으로 해밀턴이 제시한 것처럼 인간이 살아가면서 기독교적 성숙의 명확한 단계로 어떻게 발전하는지에 대한 암시적인 이해를 가지고 움직인다.

불변하는 차례에 의해 발달한다는 가정과 관련해서, 인간에 대한 기독교적 견해는 계속적으로 변화하는 발달 과정과 더불어 극적인 변형과 회개의 여지를 확신하는 경향이 더 농후하다. 인간의 변형에 대한 제임스 라우더의 연구는 이러한 경향에 주목한다.[46] 발달에 대한 강조는 양육과 성화로 기독교 헌신을 위한 주요 통찰력을 제공한다. 그러나 이러한 강조는 개인적, 사회적 변화를 위한 기독교 헌신에 대해 반대하는 것으로 나타난다. 밀러는 다음과 같은 결론을 내리고 있다. "만일 회심이 오직 단 한 번의 극적

---

45. 도날드 밀러(Donald E. Miller), "기독교 교육에 대한 발달학적 접근(The Developmental Approach to Christian Education)," 「기독교 교육에 대한 현대적 접근(Contemporary Approaches to Christian Education, ed. Jack L. Seymour and Donald E. Miller, Nashville: Abingdon, 1982)」, pp. 76-77.
46. 제임스 라우더(James E. Loder), 「변형의 순간(The Transforming Moment), 2nd ed., Colorado Springs: Helmers & Howaard, 1989)」.

인 되돌림(reorientation)의 과정이라고 정의한다면 신앙 발달은 모순된 이론이다."[47]

복음주의 혹은 회심주의 신학은 단번의 회심(conversion) 혹은 의인(justification)을 주장하지만 인간들을 그리스도에게로 인도하기 위하여 하나님이 먼저 인간들의 삶 속에서 역사하시는 작용을 배제하지는 않는다. 회심은 순간적인 역사이지만, 또한 그 과정을 암시한다고도 할 수 있다. 또한 이것은 의인의 후속 단계에서 역사하시고, 인간들의 삶 속에서의 후속적인 변화 가능성으로서의 하나님의 은총을 배제하지는 않는다.[48] 어떤 기독교인들의 경우에게 성화(sanctification)는 다른 사람들과 관련해 그리스도 안에서 교화(edification)와 더불어 진행된다. 영화(glorification)는 궁극적 도달점 혹은 목표가 되지만, 그럼에도 불구하고 이 과정들은 발달을 전제로 한다. 그러므로 한 사람의 기독교인은 의로워진 상태에서 '구원받은(Saved)' 것이고, 성화와 덕을 세우는 과정 안에서는 '구원받고 있는 존재(being saved)'이며, 장래에는 예수 그리스도께서 임재하실 때에 궁극적인 영화의 관점에서 '구원받게 되는(to be saved)' 존재로 묘사할 수 있다. 만일 의인과 같이 회심이 유일한 목표라면, 밀러의 판단은 옳은 것이다. 그러나 완전히 극단적인 회심주의 신학은 성화와 교화 단계에서 발달을 인정한다.[49] 기독교적인 관점에서 인간은, 하나님의 은총이 서로 다른 발달 단계의 삶 속에서 계속적으로 역사하시므로 순간순간 구원받고 있는 존재라고 할 수 있다.

발달의 세번째와 네번째 가정에 대한 반응으로, 기독교 교육자는 점점 복잡한 요소가 종합되는 것과 주위 환경과 상호 작용하는 것에 대해 확신할

---

47. 같은 책, p. 100.
48. 회개의 역할에 대한 심도 있는 논의는 파즈미뇨(Pazmiño), 「기독교 교육의 원리와 실천(Principles and Practices of Christian Education)」, pp. 37-57을 참조하라.
49. 기독교 교육과 관련해 회개에 대한 논의는 파즈미뇨(Pazmiño), 「기독교 교육의 원리와 실천(Principles and Practices of Christian Education)」, pp. 37-57을 참조하라.

수 있다. 하나의 조건은 능동적으로 간섭하시는 하나님에 대한 인식이다. 다른 말로 하면, 주위 환경과의 상호 작용은 하나님의 임재와 역사가 이전의 것과 직접적인 관련이 없어도 하나님이 간섭하실지도 모르는 초자연적인 환경을 포함한다. 이것은 성령의 주권적인 역사를 통해 변화와 회개의 여지를 인정한다. 성령의 역사는 다른 것으로는 불가능했으나, 창조적이고 역동적인 종합을 가져오는 방법들 안에서 발달의 과정 가운데 이미 존재하고 있는 요소들 위에 나타날 수도 있고, 또는 이를 부인하고 역사할 수도 있다. 제임스 라우더는 이 가능성을 '기사의 동작(knight's move)', 즉 인생이라는 게임 안에서 예측할 수 없고 불연속적인 방법을 통해 변화를 가져오는 그리스도의 영의 창조적 활동으로 묘사한다라고 말한다.[50]

발달에 관한 다섯번째 가정은 또한 기독교의 헌신에 비추어 비판할 수 있다. 기독교 교육자들은 하나님을 영화롭게 하고 기쁘시게 하는 궁극적인 목표를 강조한다. 예수 그리스도 안에서의 기독교인의 목표는 그리스도께서 오실 때 자신들도 그리스도와 같이 되고 모든 피조물들이 새로워지는 것이다(롬 8:18-25, 요일 3:1-3). 삶에 있어서 이러한 모든 복잡한 통합들은 발달 과정에 대한 도식의 범주들을 초월한다. 그러나 하나님의 뜻을 구체화하는 범위 속에 이 모든 것들이 포함된다. 그러면 모든 사람들이 콜버그의 여섯 번째 단계와 파울러의 도식 안에 있어야 하는 것이 하나님의 뜻인가? 기독교 원천에 의해 나누어진 삶의 비전을 성숙, 완전, 온전함에 대한 설명을 제공하는 이러한 시도와 비교할 때 이 질문은 실제로 불확실해진다. 기독교의 비전은 믿음의 창조자시요, 완전하신 자요, 완성자이신 예수 그리스도의 인간되심과 사역 위에 초점을 맞추고 있다. 발달 과정의 목표 혹은 도달점에

---

50. 제임스 라우더(James E. Loder)와 짐 나이드하르드 (W. Jim Neidhardt), 「백작의 움직임: 신학과 과학에서 성령의 관계적 논리학(The Knight's Move: the Relational Logic of the Spirit in Theology and Science, Colorado Springs: Helmers & Howard, 1992)」, p. 2.

대한 설명들은 그분의 얼굴에 비추어볼 때 희미한 것이다.

본 장에서 살펴본 발달학적 견해에 관련해서 제기할 수 있는 마지막 질문은 콜버그의 연구와 관련해 앞서서 제기되었다. 개인의 발달에 대해 초점을 맞추는 것은, 협동적이고 사회적 구조에 대한 고려와 발달 과정을 침해하는 관계 형성 등을 배제하지 못하게 된다. 이것들 역시 창조된 세계에서의 실재이며 복음의 요구와 인간들의 발달과 관련해 자세히 연구해보아야 할 필요가 있다. 협동적 차원을 무시하는 것은 기독교 세계관을 단절시키는 것이다.

상호 작용하는 기독교적 모델

무질서하게 얽혀 있는 심리학적 이론에서 어떤 형식이나 구조를 제공하기 위한 노력으로 기독교적 인류학, 즉 기독교 시각의 인간 발달학적 개념을 종합하고자 다음과 같은 모델을 제시할 수 있다(도표 12 참조). 이것은 단지 하나의 모델로서 인간에 대해 이해를 제공하기 위해 다른 모델들과 함께 보완되어야 한다. 이 도표에서 표시된 부분에 대한 용어들은 인간 발달주의에서 사용된 것이다. 인간 발달주의 이론가들은 이 용어들에 대하여 각각 다른 강조점을 두었다. 그럼에도 불구하고 여기에서 의도하는 것은 어느 하나의 강조점을 옹호하려는 것이 아니다. 오히려 이 모델은 사람들과 함께 사역하고 그들을 가르치는 데 근본 자료가 되는 성경을 통해 인간의 다양한 차원들을 제시하는 데 유용하게 사용될 것이다.[51]

하나님의 주권과 은총은 이 모델을 덮는 우산과 기초를 위한 주춧돌이 된다. 하나님의 선행적 은총은 창조와 섭리의 교리에서 온 신앙적인 이해다. 인간의 절박한 사정과 고통 속에서 하나님의 주권에 대해 의문을 제기

---

51. 나는 제럴드 레빈(Gerald R. Levin)이 버크넬(Bucknell)대학교에서, Lewisburg, Pa., 1969년 9-12월에 행해진 연구에서 참조한 이 모델의 사용으로 그에게 큰 빚을 졌다.

성경적 인류학에 대한 발달학적 개념들의 종합

도표 12

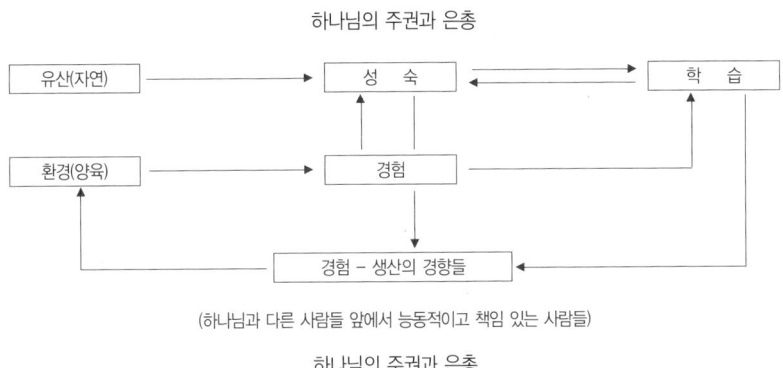

(하나님과 다른 사람들 앞에서 능동적이고 책임 있는 사람들)
하나님의 주권과 은총

해왔지만 기독교 세계관은 인간의 삶에 대한 하나님의 주권과 은총을 확신해왔다.

유산(heredity)은 부모와 조상으로부터 물려받은 인간의 구조적인 유전 속성과 기질이다. 유산은 생물학적, 인지적 그리고 감정적인 면이 있다. 삶이 시작될 때 사회적 구성은 명백하다. 또한 성경은 가족 내에서 작용하는 영적인 유산 혹은 계승물이 있음을 말해준다. 이 영적 유산은 인간이 하나님의 형상을 따라 남자와 여자로 창조되었다는 신앙의 증거에 중점을 둔다. 인간들은 죄로 말미암아 타락했고, 이 인간들은 그리스도로 말미암아 재창조 혹은 변화된다. 그들의 창조된 속성에 의해 인간들은 진정한 존엄성을 가지게 되고, 삶의 모든 영역에서 존경과 사랑과 봉사를 받을 만한 가치가 있다. 그들의 타락한 속성으로 말미암아, 인간들은 자신들이 무력할 때마다 하나님의 은총의 역사를 인식하게 되는 가르침과 수정과 훈계의 필요성에 놓이게 된다. 죄는 개인적이며 사회적 상호 관계 속에서 나타나고, 초도덕적 발달과 도덕적 발달이 관심사가 된다. 그리스도의 탄생과 죽음과 부활로 말미암아 인간들은 삶의 다양한 시점에서, 개인적이고 집단적인 현실 속의 다양한 차원에서 회복과 변화를 경험할 수 있다.

성숙은 인간의 유전적 속성이 전개되는 생물학적 성장 과정들을 말한다. 성숙은 학습과 구별된다. 만일 어떠한 행동이 사전 훈련과 상관없이 규칙적인 단계를 통해 성숙된다면, 그 행동은 성숙을 통해 발달한 것이지 학습을 통해 발달되었다고 말하지 않는다. 성숙의 한 예는 갓난아이가 훈련이나 사전 경험과 상관없이 출생하게 되는 것을 들 수 있다. 이러한 차이점을 구별할 수는 있지만, 많은 행동들은 성숙과 학습의 복잡한 상호 작용을 통해 발달된다는 것을 여기서 지적하고 싶다. 구약 성경은 성숙의 과정을 설명해주는 다양한 나이의 어린이들을 묘사하는 여러 가지 용어들을 사용하고 있다.

yeled - 갓난아이(출 1:17)

yônēq - 젖먹이(삼상 15:3)

'ôlēl - 음식을 달라고 보채기를 시작하는 영아(애 4:4)

gĕmûl - 젖 뗀 아이(사 28:9)

ṭap - 엄마에게 떨어지지 않으려는 유아들(렘 40:7)

naar - '자유롭게 뛰노는' 자라나는 어린이(사 11:6)

bāḥûr - 초기 사춘기의 아이들, 12세-14세의 숙성한 아이(사 1:8)

고린도전서 13장 11절에서 바울은 "내가 어렸을 때에는 말하는 것이 어린아이와 같고 깨닫는 것이 어린아이와 같고 생각하는 것이 어린아이와 같다"라고 하며 어린이의 깨닫는 방법은 어른의 방법과는 다르며 성숙의 결과로서 변한다고 말한다. 각각 다른 연령의 유아들과 어린이들에 대한 연구는 이러한 성경적 설명을 확인해준다.

심리학과 관련해서 학습은 태도 또는 태도의 가능성이 경험의 결과로써 수정되는 과정으로 정의된다.[52] 또한 학습은 자연적 혹은 초자연적 환경과의 경험의 결과로서 지식, 신념, 가치관, 태도, 느낌, 기술, 행동에 있어서의 변화 과정으로 정의될 수 있다. 인간을 위해 창조된 자연과 관련해서 인간은 그들의 이해와 능력의 범위 안에서 사랑하고, 동거하며, 하나님께 순종하는 것을 배우도록 부르심을 받았다. 하나님은 인간이 받은 가능성과 재능을 완수하기 위해 배울 수 있는 능력을 은총을 주셨다. 가장 큰 도전은 자진해서 그러한 통로를 제공해주는 공동체 안에서 평생 학습에 참여하도록 기독교인들을 부르셨다는 것이다. 대체로 학습은 몇 가지 형태의 문화적 유산을 다룬다.

환경은 인간이 성장하거나 발달하는 전체적인 상황을 의미한다. 인간은 환경의 육체적, 심리적, 가족적, 공동체적, 경제적, 정치적, 사회적, 문화적, 교육적, 미학적 그리고 종교적 차원의 영향을 받는다. 인간에 대한 환경의 영향력을 강조하는 이론가들이나 전문가들은 '자연'의 입장을 가진 인간에 대한 유전의 영향력을 강조하는 학자들과 비교해서 '양육'의 입장을 유지한다. 로크(Locke)는 인간을 빈 종이로 봄으로써 인간에 대한 환경의 역할을 강조하지만, 반면에 루소(Rousseau)는 출생시 부여받은 각각 인간의 속성이 전개되는 것을 강조한다. 성경의 몇몇 주요 구절들은 어른들에게 어린이의 양육에 있어서 환경을 고려할 것을 강조한다. 신명기 6장 4-9절과 시편 78편 1-8절은 하나님의 약속과 하나님의 역사적 활동에 대한 유산들을 다음 세대에 전하도록 부모들의 책임성을 강조하고 있다. 에베소서 6장 4절은 부모들이 자녀들을 노엽게 하지 말고, 그들을 주의 훈계와 가르침으로 양육하도록 권고하고 있다.

---

52. 학습에 대한 최근의 연구는 클라우스 이슬러(Klaus Issler)와 로날드 하버마스(Ronald Habermas), 「우리가 배우는 방법: 기독교 교사를 위한 교육 심리학 지침서(How We Learn: A Christian Teacher's Guide to Educational Psychology, Grand Rapids: Baker, 1994)」를 참조하라.

이 여러 가지 구절에서 환경은 그들의 경험을 통해 사람들에게 영향을 끼치고 있음을 보여준다. 개인적 경험들은 단지 사람들이 가진 직접적 경험이다. 특별히, 어린이들의 세계는 경험에 의거한 세계로, 어린이들을 양육하거나 가르치는 사람들은 이것을 분명히 인식해야 한다. 잠언은 다른 사람들의 경험에 대한 좋은 실제적 지혜를 제공하는 지침서다. 자주 인용되는 잠언 22장 6절은 어린이의 경험에 대하여 언급하고 있다. "마땅히 행할 길을 아이에게 가르치라 그리하면 늙어도 그것을 떠나지 아니하리라." '길' 은 어린이들의 자연적 재능과 기질 혹은 어린이의 보호자에 의한 의도를 말한다.[53] 첫번째 해석이 주목을 끄는데, 이것은 어린이 한 사람 한 사람에게 세심한 배려를 하고 어린이의 독특성, 즉 하나님께서 주신 개성을 존중해야 함을 강조한다. 이 관점은 창조적 자기 실현을 허용해야 할 필요성과 각각의 인간의 속성을 주의 깊게 파악해야 하는 것을 강조한다. 어린이들을 양육함에 있어서 강조해야 할 것은 하나님께서 원하시는 것과 그들이 하기를 원하는 것을 선택하게 하며 부모들의 방법으로 그들을 강제하지 않는 것이다.[54] 또한 어린이들에 관한 이러한 생각들은 청소년과 성인들의 경험에도 적용되어야 한다.

사람들은 비록 타고난 성격과 자신들이 받은 교육에 의해 영향을 받지만, 능동적일 뿐 아니라 수동적이기도 하다. 이사야 29장 22-23절에서, 어린이는 하나님의 신실하심을 기억나게 하는 진실한 존재가 된다고 말하고 있다. 성경은 하나님과 다른 사람들을(삼상 1-3장) 섬기는 데에서 어린이들의 역할을 보여준다. 시편 기자는 어린이와 젖먹이들의 입술을 통해 하나님을 찬양하도록 노래하고 있다(시 8:2). 삶의 초기부터, 사람들은 그들의 이해와

---

53. 코어트 라이라스담(J. Coert Rylaarsdam), "잠언(The Proverbs)," 「피크의 성서 주해(Peake's Commentary on the Bible, ed. Matthew Black and H. H. Rowley, London: Nelson & sons, 1962)」, p. 454.
54. 마빈 윌슨(Marvin J. Willson), "교육에 대한 히브리적 모델(The Hebrew Model of Education)" 1977년 9월 17일에 고든 코넬 신학교에서 행한 강의.

능력의 수준에서 하나님 앞에서 능동적이며 책임을 갖고 있는 존재로 보여진다. 그들은 경험-생산의 경향을 가지고 있다.

하나님은 정신과 의지와 광대하고 다양한 노력 속에서 적성과 능력을 얻을 수 있는 기질을 가진 인간들을 창조하셨다. 때때로 한계가 있음에도 불구하고 사람들은 호기심, 창의력, 독특성을 발휘한다. 인간의 반응들 속에서 다양성이 확인되는 곳, 즉 가정, 교회, 학교와 공동체 안에서 교육자들은 활동을 시작하고 학습을 위한 환경과 잠재력에 영향을 미치는 경험을 얻기 위한 인간들의 가능성을 입증한다. 모델에서 언급한 것처럼, 한 인간의 경험-생산적인 경향은 이전의 학습과 성숙에 의해서 영향을 받게 된다. 그리고 각 사람의 경우에서 천성과 양육의 영향력은 그 사람만의 적극적인 참여와 영향 때문에 정확히 예측될 수 없다. 그러므로 어떠한 교육 환경에서 무슨 결과가 발생할지에 대해 정확하게 확신할 수 없다. 예를 들면, 이것은 동일한 쌍둥이들이 같은 가정과 교육적 영향을 받지만, 서로 다른 견해를 가지고 서로 다른 것을 배울지도 모른다는 것과 같은 의미를 지닌다.

이러한 거미줄과 같이 복잡한 요소들이 인간들에 대한 성경적 견해를 갖기 위해서는 꼭 언급되어야 한다. 여러 학자들이 하나 혹은 또 다른 요소들을 강조해왔지만, 모델에서 제시된 각각의 요소들에 대한 심도 있는 연구가 필요하다. 여성들의 발달에 있어서 그들만의 독특한 성격이 배제되고 평가절하된 최근의 학문과 연구의 주요 발달 이론에 관하여 중요한 질문들이 제기되어 왔다.

특별히 캐롤 길리간(Carol Gilligan)의 연구인 「서로 다른 목소리: 심리학적 이론과 여성 발달(In a different Voice: Psychological Theory and Women's Development)」과 메리 휠드 벨렌키(Mary Field Belenky) 외 몇 사람의 저서 「앎에 있어서 여성들의 방법들(Women's Ways of Knowing)」은 인간 이해에 대한 전통적 방법에 대해 근본적인 도전을 주는 이론을 제시하고 있다.[55] 길리간은 발달의 분리와 부착, 협력, 상호 연결 그리고 달성에 대해 고려할 필요가 있음을 지적한다. 그녀는 책임과 배려, 나아가서 도덕적 발달에 있어서 정의와 개인적 권리에 초점을 맞추고 있다.「앎에 있어서 여성의 방법들」이란 책은 남성들에게는 의미가 있는 여성들의 독특한 경험들과 주요 서양 전통 이외의 문화적 현장에서의 경험에 대해 연구했다. 다른 것과 함께 이러한 개념들은 기독교 세계관과 조화를 이루어서 좀더 인간에 대한 통전적인 이해를 형성시키는 것을 촉진하는데 큰 역할을 한다. 하나님의 피조물로서 인간들은 기질과 관계성에 있어서 다방면의 모습을 가지고 있으며, 이것은 이론적이고 실천적인 개념화를 반영해야 한다.

위에 제시된 상호 작용 모델은 교육에 있어서 심리학적 기초를 연구하는데 마지막 지침이 아니다. 이것은 하나님께서 창조하신 인간들의 독특하고 복잡한 속성들을 연구하기 위한 뼈대를 제시할 뿐이다. 이러한 통찰력을 제공하는 것 이외에도 이 분석은, 인간은 통전적이고 각각 개개인은 우리의 연구와 관심과 배려할 가치가 있는 독특한 존재임을 확신시켜준다. 이것과 반대로 한다면 우리는 우리 한 사람 한 사람 안에 있는 창조주의 형상을 왜곡하게 된다. 인간에 대한 기독교적인 이해는 인간의 개성과 인간 공동체 안에서의 상호 관계성을 확인해준다. 신앙 공동체 안에서 기독교 교육자들이 기능을 감당할 때, 그들은 다양한 교육 과정을 제시하고 실행하며 평가하도록 요청받게 된다. 교육자들은 그들의 책임을 달성하기 위하여 7장의 주제인 사역에 있어서 교육 과정에 대한 기초를 연구해야 한다.

---

55. 캐롤 길리간(Carol Gilligan),「서로 다른 목소리: 심리학적 이론과 여성 발달(In a Diffferent Voice: Psychological Theory and Women's Development, Cambridge: Harvard University Press, 1982)」과 메리 휠드 벨렌키 외(Mary Field Belenky, et al.),「앎에 있어서 여성들의 방법들(Women's Ways of Knowing: The Development of Self, Voice, and Mind, New York: Basic Books, 1986)」. 또한 캐더린 스톤하우스(Catherine M. Stonehouse),「성별의 차이점으로부터의 학습(Learning form Gender Differences)」,「성인 교육을 위한 기독교 교육자를 위한 지침서(The Christian Educator's Handbook on Adult Education), ed. Kenneth O. Gangel and James C. Wilhoit, I Wheaton, Ill: Victor Books, 1993)」, pp. 104-120를 참조하라.

7장
교육 과정의 기초
CURRICULAR FOUNDATIONS

기독교 교육자는 교육의 실제적인 실천에 직접적으로 영향을 미치는 결정들을 해야 한다. 이 결정들은 교육 과정(curriculum)의 계획과 수행을 평가하는 데 특별히 필요하다. 구체적 실재에 대한 초점과 가르침을 위해 실제적인 지침들을 개발하고자 기독교 교육자들은 교육 과정의 기초들을 관심을 가지고 연구해야 한다. 이 가르침의 내용과 방법들은 이 책의 여섯 장에서 연구된 여러 가지의 교육적 기초들과 서론에서 추가적으로 언급한 자료에서 이미 다루었다. 교육 과정을 개발하는 것은 여러 가지 기초들에서 얻어진 통찰력들을 서로 연결하여 통합하는 일을 말한다.

교육 과정에 대해 연구할 때 우선적인 문제는 '정의'의 문제이다. 교육 과정의 기초를 연구한다면 이 교육 과정이 의미하는 것은 무엇인가? 교육 과정에 대한 여러 가지 정의와 개념들은 이 분야에 있어서 각기 다른 가치의 교육과 실행을 반영해왔다. 제시된 정의들은 다음과 같다.

1. 교육 과정은 학생들이 이용할 수 있도록 만든 내용이다.[1]

---

1. 도웨인 F. 휴브너(Dwayne F. Huebner), "이론에서 실천까지: 교육 과정(From Theory to Practice: Curriculum)" 〈종교 교육 77호(Religious Education, 77, 7-8월, 1982) p. 363.

2. 교육 과정은 학생들을 위해 계획되고 안내하는 학습 경험들이다.[2]
3. 교육 과정은 학생 혹은 학습 참여자의 실제적인 경험들이다.[3]
4. 교육 과정은 일반적으로 학습을 위한 자료와 경험을 포함한다. 교육 과정은 특별히 기독교 교육에 사용되는 기록된 과정들이다.[4]
5. 교육 과정은 행동을 변화시키기 위하여 교사에 의해 지도되는 학습 활동의 조직이다.[5]

위에 언급된 정의들은 가르침의 계획과 실행의 각각 특정한 강조점을 제시한다. 어떤 학자들은 교육 과정을 교육하는 사람에 의해 계획되거나 의도되는 것으로 강조는 반면에 다른 학자들은 학생에 의해 실제적으로 경험하는 가르침으로 정의한다. 이런 경우에는 경험하는 것과 계획되거나 혹은 의도하여 가르치는 것은 부분적으로는 유사하지만 다른 점도 많다. 경험이 많은 교사들이 아는 것처럼 아무리 잘 준비된 교수 계획이라도 그것의 일부분은 열매로 나타나지 않을 수도 있다. 필자가 제시한 교육 과정의 정의는 이러한 구분과는 반대로 가르침이라는 측면을 포함한다. 교육 과정은 학생들에게 사용할 수 있는 내용과 교사에 의해 실제적으로 지도되는 학습 경험들로서 정의할 수 있다. 이 정의는 교사가 가르침의 계획, 실행, 평가에 있어서 내용과 경험에 대해 책임을 진다는 것을 암시해준다. 이 책임감은 학생들의 경험에 의해 결정되거나 부과되어 도출되는 결과가 아니라 학생들의 참여를 권유함으로써 이들에게 체험하도록 돕는 결과로 나타난다. 학생들은 경

---

2. 존 듀이(John Dewey), 「경험과 교육(Experience and Education, New York: Macmillan, 1944)」, p. 16, 86.
3. 앨리스 미엘(Alice Miel), 「변화하는 교육 과정: 사회 과정(Changing the Curriculum: A Social Process, New York: Appleton-Century-Crofts, 1946)」, p. 9.
4. 아이리스 컬리(Iris Cully), 「기독교 교육을 위한 교육 과정의 계획과 선택(Planning and Selecting Curriculum for Christian Education, Valley Forger: Judson, 1981)」, p. 211.
5. 로이스 E. 르바(Lois E. LeBar), 「기독교적인 교육(Education that is Christian), rev. ed., Old Tappan, NJ: Fleming H. Revell, 1981)」, p. 211.

험을 통해 정보를 얻고 학습할 뿐만 아니라 변화한다. 교사의 책임은 학생들이 경험을 통해 검증되도록 하는 과정을 촉진시키는 것이다. 이 경험은 다른 사람들과 함께 공유할 수 있고 반영될 수 있다.

이러한 시각을 뒷받침하기 위해 존 아모스 코메니우스(John Amos Comenius, 1592-1670)가 제시한 교육적 지혜와 존 듀이(John Dewey, 1859-1952)의 운동을 포함하는 진보주의 교육 운동에서 이끌어낸 로이스르바(Lois LeBar)의 관점은 매우 도움이 된다. 그녀는 "경험이 없는 기독교의 내용은 공허하며 내용이 없는 경험은 기만이다"라고 말한다.[6] 교육 과정의 구성에 있어서 과제는 기독교의 내용과 경험을 결합하거나 혼합하는 것이다. 그래서 학습자들의 정신과 삶이 하나님의 진리에 의해 영향을 받거나 변화되도록 하는 것이다. 정통 신앙 혹은 바른 신앙에 있어서 내용을 지나치게 강조하는 것은 기독교 교육에서 경험의 핵심적인 면을 무시하게 되는 것이다. 마찬가지로 정통적인 실천(orthopraxis, 진정한 혹은 바른 실천)에 있어서 경험을 지나치게 강조하는 것은 기독교 교육의 목적인 기독교의 내용의 핵심적인 면을 무시하게 되는 것이다. 효과적인 교육 과정은 기독교의 내용과 경험을 결합시키는 것이고, 잠재적으로 삶을 변화시키는 것이다. 이 잠재력은 교사를 통해 하나님의 가르침에 열려 있고, 배우고자 하기를 열망하는 사람들의 능동적이고 수용적인 참여를 요구한다.

교과 내용과 경험을 적당히 융합하기 위한 공식은 존재하지 않지만, 또 다른 지침들을 생각해볼 수 있다. 교사는 교과 내용의 다양한 차원과 학생들이 특별한 상황에서 다양한 경험을 할 것에 대해 충분히 이해하고 민감해야 한다. 이러한 이해와 인식을 통해 교사는 학생들에게 맞는 교과 내용을 가르칠 수 있다. 이 융합은 교사들이 본으로 삼으려 하는 기독교 가치에 대한

---

6. 로이스 르바(Lois E. LeBar), "교육 과정", 「복음주의 기독교 교육 개론(An Introduction to Evangelical Christian Education, ed., J. Edward Hakes, Chicago: Moody, 1964)」, p. 89.

민감함과 기독교 세계관의 진리와 사랑을 위한 보완적인 관심을 내포한다.

진리는 기독교 가르침에 있어서 핵심적인 내용이다. 이 진리는 성령의 사역을 통해 그리스도와 성경 안에 계시되어 있으며, 모든 피조물 안에서 분별할 수 있다. 역사를 통해 볼 수 있는 것처럼, 모든 진리는 하나님의 진리다. 사랑은 이 진리가 효과적으로 전달될 수 있도록 하는 매개체다. 기독교인들은 사랑하며, 이 사랑(요 13:34-35)을 통해 믿음에 대한 증인이 되라는 명령을 받았다. 성경은 이 두 가지 덕목을 기독교 사역을 실행하는 가운데 혼합해서 보여준다. 이것은 특별히 가르침의 사역 속에서 잘 나타나 있다. 바울은 에베소서 4장 15절에서 '사랑 안에 참된 것을 하여'라고 그 필요성을 말하고 있다. 요한은 요한서 1-2절에서 교회와 성도들을 언급하면서 '택하심을 입은 부녀와 그의 자녀에게'라고 자신과의 친밀한 관계성을 묘사하고 있다. 그는 그들 안에 거하고 있는 진리 때문에 이들을 사랑한다고 말하고 있다. 그러므로 기독교 교사는 자신의 가르침과 학생들의 경험 속에서 교과 내용과 경험을 융합하기 위해 진리와 사랑에 대한 관심을 가지고 신실하게 살아야 한다. 교사들은 다양한 배경과 경험을 가진 학습자들을 돌봐야 하는 소명이 있다. 또한 학습자들의 삶 속에서 변화될 수 있는 가능성을 같이 나누어야 할 소명이 있다. 교사들은 세번째로 학습자들이 살고 있는 공동체, 사회 그리고 세상과 같은 상황을 돌보아야 하는 사명을 가진다.

사랑에 대한 관심을 쏟는 것과 진리에 대한 관심을 쏟는 것을 동등하게 조절하지 않으면 무정하게 될 수 있다. 진리에 대한 관심을 쏟는 것과 사랑에 대해 관심을 동등하게 쏟는 것을 조절하지 않으면 방종이 될 수 있다. 사랑 없는 진리는 삭막하지만 진리 없는 사랑은 나약해진다. 복음주의 기독교인들은 너무나 많이 사랑이 필요한 세상에 진리를 선포해왔고 복음의 메시지는 주목받지 못했다. 왜냐하면 이것은 사람들의 삶과 상처받은 마음에 지나치게 엄격했고 적절한 반응을 보여주지 못했기 때문이다. 마찬가지로 자유주의적 기독교인들은 너무나 많이 하나님의 진리를 들어야 할 필요성이 있는 세상에 사랑을 강조해왔다. 그래서 복음의 메시지는 무의미한 것처럼 보여왔다. 왜냐하면 그것은 지나치게 무감각했기 때문이다. 이러한 복음주의자와 자유주의자 사이의 한정된 비교는 거명되어야 될지도 모르는 다른 덕목들과 더불어 이 기독교의 두 가지 핵심적인 덕목을 다루는 데 있어서 균형적인 교육 과정을 수립해야 할 필연적 요구를 지적해주고 있다.

기본적 질문들

교육 과정들에 대한 결정은 중요하다. 왜냐하면 교육적인 가치와 열정이 실제적으로 현장에서 또는 어떤 형태로든 구체화될 수 있는 것은 그 교육 과정을 통해서 이루어지기 때문이다. 교육 과정은 교육적인 비전이 뿌리를 내릴 수 있는 매개물이다. 교육 과정의 결정과 관련한 여러 가지 기초적인 질문들이 명백하게 혹은 암시적으로 다음의 과정들을 통해 해답을 얻게 될 것이다.[7]

① 특별하게 가르쳐야 할 것은 무엇인가?

기독교 교육자들은 이 질문에 대한 답변함에 있어서 지식, 이해, 가치관, 태도 그리고 기술들에 관한 분야들을 확인시켜주어야 한다. 성경적, 신학적 기초들은 기독교인의 삶의 영역들과 함께 이점을 정착시키는 데 필수적이다. 심지어 아주 작은 어린아이들이라 할지라도 그들은 신학적 개념들을 경험할 수 있다.

---

7. 토마스 그룹(Thomas Groome)은 「기독교의 종교 교육: 이야기와 비전을 공유하라(Christian Religious Education: Sharing our Story and Vision, San Francisco: Harper & Row, 1980)」, xiv에서 처음 여섯 개의 질문들을 제시한다. 이 질문들은 D. 캠벨 와이코프(D. Campbell Wyckoff)의 「기독교 교육 과정의 이론과 설계(Theory and Design of Christian Curriculum, Philadelphia: Westminster, 1961)」에서도 비슷하게 언급되어 있다.

② 이 분야들을 가르쳐야 할 이유는 무엇인가?

이 질문에 대한 답변에 있어서의 교육자들은 일반적인 목적과 성경 공부, 기도, 성령의 도우심과 학생들의 필요에 대한 주의 깊은 분석을 통해 어떤 특별한 사역에 필요한 구체적인 목표를 세워야 한다. 이러한 필요들은 항상 하나님께서 원하시는 것과 하나님 앞에서의 우리의 책임과 비교되어야 한다. 기본적인 필요들이 있지만 어떤 문화는 성경적 가치관으로 살펴서 그 필요를 제한시켜야 하는 필요성도 제기되어야 한다.

③ 어디에서 학습이 이루어지는가?

학습 환경이나 장소는 주어진 자료들과 제한하는 것들을 합당하게 이루도록 하는 데 영향을 끼친다. 교육자는 독특한 문화적, 사회적, 경제적 요소들을 고려해야 한다. 가르치는 장소가 교육 과정을 결정하는 데 영향을 미치는 분명한 한계점을 해소시켜줄 수 있다.

④ 어떻게 학습이 이루어져야 하는가?

가르치는 사람은 가장 적당한 학습이 이루어질 수 있는 교수 방법들에 대해 생각해보아야 한다. 진리를 가르치는 데 부합하는 다양한 교수 방법들이 학습에 사용될 수 있다. 예를 들어 매스컴에 익숙한 서양 사회에서는 학생들의 흥미를 계속 유지시키기 위해서 더 많은 시각적 자료들을 사용하는 것이 필요하다. 이 '어떻게' 라는 질문은, 가르치고자 하는 내용의 구조에 대한 결정과 다른 환경에 있어서 학습을 통합하고 변화를 촉진시킬 수 있는 교육 과정의 다양한 구성 요소들과의 상호 관계성에 대한 결정도 또한 포함한다.

⑤ 다양한 분야들은 언제 가르쳐야 하는가?

기독교 교육자들은 기독교 신앙의 다양한 분야를 다루기 위해 학생들과 교사들이 준비가 되었는지를 분별해야 한다. 물리적 연령과 영적 성숙도가 고려해야 할 요소다. 이전의 학습과 예측되는 학습에 관해 그리고 예측되지 않는 일들에 관해 적절한 시기에 알아차릴 수 있는 감각이 중요하다.

⑥ 누구를 가르쳐야 하고 누가 가르쳐야 하는가?

학생들의 삶과 필요를 이해하는 것은 교육 과정을 선택하고 개발하는 데 있어서 중요한 기초가 된다. 이것과 더불어서 기독교 교육자들은 자신들만이 가지고 있는 독특한 은사, 장점 그리고 단점까지도 이해하고 있어야 한다. 교육 사역에 참여하고 있는 모든 사람들은 기독교인의 교제에 의한 개인적인 지원과 격려가 필요하다. 상호 간의 관계는 하나님의 살아 있는 신앙을 서로 교통하게 하는 매개체가 된다.

⑦ 이 모든 것들을 상호 유지하기 위한 체계적인 원리는 무엇인가?[8]

무엇이 계획, 실행, 평가라고 하는 교육적 경험들을 융합하고 통합하며 축적할 수 있게 하는가? 기독교 교육에서 성경적이고 신학적이며 철학적인 차이점들에 대한 주장은 보편적 의미를 가진 원리들을 확인해주는 수단으로 제공될 수 있다. 그리고 진정한 기독교 교육에 관한 모든 관해서 무엇이 진리인가를 나타내줄 수 있다.

기독교 교육자들은 교육에 대한 이 핵심적 질문에 대해 대답하는 것을 통해 알려졌고 검증된 관점에 의한 교육 과정에 대하여 특별한 결정을 하도록 해준다. 특별한 사역 분야들을 다룰 때는 여러 가지의 다른 기준들이 고려해야 한다. 교단이나 초교파적 성격을 띤 출판사를 통해 개발된 학습 자료

---

8. 캠벨 와이코프(D. Campbell Wyckoff)는 「기독교 교육의 교육 과정의 이론과 설계(Theory and Design of Christian Education Curriculum, Philadelphia: Westminster, 1961)」에서 이 질문을 제시한다.

들을 사용하는 경우에 있어서, 교육자들은 교육 과정을 쓰는 집필자들과 편집자들이 위의 일곱 가지의 질문들에 대해 대답하고 있는 방법에 기본적으로 동의하거나 동의하지 않는 분야에 대한 보충적 설명이 있어야 한다. 자기 자신만의 교육 과정을 개발하는 데 있어서 이 동의의 부분이 문제가 되지 않을지도 모른다. 그러나 교육 과정의 집필은 자료와 시간적 제한이 뒤따라야 하는 어려움이 있을 수 있다. 때때로 자기 자신만의 독특한 교육 과정을 개발하는 것은 어느 상황에서는 어느 특정 집단을 위해서는 최선의 방책이기도 하다.

만일 어떤 사람이 어느 한 출판사에서 개발된 교육 과정을 사용하기로 결정했다면, 다음과 같은 몇 가지의 주요 분야에 관한 질문들을 고려해야 한다. 첫째, 출판사와 교육 과정 집필자가 추구하는 신학이 자신의 교회 혹은 사역지의 신학과 일치하는가? 제시된 신학적 개념들이 다양한 연령대에 적당하고 소개가 종합적으로 되고 있는가?

둘째로, 교육 과정은 자신이 사역하는 교회나 공동체에 의해 받아들여질 수 있는 관점에서 성경의 권위를 확인하고 있는가? 성경이 전체적으로 전 연령대에 걸쳐서 교육 과정이 일관성 있게 다루어지고 있는가? 성경을 제외하고 다른 어떠한 권위가 교육 과정의 결정에 있어서 기능적으로 작용하고 있는가?

셋째로, 학습자들을 위한 학습 활동이 다양하게 제시되어 있고 그들의 상황에 밀접하게 관련되어 있는가? 학생들을 능동적으로 학습에 참여시키고 기독교 신앙에 적절한 질문들을 다룰 수 있도록 도전을 주는가?

넷째로, 학습 계획표는 시간적 제한, 유용한 자료들, 학급 규모, 학업 능력이 다른 학생들을 다루는 데 적합한 자료들을 사용하도록 하는가? 경험이 부족한 교사들이 효과적으로 이 자료들을 사용할 수 있는가? 노련한 교사들이 창조적으로 교육 과정을 사용하거나 변경하여 사용할 수 있는가?

다섯째, 학습 자료는 학생들의 요구, 흥미, 관심을 다룰 수 있는가? 학생들에게 기독교의 진리를 적용하도록 적절한 방법을 제공해주고, 그들의 삶의 모든 영역에서 그리스도의 주되심에 응답하도록 이끌고 있는가?

마지막으로 편집, 색깔, 재료의 질 등이 호감이 높고 주의력을 집중하도록 하는가? 인종적, 성적인 면에서 치우침없이 적절하게 사용하고 있는가? 이 교육 과정을 한 번 이상 사용할 수 있는가?

위의 각각의 질문들에 대한 긍정적인 반응에 대한 상대적 중요성은 다양하게 출판된 교육 과정의 평가에 의해 결정되어야 한다. 평가자는 출판된 자료의 장단점과 그들의 특별한 교육 현장의 독특한 필요성을 분명하게 인식하고 있어야 한다. 언급된 분야에 대한 교육 과정을 비교하기 위한 측정 도구를 개발하는 것이 도움이 될지도 모른다. 이 질문들 이외의 다른 질문들도 필요할지 모른다. 교육 과정이 선택되었으면 그 다음의 더 큰 작업은 교사들이 학급에서 이것을 효과적으로 사용하고 적용하도록 준비시키는 일이다. 교사 훈련 과정은 이것을 가능하도록 도울 수 있도록 계획되어야 한다.

만일 교사 자신이 개인적인 교육 과정을 개발하려면, 기독교 교육자들은 연속성(continuity), 일관성(sequence), 종합성(integration) 등에 관한 질문들을 고려해보아야 한다. 연속성이란 성경적, 신학적 혹은 삶에 관련된 주제들이 학습 과정의 전반에 걸쳐서 모든 그룹의 연령대에 적당하게 반복되고 있는가를 측정하는 것이다. 일관성은 현재의 교수와 학습이 이전의 학습에 바탕을 두고 있는지와 앞으로의 학습에 어떠한 공헌을 하느냐를 측정하는 것이다. 종합성이란 교회 학교와 같은 교육적 프로그램의 한 측면, 또한 주일 예배와 학생회 활동과 같은 다른 측면을 강조한 특정 분야를 분석하는 것이다. 이러한 질문들은 일반적으로 출판사에 의해 교육 과정의 계획 때 논의되는 것이기는 하지만, 개인적으로 교육 과정을 개발할 경우에는 무시되기 쉽다.

교육 과정에 대해 결정하는 것은 교사 자신의 삶과 사역에 흡수되어야 한다. 교사는 항상 성령의 인도하심에 의지해야 하고 학생들을 향한 진정한 사랑을 보여주는 것이 필요하다. 하나님의 교육 과정은 출판되거나 개발된 교육 과정의 자료를 초월하는 것이다. 교사들은 교육 과정은 사용과 적용에 있어서 융통성을 보여주어야 한다. 교사는 가르침의 사역에 있어서 교육 과정의 핵심 요소다.

디모데전서 4장 11-12절과 16절에서 디모데에 대한 바울의 가르침은 이러한 관점에 대한 좋은 예를 보여 준다. "네가 이것들을 명하고 가르치라 누구든지 네 연소함을 업신여기지 못하게 하고 오직 말과 행실과 사랑과 믿음과 정절에 대하여 믿는 자에게 본이 되어… 네가 네 자신과 가르침을 삼가 이일을 계속하라 이것을 행함으로 네 자신과 네게 듣는 자를 구원하리라." 디모데는 자신의 가르침 혹은 교리를 가르칠 뿐만 아니라 그의 삶, 즉 본이 되는 가르침의 방법으로 가르치도록 바울에게서 권면을 받았다. 교사들의 삶의 모습은 포함되어야 할 내용과 포함되지 말아야 할 것에 대한 기준을 제시해 준다.

교육 과정을 위해 제시된 비유들

허버트 클라이바드(Herbert M. Kliebard)는 교육 과정의 설계에 있어서 비유적 근원에 대한 통찰력 있는 분석을 보여준다. 그는 교육학과 기독교 교육학에 있어서 교육 과정을 제작하기 위한 이론과 실천에 영향을 주는 세 개의 비유들을 말하고 있다. 생산(production), 성장(growth) 그리고 여행(travel)이다.[9]

---

9. 허버트 클라이바드(Herbert M. Kliebard), "교육 과정 설계를 위한 은유적 근원(The Metaphorical Roots of Curriculum Design)," 「교육 과정을 위한 이론 작업: 재개념론자들(Curriculum Theorizing: The Reconceptualists, ed. William Pinar , Berkeley: McCutchan, 1975)」, pp. 84-85. 클라이바드의 설명은 다음에 이어서 도표와 함께 상세히 묘사된다.

교육 과정의 비유들			
			도표 13
비유	생 산	여 행	성 장
강조점	교사 주도	상호 주도	학생 주도
가르침의 관점	과 학	과학과 미술	미 술

도표 13은 연속 좌표 위에 이 비유들을 배열했다. 좌표의 한쪽 끝은 교사의 방향이고 다른 한쪽은 학생의 방향이다.

교육 과정의 결정과 관련해서 이 비유들을 각각 연구해보는 것은 상당한 도움을 준다. 이 비유들에 관한 일반적 설명, 교사와 가르침의 관점, 주장하는 학자, 잠재적 장점들과 단점들을 다음에서 설명하고자 한다. 다른 비유들도 제시될 수 있지만 이것들이 교육 과정의 기초에 있어서 동향들을 주로 주도한다.

생산의 비유

교육에 있어서 교육 과정이란 생산을 위한 수단인 반면에, 교사들은 매우 뛰어난 기술을 가진 기술자다. 학생들이란 기술자의 주도 아래 완성되어 사용 가능한 생산품으로 변형될 가공하지 않은 재료로 비유할 수 있다. 생산 과정에 있어서 결과는 쓸데없는 것을 제외하고 효율성을 극대화하기 위해 정밀하게 설계된 도면에 의해서 사전에 주의 깊게 계획된다. 이 방법에 대한 다른 설명은 '교사 주도형 교육(teacher-directed education)' 혹은 '교수법(pedagogy)'이라고 할 수 있다. 이것은 아이들에게 미술과 과학을 가르칠 때의 형식이다. 이 비유에서 학생의 학습 목표는 교사에 의해 미리 결정된 목표들과 관련해서 학생들을 지도하기 위하여 경쟁적이고 상대적으로 자주 조직화된다.

여기에서 교사는 가공되지 않은 학생들을 능동적으로 모양을 다듬고 잘 라내는 조각가 혹은 기술자로 볼 수 있다. 가르침의 행위는 학생들의 모든 곳, 즉 삶의 영향력을 극대화하기 위하여 여러 가지 요소들을 명확하게 할 뿐만 아니라 측정하고 서로 혼합시키는 과학으로 볼 수 있다.

일반 교육학에서 이 개념을 가장 강하게 주장하는 학자는 B. F. 스키너(B. F. Skinner)다. 그는 체계화된 조건이나 행동의 수정을 통해 인간의 행동을 형성할 필요가 있다고 강조했다. 뿐만 아니라 로버트 메이거(Robert Mager), 오버트 게그니(Robert Gagne)와 윌리엄 허그(William E. Hug)와 같은 학자들은 학습 계획에 있어서 여러 가지 교육 요소들의 효율적 경영을 강조했다. 랠프 타일러(Ralph Tyler)는 교육 과정 형성에 있어서 계획과 집필을 위한 주도적인 골격을 위한 논리적 근거를 제시했다. 이 근거가 되는 네 개의 기본적인 단계는 교육 목적을 밝히는 것, 적절한 학습 경험과 활동을 선택하는 것, 학습 활동을 조직하는 것, 학습을 평가하는 것이다.[10]

기독교 교육의 교육 과정의 분야에서 비유한 타일러의 광범위한 분석은 인정을 받아왔고 주도적인 역할을 해왔다. 첫째로 이 이론이 가지고 있는 장점들은 다음과 같다.

1. 일반적으로 이 이론의 골격은 기본적인 합리성으로 인해 성공적이고 대중적으로 인식되어 왔고, 논리적이며 일관성 있는 순서를 마련해 준다.
2. 타일러의 이론적 골격은 교수 설계나 교육 공학의 분야에 있어서 메

---

10. 랠프 타일러(Ralph W. Tyler), 「교육 과정과 교수법의 기본 원리들(Basic Principles of Curriculum and Instruction, Chicago: University of Chicago Press, 1949)」. 이외에도 로버트 메이거(Robert f. Mager)의 「교수 목표를 준비하라(Preparing Instructional Objectives, Palo Alto: Fearson, 1962)」, 로버트 게그니 (Robert M. Gagne), 「학습의 조건들(The Conditions of Learning, New York: Holt, Rinehart & Winston, 1970)」, 윌리엄 허그, 「학습 계획과 대중 매체 프로그램(Instruction Design and the Media Program, Chicago: American Library Association, 1975)」을 보라.

이거(Mager)나 다른 학자들과 비교해볼 때 목적을 진술하는 데 지나치게 상세한 것을 강조하지 않는다.
3. 교육 과정의 기술적인 측면을 위한 강력한 모델이다. 이들 측면들은 측정되고 수량화될 수 있으며 쉽게 평가될 수 있는 부분들이다.
4. 타일러는 목적을 위한 개념들을 다루는 데 있어서 중립 상태 혹은 가치관의 중립적 위치를 강조했다.
5. 타일러는 교육이란 '인간의 행동 패턴을 변화시키는 과정'이라고 정의한다. 그렇게 함으로 그는 사고, 감정, 행동을 포함하는 폭넓은 관점에서 행동을 이용한다.
6. 타일러는 학습자란 반응의 관점에서 적당한 정보의 입력에 반응하는 능동적인 존재로 본다. 학습 활동은 훈련과 자율의 균형을 이루는 것이다. 그래서 타일러의 강조점은 교육에 있어서 인간의 자유와 존엄성의 위치를 평가하지 않는 입장에 있는 스키너와는 구별된다.
7. 타일러의 기본 원리는 교육 프로그램의 목적에 놓여 있는 교육 과정의 계획을 실험해보는 데에 초점을 전환시켰다.[11]

다음으로 교육 과정의 개발을 위한 타일러의 이론이 갖고 있는 단점들이다.

1. 필립 잭슨(Philip Jackson)은 「학급 생활(Life in the Classrooms)」이라는 책에서 타일러의 이해는 학급 내에서 실제적으로 행해지는 교수 활동과 관련해 너무 단순화시켰다고 지적한다. 평범한 교사는 미리 계획된 목적에 지나치게 초점을 맞추기 너무 바쁠 것이다. 그래서 교

---

11. 허버트 클리바르드(Herbert M. Kleibard), "타일러의 기본 원리(The Tyler Rationale)", 〈School Review 78 (1970년 2월)〉, pp. 259-272.

수 행위와 교육 과정의 계획은 학급 내에서 상호 작용을 하게 하는 속성을 가지고 있다고 보아야 한다. 왜냐하면 교사는 고도의 불확실성과 모호함이 창조되는 모호함이지만, 작용하는 속에서 가르쳐야 하기 때문에 타일러의 기본 원리는 부적당하다.[12]
2. 교육 과정의 계획과 실행은 과학이라기보다는 미술 혹은 공예와 더 가깝다. 그러므로 과학적이고 체계적인 접근은 가장 좋은 결과를 얻기 위해서는 적절하지 않다.
3. 타일러의 기본 원리는 고려해보아야 할 다른 점들을 제외시킬 수 있다. 즉 어떤 특정 그룹에 대해 공통적인 목적을 확인하기 위한 효과성을 제한할지도 모르는 교수-학습에 있어서 서로 다른 스타일과 같은 것을 고려하지 못할 수도 있다. 교사는 이 골격이 적절히 도입되기 어려운 교수 행위에 대한 반응, 다양성, 융통성에 대해서 분명하게 인식하고 있어야 한다.
4. 타일러의 기본 원리에 있어서 중요한 단계인 교육 목적의 진술 혹은 공식화는 어떤 사람의 가치와 철학을 고려하는 데 적당하지 못할지도 모른다. 즉 이것은 학생을 포함해 다른 사람과 적절히 협력하는 것을 허용하지 않을 수도 있다.
5. 목적들이 학습 활동을 조작하는 것을 통해 도달하고자 하는 진술된 외부 목적을 대표할 때, 진술된 목적들이 교육 과정 계획의 과정 속에서 생각한대로 얻고자 하는 방법인지 아닌지 의심스럽다. 폭넓고 좀더 종합적인 방법이 요구된다.
6. 타일러의 학습 경험, 즉 환경에 있어서 학습자와 외적인 여건들과의 상호 작용에 대한 개념은 교수-학습의 기본적인 것이 상호 간의 관

---

12. 필 잭슨(Phil W. Jackson), 「학급 생활(Life in Classrooms, New York: Holt, Rinehart, and Winston, 1968)」, pp. 165-166.

계 형성을 말해주는 데 충분치 않다.
7. 평가는 명백하고 예측한 것에 초점을 두기 때문에 잠재적 결과들을 간과할 수도 있다. 이것은 교수 행위에 있어서 때때로 부수적인 학습으로서 묘사되는 예측치 못한 통찰력이나 결과들인 잠재적인 결과는 진술된 목적만큼 중요할지도 모른다.[13]

성장의 비유

성장의 비유에서 교육 과정이란 교사가 끈기를 갖고 학생들을 지혜롭게 배려하여 그들이 가진 잠재력을 완전하게 성장-발달될 수 있는 온실과 같은 환경 안에 준비된 일상적인 배려와 같은 것이다. 온실 속에서 자라는 식물은 매우 다양하다. 그러나 정원사는 각각 다른 식물들이 꽃을 피울 수 있도록 각각의 식물에 맞는 독특한 방법들로 돌보아준다. 각자 사람마다 개인적인 필요에 의해 교수 행위가 이루어진다. 즉 개별화된 교수법이 그 기준이 된다.

교사는 성장하는 식물 혹은 생명체 하나하나의 개별적 필요에 의해 이것들을 돌보는 정원사와 같은 존재라고 볼 수 있다. 교사는 발달 단계에 있어서 다양한 시점에서 최대로 적절하게 성장시키기 위해서 통찰력을 민감하게 갖는 것이 필요하다. 이런 노력은 학습자들의 독특한 성격과 성장을 촉진시키기 위해 가장 적절하고도 계획에 정확하게 맞도록 노력해야 한다. 교수 행위란 이러한 시각에서 유아원이나 정원에서 볼 수 있듯이 인내를 가지고 돌보는 것과 같다고 생각한다.

교육학 분야에 심리학의 영향력을 크게 제공했던 칼 로저스(Carl Rogers)는 이러한 시각과 가장 잘 일치하는 학자다.[14] 교육학에서 존 듀이(John

---

13. 클리브라이드, "타일러의 기본적 원리", pp. 259-272.
14. 칼 로저스(Carl R. Rogers)의 연구에 대한 개론적 이해를 위해서는 칼 로저스의 『학습의 자유(Freedom

Dewey)의 전통을 강조하는 진보적 교육 운동은 성장과 양육에 대해 비슷한 강조를 해오고 있다.

성장의 비유가 가지고 있는 잠재적 장점들은 개인적인 필요, 즉 반응 이외에 개인들을 위한 관심과 차이점 그리고 다른 점을 강조하는 것에 초점을 두고 있는 것이다. 성장의 비유는 학습자 한 사람 한 사람의 개별성에 중점을 두고 학습을 위한 내적 동기를 자극하려는 시도를 하고자 한다. 이 비유의 잠재적 단점은, 학습자가 내적 동기의 증가에 기초를 두고 과업을 성취하고자 하는 어떠한 특정한 자아 주도적인 가능성을 가졌다는 것을 가정하는 것이다. 이 비유는 잠재적으로 성장과 창조성을 위해 필요한 구조와 훈련이 차지하는 공간을 강조하지 않는 것에 있다. 만일 성장이 잘못 인도되고, 되는대로 사용된다면, 그 자체가 부적당한 목표가 될지도 모른다. 이 비유가 개인의 중요성을 강조하지만 개인이 속한 공동체와 이보다 더 큰 사회적 환경의 중요성을 무시할지도 모른다.

순례(pilgrimage)의 비유

이 비유는 교사 중심과 학생 중심의 방법 사이의 균형을 유지하는 방법이다. 학습자들이 교사에게 의존적인 생산의 비유와 학생 중심인 성장의 비유에서 교사가 독립적인 것과 비교해볼 때, 순례의 비유는 학생들은 상대적으로 교사와 상호 의존적이다. 학습 목표는 학생의 입장에서 책임성의 강도를 어느 정도 인정하는 방법인 협동적이고 협력적인 방법으로 구조화시킨다. 교수 행위는 학생이 경험 많은 인도자 혹은 길동무의 지도 아래 여행을 하게 되는 순례의 길 혹은 여행 경로와 같은 것이다. 여행자 혹은 학생 한 사람

---

to Learning, Columbus, Ohio: Charles E. Merrill, 1969)」와 「인간이 되는 과정: 심리치료사의 치료학적 견해(On Becoming a Person: A Therapist's View of Psychotherapy, Boston: Houghton Mifflin, 1961)」를 참조하라.

한 사람은 여행에 의해 각각 다른 효과를 얻을 것이다. 왜냐하면 그 효과는 적어도 여행자들에 있어서 여행 경로의 상황과 안내자의 기술과 같은 학습자들의 기대, 인지적 능력, 흥미, 의도의 기능만큼 효과를 미치게 된다. 여행자에게 영향의 정확한 속성을 기대하는 노력은 가능하지 않다. 그러나 그 여행이 가능하면 풍성하고 매혹적이며 기억에 남을 만하게 될 여행 경로를 계획하는 것은 노력으로 가능할 수 있다.

교사는 여행을 하고 있는 사람을 배려하거나 조언을 해주는 경험 있는 안내자 혹은 길동무이다. 교수 행위란 과학의 테두리와 예술의 테두리 안에서 창조된 방법인 예술적이고 과학적 요소들을 사용하는 협동적 노력이다.[15]

이 비유는 이야기를 통해 대화하는 것으로써 순례의 위치를 강조하는 학자들에 의해 지지를 받고 있다. 제임스 파울러(James Fowler)와 리처드 피스(Richard Peace)는 발달과 성장과 관련해 순례의 역할을 강조하고 있다.[16]

이 비유는 인간 경험의 이야기적 속성과 설화적 성격을 주장한다. 교사들은 학문의 다양한 분야들을 연구하는 데 있어서 학생들과 함께 안내자와 길동무로서 역할을 한다. 이 비유가 갖고 있을지도 모르는 단점은 교사와 학생 사이의 개인적 관계 형성을 위한 시간이 요구된다는 것이다. 또한 이것은 여행 노선과 학습자의 특이한 속성에 대해 반응하는 교사의 입장에서 창조성과 유연성의 수단을 전제하고 있다.

교육 과정의 개념과 개발을 위해 어떤 비유가 가장 바르고 바람직한 것인가? 단순한 답변은 가능하지 않다. 목적, 내용, 학생과 교사의 필요, 스타일

---

15. 제임스 마이클 리(James Michael Lee)는 「종교 교수법의 흐름(The Flow of Religious Instruction, Dayton, Ohio: Pflaum/Standard, 1973)」, pp. 215-221에서 이러한 용어들로 교수 행위를 묘사한다.
16. 제임스 파울러(James Fowler), 「신앙의 발달 단계: 인간 발달 심리학과 의미를 위한 질문(Stages of Faith: The Psychology of Human Development and the Quest for Meaning, San Francisco: Harper & Row, 1981)」과 리처드 피스(Richard Peace), 「순례의 길: 기독교인의 성장을 위한 학습장(Pilgrimage: A Workbook on Christian Growth, Los Angeles: Acton House, 1970)」을 참조하라.

과 관련해 그것을 민감하게 인식하는 것이 필요하다. 생산의 비유에서는 고도로 숙련된 기술과 같은 가르침이 가장 좋을 수 있다. 개인적 학습을 필요로 하고 창조성을 민감하게 가르치는 데는 성장의 비유가 가장 적절할 것이다. 개론학과 같이 풍성하고 다양한 주제를 가르치는 과목을 가르치는 데 순례의 비유가 가장 좋은 선택일지도 모른다. 교육 과정을 계획하면서 비유들을 선택하는 것과 관련된 가장 큰 의문점은 교육 과정의 계획에 있어서 분명하게 필요한 가치관에 대한 질문이다.

교육 과정의 계획에 있어서 가치관의 역할

교육 과정은 학생들과 공유하기 위해 선택된 이해, 태도, 기술 그리고 행동들과 관련된 가치관을 구체화해야 한다. 일반적으로 가치관은 가치, 관심, 선이라고 여겨지는 것의 개념으로 정의된다. 교육에 있어서 기독교인들이 기독교 세계관 내지 인생관과 일치하는 가치관을 인식한다면, 그들은 교육 과정의 계획과 교수 행위에서도 그러한 가치관을 고려하기 위한 분명한 의무감 속에 놓여 있음을 알아야 한다. 이 의무감은 교육을 실행하는 데 있어서 신학적 책임성을 가져야 한다는 사명이다.[17]

첫째, 기독교인들은 자신들이 주장하는 가치관을 가져야 하고 그것에 의한 삶을 살아야 한다. 교육 과정을 결정하고 계획하는 데 있어서 이것은 명백하게 나타내야 한다. 세 가지의 예를 들 수 있다. 만일 기독교인들이 개개인의 가치를 하나님의 형상으로 창조된 피조물로서 인정한다면, 다양한 종류의 사람들을 가르칠 수 있는 교수 방법들을 사용하거나 이들이 적응할 수 있는 방법을 사용해야 한다. 그리고 하나님의 요구와 학습자의 학습 방법들

---

17. 3장, pp. 90-103의 가치관에 대한 설명을 참조하라. 그리고 존 가드너(John W. Gardner), "공공 생활에서의 가치관의 약속(Engagement of Values in Public Life)", 〈Harvard Divinity Bulletin(1984년 9-10월)〉, pp. 5-6을 참조하라.

과 일치 속에서 하나님의 진리를 적용해야 한다. 만일 이것이 적용되지 않는다면 교육 과정의 계획과 교수 행위는 학생에게 부과되는 내용과 방법이 부적당할 뿐만 아니라 주관적인 것이 되고 만다.

만일 기독교인들이 아동들의 유익을 위해 하늘에서 맡겨주신 부모로서의 시각을 갖는다면, 그들의 교육 과정은 계획과 학생들에게 유익을 주고, 하나님을 영광스럽게 하는 가르침에 있어서 적당한 훈련과 명령을 사용해야 한다. 이러한 의무는 일반적으로 훈육을 꺼려하고 방치하는 사회적 상황과 그러면서 역설적으로 유행병처럼 번지는 다양한 종류의 폐습과 씨름하는 사회적 상황에서는 특별히 어려운 과제다. 만일 기독교인들이 인간의 창조적 잠재력을 확신한다면, 교육 과정을 계획하는 데 있어서 창조적인 표현을 받아들여야 한다. 교육 과정의 계획에 있어서 행동만 변화시키고자 하는 맹목적인 집착은 학급에서 창조적인 표현을 위해 필요한 자유와 개방성을 억압하는 일이 될지도 모른다. 이러한 집착은 학생들이 그들 스스로 사고할 수 있는 능력을 불가능하게 할지도 모른다.

교육 과정을 계획하는 데 있어서 두번째 의무가 있다. 기독교적 가치관대로 살기 위해서 기독교인들은 교육 과정의 목적과 목표로 가치관을 변환시켜야 한다. 이것은 기독교 세계관을 유행하는 가치관 아래에 두고 아무런 의심 없이 목적과 목표들을 설정하는 경우도 있다. 이 결과는 명목상으로만 단지 기독교인임을 내세우는 쓸모 없는 교육적 경험일 뿐 실질적인 교육적 경험은 아니다. 예를 들면, 기독교인들은 "모든 진리는 하나님의 진리이다"라고 믿어왔다. 이것은 학문의 어느 분야에 관해서도 '기독교적으로' 생각하도록 학생들을 만들 필요성이 있다는 것을 암시한다. 또한 이것은 가능하면 어느 곳에서든지 성경에 계시된 하나님의 진리를 다양한 분야에서 진리를 종합해야 하는 필요성이 있다는 것을 내포한다. 더 나아가서 사랑과 진리는 균형을 이루어야 한다. 이것은 교육 과정에 있어서 진리를 가르치고 학생들이 진리를 사랑하도록 고무시켜야 하는 필요성을 내포한다. 이것은 또한 교사와 학생 그리고 학생들 사이에서 서로를 사랑하도록 권고해야 할 필요성이 있음을 암시하고 있다. 그러나 이러한 목적들이 단순한 것처럼 보이고 교육 과정의 계획에서 전제되는 것처럼 보일지도 모르지만, 이것은 현존하는 사실이고 교수 행위에 있어서 영향력은 대단히 큰 것이다.

세번째 의무는 제도적 집단들이 일상적 삶 안에서 가치관을 추구해야 할 필요가 있다는 것이다. 이 제도적 집단이란 가정, 교회, 학교, 공동체, 사회와 그 외의 다른 집단들을 말한다.[18] 가치관이 결여되면 삶에 있어서 소속감이 결여될 수 있다. 삶은 원천적으로 사회적이고 협동적인 면을 가지고 있다. 단체, 집단, 공동체들은 불행하게도 자주 검증되지 않는 여러 가지 가치관을 포함하고 있다. 특별히 존 에글레스톤(John Eggleston)이 제시한 질문들인 교육에 대한 사회적 기초에 대한 연구는 이 세번째 의무에 대해 언급하고 있다.

네번째 의무는 교육 과정의 형성에 있어서 갱신의 지속적 필요성과 관련되어 있다. 이것은 기본적 가치관과 목표를 다시 확신해야 하는 필요성과 관련되어 있다. '형태학적 근본주의(morphological fundamentalism)'의 실제적 위험은 교육 과정 속에 존재하고 있다.[19] 이 용어는 조직들의 특정한 형태들과 신성한 존재의 특성을 드러낼지도 모른다. 그러므로 이것들은 질문과 검증으로부터 면제될지도 모른다는 사실을 설명해준다. 이것들은 근본적이고 핵심적인 것이 된다. 교육 과정과 관련해서 이 위험은 지속적인 평가와 개선의 필요성을 암시하고 있다. 변화와 변형은 어떤 교육 과정을 개

---

18. 교육을 위한 구조에 대한 논의는 파즈미뇨, 「기독교 교육의 원리와 실제(Principles and Practice of Christian Education)」, pp. 59-90를 보라.
19. J. C. 호켄다이크(J. C. Hoekendijk)와 한스 슈미트(Hans Schmidt), "형태학적 근본주의 (Morphological Fundamentalism)", 「선교사 공동체를 위한 질문에 대한 작업보고서(Working Papers on the Quest for Missionary Communities, ed. Thomas Weiser, New York: U. S. Conference for the World Council of Churches, 1966)」, pp. 134-137을 보라.

발하는 데 있어서 고려되고 계획되어야 하는 실제적 사실이다. 교육 과정을 사용하는 사람들은 자신들의 특별한 그룹과 상황에 맞도록 그 자료들을 변형시킬 수 있음을 알아야 한다. 어느 정도의 유연성과 적응성이 없는 교육 과정은 진부한 것이 되고 부적당한 것이 될 수 있다.

숨겨진 교육 과정

엘리자베스 밸런스(Elizabeth Vallance)는 '숨겨진 교육 과정(Hidden Curriculum)'은 인식할 수 있는 비학문적이고 체계 외적인 효과로 교육에 영향을 주지만, 그러나 명시적 교육 과정에서 참고로서 적당하게 포함할 수 없는 것으로서 인식할 수 있다고 말한다. 명시적 교육 과정은 진술되거나 드러난 목적과 특별한 교육 프로그램 혹은 활동을 말한다. 밸런스는 숨겨진 교육 과정의 측면들을 고려해야 하는 세 가지 차원들을 제시한다.

1. 숨겨진 교육 과정은 교육 현장의 모든 상황들을 말한다. 여기에서 상황이란 학생-교사 간의 상호 작용, 교실 구조, 사회적 가치 체계의 소우주로써 교육 시설의 모든 조직적 형태들과 같은 것이다.
2. 숨겨진 교육 과정은 가치관의 획득, 사회화, 사회 구조의 유지를 포함하여 학교, 교회, 가정 안에서 혹은 이것들을 통해 움직여지는 수많은 과정들 속에서 양산될 수 있다.
3. 숨겨진 교육 과정은 교육 과정의 배열에서 얻어지는 부수적이고 약간은 의도하지 않은 순간적인 산물로부터 서로 다른 공동체 안에서 교육의 역사적이고 사회적 기능 안에서 좀더 깊이 새겨진 결과에 이르기까지 '숨김'의 깊이와 의도성의 다양한 정도를 포함한다.[20]

---

20. 엘리자베스 밸런스(Elizabeth Vallance), "숨겨진 교육 과정의 은닉: 19세기 교육 개혁에 있어서 정당화의 언어에 대한 해석(Hiding the Hidden Curriculum: An Introduction of the Language of Justification in Nineteenth-Century Educational Reform)", 〈Curriculum Theory Network 4 (1973-1974)〉, pp. 5-21.

밸런스의 인식은 기독교 교육과 어떠한 관련이 있는가? 어떤 교육 현장에서 보여주는 하나의 예는 이것을 이해하는 데 도움을 줄지도 모른다. 어느 복음주의 대학교 혹은 신학대학원은 그들의 숨겨진 교육 과정 안에 다음과 같은 요소들을 포함하고 있을지도 모른다.

1. 공동체 안의 사람은 누구든지 예수를 구세주로 영접한 개인적인 체험이 있어야 한다.
2. 학문, 예배, 훈련 혹은 경건 생활은 기독교 사역에 있어서 최고로 이상적인 것이다.
3. 자유주의는 복음주의의 신앙의 적으로서 인식한다.
4. 특정한 복음주의 대학이나 대학원의 졸업생은 존경받아야 한다.
5. 신실한 복음주의자는 공화당원이다. 혹은 사려 깊은 복음주의자는 민주당원이다.
6. 복음주의자들은 공산주의자, 사회주의자, 성공한 자본주의자가 아니다. 복음주의자들이 만일 정치적으로 혹은 경제적으로 부적절하게 제휴되어 있다면 의심받을 만하다.
7. 복음주의자들은 미국의 중산 계급의 근간을 이루고 있다.
8. 복음주의 신앙은 현대 세계에서 역사적 정통주의 기독교의 신실한 구체화이다.
9. 만일 오늘 예수님께서 살아 계신다면 그분은 복음주의자일 것이다.

숨겨진 교육 과정의 이러한 측면들은 학생들에게 다양하게 효과를 끼치고 있다.

로렌스 리처드(Lawrence Richards)는 자신의 신학대학원에서의 학업을 회고하면서 숨겨진 교육 과정은 대부분의 프로그램에서 내용의 개념적 구조화를 포함한다고 말하고 있다. 이러한 결과로 학생들은 자주 개인적이거나 관계적 방법보다는 지식적으로 성경을 연구하고 습득하도록 훈련을 받고 있다. 또한 숨겨진 교육 과정은 신학대학원 이후 사역에서의 비인격적 형태로 변형시키는 매우 큰 비인격적 학습 장소를 포함한다. 강조점은 기독교인의 삶을 모델화시키는 것이 아니라 성경 지식에만 있다. 마지막으로 리처드의 분석에 의하면 신학대학원에서의 교육은 학습이 공동적이고 협동적인 형태를 제외하고 주로 개인적이고 경쟁적이라는 것을 강조한다.[21] 리처드의 인식은 일반적으로 정확하다. 그러나 1975년 이후 발달 과정은 이러한 신학대학원의 교육의 형식에 어떠한 변화가 있었음을 보여준다.

이러한 리처드의 주장은 숨겨진 교육 과정이 기독교 교육에서 다루어야 하는 가장 강력한 교육적 영향력이라는 것을 보여준다. 이것은 신학대학원 수준에서만이 아니라 교육의 모든 수준에서 필요한 것이다. 이 주장은 자연적으로 사회화와 모델링(modeling)을 통한 양육을 강조하는 그의 주장으로 이어진다. 사실상 리처드는 숨겨진 교육 과정을 성도들이 변화 과정을 촉진하거나 억제하는 모든 상황에서의 요소들로서 정의한다.[22] 리처드에게 있어서 이러한 변형의 과정은 삶으로써 기독교 신앙을 대화하는 기독교 교육의 핵심이다.

리처드의 주장과 관련해서 저자의 관점으로 볼 때 명시적 교육 과정과 숨겨진 교육 과정 모두에 동등한 관심을 기울이는 것이 필요하다. 두 가지 모두 강력한 영향력을 가지고 있으며 서로를 보완하기 위하여 필요하다. 숨겨진 교육 과정에 대한 강조는 교육 과정의 학문적 부분인 명시적 교육 과정에 대한 관심을 약화시키지 말아야 한다. 마찬가지로 명시적 교육 과정에

---

21. 로렌스 리처드(lawrence O. Richards), 「기독교 교육 신학(A Theology of Christian Education, Grand Rapids: Zondervan, 1975)」, pp. 251-252.
22. 같은 책. p. 321.

대한 강조는 숨겨진 교육 과정에 대한 관심을 약화시키지 말아야 한다. 기독교 교육자는 양쪽 분야에 모두 책임성을 인식할 사명이 있으며 가능한 한 학문적인 것과 비학문적인 것들을 보완해야 하는 사명이 있다. 교육 내용과 교육 활동 모두 제시되어야 한다. 형식적인 것과 비형식적인 교육적 요소들이 모두 교육 과정의 계획을 위한 문제들이다. 명시적 교육 과정과 숨겨진 교육 과정은 모두 교육 과정의 계획에 있어서 고려해야 할 문제들이다. 효과적 교육 프로그램의 계획과 실행을 위하여 기독교 교육자는 명시적 교육 과정과 숨겨진 교육 과정 두 가지 모두에 관심을 가져야 한다.

교회, 가정, 혹은 학교 등 어느 교육 장소에서 사용되는 명시적 교육 과정과 숨겨진 교육 과정에 더불어서, '영(零) 교육 과정(null curriculum)'이라는 것을 생각해볼 수 있다. 엘리어트 아이즈너(Elliot Eisner)는 영 교육 과정이란 선택에 의해서 혹은 간과함에 따라서 가르쳐지지 않는 것으로서 정의한다. 그의 이론에 의하면 가르쳐지지 않는 것은 가르쳐진 것만큼 중요할지도 모른다. 왜냐하면 무엇인가를 무시하는 것은 어떤 사람이 고려할 수 있는 선택의 종류에 영향을 미치기 때문이다.[23] 어느 교육 프로그램도 어느 활동도 가능한 모든 것을 언급할 수 없고 원하는 모든 것을 언급할 수 없다. 교육자들은 이러한 현실에 비추어 이미 구성된 선택들을 인식하고 있어야 한다. 학생들에게 선택되지 않은 과정을 연구하도록 또 다른 기회를 제시해야 한다. 영 교육 과정의 인식은 교사들을 자신들의 한계와 자신들의 노력을 뒷받침한다는 가정에 대하여 솔직할 수 있도록 해준다. 그들의 가르침에 대한 내용, 사람, 상황에 대한 이러한 가정들은 교육 과정의 기초를 위한 매개변수를 가르쳐 주는 역할을 한다.

---

23. 엘리어트 아이즈너(Elliot W. Eisner), 「교육적 상상력: 학교 프로그램의 설계와 평가(The Educational Imagination: On the Design and Evaluation of School Programs, 2nd ed., New York: Macmillan, 1985)」, p. 97. 또한 로날드 하버마스(Ronald T. Harbermas), "당신이 말하지 않는 것조차도(Even What You don't Say Counts)", 〈Christian Education Journal 5호(1984 가을)〉, pp. 24-27을 참조하라.

더 큰 비전

대부분의 인쇄물로 된 대다수의 교육 과정들을 훑어보면 거의 특정 과정의 학습 결과로써 학생들이 알고, 느끼고, 실천하는 것을 명백히 말해주고 있음을 보여주고 있다. 이것은 교수 학습 과정에 있어서 행위적인 목적을 강조하는 것으로부터 온 결과다. 목적과 목표와 관련된 명료성과 명확성은 확인되지만, 그러나 성경적 모델의 연구는 좀더 큰 비전을 제시해준다. 교육 과정의 문제에 있어서 행위적 목적의 확인, 달성, 평가를 강조하는 이 지배적인 모델은 신약의 사역 현장에서 암시된 모델과 어떻게 비교되는가? 이 질문과 관련해서 도움이 될 만한 통찰력을 디도서는 제시해주고 있다.[24]

> "오직 너는 바른 교훈에 합한 것을 말하여 늙은 남자로는 절제하며 경건하며 근신하며 믿음과 사랑과 인내함에 온전케 하고 늙은 여자로는 이와 같이 행실이 거룩하며 참소치 말며 많은 술의 종이 되지 말며 선한 것을 가르치는 자들이 되고 저들로 젊은 여자들을 교훈하되 그 남편과 자녀를 사랑하며 근신하며 순전하며 집안 일을 하며 선하며 자기 남편에게 복종하게 하라 이는 하나님의 말씀이 훼방을 받지 않게 하려 함이니라 너는 이와 같이 젊은 남자들을 권면하여 근신하게 하되 범사에 네 자신으로 선한 일의 본을 보여 교훈의 부패치 아니함과 경건함과 책망할 것이 없는 바른 말을 하게 하라 이는 대적하는 자로 하여금 부끄러워 우리를 악하다 할 것이 없게 하려 함이라 종들로는 자기 상전들에게 범사에 순종하여 기쁘게 하고 거스려 말하지 말며 떼어먹지 말고 오직 선한 충성을 다하게 하라 이는 범사에 우리 구주 하나님의 교훈을 빛나게 하

---

24. 목회서신으로서 신약 성경 디도서의 사용은, 복음서에 묘사된 사역에 대한 예수의 증언과 비교할 때 이 부분에서 주장하는 여성의 제한된 역할에 대해 기독교 페미니스트들에 의해 문제점이 제기될 소지가 있는 구절일 수 있다. 디도서의 사용은 여성들이 교육과 목회에 폭넓게 참여할 수 없었던 문화적 상황을 인식한 것이다. 현재의 문화적 상황은 이것과 구별되며, 나는 기독교 교회와 그 외의 사회의 모든 수준에서 교육 사역에 여성들의 완전한 참여를 확신한다.

려 함이라 모든 사람에게 구원을 주시는 하나님의 은혜가 나타나 우리를 양육하시되 경건치 않은 것과 이 세상 정욕을 다 버리고 근신함과 의로움과 경건함으로 이 세상에 살고 복스러운 소망과 우리의 크신 하나님 구주 예수 그리스도의 영광이 나타나심을 기다리게 하셨으니 그가 우리를 대신하여 자신을 주심은 모든 불법에서 우리를 구속하시고 우리를 깨끗하게 하사 선한 일에 열심하는 친백성이 되게 하려 하심이니라 너는 이것을 말하고 권면하며 모든 권위로 책망하여 누구에게든지 업신여김을 받지 말라"(디도서 2:1-15).

디도는 이방인에서 기독교로 개종한 바울의 동역자였다. 디도서는 바울이 그레데에 있는 디도에게 보낸 편지이다. 그는 이곳에서 교회 사역의 감독 책임을 맡고 있었다. 디도는 감독의 일 가운데 하나로 서로 요구와 책임이 다른 다양한 집단을 가르치는 사역에 참여하고 있었다.

바울은 이 다양한 집단들(늙은 남자들, 늙은 여자들, 젊은 여자들, 젊은 남자들, 종들)을 가르치는 내용과 방법들에 대해 언급하고 있다. 디도는 무엇을 가르칠 것이고, 어떻게 가르쳐야 하는지에 대한 충고를 받는다. 바울은 교육 과정을 위해 일반적 지침과 함께 명확하게 연령별로 구분하고 있다. 바울의 통찰력은 사람들이 이 서신의 역사적 상황과 그것에서 드러난 사회적 상황을 인식할 수 있고, 현재에도 적용이 가능하다. 또한 이러한 상황에서 여성들과 노예들의 위치에 대한 해석을 하는 데 중요한 이해가 필요하다.

일반적인 관점에서 보면 디도는 각 그룹의 사람들이 자신들의 위치에 적합한 사람이 '되도록' (to be) 가르치라고 권고받았다. 확실히 알고 느끼고 행하는 것이 부르심에 맞는 것이나 그런 상태로 되도록 하는 것은 더 큰 목적과 더 큰 비전을 함유하는 것이다. 디도가 관심을 가져야 할 것은 그들 안에 내재되어 삶으로 표현되어져야 하는 성격 형성과 가치관인 것이다. 선한 일과 행위는 건전한 교리와 하나님과 다른 사람들과 바른 관계를 가진 사람의 인격으로부터 나오게 되는 것이다. 그렇기 때문에 기독교 교육자들은 사람들이 그들의 삶 속에서 구체적으로 실현할 수 있는 기독교인의 가치관들과 덕목들에 관심을 가져야 한다.

디도는 늙은 남자들이 절제하며 경건하며 근신하며 믿음과 사랑과 인내함에 온전케 '되도록'(to be) 가르치고 있다. 또한 늙은 여자들이 이와 같이 행실이 거룩하고 참소하지 말며 많은 술의 종이 되지 말고 선한 것을 가르치는 자들이 되도록 가르치고 있다. 젊은 여자들은 늙은 여자들에 의하여 그 남편과 자녀를 사랑하고 근신하며 순전하고 집안 일을 하며 선하고 자기 남편에게 복종하도록 가르침을 받도록 했다. 젊은 남자들은 근신하게 되도록 가르침을 받는다. 디도는 그 스스로 젊은이로서 선한 일의 본을 보여 교훈과 부패치 아니함과 경건함과 책망할 것이 없는 바른 말을 하도록 했다. 암시적으로 다른 젊은 남자들도 디도와 같이 되도록 권고받았다. 종들은 자기 상전들에게 범사에 순종하여 기쁘게 하고 거스려 말하지 말며 떼어먹지 말고 오직 선한 충성을 다하도록 가르침을 받는다. 교육 과정은 각각의 연령과 사회적 그룹의 관점에서 꽤 광범위하다. 디도는 어떻게 이러한 과업을 성취할 수 있을까? 교사들은 어떻게 사람들을 이렇게 합당한 사람이 되도록 가르칠 수 있을까?

몇 가지의 답변을 생각해볼 수 있다. 윌버 윌리스(Wilbur Wallis)는 디도서 2장에 관한 언급에서 "하나님의 은혜는 인간들을 구원했을 뿐만 아니라 냉정하고 경건한 삶을 살도록 가르치고 훈련시키고 있다"라고 주장한다.[25] 이것은 하나의 가능성 있는 답변이 될 수 있다. 모든 기독교 교사들은 학생들의 삶에 있어서 어떠한 결과들을 성취하기 위해 하나님의 은혜의 필요성을

---

25. 윌버 윌리스(Wilbur B. Wallis), "디도서(The Epistle to Titus)", The Wycliffe Bible Commentary, Charles F. Pfeiffer와 Everett F. Harrison 편집, (Chicago: Moddy, 1962), 1395.

고백할 수 있다.

하나님의 은혜는 교실 안에서 교사와 학생이 똑같이 능력과 민감함을 통해 실현될 수 있을 뿐만 아니라 모든 참여자들이 하나님의 지혜와 역사에 의지함으로서 기도라는 매개물을 통해 실현될 수 있다. 그래서 기도와 성령의 역사에 대한 기대는 핵심적 요소다.

두번째로 가능한 대답은 디도서 그 자체 구절 안에서 찾아볼 수 있다. 디도는 선한 일을 행하는 것과 부패치 아니함과 경건함과 책망할 것이 없는 바른 말의 본을 보이라고 권고받는다. 디도는 그 스스로 본이 '되어서' 다른 사람들로 하여금 합당한 사람이 '되도록' 가르쳤다. 마찬가지로 교사들은 학생들 스스로 온전한 성격을 형성하고 개성적인 성격의 인물이 되도록 소망을 가지고 학생들을 권고할 수 있다. 이 사역은 교사들을 능가할 수 있고 그들이 보여준 것보다 나은 성격적인 면과 능력을 분명히 할 수 있는 학생들의 가능성을 배제하지 않는다. 그러나 교사들은 학생들에 의해 검토되어지는 본이나 모델이라는 것을 분명히 인식해야 한다. 교사들은 명시적 교육 과정뿐만 아니라 숨겨진 교육 과정과 영 교육 과정을 통해 다른 사람들을 지도하고 있는 것이다.[26]

세번째 답변은 두 가지의 기독교 덕목인 사랑과 진리에 포함된다. 디도는 바른 교훈에(2:1) 일치하는 것을 가르치고 모든 권위를 가지고 책망하라는 (2:15) 바울의 권고를 받는다. 디도는 하나님의 진리에 대한 기준을 확신한다. 이 기준은 인간들의 경건치 못함과 세상에 대한 열심에 대해 '아니오'라고 말하고 절제하고, 정직하고, 경건함 삶을 살도록 요구한다. 진리에 대한 관심은 인간의 개인적이고 공동의 삶 안에서 거룩함과 순수함을 위한 하나님의 기준에 진지하게 맞추어야 하는 것을 암시한다. 거룩함은 넓은

---

26. 교육 과정에 대한 이 세 가지의 분야에 대한 논의를 위하여 파즈미뇨(Pazmiño)의 「기독교 교육의 원리와 실천(Principles and Practices of Christian Education)」, pp.93-114를 참조하라.

사회 안에서 기독교적 가치관을 주장하고 불의에 맞서도록 하는 사명을 의미한다.

디도는 진리에 대한 이러한 관심과 더불어 각 사람들이 그들의 필요에 맞는 가르침을 받게 하라고 교훈을 받았다. 여기에서 언급되지는 않았으나 이것을 효과적으로 성취하기 위해 성경의 다른 곳에서 언급된 주제인 그들을 사랑하는 것이 디도에게 필요했다. 과거에 어떤 기독교인은 노예 제도를 지지하기 위해 이 구절을 인용했다. 그러나 다른 사람들은 노예 제도의 존속 속에서 기독교인의 사랑의 존재에 대한 심각한 의심을 제기해왔다. 이것은 실제적으로 성경 자료들을 사용하여 가르치는 것과 그 사람이 어떻게 그 본문이나 상황을 적절하게 하느냐에 대해 심각한 경각심이 필요하다는 것을 말한다.

결론적으로 디도는 하나님의 은혜에 근거하여, 스스로 본이 되고 진리와 사랑 안에서 다른 사람들을 가르친다. 그러나 이것은 "어떻게 그리스도 안에 있는 사람이 되도록 다른 사람들을 격려할 수 있는가"라는 질문에 대해 단순하고 심오한 답변이다. 하나님과의 동행하는 관계성 속에서 이러한 질문에 맞게 사는 것은 교사의 성실한 노력을 요구한다.

이 장에서는 기독교 교육자들이 이론과 실천에 있어서 고려해야 하는 다양한 기초에 관한 개관을 살펴보았다. 어떠한 결론적인 답변이 주어지지는 않았지만, 소망하는 것은 이러한 문제를 하나님의 사역에 있어서 현 시대에서 조금은 앞서 나가는 것이고 다른 점을 추구하게 될 것이라는 것이다. 기독교 교육의 다양한 분야에서 신실함을 추구를 위해 실천의 원리와 지침을 형성하는 중요한 작업이 기독교인들에게 숙제로 남겨져 있다.[27] 이 책은

---

27. 실천을 위한 이러한 원리와 지침들을 위한 저자의 언급을 위해서는 이 책의 결과인 로버트 파즈미뇨(Robert Pazmiño)의 「기독교 교육의 원리와 실천: 복음주의적 시각(Principles and Practices of Christian Education: An Evangelical Perspective, Grand Rapids: Baker, 1992)」을 보라.

기독교인들이 기독교 교육을 충실하게 실천함에 있어서 고려해야 하는 주요 기초적 논제들을 밝히고 유발하고자 추구했다.

■ 부록

이방에서 주의 노래를 찬양하라
포스트모던 세계에서 진리를 선포하라

히브리의 시편 기자는 포스트모던 시대에서 진리의 가능성을 다루는 기독교인들에게 하나의 질문을 제기한다. "우리가 이방에 있어서 어찌 여호와의 노래를 부를꼬?"(시 137:4) 기독교인들은 진리의 존재를 확신한다. 기독교인들은 예수 그리스도라는 인간 안에서 진리의 실재를 언어와 노래로 찬양한다. 그러나 우리는 기독교인으로서 진리의 가능성, 특별히 기독교인들이 주장하는 보편적 잣대를 부인하는 포스트모던 세계 안에서 진리의 수용을 위해 몸부림치고 있다. 모든 것을 위한 진리는 너무나 자주 포스트모던의 감성에 이상한 것으로 비추어지고 있다. 결과적으로 기독교인들은 자신들이 다른 나라에 살고 있고, 신앙의 기초로서 자신들이 소유하고 있는 것을 이상하게 여기는 땅에 거주하고 있다고 느끼고 생각하게 된다.

현재의 상황에서 딜레마에 빠진 기독교인들은 자신의 신앙을 증거하고 진리를 선포해야 한다는 사명으로 이것을 해결하게 된다. 자신들이 부르심을 받은 곳 어디에서나 주의 노래를 찬양해야 하는 사명, 즉 의무를 가지고 있다. 주의 노래는 진리의 노래다. 사실상 진리는 창조 때부터 시작해서 온 세대를 거쳐서 연속되어온 멜로디 가운데 하나다. 분명히 다른 노래들은 주의 노래와 멜로디를 이루고 화음을 이룬다. 이것은 많은 다른 기독교의 미덕과 함께 사랑, 믿음, 소망, 기쁨, 의로움, 정의, 평화, 성결, 존경, 경이와 같은 것을 포함한다. 그러나 진리의 노래는 복음의 메시지가 전해지면서 시작되었음은 명백하다. 요한복음은 "율법은 모세로 말미암아 주신 것이요 은혜와 진리는 예수 그리스도로 말미암아 온 것이라(요 1:17)"라고 분명히 주장하고 있다. 예수 그리스도로 말미암아 오신 은혜와 진리는 온 세대 사람들에게 하나님의 계시와 삶의 과정에서의 의미를 생각하게 해준다. 주의 노래를 찬양하고 그 진리를 선포할 때 현대와 포스트모던 세계에 있는 기독교인들에게 필요한 것은 바로 분별력이다.

분별력의 과정은 기독교인들에게 자신들이 이방 땅에 살고 있는 것은 아닌지를 생각해보도록 요청한다. 이 이방 땅은 진리의 가능성, 아니 진리의 요구조차 포용하지 않는 곳이 아닌가? 예수님은 자신의 고향과 1세기 시대에 진리를 나타내는 데 있어서 무엇과 맞닥뜨려야 했는가? 오늘날의 그리스도인들은 예수님의 시대와 상황에서 그에 대한 다른 사람들의 반응과 무엇이 다를 수 있을까? 예수님께서 하나님의 진리를 자신의 삶 안에서 구체화한 것을 가르쳤을 때에 당시의 사람들은 어떻게 받아들였을까? 요한복음 18장 28-38절에서 우리는 예수님의 지상 사역의 마지막 날에 있었던 빌라도와의 만남으로부터 하나의 좋은 예를 찾아볼 수 있다. 특별히 관심을 끄는 것은 37절과 38절이다.

> "빌라도가 가로되 그러면 네가 왕이 아니냐 예수께서 대답하시되 네 말과 같이 내가 왕이니라 내가 이를 위하여 났으며 이를 위하여 세상에 왔나니 곧 진리에 대하여 증거하려 함이로다 무릇 진리에 속한 자는 내 소리를 듣느니라 하신대 빌라도가 가로되 진리가 무엇이냐 하더라 이 말을 하고 다시 유대인들에게 나가서 이르되 나는 그에게서 아무 죄도 찾지 못하노라."

이곳뿐만 아니라 다른 구절에서도 예수님께서 진리를 증거하고자 하셨던 많은 구절들을 찾을 수 있다. 예수님은 또한 진리에 속한 사람들은 모두 자신의 소리를 듣고자 할 것이라고 선포하셨다. 사실상 예수님은 자신의 삶과 인류를 위한 진리로서 구체화한 삶을 선포하고 계셨다. 빌라도의 반응은 주목할 만하다. 빌라도의 반응은 역사적으로 그의 도덕적 파산의 증거로서 여겨져 왔다. 그럼에도 불구하고, 빌라도의 질문은 포스트모던 세계에 살고 있는 기독교인들에게 새로운 질문이자 주목을 끄는 질문으로 여겨진다. 보편적 의미를 갖는 진리를 선포하는 것이 불가능하다면 과연 진리란 무엇인가? 1세기 당시 예수님의 시대에서 예수님을 수용한 과정은 현재의 기독교인들에게 어떠한 통찰력을 제공해줄지도 모른다.

예수님 당시의 세계에서 예수님에 대한 반응

다른 시각을 가진 사람들이 예수님의 공생애를 어떻게 받아들였는가를 연구하는 것은 다음과 같이 우리에게 몇 가지 교훈을 가르쳐준다. 예수님 당시의 사람들이 보여준 예수님에 대한 반응은 포스트모던 세계에 있어서 진리에 대한 반응을 이해하는 데 여러 가지 시사점을 제공해준다. 삶의 모델 혹은 예수님과 함께 기독교인들은 마태복음 10장 24-25절 상반절을 통해 제시된 것과 같은 시각을 찾아볼 수 있다.

"제자가 그 선생보다 또는 종이 그 상전보다 높지 못하나니 제자가 그 선생 같고 종이 그 상전 같으면 족하도다."

당시 세계에서 예수님에 대한 반응을 보여준 네 가지의 예를 연구해보고자 한다. 네 가지의 반응은 지상, 베들레헴, 나사렛, 예루살렘에서의 반응들이다. 나는 예수님에 대한 이 네 곳에서의 반응을 상징하는 주제어를 다음과 같은 제목으로 정해보았다. 성육신(incarnation), 협박(intimidation), 거부(rejection), 가상 죽음(crucifixtion)이다. 이 네 가지의 제목은 포스트모던 세계의 도전에 대해 기독교인들이 반응해야 하는 방법과 관련되어 있다.

지상: 성육신

지상 세계로의 예수님의 도래는 그 자체가 기독교 신앙의 독특한 선포임을 나타내준다. 하나님은 동정녀의 임신을 통해 1세기 당시의 인간의 형태인 유대인의 아이로 오시는 것을 선택하셨다. 삼위일체의 제2위이신 하나님이 어떻게 그러한 방법으로 계시될 수 있을까? 인간의 의식에 스캔들로 비추어지는 완전히 불가능한 일, 즉 성육신과 같은 그러한 사건은 믿지 못할 사건이 아니면 기적일 뿐이다. 하나님의 인성과 속성에 대한 계시와 같은 진리는 인류로 하여금 선택에 직면하도록 만든다. 이러한 선택은 궁극적으로 하나님의 아들 안에서 제시된 삶과 아래에 나오는 성경 구절에서 생생하게 묘사되는 영원한 삶에 대한 하나님의 선물에 대한 거부 중의 하나다.

> "이는 물과 피로 임하신 자니 곧 예수 그리스도시라 물로만 아니요 물과 피로 임하셨고 증거하는 이는 성령이시니 성령은 진리니 증거하는 이가 셋이니 성령과 물과 피라 또한 이 셋이 합하여 하나이니라 만일 우리가 사람들의 증거를 받을진대 하나님의 증거는 더욱 크도다 하나님의 증거는 이것이니 그 아들에 관하여 증거하신 것이니라. 하나님의 아들을 믿는 자는 자기 안에 증거가 있고 하나님을 믿지 아니하는 자는 하나님을 거짓말하는 자로 만드나니 이는 하나님께서 그 아들에 관하여 증거하신 증거를 믿지 아니하였음이라 또 증거는 이것이니 하나님이 우리에게 영생을 주신 것과 이 생명이 그의 아들 안에 있는 그것이니라 아들이 있는 자에게는 생명이 있고 하나님의 아들이 없는 자에게는 생명이 없느니라" (요한 1서 5:6-12).

이러한 선택은 예수 그리스도 안에서 하나님의 계시에 대한 소문은 포용의 시대에 잘 받아들여지지 않고 많은 사람들과 공동체에 의해 공격을 받는다. 그러나 이와 같은 반응은 하나님의 계시에 대한 진리와 하나님이 예수 그리스도 안에서 인류에게 제시하신 것을 반박하는 것은 아니다.

이것은 기독교인과 그들이 전하는 간증과 증거에 대하여 포스트모던 세계에서 어떠한 시사점을 제시해주고 있는가? 바울이 당시의 세계에서 고린도 교회에게 기록한 편지는 오늘날 우리 기독교인들에게 직접적인 시사점을 제시해주고 있다.

> "유대인은 표적을 구하고 헬라인은 지혜를 찾으나 우리는 십자가에 못 박힌 그리스도를 전하니 유대인에게는 거리끼는 것이요 이방인에게는 미련한 것이로되 오직 부르심을 입은 자들에게는 유대인이나 헬라인이나 그리스도는 하나님의 능력이요 하나님의 지혜니라"(고전 1:22-24).

기독교인들은 모든 하나님의 피조물들에게 하나님의 능력과 지혜의 성육신하심과 하나님의 계시가 되신 그리스도에 대한 진리를 선포하도록 사명을 받았다. 포스트모던 세계에서 많은 사람들은 이 선포를 거부할 것이고 이것의 진리되심을 반박할 것이다. 그러나 이것이 결코 기독교인들이 복음의 경이로움에 대한 선포와 가르침에 대한 사명을 담당하는 것을 제지하지는 못한다. 이 놀라운 사건들은 인류에 대한 선물로써 공유되어야 하고 판단에 의해 강요되는 것은 아니다. 그렇기 때문에 바로 이것이 기독교인들이 항상 복음을 거부하는 사람들의 영혼을 위해 하나님의 영이 은혜로 역사하도록 해야 하는 이유다. 기독교인들의 진정한 삶 안에서, 우리는 복음의 은혜와 진리가 성육화하도록 하는 사명을 받았다. 이 진리는 기독교인임을 고백하는 그리고 하나님의 아들의 제자임을 고백하는 사람들의 언어와 삶 안에서 지속적으로 계시되어야 한다. 이러한 방식으로 성육신이라는 기적은 기독교인 공동체 안의 믿음의 증인들 안에서 포스트모던 세계 안으로 확산되는 것이다. 이것이 사도 바울이 고린도에 있는 기독교인의 사역을 통해 묘사한 방법이다.

> "너희가 우리의 편지라 우리 마음에 썼고 뭇 사람이 알고 읽는 바라 너희는 우리로 말미암아 나타난 그리스도의 편지니 이는 먹으로 쓴 것이 아니요 오직 살아 계신 하나님의 영으로 한 것이며 또 돌비에 쓴 것이 아니요 오직 육의 심비에 한 것이라"(고후 3:2-3).

포스트모던 세계에서 사람들이 진리에 대하여 전하는 우리의 증거를 듣기 전에 기독교인들의 삶 안에서 복음의 진리를 먼저 읽을 수 있게 되는 것이 훨씬 더 좋은 일일 것이다. 그러나 살아 계신 하나님의 영의 신비한 역사는 인간의 영혼 안에 미리 계획되어 있을 수는 없다. 이것을 위해 우리는 여러 가지 위협과 협박에 놓여 있는 것을 기쁘게 생각해야 한다.

베들레헴: 협박

베들레헴에서 탄생할 때부터 예수님은 다른 사람들에 의한 협박과 위협 속에 놓여 있었다. 헤롯 왕은 동방 박사를 심문한 것을 통해 자기 스스로 되기를 원했던 유대인의 왕으로 태어나신 예수의 생애에 대한 정보를 얻게 되었다. 예수님의 탄생은 예수님의 부모, 목자들, 구세주를 기다렸던 모든 인류들에게는 기쁨의 근원이 되었고 또한 어마어마한 고통의 근원이기도 했다. 마태복음은 헤롯의 손에 의해 고통받고 죄 없이 짧은 생을 살다간 어린이들의 대량 학살에 대해 기록하고 있다(마 2:16-18). 베들레헴 근처의 두 살 이하 된 모든 어린이들은 학살을 당했다. 예수님의 탄생이 주는 정치적 시사점은 권력을 쥐고 사람들을 통해서 명백하게 나타난다.

헤롯의 협박에 예수님과 부모님들은 이집트로 피신을 했다. 그러나 그들의 피신 후 많은 가족들은 눈물과 슬픔을 경험하게 되었다. 예수님의 생명의 구원으로 말미암아 단지 태어난 시기와 장소를 잘못해서 태어났다는 이유로 삶을 희생당한 수많은 생명들이 있었다. 인류를 대표하는 한 어린이가 자신을 위협하고 있다고 느꼈던 정치적 힘을 가진 사람들의 횡포와 죄악으로 인해 이런 일이 발생했다. 베들레헴에서 희생당한 어린이들의 삶이 오늘날 미국에서 '영원한 빈민 계급'으로 일컬어지는 부류에서 태어난 어린이들의 삶에 의해 다시 반복되고 있다.

생명의 기간은 지구상 곳곳의 여러 곳에서 그렇게 근본적으로 변화하지는 않고 있다. 진리를 구체화한 사람의 도래와 그 대안은 1세기처럼 오늘날에도 협박당할 수 있다. 자신의 가족과 함께 이집트로 강제 피신한 예는 매년 증가하는 다수의 망명하는 사람들의 삶 안에서 반복되고 있다. 아이들에 대한 대량 학살은 아동 학대의 꾸준한 증가와 미국과 같은 선진 사회에서 볼 수 있는 아동에 대한 무차별적인 범죄 속에서 계속되고 있다. 진리의 선포는 억압을 조장하는 삶과 정권의 패턴에 대한 위협을 제기한다. 이 모든 것은 희생이 뒤따르는 주장에 대한 반응을 필요로 한다. 정치적, 사회적, 경제적 권력에 의한 진리에 대한 위협은 1세기 당시의 세계에서 그랬던 것처럼 포스트모던 세계에서도 계속된다.

베들레헴에서의 협박과 관련해 또 하나 생각해볼 점은 예수님과 그의 가족이 이집트로 이주한 사건의 의미를 찾아보는 일이다. 진리의 분별을 반영한 히포(Hippo)의 어거스틴(Augustine)은 이집트의 억압으로부터 이스라엘 백성들이 탈출할 때 이집트인들이 본 손해에 대한 글을 썼다. 이집트인들의 손해는, 그들의 노예였던 이스라엘 백성들이 떠나갈 때 자신들이 이스라엘 백성들에게 주었던 금, 은, 보화와 같은 다양한 선물을 말한다(출 3:21-22). 이스라엘 백성은 광야에서 그들의 장막을 장식할 때 금과 은으로 만들어진 그릇과 장신구를 사용했다(출 25, 26장). 이 '약탈품'에 대한 부정적인 가능성이나 위협은 금송아지 우상으로 나타났다(출 32장). 어거스틴은 기독교인들은 다양한 원천, 약탈품의 진리를 선택적으로 통합할 수 있고 하나님에 대한 예배와 찬양의 삶을 위해 그것을 통합할 수 있다고 말했다.[1] 예수님 자신이 이집트로의 도주는 장소를 막론하고 발견된 진리의 확인을 상징적으로 나타낸다. 요셉, 모세, 이스라엘 백성처럼 예수님도 이집트로 도주하고 다시 그곳에서 돌아오셨다. 이를 통해 호세아 선지자를 통해 하나님께서 말씀하신 것이 성취되었다. "내 아들을 애굽에서 불러내었거늘"(호 11:1, 마 2:15). 이집트는 신중한 분별력을 필요로 하는 안전하고 동시에 위험한 장소를 의미한다. 기독교인들에게 포스트모던성(postmodernity) 경향은 신중한 분별력을 요구하는 약속과 위협 모두를 제공할 수 있다. 포스트모던 세상에서 기독교인들은 기독교 원천에서 직접적으로 비롯된 것이 아닌 다른 진리에 의해 그들 자신이 위협받을 수 있다. 예수님도 유대인이었고 1세기 팔레스타인에 퍼져 있던 진리를 받아들였다는 점을 인식할 때 기독교인들은 하나님이 이집트의 약탈로 함께 나누기를 원하셨던 선물에 열린 태도를 가질 수 있을 것이다. 이 약탈은 하나님의 계획을 성취했다. 하지만 오늘날에도 그러하듯이 신중한 분별을 필요로 했다.

나사렛: 거부

나사렛에서 예수님에 대한 거부는 그의 고향과 그 외의 유대 사회 안에서 이중적으로 발생한 위험이었다. 그가 자기 고향의 회당에서 자신의 사역에 대한 진리를 선포했을 때 받은 대접은 따뜻한 환영은 아니었다. 누가복음 4장 16-30절은 "선지자가 고향에서 환영을 받는 자가 없느니라"고 기록하고 있다. 그리고 예수님의 공생애는 이웃 사람들이 고향에서 쫓아내려고 했고 벼랑으로 밀어버리고자 시도하는 분노 등으로 그 결과가 나타나게 되었다.

---

1. 어거스틴, 「기독교 교리(On Christian Doctrine)」, 제2권 40장.

이것은 하나님의 은혜를 받은 것으로 인식된 이스라엘 사람들을 제외한 국외자나 이방인에 대한 하나님의 은혜 베풂과 관련해 예수님이 공유했던 진리에 대한 직접적인 거부였다.

예수님이 경험한 또 하나의 거부는 요한복음 1장 46절에 나다나엘의 혹평에서 나타난다. "나사렛에서 무슨 선한 것이 날 수 있느냐." 고향인 나사렛에서 예수는 거부당했을 뿐만 아니라 나아가서 더 넓은 지역인 이웃 고장에서도 초기에는 거부당했다. 나사렛이 속해 있던 지역인 갈릴리는 가치 있는 것이 아무것도 없는 역류지와 쓸모 없는 땅이 혼재된 지역으로 좋지 않은 소문이 있었던 곳이었다. 그러나 주목할 만하게도 하나님의 아들은 그러한 곳에서 삶의 대부분을 보내시고자 인간의 형태로 오셨다. 상승 운동은 그러한 지역을 오랜 세월 동안 사막화시켰을지도 모른다. 이러한 나사렛 혹은 갈릴리에 살고 있었던 사람이 말한 것이 어떻게 진리로서 인식될 수 있었겠는가? 나사렛이나 갈릴리에서 발표된 선언의 비정통적인 속성이 그러한 것을 쉽게 추측할 수 있음을 알 수 있다.[2]

포스트모던 사회에 살고 있는 기독교인들은, 교회의 폐지는 '불신앙의 문화' 안에서의 표준이라는 거부와 유사한 패턴에 직면해 있다.[3] 법률학 교수인 스테픈 카터(Stephen L. Carter)가 지적하는 것처럼, 폭넓은 다원주의 사회에서 살고 있는 우리는 도덕적 지식에 대한 진리가 무엇인지를 결정하기 위해 어떤 기준을 정하지 못한 상태에 놓여져 있다.[4] 만일 기독교인들과 다

---

2. 갈릴리에 대한 논의를 위해서는 버질 엘존도(Virgil Elizondo), 「갈릴리 사람의 여정: 멕시칸 미국인의 약속(Galilean Journey: The Mexican-American Promise, Maryknoll, NY: Orbis, 1983)」, 로버트 파즈미뇨, 「라틴계 미국인의 여정: 북미 기독교 교육을 위한 통찰력(Latin-American Journey: Insights for Christian Education in North America, Cleveland: United Church Press, 1994)」, pp. 108-111을 보라.
3. 스테픈 카터(Stephen L. Carter), 「불신앙의 문화: 미국의 법률과 정치가 종교적 헌신을 어떻게 하찮게 여기는가?(The Culture of Disbelief: How American Law and Politics Trivialize Religious Devotion, New York: Anchor books, Doubleday, 1994)」.
4. 같은 책, p. 215.

른 종교에 헌신한 사람들이 자기들의 종교적 전통의 범위 내에서 이 기준에 대하여 언급하고 있다면 그들의 소리는 무시되고 만다. 그러나 미국의 독립 선언서는 분명한 진리가 있음을 선언하고 있다. 오늘날을 위한 질문들은 다음과 같다. 어떠한 진리들이 자명한가? 하나님의 진리는 영원히 지속적인가? 어떠한 진리가 지속되어야 하는가? 진리는 세대에 걸쳐서 전달될 수 있는가?

어떤 사람들은 포스트모던 사회가 종교의 자유와 종교를 위한 자유를 인정했던 현대성으로부터 과감하게 이동했다고 여긴다. 불신앙의 문화는 종교와 종교적 진리로부터 영속해왔다. 종교적 진리의 범위는 하나님을 보여주고 있다. 시편 기자의 노래는 고대 이스라엘에서처럼 오늘날에도 우리에게 그것을 보여주고 있다. "어리석은 자는 그 마음에 하나님이 없다 하도다"(시 14:1).[5]

인간이 살고 있는 세기는 언제든지 인류의 우매함에 제한이 없음을 보여준다. 포스트모던 사회는 태초부터 인간을 괴롭게 했던 우상과 이방 종교와 같은 형태에 예속되어 있다. 이를 지칭하는 용어는 다양할지도 모르지만 그러나 인간들이 하나님의 진리의 빛에 다가가는 것을 거부할 때 인간의 마음과 영혼에 대한 투영은 계속된다. 진리를 거부하는 것은 여러 가지 다른 뉘앙스를 풍길지도 모른다. 그러나 그러한 거부와 반역 행위의 열매는 세대를 거쳐서 계속되어진다.

예루살렘: 가상 죽음

평화의 도시인 예루살렘이 평화의 왕을 십자가상의 죽음으로 맞이해야 한다는 것은 참으로 아이러니한 일이다. 예수 그리스도 안에 계시된 하나님

---

5. 또한 시편 53편 1절을 보라.

과 하나님의 진리에 대한 궁극적 거부는 예수님의 생명을 앗아가는 일이 되었다. 진리의 속성에 대해 위에 언급한 바와 같이, 예수님께 질문한 빌라도의 질문은 진리를 구체화한 사람 앞에서 자신의 삶의 모든 것을 송두리째 앗아가게 된다는 것을 계시하고 있다. 종려주일에 예루살렘으로 입성하신 예수님의 등장은 로마의 식민지 압제 아래에 있는 온 사회의 구조를 가져오게 될지도 모르는 사람인 왕이며 구세주를 기다리는 인간의 마음의 굶주림의 모습을 보여주고 있다. 그러나 예수님이 가져온 소식은 거룩한 도성의 사람들과 지도력을 위한 진정한 동기와 욕구를 계시하는 것으로서의 역할을 하고 있다. 주로 여성이었던 신실한 몇 명의 적은 무리들을 제외하고는 예수님은 자신의 땅의 중심지인 그곳에서 궁극적으로는 환대를 받지 못하셨다. 예수님은 은 삼십에 팔아 넘겨졌고, 버림을 당했으며, 가장 사랑하는 제자들은 그분을 부인하기조차 했다. 예수님이 나누기를 소망했던 진리는 권력과 기득권을 가진 사람들에게 폭넓게 받아들여지지 못했고 예수님의 생명은 그분이 제시한 범죄의 결과로서 빼앗기게 되었다. 그분의 진리에 대한 선포는 전통을 지키고자 하는 자들에게 수용되지 않았다. 이것에 대한 형벌은 십자가상의 죽음으로 나타나게 되었다.

이것은 오늘날 기독교인들에게 무엇을 제시해주고 있는가? 기독교의 진리는 상황화될 수 있다. 그러나 이 진리의 궁극적 의미를 거부하는 세계에 대하여 조절할 수는 없다. 종려주일에 보여준 군중들의 환대는 이미 그 자체가 예수님을 십자가에 달으라는 목소리로 변형되었다. 기독교인들은 다음과 같은 질문 앞에 놓여 있다. 만일 우리가 진리를 선포하지 않는다면 우리는 무엇을 선포할 수 있는가? 진리에 대해 존재하는 대안은 무엇인가? 만일 진리가 존재할 수 있는 장소가 없다면 어떠한 반응이 가능할 것인가?

나는 감히 다음과 같은 생각들을 말하고 싶다. 기독교인으로서 우리는 십자가의 고난을 포함한 기독교 진리의 선언을 억누르는 우리의 지적 판단을 허용해서는 안 된다. 만일 우리가 그러한 선포를 되풀이한다면, 우리도 에서(Esau)와 같이 팥죽 한 그릇에 장자권을 팔아버리는 것일지도 모른다. 예루살렘에 입성한 예수님은 자신의 제자들의 잠잠함에 대해 당시의 군중들 속에 있었던 바리새인들에게 자신의 반응을 다음과 같이 말씀하시고 계신다.

> "무리 중 어떤 바리새인들이 말하되 선생이여 당신의 제자들을 책망하소서 하거늘 대답하여 가라사대 내가 너희에게 말하노니 만일 이 사람들이 잠잠하면 돌들이 소리지르리라 하시니라"(눅 19:39-40).

하나님께서 계시하신 진리에 대해 신실한 증인이 되지는 않는 것은 죄악이다. 기독교인들은 선포해야 할 시기가 왔을 때 침묵한 채 있을 수 없다. 어떠한 희생을 치르더라도 기독교인들은 복음의 경이로움에 대하여 가르치고 선포하도록 부르심을 받았다. 궁극적 희생은 아마도 다양한 방법으로 나타나는 죽음일지도 모르지만, 그러나 부활의 약속은 우리 모두를 신앙으로 지키도록 준비시켜 준다.

또한 십자가상의 죽음의 실재는 포스트모던 상황에서 상황화되지 못하는 진리를 선포하는 유형과 형태로 죽음을 기독교인들에게 요구할지도 모른다. 적당한 관심은 왜곡될 수도 있지만, 이것은 어떠한 현재적 상황에서 무시되어서는 안 된다. 상황주의에 굴복하지 않고 복음을 상황화하는 것이 필요하다. 포스트모던화와 관련해 만일 우리가 보편적 진리의 불가능성을 깨닫는다면, 우리는 복음의 요구에 적응한 것이 된다. 이러한 경우에 우리는 메시지를 잃어버린 메신저가 되고 상황주의를 깨닫게 된다.[6] 마찬가지로 만

---

6. 사무엘 드레스너(Samuel H. Dresner), 「경이로움을 노래하다: 영적 명시선집, 아브라함 조수아 헤슐(I Asked for Wonder: A Spiritual Anthology, Abraham Joshua Heschel, New York: Crossword, 1995)」, pp. 43.

일 우리가 포스트모던 세계의 사람들이 인지하는 방법으로 복음 선포를 제시하는 것에 실패한다면, 우리는 우리의 상황에서 복음을 전파하는 데 상당한 제한점을 가지게 된다. 두번째의 경우에 우리는 기독교 신앙을 적절하게 상황화하는 데 실패하여 듣는 이가 없게 되는 메신저들이 되게 된다.

그러나 우리는 여기서 이러한 질문을 던질 수 있다. 포스트모던 세계에 관련해서 관심을 가져야 하는 이유가 무엇인가? 이 관심은 무슨 근거로 존재하는가? 다음의 세 가지 점이 제시될 수 있다. 첫째, 상관성은 성육신의 의미를 내포한다. 하나님은 나사렛 유대인인 예수님이라는 인간으로 1세기 팔레스타인 사람들 중에 실재로 존재하셨다. 둘째, 예수님의 가르침의 일반적 속성은 복음서 곳곳을 통해 현저하게 나타난다. 예수님은 자신이 만났던 사람들의 당면한 필요에 대해 언급하셨지만 보편적 의미에 관심을 기울이셨다. 셋째, 이방인을 위한 사도인 바울의 예는 시사하는 바가 크다. 바울은 기독교 신앙대로 살기를 추구했던, 다양한 기독교 공동체들의 특별한 요구에 대해 가르쳤던 실무형 신학자였다. 이 경우에 있어서 그는 마태복음 28장 18-20절과 사도행전 1장 8절에 기록된 것처럼 부활한 그리스도의 명령을 충족시킨 사람이었다. 이것은 주님을 위한 봉사를 감당하는 기독교인들에게 날마다 십자가를 지는 고통을 요구하는 것이다(눅 9:23).

교육을 위한 제언들

가르치는 사람이나 배우는 사람 모두가 진리를 선포하기 위한 다양한 방법을 얻고자 노력하는 데 혼신의 힘을 기울이고자 한다. 그러나 교육자들은 진리를 선포하는 데 있어서 진리만의 특별한 유형이냐 아니면 현재의 조류에 편승하느냐의 유혹에 놓여 있음을 인식하고 있어야 한다. 이것은 포스트모던 식의 모습을 포함하고 있지만, 또한 우리 자신만의 현재에 맞는 유형을 말한다. 진리에 대한 우리의 해석은 하나님께서 이 시대에 계시하고자 하시는 신비함과 새로운 진리의 위치를 인식 못할지도 모른다.

모든 진리의 원천인 하나님만을 위한 장소를 우리가 강탈하면 안 되기에 진리 추구는 열려져 있어야 한다. 우상 숭배의 위험성은 현실적인 것이며 교육 과정을 통한 변화나 변환의 가능성에 대한 우리의 열린 자세를 필요로 한다. 교육을 통해 가르쳐지는 진리는 다른 사람들이 그것을 볼 수 있도록 우리가 손에 조심스럽게 집고 있는 모래와 같은 것이다. 포스트모던성(postmodernity)이라는 것은 손으로 잡을 수 있는 컵이나 또한 손으로 집을 수 있는 모래와 같은 것이 아닐지도 모른다. 어떠한 움직임이나 바람과 함께 그 모래는 사라져버린다. 현대식이라는 것은 바로 우리 손 안에 가까이 있는 것 같지만 모래 알갱이가 날려 땅에 떨어지는 것처럼 아무것도 남아있지 않는다. 두 가지 접근 모두 다른 사람들이 필사적으로 보기를 원하는 모래의 알갱이를 흩어버린다. 포스트모던 식의 삶을 살고 있는 세상에서 주의 진리의 노래를 부르고자 하는 기독교인들은 이 두 가지 방법을 회피하는 것이 필요하다. 그러나 기독교인들은 제임스 러셀 로웰(James Russell Lowell)이 일찍이 발견한 것을 기억할 필요가 있다. 로웰은 열렬한 노예 제도 폐지론자로 그의 시는 국가가 당면한 선택에 대해 관심을 가지고 있었는데, 그것은 노예 제도의 대표되는 악의 방법이냐 진리의 방법이냐를 선택하는 것이었다. 로웰은 포스트모던 세계에 당면하고 있는 기독교인들에게 도전과 희망을 시의 형식으로서 보여주고 있다.

> 진리는 교수대 위로 영원히 사라지고, 악은 영원한 왕좌 위로 …
> 그러나 미래에 그 교수대는 사라져버리고,
> 희미하게 알지 못하는 것 뒤로 사라지고,
> 자신 위에 모든 것을 주시하시는 하나님은 그 그늘 안에 서시리라.[7]

---

7. 제임스 러셀 로웰(James Russell Lowell)의 시, 「제임스 러셀 로웰의 작품들(Poems, Riverside Edition of the Writings of James Russell Lowell, Boston: Houghton, Mifflin and Co, 1890)」 제7권, p. 181.

■ 편집 후기

　필자의 정교수 승진을 위한 심사가 이 책의 초판을 집필한 후에 동료 교수로 구성된 위원회에서 열린 적이 있었다. 그 위원회 위원 가운데 한 사람이 나의 저서인「기독교 교육의 기초(Foundational Issues in Christian Education)」을 읽고 귀한 많은 조언을 해주었다. 그러나 그 조언들을 함께 묶어 서로 관련지어 놓은 것들을 처음 읽는 독자들은 명백하게 볼 수 없을 것이다. 나는 오래도록 유용한 조언들에 대하여 계속 생각해오면서 다음의 두 가지 방향을 제시하게 되었다. 우선은 내가 제시했던 다양한 기초적 논제들과 질문들에 대하여 연구했던 독자들은 이 책을 읽으면서 발견했을지도 모르는 귀한 내용들을 자신의 것으로 상호 연결시켜 발전시키는 것을 시작했을지도 모른다는 것이다. 이 책의 후편인「기독교 교육의 원리와 실천」에서 나의 개인적 생각을 명백하게 제시해 놓았다. 이 첫번째 반응은 독자들이 이 책과 관련된 다른 서적들을 읽고 사려 깊게 사적으로 사고할 수 있는 능력이 있고 도전을 준다는 것을 전제한 것이다. 이 첫번째 반응과 함께 이 책의 기본적 저술 의도는, 우리의 사려 깊은 주의와 반응을 요구하는 중요한 논제들과 기본적 질문들을 제시하는 것을 강조하고자 하는 것이다. 그러한 반응은 다양한 현장에서 기독교 신앙을 가르치는 사람들에게 비판적이고 창조적인 사고를 하도록 요구한다. 그러나 두번째 반응 또한 초판에 이은 재판의 편집 후기를 통해 보증되었고 사용되었다. 독자들이 내가 제시한 논제들과 의문들에 대해 파악했다고 전제하면서, 나 자신과 다른 사람들에게 내가 말하고자 의도했던 그 이유에 대하여 좀더 포괄적으로 언급할 수 있다. 필자가 기독교 교육 개론과 신학적 연구에 대한 과정을 가르치면서, 학생들에게 그들 자신의 학업 가운데서 '무엇을 배우는지'와 '왜 배우는지'에 대해 인식하는 작업을 하도록 강조해왔다. 이러한 질문들은 우선적으로 제기되어야 하는 중요한 것인데 사역의 모험 속에서 때로는 무시되는 것들이다. 그래서 이 책의 재판에 꼭 들어맞는 결론은 내가 이 책을 통해 제시하고자 하는 것과 그 이유를 명백하게 언급하는 것이다. 이 두번째 반응은 이 책에 대한 복습과 기초가 되는 연결된 가닥을 확인하기 위한 노력의 역할을 한다.

이 책에서 말하고자 하는 것을 다음과 같이 다섯 가지로 요약할 수 있다. 첫번째는 기독교 교육은 우리의 최고의 노력으로 경주할 만한 중요한 사역이고, 기독교 교회의 생명을 유지하는 데 필요한 기쁨을 주고 회복하는 데 필요한 근원이 된다는 점이다. 효과적인 기독교 교육 없이는 자라나고 있는 후세들에게 신앙을 진정으로 전달할 수 없고, 기독교인에게 맡겨진 교육적 대사명(마 28:18-20)에 순종할 수 없게 된다.

두번째로 기독교 교육은 선 모범적인(preparadigmatic) 특성을 가지는 둘 이상의 학문을 다루는 통합적인 영역이다. 이 초월성과 종합성은 교육자들에게 다양한 기초 지식과 자료로부터 얻어진 것에서 인식한 것으로서 충당하도록 요구하고 있다. 다양한 자료들로부터 도출된 것은 종합적인 과제를 제시한다. 선 모범적인 속성은 창의력의 사용과 실재적 삶의 현장에서 교육 사역을 구체화하고 헌신하도록 요구한다. 이것은 신학적인 면에서 기독교 신앙을 이해하고, 사람의 삶에 대입하고자 하는 것을 추구해야 하는 성육신적 관점을 의미한다.

세번째로 말하고자 하는 것은 기독교 교육은 교육 사역에 있어서 신학의 능동적 파트너라는 점이다. 신학과의 대화는 교회에서의 가르침과 배움에 대한 근거를 제공해준다. 나아가서 기독교 교육이 그 자체로서 실천 신학의 한 분야라는 것을 확인해줄 수 있다. 기독교 교육의 독특함이 이렇게 신학에 근거를 두지 않고서는 최근의 교육적 유형이 일반 사회에서 너무나 무비판적으로 사용되는 사회 과학적 방법을 통해 최신의 지식들을 적합하게 사용하는 데 균형을 잃게 된다.

네번째로는 기독교 교육의 분야의 개혁과 재건의 필요성이 우리들 위에 놓여 있다. 종교 개혁의 표어가 오늘날 우리들에게도 요구되는 것이다. 그 표어는 'semper reformanda' (always reformation - 역자 주)이고, 우리가 살고 있는 시대에서 성령의 역사에 의해 항상 개혁되는 것을 의미한다. 성령의 개혁과 변화의 역사에 기꺼이 응답하는 것은 기독교 교육과 다른 사역에 있어서 생명력을 유지하기 위한 핵심적인 작업이다.

마지막 다섯번째로 언급하고자 하는 것은 지나간 기간 동안 내가 가르치고 배워왔던 것에 기초를 둔 것이다. 기독교 교육은 하나님의 진리를 깨닫고 그 주권의 사랑의 관계성을 통해 양육되기를 추구하며 평생 동안 계속되는 대화적 과정이다. 이 과정은 사람들과 공동체와 그리고 더 넓은 사회를 변화시키는 가르침의 사역에서 하나님을 기쁘시게 하는 평신도와 사역자들에 의해 이루어지도록 요구하고 있다.[1]

이 책에서 '왜' 라는 이유에 대하여는 서론에서 이미 세 가지 목적으로 제시되었지만 결론에서 다시 강조할 만한 가치가 있기에 다시 언급하고자 한다. 첫번째로 기독교 교육은 문화적 속박을 피하기 위하여 각 세대에 의해 다시 고려되어야 한다. 기초적인 질문을 새롭게 제기함 없이는 기독교 교육자들은 예수 그리스도의 복음에 신실하지 못한 개념들과 실천을 계속 이어 갈지도 모른다.

두번째로는 이 책은 필자가 다른 사람들과 함께 세 개의 독특한 학문적 공동체에서 받았던 교육에 의해 도출된 표현이다. 나는 유니온신학교(Union Seminary)와 콜럼비아대학교(Columbia University)의 교육대학에서 교육에

---

1. 교육의 변화를 추구하는 측면에 대하여 좀더 깊은 논의는 로버트 파즈미뇨의 「라틴계 미국인의 여정: 북미의 기독교 교육을 위한 통찰력(Cleveland: United Church Press, 1994)」, pp. 55-75를 보라.

대한 사고와 실천에 있어 우리 신앙의 근원이 비판적으로 돌아가야 하는 가치를 깨닫게 되었다. 고든코넬신학교(Gordon-Conwell Theological Seminary)에서 나는 성서와 신학의 종합적 관점에서 예수 그리스도에 관한 복되고 기쁜 소식을 선포해야 함의 중요성을 깨닫게 되었다. 또한 우리 시대를 위해 '전환적 신학(transpositional theology)'이 요구하는 기독교 교회 안에서의 에큐메니컬적 사역의 요구를 앤도버뉴튼신학교(Andover Newton Theological School)에서 깨닫게 되었다.[2] 전환적 신학에서 기독교 원천에 대한 진리는 새롭고 기쁜 방법으로 현대의 도전을 언급하기 위해 해석되어진다.

세번째로는 에큐메니컬 복음주의적 기독교 교육자의 사명을 가진 북미 히스패닉으로서의 나의 정체성은 여러 공동체의 경계선상에서 사역해왔다는 것을 의미한다. 이러한 위치는 이 책과 다른 저서를 통해 개인적으로 나누어왔던 이 분야에 있어서 독특한 관점을 제시해주고 있다. 이 책의 초판의 경우처럼 개정판에서도 하나님께 영광을 돌리는 가운데 우리의 실천을 풍부하게 하고 실천에 정보를 제공하고 기초가 되는 근본적인 논점을 이해함으로 기독교 믿음을 가르칠 때 기독교인들이 기쁨을 경험하리라는 소망을 나누고 있다.

---

2. 앤도버 뉴튼 신학교의 전 총장인 조지 펙(George Peck)은 C. S. Song의 저서인 343〈없음〉「The Compassionate God(Maryknoll, NY: Orbis, 1982)」, pp. 5-12, 16-17을 언급하면서 이 용어를 사용했다.

■ 참고 도서

Biblical Foundations

Barclay, William. *Educational Ideals in the Ancient World*. Grand Rapids. Baker, 1974.

Boys, Mary C. *Biblical Interpretation in Religious Education*. Birmingham, Ala. Religious Education Press, 1980

Bruce, A. B. *The Training of the Twelve*. Grand Rapids: Kregel, 1971

Brueggemann, Walter. *The Creative Word: Canon as a Model for Biblical Education*. Philadelphia: Fortress, 1982.

Giles, Kevin. *Patterns of Ministry Among the First Christians*. Melbourne, Australia: Collins Dove, 1989

Grassi, Joseph A. *Teaching the Way: Jesus, the Early Church, and Today*. Washington, D.C.: University Press of America, 1982.

Heschel, Abraham J. *Between God and Man. An Interpretation of Judaism from the Writings of Abraham Heschel*. Edited by Fritz A. Rothschild. New York. Free Press, 1959

Horne, Herman H. *The Teaching Techniques of Jesus*. Grand Rapids Kregel, 1920

LeBar, Lois E. *Education That Is Christian*. Old Tappan, N.J. Fleming H Revell, 1981

Marino, Joseph S. *Biblical Themes in Religious Education*. Birmingham, Ala.. Religious Education Press, 1983

Stein, Robert H. *The Method and Message of Jesus' Teaching*. Philadelphia: Westminster, 1978

Theological Foundations

Browning, Robert L., and Roy A Reed. *The Sacraments in Religious Education and Liturgy*. Birmingham, Ala.: Religious Education Press, 1985.

Bushnell, Horace. *Christian Nurture*. Grand Rapids Baker 1979

DeJong, Norman. *Education in the Truth*. Nutley, N.J Presbyterian & Reformed, 1969

Downs, Perry G. *Teaching for Spiritual Growth. An Introduction to Christian Education*. Grand Rapids. Zondervan, 1994.

Fackre, Gabriel. *The Christian Story: Authority: Scripture in the Church for the World* Vol. 2, *A Pastoral Systematics*. Grand Rapids. Eerdmans, 1987.

Ferré, Nels F. S. *A Theology for Christian Education*. Philadelphia: Westminster 1967

Foster Charles R. *Teaching in the Community of Faith*. Nashville: Abingdon, 1982.

Francis, Leslie J., and Adrian Thatcher, eds. *Christian Perspectives for Education: A Reader in the Theology of Education*. Leominster, UK: Fowler Wright, 1990.

Freire, Paulo. *Pedagogy of the Oppressed*. Translated by Myra Bergman Ramos. New York: Continuum, 1970.
Gaebelein, Frank E. *The Christian, the Arts, and the Truth: Regaining the Vision of Greatness*. Edited by D. Bruce Lockerbie. Portland, Oreg.: Multnomah Press, 1985.
_____. *The Pattern of God's Truth: Problems of Integration in Christian Education*. New York: Oxford University Press, 1954.
Getz, Gene A. *A Sharpening Focus of the Church*. Chicago: Moody Press, 1974.
Groome, Thomas H. *Sharing Faith: A Comprehensive Approach to Religious Education and Pastoral Ministry*. San Francisco: Harper & Row, 1991.
Habermas, Ronald, and Klaus Issler. *Teaching for Reconciliation: Foundations and Practice of Christian Education Ministry*. Grand Rapids: Baker, 1992.
Harris, Maria. *Teaching and Religious Imagination: An Essay in the Theology of Teaching*. San Francisco: Harper & Row, 1987.
Little, Sara. *To Set One's Heart: Belief and Teaching in the Church*. Atlanta: John Knox, 1983.
Marthaler, Berard. *The Creed*. Mystic, Conn.: Twenty-Third, 1987.
Moore, Mary Elizabeth Mullino. *Teaching from the Heart: Theology and Educational Method*. Minneapolis: Fortress, 1991.
O'Hare, Padraic, ed. *Tradition and Transformation in Religious Education*. Birmingham, Ala.: Religious Education Press, 1979.
Pazmiño, Robert W. *By What Authority Do We Teach? Sources for Empowering Christian Educators*. Grand Rapids: Baker, 1994.
_____. *Principles and Practices of Christian Education: An Evangelical Perspective*. Grand Rapids: Baker, 1992.
Richards, Lawrence O. *A Theology of Christian Education*. Grand Rapids: Zondervan, 1975.
Schipani, Daniel S. *Religious Education Encounters Liberation Theology*. Birmingham, Ala., 1988.
Seymour, Jack L., and Donald E. Miller, eds. *Theological Approaches to Christian Education*. Nashville: Abingdon, 1990.
Thompson, Norma H., ed. *Religious Education and Theology*. Birmingham, Ala.: Religious Education Press, 1982.
_____, ed. *Religious Pluralism and Religious Education*. Birmingham, Ala.: Religious Education Press, 1988.
Van Til, Cornelius. *Essays on Christian Education*. Nutley, N.J.: Presbyterian & Reformed, 1977.
Westerhoff, John H. III. *Will Our Children Have Faith?* New York: Seabury, 1976.
Wilhoit, Jim. *Christian Education and the Search for Meaning*. 2nd ed. Grand Rapids: Baker, 1991.

Philosophical Foundations

Astley, Jeff. *The Philosophy of Christian Religious Education*. Birmingham, Ala.: Religious Education Press, 1994.
Boys, Mary C. *Educating in Faith: Maps and Visions*. Kansas City: Sheed & Ward, 1989.

Burgess, Harold W. *Models of Religious Education: Theory and Practice in Historical and Contemporary Perspective*. Wheaton: Victor, 1996.
DeJong, Norman. *Philosophy of Education: A Christian Approach*. Nutley, N.J.: Presbyterian & Reformed, 1977.
Frankena, William K. *Philosophy of Education*. New York: Macmillan, 1965.
Knight, George R. *Philosophy and Education: An Introduction in Christian Perspective*. 2nd ed. Berrien Springs, Mich.: Andrews University Press, 1989.
Moran, Gabriel. *Interplay: A Theory of Religion and Education*. Winona, Minn.: St. Mary's Press, 1981.
Petersen, Michael L. *Philosophy of Education: Issues and Options*. Downers Grove, Ill.: InterVarsity Press, 1986.

Historical Foundations

Bailyn, Bernard. *Education in the Forming of American Society*. New York: University of North Carolina and W. W. Norton, 1960.
Cremin, Lawrence A. *Traditions of American Education*. New York: Basic Books, 1977.
Cully, Kendig B. *Basic Writings in Christian Education*. Philadelphia: Westminster, 1960.
Dworkin, Martin S. *Dewey on Education: Selections*. New York: Teachers College Press, 1959.
Gangel, Kenneth O., and Warren S. Benson. *Christian Education: Its History and Philosophy*. Chicago: Moody Press, 1983.
Hauerwas, Stanley, and John H. Westerhoff, eds. *Schooling Christians: "Holy Experiments" in American Education*. Grand Rapids: Eerdmans, 1992.
Kennedy, William B. *The Shaping of Protestant Education*. New York: Association Press, 1966.
Knoff, Gerald E. *The World Sunday School Movement: The Story of a Broadening Mission*. New York: Seabury, 1979.
Lynn, Robert W., and Elliott Wright. *The Big Little School: Two Hundred Years of Sunday School*. Rev. ed. Birmingham, Ala.: Religious Education Press, 1980.
Osmer, Richard R. *A Teachable Spirit: Recovering the Teaching Office in the Church*. Louisville: Westminster/John Knox, 1990.
Sawicki, Marianne. *The Gospel in History: Portrait of a Teaching Church. The Origins of Christian Education* New York: Paulist, 1988.
Seymour, Jack L. *From Sunday School to Church School: Continuities in Protestant Church Education in the United States, 1860–1929*. Washington, D.C.: University Press of America, 1982.
Sherrill, Lewis J. *The Rise of Christian Education*. New York: Macmillan, 1944.
Towns, Elmer L., ed. *A History of Religious Educators*. Grand Rapids: Baker, 1975.
Westerhoff, John H. III, and O. C. Edwards Jr. *A Faithful Church: Issues in the History of Catechesis* Wilton, Conn.: Morehouse-Barlow, 1981.
Wyckoff, D. Campbell, and George Brown Jr. *Religious Education 1960–1993. An Annotated Bibliography*. Westport, Conn.: Greenwood, 1995.

Sociological Foundations

Berger, Peter L., and Thomas Luckmann. *The Social Construction of Reality: A Treatise in the Sociology of Knowledge*. Garden City: Doubleday, 1966.
Durkheim, Emile. *Education and Sociology*. New York: Free Press, 1956.
Eggleston, John. *The Sociology of the School Curriculum*. London: Routledge & Kegan Paul, 1977.
Geertz, Clifford. *The Interpretation of Cultures*. New York: Basic Books, 1973.
Habermas, Jurgen. *Knowledge and Human Interests*. Boston: Beacon, 1971.
Hesselgrave, David J. *Communicating Christ Cross-Culturally*. Grand Rapids: Zondervan, 1979.
Kraft, Charles. *Christianity in Culture*. Maryknoll: Orbis, 1979.
Lawton, Dennis. *Class, Culture and the Curriculum*. London: Routledge & Kegan Paul, 1975.
Lines, Timothy A. *Systemic Religious Education*. Birmingham: Religious Education Press, 1987.
Niebuhr, H. Richard. *Christ and Culture*. New York: Harper & Brothers, 1951.
Paulston, Rolland G. *Conflicting Theories of Social and Educational Change*. Pittsburgh: University Center for International Studies, University of Pittsburgh, 1976.

Psychological Foundations

Aleshire, Daniel O. *Faithcare: Ministering to All God's People Through the Ages of Life*. Philadelphia: Westminster, 1988.
Barber, Lucie. *Teaching Christian Values*. Birmingham, Ala.: Religious Education Press, 1984.
Belenky, Mary Field, Blythe McVicker Clinchy, Nancy Rule Goldberger, and Jill Mattuck Tarule. *Women's Ways of Knowing: The Development of Self, Voice, and Mind*. New York: Basic Books, 1986.
Bronfenbrenner, Urie. *The Ecology of Human Development*. Cambridge: Harvard University Press, 1979.
Cully, Iris V. *Christian Child Development*. San Francisco: Harper & Row, 1979.
Dykstra, Craig. *Vision and Character: A Christian Educator's Alternative to Kohlberg*. New York: Paulist, 1981.
Dykstra, Craig, and Sharon Parks, eds. *Faith Development and Fowler*. Birmingham Ala. Religious Education Press, 1986.
Erikson, Erik. *The Life Cycle Completed: A Review*. New York. W. W. Norton, 1982.
Fowler, James W. *Becoming Adult, Becoming Christian: Adult Development and Christian Faith*. San Francisco: Harper & Row, 1984.
_____. *Stages of Faith: The Psychology of Human Development and the Quest for Meaning*. San Francisco: Harper & Row, 1981.
Gilligan, Carol. *In A Different Voice: Psychological Theory and Women's Development*. Cambridge. Harvard University Press, 1982.
Havighurst, Robert J. *Developmental Tasks and Education*. New York: David McKay, 1961.
Johnson, Susanne. *Christian Spiritual Formation in the Church and Classroom*. Nashville: Abingdon, 1989.

Joy, Donald M., ed. *Moral Development Foundations: Judeo-Christian Alternatives to Piaget/Kohlberg*. Nashville: Abingdon, 1983.
Kohlberg, Lawrence. *Essays in Moral Development*. Vol. 1, *The Philosophy of Moral Development*. San Francisco: Harper & Row, 1981.
Loder, James E. *The Transforming Moment: Understanding Convictional Experiences*. 2nd ed. Colorado Springs: Helmers & Howard, 1989.
Moran, Gabriel. *Religious Education Development*. Minneapolis: Winston Press, 1983.
Piaget, Jean, and Barbel Inhelder. *The Psychology of the Child*. New York: Basic Books, 1969.
Rizzuto, Ana-Maria. *The Birth of the Living God*. Chicago: University of Chicago Press, 1979.
Steele, Les L. *On the Way: A Practical Theology of Christian Formation*. Grand Rapids: Baker, 1990.
Wilcox, Mary M. *Developmental Journey*. Nashville: Abingdon, 1979.

Curricular Foundations

Cully, Iris V. *Planning and Selecting Curriculum for Christian Education*. Valley Forge: Judson, 1983.
Eisner, Elliot W. *The Educational Imagination: On the Design and Evaluation of School Programs*. 2nd ed. New York: Macmillan, 1985.
Harris, Maria. *Fashion Me a People: Curriculum in the Church*. Louisville: Westminster/John Knox, 1989.
Jackson, Philip W. *Life in Classrooms*. New York: Holt, Rinehart & Winston, 1968.
Miel, Alice. *Changing the Curriculum: A Social Process*. New York: Appleton-Century-Crofts, 1946.
Lee, James M. *The Content of Religious Instruction: A Social Science Approach*. Birmingham, Ala.: Religious Education Press, 1985.
_____. *The Flow of Religious Instruction*. Dayton, Ohio: Pflaum/Standard, 1973.
Richards, Lawrence O. *Creative Bible Teaching*. Chicago: Moody Press, 1970.
Stenhouse, Lawrence. *An Introduction to Curriculum Research and Development*. New York: Holmes & Meier, 1975.
Tyler, Ralph W. *Basic Principles of Curriculum and Instruction*. Chicago: University of Chicago Press, 1949.
Wyckoff, D. Campbell. *Theory and Design of Christian Education Curriculum*. Philadelphia: Westminster, 1961.

기독교 교육의 기초

1쇄 인쇄	2003년 3월 15일
3쇄 발행	2016년 5월 18일

지은이	로버트 W. 파즈미뇨
옮긴이	박경순
펴낸이	고종율

펴낸곳	주) 도서출판 디모데 〈파이디온선교회 출판 사역 기관〉
등록	2005년 6월 16일 제 319-2005-24호
주소	서울특별시 서초구 서초대로 141-25(방배동, 세일빌딩)
전화	마케팅실 070) 4018-4141
팩스	마케팅실 031) 902-7795
홈페이지	www.timothybook.com

값 13,000원
ISBN 978-89-388-1066-3 03230
Copyright ⓒ 주) 도서출판 디모데 2003 〈Printed in Korea〉